무료가입만 해도
6가지 특별혜택 제공!

전과목 강의 0원

스타교수진 최신강의
100% 무료수강
*7일간 제공

합격에 꼭 필요한 교재 무료배포

최종합격에 꼭 필요한
다양한 무료배포 이벤트

기출문제 해설특강

전과목
해설 무료

시험 전 반드시 봐야 할
기출문제 해설강의 무료

전국모의고사 8회분 무료

16만원
상당

실전모의고사 8회와
해설강의까지 무료 제공

막판 점수 UP! 파이널 학습자료

시험 직전 핵심자료 &
반드시 풀어야 할 600제 무료
*비매품 *이벤트 신청시

개정법령 업데이트 서비스

해커스 공인중개사
(land.Hackers.com)

개정자료
게시판

계속되는 법령 개정도
끝까지 책임지는 해커스!

공인중개사 1위 해커스
지금 무료가입하고 이 모든 혜택 받기

해커스 공인중개사

출제예상문제집

2차 부동산공법

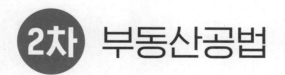 해커스 공인중개사

합격을 좌우하는 최종 마무리

부동산공법은 난해하고 생소한 용어들과 방대한 분량 때문에 수험생들이 가장 어려워하는 과목입니다. 특히 최근의 시험은 법체계 전반에 대한 이해와 종합적인 사고를 요하는 문제가 자주 출제되고 있어서, 법조문에 대한 단순 암기만으로는 정답을 찾기 힘든 것이 현실입니다.

이론 강의를 통해 기본지식을 배웠다고 해서 문제를 해결할 수 있는 능력이 바로 생기는 것은 아닙니다. 문제풀이에 대한 훈련이 되어야 비로소 정답을 찾아낼 수 있습니다. 출제의도를 파악하고 핵심을 짚어 빠르게 문제를 해결하기 위해서는 다양한 문제를 많이 풀어보는 것이 필수입니다.

수험생 여러분의 보다 정확하고 효율적인 문제풀이 훈련을 위하여 본서는 다음과 같은 내용에 중점을 두고 집필하였습니다.

1 부동산공법의 개정된 내용은 시험에 출제될 가능성이 매우 높아, 최근까지 개정 및 신설된 규정을 모두 점검하여 이를 본서에 반영하였습니다.

2 제33회 공인중개사 시험부터 여타의 다른 시험까지 총망라한 최신 기출문제를 심층 분석하여 출제가능성이 높은 문제를 수록하였습니다.

3 기본서의 구성에 맞추어 문제를 배열하여 기본이론의 학습과 문제풀이를 병행해 나갈 수 있도록 수험생의 편의를 도모하였습니다.

4 문제에 대한 해설을 최대한 자세히 서술하여 문제와 관련되는 이론을 종합적이고 입체적으로 학습할 수 있도록 하였습니다.

5 출제가능성이 현저히 낮은 문제는 과감하게 삭제하여 수험생이 효율적으로 문제풀이에 선택·집중할 수 있도록 하였습니다.

더불어 공인중개사 시험 전문 **해커스 공인중개사(land.Hackers.com)** 에서 학원강의나 인터넷 동영상강의를 함께 이용하여 꾸준히 수강한다면 학습효과를 극대화할 수 있습니다.

본서가 출간되기까지 많은 도움을 주신 해커스 박규명 사장님께 깊은 감사를 드리며, 깔끔한 편집과 정확한 교정으로 도움을 주신 편집부 직원들에게도 고마운 마음을 전합니다. 그리고 본서를 애용해 주시는 수험생 여러분, 언제나 믿음과 격려로 함께 해주시는 선·후배 교수님들께도 진심으로 감사드립니다.

"모든 수험생 여러분이 이 책을 통하여 부디 한 번에 합격(一通)하시기를 진심으로 기원합니다."

2023년 5월
한종민, 해커스 공인중개사시험 연구소

이 책의 차례

이 책의 특징

01 전략적인 문제풀이를 통해 합격으로 가는 실전 문제집

2023년 공인중개사 시험 대비를 위한 실전 문제집으로 합격에 꼭 필요한 문제만을 엄선하여 수록하였습니다. 출제 가능성이 높은 다양한 유형의 예상문제를 풀어볼 수 있도록 구성함으로써 주요 내용만을 전략적으로 학습하여 단기간에 합격에 이를 수 있도록 하였습니다.

02 기출 심층분석으로 선별한 69개 출제포인트로 부동산공법 최종 마무리

제27회부터 제33회까지 최근 7개년 기출문제를 분석하여 주요 출제포인트를 선정하였습니다. 부동산 공법의 방대한 내용을 69개 출제포인트로 정리하여 출제 가능성이 높은 문제를 빠르게 학습할 수 있도록 구성하고, 포인트별 출제경향과 학습전략을 💡Tip 으로 제시하여 학습효과를 높였습니다.

03 확실한 이해를 돕는 정확하고 꼼꼼한 해설 수록

모든 문제에 대한 정확하고 꼼꼼한 해설을 수록하고, 문제와 관련된 판례 · 공식 · 암기사항 등을 풍부하게 제시하여 개념을 다시 한 번 정리하고 실력을 향상시킬 수 있도록 하였습니다. 또한 정답의 단서가 되는 부분에 강조 표시하고, 문제집과 해설집을 분리하여 보다 편리한 학습이 가능하도록 하였습니다.

04 최신 개정법령 및 출제경향 반영

최신 개정법령 및 시험 출제경향을 철저하게 분석하여 문제에 모두 반영하였습니다. 또한 기출문제의 경향과 난이도가 충실히 반영된 중요 · 고득점 · 신유형 문제를 수록하여 다양한 문제유형에 충분히 대비할 수 있도록 하였습니다.

05 효율적인 학습을 위한 3주 완성 및 자기주도 학습계획표 제공

개인의 학습방법과 속도에 따라 선택하여 활용할 수 있는 과목별 3주 완성 학습계획표와 자기주도 학습계획표를 수록하였습니다. 또한 학습계획표에 학습체크란을 제시하여 계획적으로 학습할 수 있도록 하였으며, '학습계획표 이용 Tip'을 수록하여 본 교재를 더욱 효과적으로 활용할 수 있도록 하였습니다.

06 학습효과 극대화를 위한 명쾌한 온·오프라인 강의 제공(land.Hackers.com)

해커스 공인중개사학원에서는 공인중개사 전문 교수진의 쉽고 명쾌한 강의를 제공하고 있습니다. 해커스 공인중개사(land.Hackers.com)에서는 학원강의를 온라인으로 학습할 수 있도록 동영상으로 제공하고 있으며, 교수님께 질문하기 게시판을 통하여 교수님에게 직접 질문하고 답변을 받으며 현장강의를 듣는 것과 같은 학습효과를 얻을 수 있습니다.

07 다양한 무료 학습자료 및 필수 합격정보 제공(land.Hackers.com)

해커스 공인중개사(land.Hackers.com)에서는 제33회 기출문제 동영상 해설강의, 온라인 전국 실전모의고사 그리고 각종 무료강의 등 다양한 학습자료와 시험 안내자료, 합격가이드 등 필수 합격정보를 제공하고 있습니다. 이러한 유용한 자료와 정보들을 효과적으로 얻어 시험 관련 내용에 빠르게 대처할 수 있도록 하였습니다.

이 책의 구성

전략 술술! 출제경향   실력 쑥쑥! 예상문제

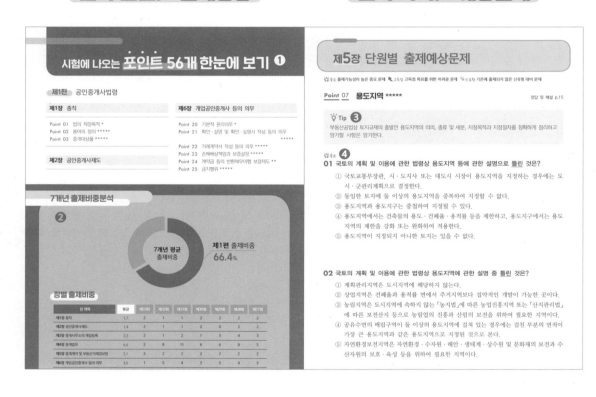

❶ 시험에 나오는 포인트 한눈에 보기

각 단원별로 흩어져 있는 출제포인트를 교재 앞부분에 모아 수록함으로써 시험에 자주 출제되는 포인트와 포인트별 중요도를 한눈에 확인할 수 있도록 하였습니다.

❷ 7개년 출제비중분석

최근 7개년의 공인중개사 기출문제를 심층적으로 분석하여 도출한 편별·장별 출제비중을 각 편 시작 부분에 시각적으로 제시함으로써 단원별 출제경향을 한눈에 파악하고 학습전략을 수립할 수 있도록 하였습니다.

❸ 문제 해결능력을 높이는 Tip

출제포인트별 학습방향, 문제풀이 방법 등을 담은 Tip을 수록하여 출제경향에 따라 전략적으로 문제를 해결할 수 있도록 하였습니다.

❹ 다양한 유형의 예상문제

출제예상문제를 중요·고득점·신유형으로 구분하여 전략적인 문제풀이가 가능하도록 하였습니다.

☆중요 : 60점 이상을 목표로 한다면 각 포인트에서 꼭 숙지하여야 할 문제

📌고득점 : 고득점을 목표로 한다면 풀어봐야 할 문제

📝신유형 : 기존에 출제되지 않았지만 출제될 것으로 예상되는 새로운 유형 대비 문제

이해 쏙쏙! 해설

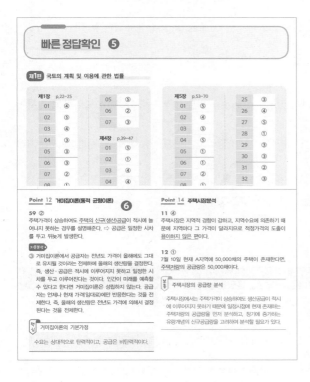

❺ 빠른 정답확인

각 단원별로 제시된 정답박스를 모아 놓은 '빠른 정답확인'을 활용하여 문제풀이 후 간편하게 정답을 확인할 수 있도록 하였습니다.

❻ 이해를 돕는 상세한 해설

문제에 대한 자세하고 친절한 해설뿐만 아니라 '지문분석', '핵심', '보충'과 같은 다양한 학습장치를 수록하여 해설만으로도 관련 이론을 충분히 정리할 수 있도록 하였습니다.

공인중개사 시험안내

응시자격

학력, 나이, 내·외국인을 불문하고 제한이 없습니다.

* 단, 법에 의한 응시자격 결격사유에 해당하는 자는 제외합니다(www.Q-Net.or.kr/site/junggae에서 확인 가능).

원서접수방법

• 국가자격시험 공인중개사 홈페이지(www.Q-Net.or.kr/site/junggae) 및 모바일큐넷(APP)에 접속하여 소정의 절차를 거쳐 원서를 접수합니다.

* 5일간 정기 원서접수 시행, 2일간 빈자리 추가접수 도입(정기 원서접수 기간 종료 후 환불자 범위 내에서만 선착순으로 빈자리 추가접수를 실시하므로 조기 마감될 수 있음)

• 원서접수시 최근 6개월 이내 촬영한 여권용 사진(3.5cm×4.5cm)을 JPG파일로 첨부합니다.

• 응시수수료는 1차 13,700원, 2차 14,300원, 1·2차 동시 응시의 경우 28,000원(제33회 시험 기준)입니다.

시험과목

차수	시험과목	시험범위
1차 (2과목)	부동산학개론	• 부동산학개론: 부동산학 총론, 부동산학 각론 • 부동산감정평가론
	민법 및 민사특별법	• 민법: 총칙 중 법률행위, 질권을 제외한 물권법, 계약법 중 총칙·매매·교환·임대차 • 민사특별법: 주택임대차보호법, 상가건물 임대차보호법, 집합건물의 소유 및 관리에 관한 법률, 가등기담보 등에 관한 법률, 부동산 실권리자명의 등기에 관한 법률
2차 (3과목)	공인중개사의 업무 및 부동산 거래신고에 관한 법령 및 중개실무	• 공인중개사법 • 부동산 거래신고 등에 관한 법률 • 중개실무(부동산거래 전자계약 포함)
	부동산공법 중 부동산중개에 관련되는 규정	• 국토의 계획 및 이용에 관한 법률 • 도시개발법 • 도시 및 주거환경정비법 • 주택법 • 건축법 • 농지법
	부동산공시에 관한 법령 및 부동산 관련 세법*	• 부동산등기법 • 공간정보의 구축 및 관리 등에 관한 법률(제2장 제4절 및 제3장) • 부동산 관련 세법(상속세, 증여세, 법인세, 부가가치세 제외)

* 부동산공시에 관한 법령 및 부동산 관련 세법 과목은 내용의 구성 편의상 '부동산공시법령'과 '부동산세법'으로 분리하였습니다.

* 답안은 시험시행일 현재 시행되고 있는 법령 등을 기준으로 작성합니다.

시험시간

구분	시험과목 수		입실시간	시험시간
1차 시험	2과목 (과목당 40문제)		09:00까지	09:30~11:10(100분)
2차 시험	1교시	2과목 (과목당 40문제)	12:30까지	13:00~14:40(100분)
	2교시	1과목 (과목당 40문제)	15:10까지	15:30~16:20(50분)

* 위 시험시간은 일반응시자 기준이며, 장애인 등 장애 유형에 따라 편의제공 및 시험시간 연장이 가능합니다(장애 유형별 편의제공 및 시험시간 연장 등 세부내용은 국가자격시험 공인중개사 홈페이지 공지사항 참고).

시험방법

• 1년에 1회 시험을 치르며, 1차 시험과 2차 시험을 같은 날에 구분하여 시행합니다.
• 모두 객관식 5지 선택형으로 출제됩니다.
• 답안작성은 OCR 카드에 작성하며, 전산자동 채점방식으로 채점합니다.

합격자 결정방법

• 1 · 2차 시험 공통으로 매 과목 100점 만점으로 하여 매 과목 40점 이상, 전 과목 평균 60점 이상 득점자를 합격자로 합니다.
• 1차 시험에 불합격한 사람의 2차 시험은 무효로 합니다.
• 1차 시험 합격자는 다음 회의 시험에 한하여 1차 시험을 면제합니다.

최종 정답 및 합격자 발표

• 최종 정답 발표는 인터넷(www.Q-Net.or.kr/site/junggae)을 통하여 확인 가능합니다.
• 최종 합격자 발표는 시험을 치른 한 달 후에 인터넷(www.Q-Net.or.kr/site/junggae)을 통하여 확인 가능합니다.

학습계획표

학습계획표 이용 Tip

- 본인의 학습 진도와 속도에 적합한 학습계획표를 선택한 후, 매일 · 매주 단위의 학습량을 확인합니다.
- 목표한 분량을 완료한 후에는 ☑와 같이 체크하거나 '학습 기간'에 기록하여 학습 진도를 스스로 점검합니다.

[학습 Tip]

- '출제비중분석'을 통해 단원별 출제비중과 해당 단원의 출제경향을 파악하고, 포인트별로 문제를 풀어나가며 다양한 출제 유형을 익힙니다.
- 틀린 문제는 해설을 꼼꼼히 읽어보고 '지문분석', '핵심', '보충' 코너에 수록된 내용을 확실히 이해하고 넘어가도록 합니다.
- 시험에 자주 출제되는 포인트와 포인트별 중요도를 확인하고, 문제풀이 전 단원별 주요 이론을 학습합니다.

[복습 Tip]

- 문제집을 학습하면서 어려움을 느낀 부분은 기본서 페이지를 찾아 관련 이론을 확인하고 주요 내용을 확실히 정리합니다.
- 문제집을 다시 풀어볼 때에는 ★의 개수가 많은 '핵심포인트' 위주로 전체 내용을 정리하고, 틀린 문제가 많았던 '핵심포인트'는 포인트별 ☀Tip 에서 강조한 내용을 노트에 정리해 봅니다.
- 다양한 유형과 난이도에 대한 적응력을 높일 수 있도록 고득점 · 신유형 · 중요 문제의 지문과 해설을 다시 한 번 꼼꼼히 살펴봅니다.

부동산공법 3주 완성 학습계획표

한 과목을 3주에 걸쳐 1회독 할 수 있는 학습계획표로, 한 과목씩 집중적으로 공부하고 싶은 수험생에게 추천합니다.

구분	월	화	수	목	금	토
1주차	Point 01~03	Point 04~07	Point 08~11	Point 12~15	Point 16~19	Point 20~24
2주차	Point 25~27	Point 28~31	Point 32~35	Point 36~38	Point 39~42	Point 43~46
3주차	Point 47~50	Point 51~54	Point 55~58	Point 59~62	Point 63~66	Point 67~69

자기주도 학습계획표

자율적으로 일정을 설정할 수 있는 학습계획표로, 자신의 학습속도에 맞추어 공부하고 싶은 수험생에게 추천합니다.

	과목	학습 범위	학습 기간
1			
2			
3			
4			
5			
6			
7			
8			
9			
10			
11			
12			
13			
14			
15			
16			
17			
18			
19			
20			
21			
22			
23			
24			
25			

활용예시

	과목	학습 범위	학습 기간
3	민법	2편 2장	8월 1일 ~ 8월 3일

시험에 나오는 포인트 69개 한눈에 보기

7개년 출제비중분석

제1편 출제비중
30%

7개년 평균
출제비중

장별 출제비중

장 제목	평균	제33회	제32회	제31회	제30회	제29회	제28회	제27회
제1장 총칙	1	0	1	1	2	1	1	1
제2장 광역도시계획	0.9	1	1	1	0	1	1	1
제3장 도시·군기본계획	0.6	1	1	1	0	0	0	1
제4장 도시·군관리계획	1	0	1	1	1	2	1	1
제5장 용도지역·용도지구·용도구역	3	3	2	3	4	4	3	2
제6장 도시·군계획시설	1.7	2	2	1	1	1	3	2
제7장 지구단위계획	0.7	0	1	0	0	1	1	2
제8장 개발행위허가 등	2.6	4	3	3	4	2	1	1
제9장 보칙·벌칙	0.4	1	0	1	0	0	1	0

*평균: 최근 7개년 동안 출제된 각 장별 평균 문제 수입니다.

제1편

국토의 계획 및 이용에 관한 법률

제1장 총칙

Point 01 용어정의 ★★★★

기본서 p.20~28

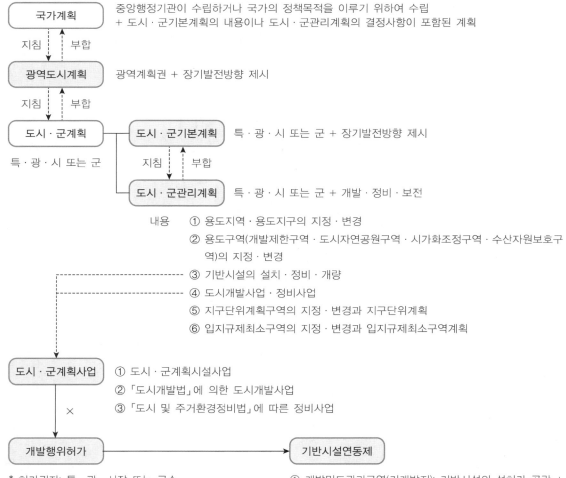

국가계획 ← 지침 / 부합 → 중앙행정기관이 수립하거나 국가의 정책목적을 이루기 위하여 수립
+ 도시 · 군기본계획의 내용이나 도시 · 군관리계획의 결정사항이 포함된 계획

광역도시계획 광역계획권 + 장기발전방향 제시

도시 · 군계획 특 · 광 · 시 또는 군

도시 · 군기본계획 특 · 광 · 시 또는 군 + 장기발전방향 제시

도시 · 군관리계획 특 · 광 · 시 또는 군 + 개발 · 정비 · 보전

내용
① 용도지역 · 용도지구의 지정 · 변경
② 용도구역(개발제한구역 · 도시자연공원구역 · 시가화조정구역 · 수산자원보호구역)의 지정 · 변경
③ 기반시설의 설치 · 정비 · 개량
④ 도시개발사업 · 정비사업
⑤ 지구단위계획구역의 지정 · 변경과 지구단위계획
⑥ 입지규제최소구역의 지정 · 변경과 입지규제최소구역계획

도시 · 군계획사업
① 도시 · 군계획시설사업
② 「도시개발법」에 의한 도시개발사업
③ 「도시 및 주거환경정비법」에 따른 정비사업

개발행위허가

* 허가권자: 특 · 광 · 시장 또는 군수
① 건축물의 건축
② 공작물의 설치
③ 토지의 형질변경(경작은 제외)
④ 토석채취(토지형질변경을 목적으로 하는 것은 제외)
⑤ 토지분할(건축물이 있는 대지는 제외)
⑥ 물건을 1개월 이상 쌓아놓는 행위

기반시설연동제
① 개발밀도관리구역(기개발지): 기반시설의 설치가 곤란 + 건폐율이나 용적률을 강화 적용하기 위하여 지정하는 구역
② 기반시설부담구역(신개발지): 기반시설의 설치가 필요 + 기반시설을 설치하거나 용지를 확보하게 하기 위하여 지정 · 고시하는 구역

성장관리계획
① 성장관리계획구역: 녹지, 관리 · 농림 · 자연환경보전지역
② 성장관리계획: 성장관리계획구역의 난개발 방지, 계획적 개발 유도

⊕ 기반시설(도로, 자동차정류장, 광장은 세분 ○)

1. 교통시설: 도로·철도, 항만·공항, 주차장, 자동차정류장
2. 공간시설: 광장·공원·녹지, 유원지
3. 유통·공급시설: 수도·전기·가스공급설비, 공동구
4. 공공·문화체육시설: 학교, 공공청사, 문화시설
5. 방재시설: 하천, 유수지·저수지, 방화설비
6. 보건위생시설: 장사시설, 도축장, 종합의료시설
7. 환경기초시설: 하수도, 폐기물처리시설, 빗물저장시설, 폐차장

⊕ 약어 설명

- **특·광·시 또는 군**: 특별시·광역시(특별자치시·특별자치도)·시 또는 군(이하 제1편에서 '특·광·시 또는 군'이라 한다)
- **특·광·시장 또는 군수**: 특별시장·광역시장(특별자치시장·특별자치도지사)·시장 또는 군수(이하 제1편에서 '특·광·시장 또는 군수라 한다)

제1장 단원별 출제예상문제

Point 01 　용어정의 ★★★★

정답 및 해설 p.10~11

♀ Tip
- 용어정의(광역도시계획, 도시 · 군계획, 도시 · 군계획시설, 도시 · 군계획사업 및 지구단위계획)와 행정계획의 위계질서 등에 관해 정확하게 이해하고 정리한다.
- 기반시설의 의의, 종류 및 세분은 자주 출제되는 부분으로 암기가 필요한 사항은 암기한다.

☆중요
01 국토의 계획 및 이용에 관한 법령상 용어에 관한 설명으로 옳은 것은?

① 도시 · 군계획이란 특별시 · 광역시 · 특별자치시 · 특별자치도 · 시 또는 광역시 관할 구역 안의 군에 대하여 수립하는 광역도시계획과 도시 · 군관리계획을 말한다.

② 도시 · 군기본계획이란 시 · 군 또는 자치구의 관할 구역에 대하여 기본적인 공간구조와 장기발전방향을 제시하는 계획을 말한다.

③ 기반시설이란 도시 · 군계획시설 중 도시 · 군관리계획으로 결정된 시설을 말한다.

④ 도시 · 군관리계획을 시행하기 위한 「도시개발법」에 따른 도시개발사업은 도시 · 군계획사업에 포함된다.

⑤ 용도구역은 용도지역의 행위제한을 강화하기 위하여 시장 또는 군수가 도시 · 군관리계획으로 결정하는 지역이다.

☆중요
02 국토의 계획 및 이용에 관한 법령상 용어에 관한 설명으로 틀린 것은?

① 기반시설 중 도로, 자동차정류장 및 광장은 세분할 수 있다.

② 수산자원보호구역의 지정 또는 변경에 관한 계획은 도시 · 군관리계획에 해당한다.

③ 행정청이 설치하는 주차장이나 저수지는 공공시설에 해당한다.

④ 용도지구에는 용도지역의 제한을 완화하는 목적으로 지정되는 경우도 있다.

⑤ 기반시설부담구역은 개발밀도관리구역으로 지정된 것으로 본다.

☆중요

03 국토의 계획 및 이용에 관한 법령상 기반시설과 그 종류의 연결이 옳은 것은?

① 교통시설 − 도로·궤도, 폐차장, 차량 검사 및 면허시설

② 공간시설 − 광장·공원, 녹지, 청소년수련시설

③ 유통·공급시설 − 하수도, 공동구, 방송·통신시설

④ 보건위생시설 − 장사시설, 도축장

⑤ 방재시설 − 하천, 유수지, 폐기물처리 및 재활용시설

04 국토의 계획 및 이용에 관한 법령상 기반시설 중 공공·문화체육시설에 해당하는 것은 모두 몇 개인가?

㉠ 공공직업훈련시설	㉡ 종합의료시설
㉢ 연구시설	㉣ 공공공지
㉤ 사회복지시설	㉥ 학교

① 2개　　　　　　　　　　　　② 3개

③ 4개　　　　　　　　　　　　④ 5개

⑤ 6개

05 국토의 계획 및 이용에 관한 법령상 기반시설인 자동차정류장을 세분할 경우 이에 해당하지 <u>않는</u> 것은?

① 여객자동차터미널　　　　　② 공영차고지

③ 자동차전용도로　　　　　　④ 물류터미널

⑤ 화물자동차 휴게소

06 국토의 계획 및 이용에 관한 법령상 도시·군관리계획을 시행하기 위한 사업으로 도시·군계획사업에 해당하는 것은 모두 몇 개인가?

> ㉠ 도시·군계획시설사업
> ㉡ 「산업입지 및 개발에 관한 법률」에 따른 산업단지개발사업
> ㉢ 「도시 및 주거환경정비법」에 따른 정비사업
> ㉣ 「도시개발법」에 따른 도시개발사업
> ㉤ 「택지개발촉진법」에 따른 택지개발사업

① 1개
② 2개
③ 3개
④ 4개
⑤ 5개

07 국토의 계획 및 이용에 관한 법령상 기반시설을 유발하는 시설에서 제외되는 건축물에 해당하지 <u>않는</u> 것은?

① 국가 또는 지방자치단체가 건축하는 건축물
② 상업지역에 설치하는 「농수산물 유통 및 가격안정에 관한 법률」에 따라 개설하는 농수산물공판장
③ 「도시재정비 촉진을 위한 특별법」에 따라 공급하는 임대주택
④ 「유아교육법」에 따른 사립유치원
⑤ 「택지개발촉진법」에 따른 택지개발예정지구에서 지구단위계획을 수립하여 개발하는 토지에 건축하는 건축물

☆중요
08 국토의 계획 및 이용에 관한 법령상 용어 및 내용에 대한 설명으로 옳은 것은?

① 성장관리계획이란 성장관리계획구역에서의 난개발을 방지하고 계획적인 개발을 유도하기 위하여 수립하는 계획을 말한다.

② 도시·군계획시설사업이란 기반시설을 설치·정비 또는 개량하는 사업을 말한다.

③ 지구단위계획이란 도시·군계획 수립대상 지역의 전부 또는 일부에 대하여 해당 지역을 체계적·계획적으로 관리하기 위하여 수립하는 도시·군관리계획을 말한다.

④ 국가계획이란 중앙행정기관이 법률에 따라 수립하는 계획으로서 도시·군관리계획으로 결정해야 할 사항이 포함되지 않은 계획을 말한다.

⑤ 특별시장·광역시장·특별자치시장·특별자치도지사·시장 또는 군수는 도시의 지속가능성 및 생활인프라 수준을 평가할 수 있다.

☆중요
09 국토의 계획 및 이용에 관한 법령상 국가계획, 광역도시계획 및 도시·군계획의 관계에 관한 설명으로 틀린 것은?

① 광역도시계획의 내용이 국가계획의 내용과 다를 때에는 국가계획의 내용이 우선한다.

② 도시·군기본계획의 내용이 광역도시계획의 내용과 다를 때에는 광역도시계획의 내용이 우선한다.

③ 도시·군계획은 특별시·광역시·특별자치시·특별자치도·시 또는 군의 관할 구역에서 수립되는 다른 법률에 따른 토지의 이용·개발 및 보전에 관한 계획의 기본이 된다.

④ 도시·군계획은 국가계획에 부합되어야 하며, 도시·군계획의 내용이 국가계획의 내용과 다를 때에는 국가계획의 내용이 우선한다.

⑤ 특별시장이 관할 구역에 대하여 다른 법률에 따른 환경·교통·수도·하수도·주택에 관하여 수립하는 부문별 계획은 도시·군기본계획의 내용에 부합되지 않아도 된다.

제2장 광역도시계획

Point 02 광역도시계획 ★★★★

기본서 p.29~36

의의	광역계획권의 장기발전방향 제시(정책계획)

수립
대상
	① 광역계획권: 인접한 둘 이상의 특·광·시 또는 군의 관할 구역의 전부 또는 일부
	② 지정권자
	   ㉠ 도지사(같은 도)
	   ㉡ 국토부장관(둘 이상의 시·도)
	   🔍 의견청취 ⇨ 도시계획위원회 심의 ⇨ 지정 ⇨ 통보

수립
권자
	① 시장·군수 공동: 광역계획권이 같은 도에 속하는 경우
	② 시·도지사 공동: 광역계획권이 둘 이상의 시·도에 걸치는 경우
	③ 도지사
	   ㉠ 시장·군수가 협의를 거쳐 요청하는 경우
	   ㉡ 광역계획권을 지정한 날부터 3년이 지날 때까지 시장·군수로부터 승인 신청이
	      없는 경우
	④ 국토부장관
	   ㉠ 국가계획과 관련된 경우
	   ㉡ 광역계획권을 지정한 날부터 3년이 지날 때까지 시·도지사로부터 승인 신청이
	      없는 경우

수립 절차	 ① 기초조사정보체계 구축 ⇨ 5년마다 확인·반영 ② 공청회 개최예정일 14일 전까지 1회 이상 공고 ③ 지방의회, 시장·군수, 협의요청을 받은 행정기관의 장은 30일 이내에 의견 제시 ④ 공고·열람은 30일 이상(②·③·④는 도시·군기본계획도 동일)
수립 기준	① 국토부장관이 정함 ② 국가계획에 부합 ⇨ 광역도시계획 또는 도시·군계획이 국가계획의 내용과 다를 때에는 국가계획이 우선
타당성 검토	×

제2장 단원별 출제예상문제

☆중요 출제가능성이 높은 중요 문제 🔖고득점 고득점 목표를 위한 어려운 문제 📝신유형 기존에 출제되지 않은 신유형 대비 문제

Point 02 광역도시계획 ★★★★

정답 및 해설 p.11~12

> 💡 Tip
>
> 광역계획권의 지정권자와 광역도시계획의 수립권자를 명확하게 구분하고, 행정계획의 일반절차로서 광역도시계획의 수립 및 승인절차를 정리한다.

☆중요

01 국토의 계획 및 이용에 관한 법령상 광역도시계획에 관한 설명으로 옳은 것은?

① 광역도시계획은 광역계획권 전체를 하나의 계획단위로 보고 장기적인 발전방향을 제시하는 계획이다.

② 광역도시계획은 20년 단위로 수립해야 한다.

③ 광역도시계획은 행정청에 대한 내부적 구속력은 물론 일반 사인도 함께 구속하는 대외적 구속력이 있는 계획이다.

④ 국토교통부장관, 시·도지사, 시장 또는 군수는 5년마다 광역도시계획에 대하여 그 타당성 여부를 재검토하여 정비해야 한다.

⑤ 광역도시계획의 수립기준은 국토교통부령으로 정한다.

☆중요

02 국토의 계획 및 이용에 관한 법령상 광역도시계획에 관한 설명으로 옳은 것은?

① 광역계획권이 둘 이상의 도의 관할 구역에 걸쳐 있는 경우, 해당 도지사가 공동으로 광역계획권을 지정한다.

② 광역계획권은 광역시장이 지정할 수 있다.

③ 도지사가 광역계획권을 지정하려면 관계 중앙행정기관의 장의 의견을 들은 후 중앙도시계획위원회의 심의를 거쳐야 한다.

④ 국가계획과 관련된 광역도시계획의 수립이 필요한 경우 광역도시계획의 수립권자는 국토교통부장관이다.

⑤ 광역도시계획이 수립되어 있는 지역에 대하여 수립하는 도시·군기본계획의 내용이 광역도시계획의 내용과 다를 때에는 도시·군기본계획의 내용이 우선한다.

☆중요

03 국토의 계획 및 이용에 관한 법령상 광역도시계획에 관한 설명으로 옳은 것은?

① 국토교통부장관은 광역계획권을 변경하려면 관계 시·도지사, 시장 또는 군수의 의견을 들은 후 지방도시계획위원회의 심의를 거쳐야 한다.

② 시장 또는 군수가 협의를 거쳐 요청하는 경우에는 도지사가 단독으로 광역도시계획을 수립할 수 있다.

③ 국토교통부장관은 시·도지사가 요청하는 경우에도 시·도지사와 공동으로 광역도시계획을 수립할 수 없다.

④ 시장 또는 군수가 광역도시계획을 수립하려면 국토교통부장관의 승인을 받아야 한다.

⑤ 광역계획권은 인접한 둘 이상의 특별시·광역시·시 또는 군의 관할 구역 단위로 지정해야 하며, 그 관할 구역의 일부만을 광역계획권에 포함시킬 수는 없다.

☆중요

04 국토의 계획 및 이용에 관한 법령상 광역도시계획에 관한 설명으로 <u>틀린</u> 것은?

① 국토교통부장관은 광역계획권을 지정하려면 관계 시·도지사, 시장 또는 군수의 의견을 들은 후 중앙도시계획위원회의 심의를 거쳐야 한다.

② 광역계획권이 같은 도(道)의 관할 구역에 속하여 있는 경우에는 관할 시장 또는 군수가 공동으로 광역도시계획을 수립한다.

③ 광역계획권을 지정한 날부터 3년이 지날 때까지 광역도시계획의 승인신청이 없는 경우에는 그 3년이 되는 날의 다음 날에 광역계획권의 지정은 해제된 것으로 본다.

④ 국토교통부장관은 관계 행정기관의 장에게 광역도시계획의 수립을 위한 기초조사에 필요한 자료를 제출하도록 요청할 수 있다.

⑤ 시·도지사, 시장 또는 군수는 광역도시계획을 수립하거나 변경하려면 미리 관계 시·도, 시 또는 군의 의회와 관계 시장 또는 군수의 의견을 들어야 한다.

05 국토의 계획 및 이용에 관한 법령상 광역도시계획에 관한 설명으로 **틀린** 것은?

① 중앙행정기관의 장, 시·도지사, 시장 또는 군수는 국토교통부장관이나 도지사에게 광역계획권의 지정 또는 변경을 요청할 수 있다.

② 광역계획권을 지정한 날부터 2년이 지날 때까지 관할 시장 또는 군수로부터 광역도시계획의 승인신청이 없는 경우에는 국토교통부장관이 수립한다.

③ 광역계획권이 둘 이상의 시·도의 관할 구역에 걸쳐 있는 경우에는 관할 시·도지사가 공동으로 광역도시계획을 수립한다.

④ 광역도시계획은 여건변화에 탄력적으로 대응할 수 있도록 포괄적이고 개략적으로 수립하도록 하되, 특정부문 위주로 수립하는 경우에는 도시·군관리계획 등에 명확한 지침을 제시할 수 있도록 구체적으로 수립하도록 한다.

⑤ 국토교통부장관, 시·도지사, 시장 또는 군수가 기초조사를 실시한 경우에는 기초조사정보체계를 구축·운영해야 한다.

06 국토의 계획 및 이용에 관한 법령상 광역도시계획을 수립하기 위한 공청회에 관한 설명으로 **틀린** 것은?

① 국토교통부장관, 시·도지사, 시장 또는 군수는 광역도시계획을 수립하거나 변경하려면 미리 공청회를 열어 주민과 관계 전문가 등으로부터 의견을 들어야 한다.

② 공청회를 개최하려면 개최목적 등을 개최예정일 14일 전까지 1회 이상 공고해야 한다.

③ 공청회의 개최에 관하여 필요한 사항은 그 공청회를 개최하는 주체에 관계없이 국토교통부장관이 정하도록 하고 있다.

④ 공청회는 국토교통부장관, 시·도지사 또는 시장·군수가 지명하는 자가 주재한다.

⑤ 공청회는 광역계획권 단위로 개최하되, 필요한 경우에는 광역계획권을 여러 개의 지역으로 구분하여 개최할 수 있다.

07 국토의 계획 및 이용에 관한 법령상 광역도시계획에 관한 설명으로 옳은 것은?

① 광역계획권이 하나의 도(道)의 관할 구역에 속해 있는 경우, 도지사는 국토교통부장관과 공동으로 광역계획권을 지정한다.

② 광역도시계획을 공동으로 수립하는 시장 또는 군수는 그 내용에 관하여 서로 협의가 되지 않는 경우 공동으로 국토교통부장관에게 조정을 신청해야 한다.

③ 시·도지사가 광역도시계획의 승인을 받으려는 때에는 광역도시계획안에 기초조사 결과를 포함한 서류를 첨부하여 국토교통부장관에게 제출해야 한다.

④ 국토교통부장관은 광역도시계획을 수립하였을 때에는 직접 그 내용을 공고하고 일반이 열람할 수 있도록 해야 한다.

⑤ 시장 또는 군수가 협의를 거쳐 요청하는 경우 도지사가 단독으로 광역도시계획을 수립하고, 국토교통부장관의 승인을 받아야 한다.

08 국토의 계획 및 이용에 관한 법령상 광역도시계획에 관한 설명으로 옳은 것은?

① 시·도지사가 광역도시계획을 수립하는 경우 미리 관계 중앙행정기관과 협의한 후 중앙도시계획위원회의 심의를 거쳐야 한다.

② 국토교통부장관, 시·도지사, 시장 또는 군수가 기초조사정보체계를 구축한 경우에는 등록된 정보의 현황을 5년마다 확인하고 변동사항을 반영해야 한다.

③ 도지사가 단독으로 광역도시계획을 수립하는 경우 광역도시계획협의회를 구성할 수 있다.

④ 광역계획권의 지정 또는 변경은 도시·군관리계획으로 결정한다.

⑤ 국토교통부장관은 시·도지사가 공동으로 조정을 신청한 경우에는 기한을 정하여 다시 협의하도록 권고할 수 있다.

제3장 도시·군기본계획

Point 03 도시·군기본계획 ★★★

기본서 p.37~41

의의	특·광·시 또는 군의 장기발전방향 제시(정책계획), 종합계획 ⇨ 도시·군관리계획 수립의 지침
수립 대상	특·광·시 또는 군 🔍 연계수립: 인접한 관할 구역의 전부 또는 일부를 포함하여 수립 가능 ⇨ 사전 협의
수립 권자	① 수립의무: 특·광·시장 또는 군수 ② 예외 　㉠ 수도권 × + 광역시와 경계 × + 인구 10만명 이하인 시 또는 군 　㉡ 관할 구역 전부에 광역도시계획이 수립 + 도시·군기본계획의 내용이 모두 포함 　　되어 있는 시 또는 군
수립 절차	① 시 또는 군 도시·군기본계획의 승인 기초조사 → 의견청취 → 수립 → 협의·심의 → 승인 필수적 토지적성평가 재해취약성분석　주민(공청회)　지방의회　시장·군수　　도지사 　　　　　　　　　　　　　　　공고·열람 송부 ② 특별시·광역시(·특별자치시·특별자치도) 도시·군기본계획의 확정 기초조사 → 의견청취 → 협의·심의 → 수립 → 공고·열람 필수적 토지적성평가 재해취약성분석　주민(공청회)　지방의회　　특별시장·광역시장
수립 기준	① 국토부장관이 정함 ② 광역도시계획에 부합 ⇨ 도시·군기본계획과 광역도시계획의 내용이 다를 때에는 광역도시계획이 우선
타당성 검토	5년마다 타당성 검토해서 정비

중요 출제가능성이 높은 중요 문제 🔺고득점 고득점 목표를 위한 어려운 문제 🔖신유형 기존에 출제되지 않은 신유형 대비 문제

Point 03 **도시 · 군기본계획** ★★★   정답 및 해설 p.12~13

💡 **Tip**
도시 · 군기본계획의 수립권자, 수립절차 및 타당성 검토에 관한 내용을 정확하게 정리한다.

☆중요
01 국토의 계획 및 이용에 관한 법령상 도시 · 군기본계획에 대한 다음 설명 중 <u>틀린</u> 것은?

① 도시 · 군기본계획은 해당 지역의 특성을 고려한 장기계획으로서 종합계획이며 법정계획이다.

② 도시 · 군기본계획은 광역도시계획과 도시 · 군관리계획 수립의 지침이 된다.

③ 특별시장 · 광역시장 · 특별자치시장 · 특별자치도지사 · 시장 또는 군수는 5년마다 관할 구역의 도시 · 군기본계획에 대하여 그 타당성 여부를 전반적으로 재검토하여 정비해야 한다.

④ 특별시장 · 광역시장 · 특별자치시장 · 특별자치도지사 · 시장 또는 군수가 관할 구역에 대하여 다른 법률에 따른 환경 · 교통 · 수도 · 하수도 · 주택 등에 관한 부문별 계획을 수립할 때에는 도시 · 군기본계획의 내용에 부합되게 해야 한다.

⑤ 특별시장 · 광역시장 · 특별자치시장 · 특별자치도지사 · 시장 또는 군수는 도시 · 군기본계획의 내용에 우선하는 국가계획의 내용을 도시 · 군기본계획에 반영해야 한다.

02 국토의 계획 및 이용에 관한 법령상 도시·군기본계획에 포함되어야 하는 정책방향으로 옳은 것을 모두 고른 것은?

> ㉠ 토지의 용도별 수요 및 공급에 관한 사항
> ㉡ 기후변화 대응 및 에너지 절약에 관한 사항
> ㉢ 방재·방범 등 안전에 관한 사항
> ㉣ 경관에 관한 사항

① ㉠, ㉣
② ㉡, ㉢
③ ㉠, ㉡, ㉢
④ ㉡, ㉢, ㉣
⑤ ㉠, ㉡, ㉢, ㉣

✿중요
03 국토의 계획 및 이용에 관한 법령상 도시·군기본계획에 관한 설명으로 옳은 것은?

① 시장 또는 군수는 도시·군기본계획의 수립을 위한 공청회 개최와 관련된 사항을 공청회 개최예정일 7일 전까지 2회 이상 공고해야 한다.
② 시·도지사, 시장 또는 군수는 기초조사의 내용에 토지적성평가와 재해취약성분석을 포함해야 한다.
③ 도시·군기본계획을 변경하는 경우에는 공청회를 개최하지 아니할 수 있다.
④ 시장 또는 군수가 도시·군기본계획을 수립하려면 지방의회의 승인을 받아야 한다.
⑤ 다른 법률에 따른 지역·지구 등의 지정으로 인하여 도시·군기본계획의 변경이 필요한 경우에는 반드시 토지적성평가를 해야 한다.

04 국토의 계획 및 이용에 관한 법령상 도시·군기본계획의 수립에 관한 설명으로 <u>틀린</u> 것은?

① 특별시장·광역시장·특별자치시장·특별자치도지사·시장 또는 군수가 관할 구역에 대하여 수립해야 한다.

② 「수도권정비계획법」에 의한 수도권에 속하지 않고 광역시와 경계를 같이하지 않는 시로서 인구 7만명인 시의 시장은 도시·군기본계획을 수립하지 않을 수 있다.

③ 관할 구역 전부에 대하여 도시·군기본계획의 내용을 모두 포함하는 광역도시계획이 수립되어 있는 시 또는 군의 경우에는 도시·군기본계획을 수립하지 않을 수 있다.

④ 지역여건상 필요하다고 인정하는 때에는 인접한 시 또는 군의 관할 구역 전부 또는 일부를 포함하여 수립할 수 있다.

⑤ 특별시장·광역시장이 도시·군기본계획을 수립하거나 변경하려면 지방도시계획위원회의 심의를 거친 후 관계 행정기관의 장과 협의해야 한다.

🖉신유형
05 국토의 계획 및 이용에 관한 법령상 시장 또는 군수가 도시·군기본계획의 승인을 받으려 할 때, 도시·군기본계획안에 첨부하여 도지사에게 제출해야 할 서류에 해당하는 것은?

① 관계 중앙행정기관의 장과의 협의 및 중앙도시계획위원회의 심의에 필요한 서류

② 해당 시·군의 지방도시계획위원회의 심의 결과

③ 해당 도 의회의 의견청취 결과

④ 청문회개최 결과

⑤ 기초조사 결과

06 국토의 계획 및 이용에 관한 법령상 도시·군기본계획에 관한 설명 중 옳은 것은 모두 몇 개인가?

> ㉠ 도시·군기본계획의 수립기준은 대통령령이 정하는 바에 따라 시·도지사가 정한다.
> ㉡ 도시·군기본계획은 국가계획과 관련된 경우에는 국토교통부장관이 직접 수립한다.
> ㉢ 특별시장·광역시장은 도시·군기본계획을 수립 또는 변경하려면 국토교통부장관의 승인을 받아야 한다.
> ㉣ 도시·군기본계획을 수립하지 않는 시 또는 군의 시장 또는 군수는 도시·군관리계획을 정비하는 때에는 해당 시 또는 군의 장기발전구상을 포함시켜야 하며, 공청회를 개최하여 이에 관한 주민의 의견을 들어야 한다.
> ㉤ 도시·군기본계획 입안일부터 5년 이내에 토지적성평가를 실시한 경우 등 대통령령으로 정하는 경우에는 토지적성평가 또는 재해취약성분석을 하지 않을 수 있다.

① 1개   ② 2개
③ 3개   ④ 4개
⑤ 5개

☆중요
07 국토의 계획 및 이용에 관한 법령상 도시·군기본계획에 관한 설명으로 틀린 것은?

① 시장 또는 군수는 인접한 시 또는 군의 관할 구역을 포함하여 도시·군기본계획을 수립하려면 미리 그 시장 또는 군수와 협의하여야 한다.
② 시장 또는 군수는 도시·군기본계획을 수립하려면 미리 그 시 또는 군 의회의 의견을 들어야 한다.
③ 시장 또는 군수는 도시·군기본계획을 변경하려면 도지사와 협의한 후 지방도시계획위원회의 심의를 거쳐야 한다.
④ 도시·군기본계획 입안일부터 5년 이내에 토지적성평가를 실시한 경우에는 토지적성평가를 하지 아니할 수 있다.
⑤ 시장 또는 군수는 5년마다 관할 구역의 도시·군기본계획에 대하여 타당성을 전반적으로 재검토하여 정비하여야 한다.

제4장 도시 · 군관리계획

Point 04 도시 · 군관리계획의 입안 ★★★★

(1) 의의

특 · 광 · 시 또는 군의 개발 · 정비 및 보전을 위하여 수립하는 토지이용 · 교통 · 환경 · 경관 · 안전 · 산업 등에 관한 다음의 계획(집행계획)

① 용도지역 · 용도지구의 지정 · 변경
② 용도구역(개발제한구역 · 도시자연공원구역 · 시가화조정구역 · 수산자원보호구역)의 지정 · 변경
③ 기반시설의 설치 · 정비 및 개량
④ 도시개발사업 · 정비사업
⑤ 지구단위계획구역의 지정 · 변경 및 지구단위계획
⑥ 입지규제최소구역의 지정 · 변경 및 입지규제최소구역계획

(2) 입안

입안
권자
	① 원칙: 특 · 광 · 시장 또는 군수
	  🔍 **연계입안:** 인접한 관할 구역의 전부 또는 일부를 포함하여 입안 가능 ⇨ 협의하여 입안자 지정 또는 공동 입안 ⇨ 협의불성립시 국토부장관, 도지사가 입안자 지정
	② 예외
	  ㉠ 국토부장관(국가계획 관련, 둘 이상 시 · 도)
	  ㉡ 도지사(둘 이상의 시 · 군)

입안
제안
	🔍 주민(이해관계자 포함)의 입안 제안 ⇨ 입안권자에게 제안 가능
	① 제안내용(동의대상에서 국 · 공유지는 제외)
	  ㉠ 기반시설의 설치 · 정비 · 개량(토지면적 5분의 4 이상 동의)
	  ㉡ 지구단위계획구역의 지정 · 변경과 지구단위계획(토지면적 3분의 2 이상 동의)
	  ㉢ 용도지구의 지정 · 변경(토지면적 3분의 2 이상 동의)
	  ㉣ 입지규제최소구역의 지정 · 변경과 입지규제최소구역계획(토지면적 3분의 2 이상 동의)
	② 산업 · 유통개발진흥지구의 제안요건
	  ㉠ 면적 1만m² 이상 3만m² 미만
	  ㉡ 자연녹지지역 · 계획관리지역(전체 면적의 50% 이상) 및 생산관리지역
	③ 반영 여부 통보: 45일 이내. 다만, 부득이한 경우 1회 30일 연장 가능
	④ 비용부담: 입안 및 결정에 필요한 비용의 전부 또는 일부를 제안자에게 부담시킬 수 있음

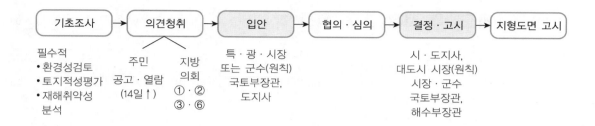

기초조사 → 의견청취 → 입안 → 협의 · 심의 → 결정 · 고시 → 지형도면 고시

필수적
• 환경성검토
• 토지적성평가
• 재해취약성 분석

주민 공고 · 열람 (14일↑)

지방 의회
① · ②
③ · ⑥

특 · 광 · 시장 또는 군수(원칙) 국토부장관, 도지사

시 · 도지사, 대도시 시장(원칙) 시장 · 군수 국토부장관, 해수부장관

Point 05 도시 · 군관리계획의 결정 ★★★★★

기본서 p.52~58

결정 권자	① 원칙: 시 · 도지사(직접 또는 시장 · 군수의 신청), 대도시 시장 ② 시장 또는 군수: 시장 또는 군수가 입안한 지구단위계획구역과 지구단위계획 ③ 국토부장관 　㉠ 직접 입안 　㉡ 개발제한구역 　㉢ 시가화조정구역(국가계획과 연계) ④ 해양수산부장관: 수산자원보호구역
효력 발생	① 효력발생시기: 지형도면을 고시한 날부터 ② 기득권 보호 　㉠ 원칙: 도시 · 군관리계획결정 당시 이미 사업이나 공사에 착수한 자는 관계없이 계속 시행 가능(별도의 인 · 허가, 신고 ×) 　㉡ 예외: 시가화조정구역 또는 수산자원보호구역의 경우에는 도시 · 군관리계획결정의 고시일부터 3개월 이내에 신고하고 계속 시행 가능 ③ 지형도면의 작성 · 고시 　㉠ 작성(입안권자) ⇨ 고시(결정권자) 　㉡ 시장(대도시 시장은 제외) 또는 군수는 지형도면(지구단위계획구역과 지구단위계획은 제외)을 작성하면 도지사의 승인(30일 이내) ④ 타당성 검토: 특 · 광 · 시장 또는 군수는 5년마다 타당성 검토해서 정비 ⑤ 수립기준: 국토부장관이 정함, 광역도시계획 및 도시 · 군기본계획에 부합

공유
수면
	공유수면(바다만 해당)매립구역의 특례
	① 매립목적 = 이웃 용도지역: 매립구역은 매립준공인가일에 이웃 용도지역으로 지정 의제
	  ⇨ 지체 없이 고시
	② 매립목적 ≠ 이웃 용도지역 or 둘 이상의 용도지역에 걸치는 경우: 매립구역의 용도지역은
	  도시·군관리계획으로 결정

구역
등
	① 도시지역으로 결정·고시 의제
	  ㉠ 항만구역 + 도시지역에 연접한 공유수면
	  ㉡ 어항구역 + 도시지역에 연접한 공유수면
	  ㉢ 산업단지(국가, 일반, 도시첨단. 다만, 농공단지는 제외)
	  ㉣ 택지개발지구
	  ㉤ 전원개발사업구역(수력발전소 등은 제외)
	② 관리지역의 특례
	  ㉠ 관리지역에서 농업진흥지역은 농림지역으로 결정·고시 의제
	  ㉡ 관리지역에서 보전산지는 고시에서 구분하는 바에 따라 농림지역 또는 자연환경보
	    전지역으로 결정·고시 의제

제4장 단원별 출제예상문제

☆중요 출제가능성이 높은 중요 문제   ↖고득점 고득점 목표를 위한 어려운 문제   ◎신유형 기존에 출제되지 않은 신유형 대비 문제

Point 04   도시 · 군관리계획의 입안 ★★★★

정답 및 해설 p.13~14

> 💡 **Tip**
>
> 도시 · 군관리계획의 내용 6가지, 입안권자, 주민의 입안제안 및 입안절차를 정확하게 이해하고 정리한다.

01 국토의 계획 및 이용에 관한 법령상 도시 · 군관리계획의 내용에 해당하지 <u>않는</u> 것은?

① 도시지역, 관리지역, 농림지역 및 자연환경보전지역의 지정 또는 변경
② 지구단위계획구역의 지정 또는 변경
③ 「도시개발법」에 따른 도시개발사업
④ 기반시설의 설치 · 정비 또는 개량
⑤ 개발밀도관리구역과 기반시설부담구역의 지정 또는 변경

☆중요

02 국토의 계획 및 이용에 관한 법령상 도시 · 군관리계획에 해당하지 <u>않는</u> 것은?

① 용도지역의 지정과 건축제한에 관한 계획
② 고도지구의 지정과 건축물의 높이에 관한 계획
③ 시가화조정구역의 지정과 시가화유보기간에 관한 계획
④ 공동구의 설치에 관한 계획
⑤ 입지규제최소구역의 지정 또는 변경에 관한 계획과 입지규제최소구역계획

03 국토의 계획 및 이용에 관한 법령상 도시 · 군관리계획에 대한 설명으로 <u>틀린</u> 것은?

① 도시 · 군관리계획은 광역도시계획과 도시 · 군기본계획에 부합되어야 한다.

② 도시 · 군관리계획결정의 위법성을 이유로 행정쟁송을 제기할 수 있다는 것이 판례의 입장이다.

③ 도시 · 군기본계획을 위반하였다고 하여 도시 · 군관리계획이 위법 · 무효가 되는 것은 아니다.

④ 도시 · 군관리계획에는 도시자연공원구역의 지정과 행위제한에 관한 계획이 포함되어야 한다.

⑤ 도시 · 군관리계획은 계획의 상세 정도, 기반시설의 종류 등에 대하여 도시 및 농 · 산 · 어촌지역의 인구밀도 등을 종합적으로 고려하여 차등을 두어 입안해야 한다.

☆☆중요
04 국토의 계획 및 이용에 관한 법령상 도시 · 군관리계획의 입안에 대한 설명으로 <u>틀린</u> 것은?

① 도시 · 군관리계획은 관할 특별시장 · 광역시장 · 특별자치시장 · 특별자치도지사 · 시장 또는 군수가 입안해야 한다.

② 도시 · 군관리계획의 수립기준은 국토교통부장관(수산자원보호구역의 경우 해양수산부장관)이 정한다.

③ 인접한 특별시 · 광역시 · 특별자치시 · 특별자치도 · 시 또는 군에 대한 도시 · 군관리계획은 관계 특별시장 · 광역시장 · 특별자치시장 · 특별자치도지사 · 시장 또는 군수가 협의하여 공동으로 입안하거나 입안할 자를 정한다.

④ 공동입안에 대한 협의가 성립되지 않는 경우에는 관할 도지사나 국토교통부장관이 직접 입안해야 한다.

⑤ 국토교통부장관은 국가계획과 관련된 경우에는 관계 중앙행정기관의 장의 요청 없이도 직접 도시 · 군관리계획을 입안할 수 있다.

05 국토의 계획 및 이용에 관한 법령상 주민 등의 도시·군관리계획 입안제안에 관한 설명으로 옳은 것은?

① 주민(이해관계자를 포함)은 개발제한구역의 변경에 관하여 도시·군관리계획을 입안할 수 있는 자에게 입안을 제안할 수 있다.

② 기반시설의 설치에 관한 사항에 대하여 입안을 제안하려면 국·공유지를 제외한 대상 토지면적의 3분의 2 이상 토지소유자의 동의를 받아야 한다.

③ 국토교통부장관, 시·도지사, 시장 또는 군수는 부득이한 사정이 있는 경우를 제외하고는 제안일부터 45일 이내에 그 제안의 반영 여부를 제안자에게 통보해야 한다.

④ 입안을 제안받은 자는 제안받은 사항을 도시·군관리계획에 반영할 것인지 여부를 결정함에 있어서 도시계획위원회의 심의를 거쳐야 한다.

⑤ 도시·군관리계획의 입안을 제안받은 자는 제안자와 협의하여 제안된 기반시설의 설치 비용의 전부를 제안자에게 부담시켜야 한다.

06 국토의 계획 및 이용에 관한 법령상 주민이 도시·군관리계획의 입안을 제안하려는 경우 요구되는 제안사항별 토지소유자의 동의요건으로 **틀린** 것은? (단, 동의대상 토지면적에서 국·공유지는 제외함)

① 용도지구의 건축제한을 지구단위계획으로 대체하기 위한 용도지구의 지정에 관한 사항: 대상 토지면적의 3분의 2 이상

② 기반시설의 정비에 관한 사항: 대상 토지면적의 5분의 4 이상

③ 산업·유통개발진흥지구의 지정에 관한 사항: 대상 토지면적의 3분의 2 이상

④ 지구단위계획구역의 지정과 지구단위계획의 수립에 관한 사항: 대상 토지면적의 3분의 2 이상

⑤ 입지규제최소구역의 지정에 관한 사항: 대상 토지면적의 4분의 3 이상

07 국토의 계획 및 이용에 관한 법령상 주민이 용도지구의 지정을 제안할 수 있는 대상 지역의 요건에 관한 설명으로 **틀린** 것은?

① 개발진흥지구 중 산업·유통개발진흥지구의 지정 또는 변경을 제안할 수 있다.

② 지정대상 지역은 자연녹지지역·생산녹지지역 또는 계획관리지역이어야 한다.

③ 면적은 1만m² 이상 3만m² 미만이어야 한다.

④ 전체 면적에서 계획관리지역의 면적이 차지하는 비율이 100분의 50 이상이어야 한다.

⑤ 대상 토지(국·공유지는 제외)면적의 3분의 2 이상 토지소유자의 동의를 받아야 한다.

08 국토의 계획 및 이용에 관한 법령상 도시·군관리계획의 입안에 관한 설명으로 **틀린** 것은?

① 입안권자가 작성하는 도시·군관리계획도서 중 계획도는 축척 1/1,000 또는 1/5,000의 지형도로 작성해야 한다.

② 도시·군관리계획으로 입안하려는 지구단위계획구역이 상업지역에 위치하는 경우에는 재해취약성분석을 하지 아니할 수 있다.

③ 도시지역의 축소에 따른 용도지역의 변경을 도시·군관리계획으로 입안하는 경우에는 주민 및 지방의회의 의견청취 절차를 생략할 수 있다.

④ 도시·군관리계획을 조속히 입안해야 할 필요가 있다고 인정되는 때에는 광역도시계획 또는 도시·군기본계획을 수립하는 때에 도시·군관리계획을 함께 입안할 수 있다.

⑤ 시장 또는 군수가 녹지지역의 지정에 관한 도시·군관리계획을 입안할 경우에는 해당 지방의회의 의견청취를 거치지 않을 수 있다.

09 국토의 계획 및 이용에 관한 법령상 도시·군관리계획입안을 위한 기초조사를 생략할 수 있는 경미한 사항으로 **틀린** 것은?

① 단위 도시·군계획시설부지면적의 5% 미만의 변경인 경우

② 도시지역의 확대에 따른 용도지역의 변경인 경우

③ 도시지역 외의 지역에서 「농지법」에 따른 농업진흥지역을 농림지역으로 결정하는 경우

④ 「자연공원법」에 따른 공원구역 또는 공원보호구역을 자연환경보전지역으로 결정하는 경우

⑤ 지구단위계획구역 면적의 5% 이내의 변경 및 동 변경지역 안에서의 지구단위계획의 변경

10 국토의 계획 및 이용에 관한 법령상 지구단위계획구역으로 지정하려는 구역에서 도시·군 관리계획 입안시 토지적성평가가 면제될 수 있는 경우가 <u>아닌</u> 것은?

① 해당 지구단위계획구역이 상업지역과 상업지역에 연접한 지역에 위치하는 경우
② 해당 지구단위계획구역 안의 나대지면적이 구역면적의 2%에 미달하는 경우
③ 도시·군관리계획의 입안내용이 개발용도의 용도지역 상호간의 변경인 경우
④ 주거지역·상업지역 또는 공업지역에 도시·군관리계획을 입안하는 경우
⑤ 도시·군계획시설부지에서 도시·군관리계획을 입안하는 경우

11 국토의 계획 및 이용에 관한 법령상 도시·군관리계획의 입안절차로서 주민의견청취에 대한 설명으로 옳은 것은?

① 주민의견청취는 도시·군관리계획의 결정권자가 진행한다.
② 주민의 의견을 청취하려는 때에는 일정한 요건을 갖춘 둘 이상의 일간신문에 게재하고, 도시·군관리계획안을 7일 이상 열람할 수 있도록 해야 한다.
③ 도시·군관리계획안의 내용에 대하여 의견이 있는 자는 열람기간이 끝난 후 14일 이내에 특별시장·광역시장·특별자치시장·특별자치도지사·시장 또는 군수에게 의견서를 제출할 수 있다.
④ 시장 또는 군수는 주민의견을 도시·군관리계획안에 반영하고자 하는 경우 그 내용이 해당 지방자치단체의 조례로 정하는 중요한 사항인 경우라도 다시 공고·열람할 필요는 없다.
⑤ 주민의 의견청취에 필요한 사항은 대통령령으로 정하는 기준에 따라 해당 지방자치단체의 조례로 정한다.

> 💡 **Tip**
> 도시 · 군관리계획의 결정권자, 국토교통부장관의 결정사항, 결정절차, 효력발생 및 후속조치에 관한 내용을 정확하게 이해하고 정리한다.

✪중요

12 국토의 계획 및 이용에 관한 법령상 국토교통부장관이 결정하는 도시 · 군관리계획이 <u>아닌</u> 것은 모두 몇 개인가?

> ㉠ 국가계획과 연계하여 필요한 경우 시가화조정구역의 지정에 관한 도시 · 군관리계획
> ㉡ 도시자연공원구역의 지정에 관한 도시 · 군관리계획
> ㉢ 수산자원보호구역의 지정에 관한 도시 · 군관리계획
> ㉣ 둘 이상의 시 · 도에 걸쳐 이루어지는 사업의 계획 중 도시 · 군관리계획으로 결정해야 할 사항이 있는 경우 국토교통부장관이 입안한 도시 · 군관리계획
> ㉤ 개발제한구역의 변경에 관한 도시 · 군관리계획

① 1개　　　　　　　　　　② 2개
③ 3개　　　　　　　　　　④ 4개
⑤ 모두

✪중요

13 국토의 계획 및 이용에 관한 법령상 도시 · 군관리계획의 결정에 관한 설명으로 <u>틀린</u> 것은?

① 도시 · 군관리계획은 시 · 도지사가 직접 또는 시장 · 군수의 신청에 따라 결정한다. 다만, 대도시의 경우에는 대도시 시장이 직접 결정한다.

② 시장 또는 군수가 입안한 지구단위계획구역의 지정 · 변경에 관한 도시 · 군관리계획은 도지사가 결정한다.

③ 개발제한구역이 해제되는 지역에 대하여 해제 이후 최초로 결정되는 도시 · 군관리계획을 시 · 도지사가 결정하려는 경우 미리 국토교통부장관과 협의해야 한다.

④ 시 · 도지사가 지구단위계획을 결정하려면 시 · 도에 두는 건축위원회와 도시계획위원회가 공동으로 하는 심의를 거쳐야 한다.

⑤ 국토교통부장관이나 도지사는 도시 · 군관리계획을 결정 · 고시한 때에는 관계 서류를 관계 특별시장 · 광역시장 · 특별자치시장 · 특별자치도지사 · 시장 또는 군수에게 송부하여 일반이 열람할 수 있도록 해야 한다.

☆중요

14 국토의 계획 및 이용에 관한 법령상 도시 · 군관리계획에 관한 설명으로 옳은 것은?

① 도시 · 군관리계획은 그 결정을 고시한 날부터 효력이 발생한다.

② 시 · 도지사는 국토교통부장관이 입안하여 결정한 도시 · 군관리계획을 변경하려면 미리 국토교통부장관의 승인을 받아야 한다.

③ 시 · 도지사가 지구단위계획을 결정하려면 「건축법」에 따라 시 · 도에 두는 건축위원회와 도시계획위원회가 공동으로 하는 심의를 거쳐야 한다.

④ 국토교통부장관은 관계 중앙행정기관의 장의 요청이 없어도 국가안전보장상 기밀을 지켜야 할 필요가 있다고 인정되면 중앙도시계획위원회의 심의를 거치지 않고 도시 · 군관리계획을 결정할 수 있다.

⑤ 도지사가 도시 · 군관리계획을 직접 입안하는 경우 지형도면을 작성할 수 없다.

☆중요

15 국토의 계획 및 이용에 관한 법령상 도시 · 군관리계획결정의 효과에 대한 설명으로 옳은 것은?

① 도시 · 군관리계획결정의 효력은 지형도면을 고시한 날의 다음 날부터 발생한다.

② 도시 · 군관리계획결정 당시 허가를 받아 이미 사업이나 공사에 착수한 자도 그 사업이나 공사를 계속하려면 새로이 허가를 받아야 한다.

③ 시가화조정구역의 지정에 관한 도시 · 군관리계획결정 당시 이미 사업이나 공사에 착수한 자는 신고할 필요 없이 그 사업이나 공사를 계속할 수 있다.

④ 국가계획과 연계하여 시가화조정구역의 지정이 필요한 경우 국토교통부장관이 직접 그 지정을 도시 · 군관리계획으로 결정할 수 있다.

⑤ 특별시장 · 광역시장 · 특별자치시장 · 특별자치도지사 · 시장 또는 군수는 10년마다 관할 구역의 도시 · 군관리계획에 대하여 그 타당성 여부를 전반적으로 재검토하여 정비해야 한다.

16 국토의 계획 및 이용에 관한 법령상 도시·군관리계획결정에 따른 지형도면의 고시에 관한 설명 중 <u>틀린</u> 것은?

① 특별시장·광역시장·특별자치시장·특별자치도지사·시장 또는 군수는 지적이 표시된 지형도에 도시·군관리계획 사항을 자세히 밝힌 도면을 작성해야 한다.

② 국토교통부장관이나 도지사가 직접 지형도면을 작성한 경우에는 이를 고시해야 한다.

③ 시장(대도시 시장은 제외) 또는 군수는 지형도면(지구단위계획구역의 지정 또는 변경과 지구단위계획의 수립은 제외)을 작성하면 도지사의 승인을 받아야 한다.

④ 지형도면의 승인신청을 받은 도지사는 그 지형도면과 결정·고시된 도시·군관리계획을 대조하여 착오가 없다고 인정되면 30일 내에 그 지형도면을 승인해야 한다.

⑤ 지형도면은 도시·군관리계획입안에 대한 주민의견청취 이전에 작성·제공되어야 한다.

Point 06 **용도지역 지정절차의 특례** ★★★　　　　　정답 및 해설 p.14~15

💡 **Tip**
도시·군관리계획 입안 및 결정절차의 특례로서 공유수면매립구역에 대한 용도지역 지정절차의 특례, 도시지역으로 결정·고시의제 및 관리지역에서의 특례에 관한 내용을 정확하게 이해하고 정리한다.

17 국토의 계획 및 이용에 관한 법령상 바다인 공유수면의 매립목적이 그 매립구역과 이웃하고 있는 농림지역의 내용과 같은 경우, 그 매립준공구역의 용도지역에 관한 설명으로 옳은 것은?

① 도시·군관리계획의 입안 및 결정 절차를 거쳐 농림지역으로 지정된다.

② 도시·군관리계획의 입안 및 결정 절차를 거쳐 시가화조정구역으로 지정된다.

③ 도시·군관리계획의 입안 및 결정 절차를 거쳐 별도로 지정된다.

④ 도시·군관리계획의 입안 및 결정 절차를 거치지 않고 그 매립의 준공인가일부터 농림지역으로 지정된 것으로 본다.

⑤ 도시·군관리계획의 입안 및 결정 절차를 거치지 않고 그 매립의 준공인가일부터 수산자원보호구역으로 지정된 것으로 본다.

☆중요

18 국토의 계획 및 이용에 관한 법령상 다른 법률에 따라 지정된 구역 등 중에서 도시지역으로 결정·고시된 것으로 볼 수 있는 것은?

① 「항만법」에 따른 항만구역으로서 계획관리지역에 연접한 공유수면
② 「어촌·어항법」에 따른 어항구역으로서 자연환경보전지역에 연접한 공유수면
③ 「산업입지 및 개발에 관한 법률」에 따른 농공단지
④ 「택지개발촉진법」에 따른 택지개발지구
⑤ 「전원개발촉진법」에 따른 수력발전소를 설치하기 위한 전원개발사업구역

☆중요

19 국토의 계획 및 이용에 관한 법령상 용도지역 지정특례에 관한 설명으로 <u>틀린</u> 것은 모두 몇 개인가?

> ㉠ 공유수면의 매립목적이 해당 매립구역과 이웃하고 있는 용도지역의 내용과 다른 경우 그 매립구역이 속할 용도지역은 도시·군관리계획결정으로 지정해야 한다.
>
> ㉡ 「산업입지 및 개발에 관한 법률」에 따른 국가산업단지로 지정·고시된 지역은 도시지역으로 결정·고시된 것으로 본다.
>
> ㉢ 「택지개발촉진법」에 따른 택지개발지구로 지정·고시되었다가 택지개발사업의 완료로 지구 지정이 해제되면 그 지역은 지구 지정 이전의 용도지역으로 환원된 것으로 본다.
>
> ㉣ 「항만법」에 따른 항만구역으로서 도시지역에 연접한 공유수면은 도시지역으로 결정·고시된 것으로 본다.
>
> ㉤ 관리지역의 산림 중 「산지관리법」에 따라 보전산지로 지정·고시된 지역은 보전관리지역으로 결정·고시된 것으로 본다.

① 1개
② 2개
③ 3개
④ 4개
⑤ 없음

제5장 용도지역 · 용도지구 · 용도구역

Point 07 용도지역 ★★★★★

기본서 p.59~64

용도지역 · 용도지구 · 용도구역의 비교

구분	용도지역	용도지구	용도구역
지정 목적	토지를 경제적이고 효율적으로 이용	용도지역의 기능증진, 경관 · 안전 등을 도모	시가지의 무질서한 확산방지, 계획적 · 단계적 토지이용의 도모, 토지이용의 종합적 조정 · 관리 등
지정 범위	전국의 토지(필수적). 다만, 미지정 지역이 있을 수 있음	일부 토지(국지적)	일부 토지(국지적)
지정 절차	도시 · 군관리계획결정. 다만, 지정(· 고시)의 특례 있음	도시 · 군관리계획결정	도시 · 군관리계획결정
중복 지정	×	○	−
지정 효과	건축물의 용도, 건폐율 · 용적률 제한(1차적, 수평적 토지이용제한)	용도지역의 제한을 강화 또는 완화(2차적, 수직적 · 입체적 건축제한)	용도지역 · 용도지구의 제한을 강화 또는 완화하여 따로 정함(독자적)

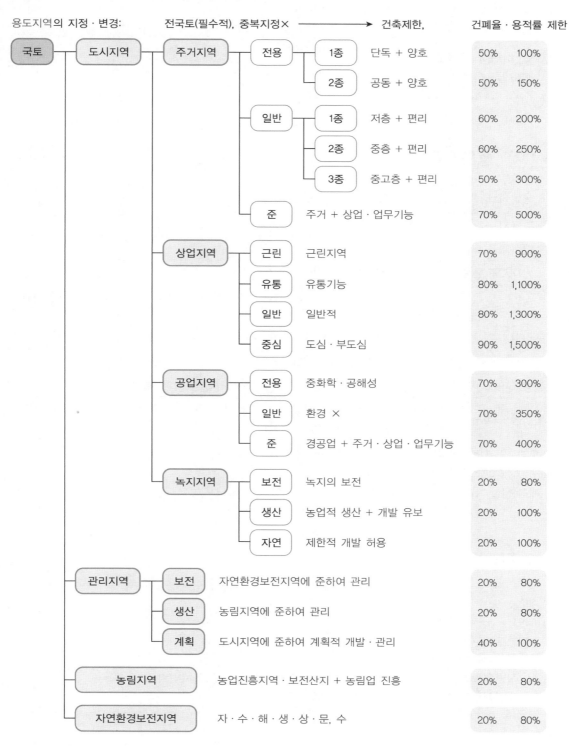

용도지역의 지정·변경:	전국토(필수적), 중복지정✕ → 건축제한,				건폐율·용적률 제한	
국토 도시지역	주거지역	전용	1종	단독 + 양호	50%	100%
			2종	공동 + 양호	50%	150%
		일반	1종	저층 + 편리	60%	200%
			2종	중층 + 편리	60%	250%
			3종	중고층 + 편리	50%	300%
		준		주거 + 상업·업무기능	70%	500%
	상업지역	근린		근린지역	70%	900%
		유통		유통기능	80%	1,100%
		일반		일반적	80%	1,300%
		중심		도심·부도심	90%	1,500%
	공업지역	전용		중화학·공해성	70%	300%
		일반		환경 ✕	70%	350%
		준		경공업 + 주거·상업·업무기능	70%	400%
	녹지지역	보전		녹지의 보전	20%	80%
		생산		농업적 생산 + 개발 유보	20%	100%
		자연		제한적 개발 허용	20%	100%
관리지역	보전			자연환경보전지역에 준하여 관리	20%	80%
	생산			농림지역에 준하여 관리	20%	80%
	계획			도시지역에 준하여 계획적 개발·관리	40%	100%
농림지역				농업진흥지역·보전산지 + 농림업 진흥	20%	80%
자연환경보전지역				자·수·해·생·상·문, 수	20%	80%

국토의 계획 및 이용에 관한 법률

제1편

⊕ **자·수·해·생·상·문, 수:** 자연환경·수자원·해안·생태계·상수원 및 문화재의 보전, 수산자원의 보호·육성

건폐율·용적률 조정	① 개발진흥지구(비도시지역): 40%, 100% ② 수산자원보호구역: 40%, 80% ③ 농공단지: 70%, 150%
미지정·미세분 지역의 행위제한 적용	① 미지정: 자연환경보전지역 ② 도시지역이 미세분: 보전녹지지역 ③ 관리지역이 미세분: 보전관리지역

Point 09 용도지구 ★★★★

기본서 p.89~97

경관지구	① 자연, ② 시가지, ③ 특화(수변·문화재)
고도지구	–
방화지구	–
방재지구	① 시가지(시설개선), ② 자연(건축제한)
보호지구	① 역사문화환경(지역), ② 중요시설물(항만·공항·공용·교정·군사시설), ③ 생태계
취락지구	① 자연(녹지, 관리, 농림, 자연환경보전), ② 집단(개발제한구역)
개발진흥지구	① 주거, ② 산업·유통, ③ 관광·휴양, ④ 복합, ⑤ 특정
특정용도제한지구	주거 및 교육환경·청소년 보호 + 특정시설의 입지 제한
복합용도지구	복합적 토지이용 도모 + 특정시설의 입지 완화(일반주거·일반공업·계획관리 지역 ⇨ 전체면적 3분의 1 이하)

⊕ 용도지구의 지정·변경: 용도지역의 제한을 강화 또는 완화 ⇨ 건축제한
　일부 토지(추가적·임의적), 중복지정 ○

⊕ 조례로 신설 가능: 용도지역·용도구역의 행위제한 완화 ×

참고 건축제한

> ① 원칙: 도시·군계획조례
> ② 예외
> 　㉠ 고도지구: 도시·군관리계획
> 　㉡ 자연취락지구: 대통령령(4층 이하)
> 　㉢ 집단취락지구: 개발제한구역의 지정 및 관리에 관한 특별조치법령
> 　㉣ 개발진흥지구: 지구단위계획 또는 개발계획

Point 10 용도구역 ★★★

기본서 p.98~104

🔍 용도구역의 **지정 · 변경**: 용도지역 · 용도지구의 제한을 강화 또는 완화하여 따로 정함
　일부 토지(독자적)

구분	지정권자	지정목적	행위제한
개발제한구역	국토부장관	도시의 무질서한 확산방지, 보안상 도시의 개발제한	「개발제한구역의 지정 및 관리에 관한 특별조치법」
도시자연공원구역	시 · 도지사, 대도시 시장	도시지역 내 식생이 양호한 산지의 개발제한	「도시공원 및 녹지 등에 관한 법률」
수산자원보호구역	해수부장관	수산자원의 보호 · 육성	「수산자원관리법」
시가화조정구역	시 · 도지사 (원칙), 국토부장관 (국가계획과 연계)	무질서한 시가화 유보(5년 이상 20년 이내) ⇨ 유보기간 만료일의 다음 날 실효(고시)	① 도시 · 군계획사업: 대통령령으로 정하는 사업(국방상 · 공익상 불가피 + 관계 중앙행정기관의 장이 요청 + 국토부장관이 인정) 만 시행 가능 ② 허가(특 · 광 · 시장 또는 군수): 주택의 증축(기존 면적 포함 $100m^2$ 이하), 공익시설 · 공공시설의 설치, 입목의 벌채 · 조림 · 육림, 토석채취, 경미한 행위
입지규제최소구역	결정권자 (국토부장관, 시 · 도지사 또는 대도시 시장)	도시정비 촉진, 지역거점 육성 ① 도시 · 군기본계획에 따른 도심 · 부도심, 생활권의 중심지역 ② 철도역사 등 지역거점 역할을 수행하는 시설의 주변지역을 집중 정비 ③ 3개 이상 대중교통 결절지 + 1km 이내 ④ 노후 · 불량건축물이 밀집한 주거지역 · 공업지역 + 정비가 시급 ⑤ 도시재생활성화지역(도시경제기반형, 근린재생형) ⑥ 창의적인 지역개발: 도시첨단산업단지, 소규모주택정비사업구역	① 행위제한: 입지규제최소구역계획으로 따로 정함 ② 지정제한: 다른 법률에서 입지규제최소구역 지정 × ③ 적용배제 　㉠ 주택의 배치, 부대 · 복리시설의 설치기준 　㉡ 부설주차장의 설치 　㉢ 미술작품의 설치 　㉣ 공개공지의 확보

둘 이상의 용도지역 등에 걸치는 대지의 행위제한 적용 기준

원칙	하나의 대지가 둘 이상의 용도지역 등에 걸치는 경우로서 가장 작은 부분의 규모가 330m²(도로변에 띠모양으로 지정된 상업지역은 660m²) 이하인 경우 ⇨ 전체 대지에 행위제한 적용 ① 건축제한: 가장 넓은 면적 ② 건폐율·용적률: 가중평균한 값 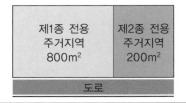
예외	① 건축물이 고도지구에 걸치는 경우: 건축물과 대지의 전부에 대하여 고도지구의 규정을 적용 ② 건축물이 방화지구에 걸치는 경우: 건축물 전부에 대하여 방화지구의 규정을 적용. 다만, 경계가 방화벽으로 구획되는 경우는 각각 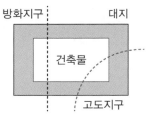 ③ 대지가 녹지지역(녹지지역이 가장 작은 부분으로서 330m² 이하인 경우는 제외)에 걸치는 경우: 각각의 규정을 적용. 다만, 건축물이 고도지구 또는 방화지구에 걸치는 경우는 ①·②에 따름

제5장 단원별 출제예상문제

🔆중요 출제가능성이 높은 중요 문제 🏹고득점 고득점 목표를 위한 어려운 문제 ✍신유형 기존에 출제되지 않은 신유형 대비 문제

Point 07 **용도지역** ★★★★★
정답 및 해설 p.15

> 💡**Tip**
> 부동산공법상 토지규제의 출발인 용도지역의 의의, 종류 및 세분, 지정목적과 지정절차를 정확하게 정리하고 암기할 사항은 암기한다.

🔆중요

01 **국토의 계획 및 이용에 관한 법령상 용도지역 등에 관한 설명으로 <u>틀린</u> 것은?**

① 국토교통부장관, 시·도지사 또는 대도시 시장이 용도지역을 지정하는 경우에는 도시·군관리계획으로 결정한다.
② 동일한 토지에 둘 이상의 용도지역을 중복하여 지정할 수 없다.
③ 용도지역과 용도지구는 중첩하여 지정될 수 있다.
④ 용도지역에서는 건축물의 용도·건폐율·용적률 등을 제한하고, 용도지구에서는 용도지역의 제한을 강화 또는 완화하여 적용한다.
⑤ 용도지역이 지정되지 아니한 토지는 있을 수 없다.

02 **국토의 계획 및 이용에 관한 법령상 용도지역에 관한 설명 중 <u>틀린</u> 것은?**

① 계획관리지역은 도시지역에 해당하지 않는다.
② 상업지역은 건폐율과 용적률 면에서 주거지역보다 집약적인 개발이 가능한 곳이다.
③ 농림지역은 도시지역에 속하지 않는 「농지법」에 따른 농업진흥지역 또는 「산지관리법」에 따른 보전산지 등으로 농림업의 진흥과 산림의 보전을 위하여 필요한 지역이다.
④ 공유수면의 매립구역이 둘 이상의 용도지역에 걸쳐 있는 경우에는 걸친 부분의 면적이 가장 큰 용도지역과 같은 용도지역으로 지정된 것으로 본다.
⑤ 자연환경보전지역은 자연환경·수자원·해안·생태계·상수원 및 문화재의 보전과 수산자원의 보호·육성 등을 위하여 필요한 지역이다.

03 국토의 계획 및 이용에 관한 법령상 용도지역의 지정목적으로 옳은 것은?

① 제1종 전용주거지역 - 저층주택 중심의 양호한 주거환경을 보호하기 위하여 필요한 지역
② 제3종 일반주거지역 - 중층주택 중심의 편리한 주거환경조성을 위하여 필요한 지역
③ 준공업지역 - 환경을 저해하지 않는 공업의 배치를 위하여 필요한 지역
④ 보전녹지지역 - 장래 도시용지의 공급 등을 위하여 보전할 필요가 있는 지역으로서 불가피한 경우에 한하여 제한적인 개발이 허용되는 지역
⑤ 계획관리지역 - 도시지역으로의 편입이 예상되는 지역 또는 자연환경을 고려하여 제한적인 이용·개발을 하려는 지역으로서 계획적·체계적인 관리가 필요한 지역

04 국토의 계획 및 이용에 관한 법령상 관리지역에 관한 설명 중 틀린 것은?

① 생산관리지역은 농업·임업·어업생산 등을 위하여 관리가 필요하나, 주변의 용도지역과의 관계 등을 고려할 때 농림지역으로 지정하여 관리하기가 곤란한 지역을 말한다.
② 국토환경보전을 위하여 필요한 경우라도 보전관리지역과 자연환경보전지역을 중복하여 지정할 수 없다.
③ 관리지역 안의 취락을 정비하기 위하여 자연취락지구를 지정할 수 있다.
④ 계획관리지역에 지정된 성장관리계획구역에서는 성장관리계획으로 건폐율을 50% 이하의 범위에서 완화하여 적용할 수 있다.
⑤ 관리지역에서 「농지법」에 따른 농업진흥지역으로 지정·고시된 지역은 생산관리지역으로 결정·고시된 것으로 본다.

Point 08 용도지역 안에서의 행위제한 ★★★★★

정답 및 해설 p.15~16

ⓥ Tip

용도지역 안에서의 건축제한(주거지역 중심) 및 아파트의 건축가능 여부, 용도지역별 건폐율 및 용적률의 최대한도, 미지정 또는 미세분지역에서의 행위제한에 관한 내용을 정확하게 정리하고 암기할 것은 암기한다.

05 국토의 계획 및 이용에 관한 법령상 용도지역의 세분 중 '편리한 주거환경을 조성하기 위하여 필요한 지역'에 건축할 수 있는 건축물이 <u>아닌</u> 것은? (단, 건축물은 4층 이하이고, 조례는 고려하지 않음)

① 동물병원　　　　　　　　　② 기숙사
③ 고등학교　　　　　　　　　④ 정수장
⑤ 단독주택

☆중요
06 국토의 계획 및 이용에 관한 법령상 아파트를 건축할 수 있는 용도지역은?

① 제2종 전용주거지역　　　　② 일반공업지역
③ 유통상업지역　　　　　　　④ 계획관리지역
⑤ 제1종 일반주거지역

☆중요
07 국토의 계획 및 이용에 관한 법령상 용도지역에서의 건축제한에 관한 설명으로 <u>틀린</u> 것은?

① 녹지지역에서는 4층 이하의 건축물을 건축할 수 있다.
② 단독주택을 건축할 수 없는 지역은 농림지역과 자연환경보전지역이다.
③ 전용주거지역에서는 독서실을 건축할 수 없다.
④ 주거지역에서는 숙박시설을 건축할 수 없다.
⑤ 상업지역에서는 위락시설을 건축할 수 있다.

08 국토의 계획 및 이용에 관한 법령상 건축제한의 특례에 관한 설명으로 **틀린** 것은?

① 농공단지에서는 「산업집적활성화 및 공장설립에 관한 법률」에서 정하는 바에 따른다.

② 농림지역 중 농업진흥지역, 초지인 경우에는 각각 「농지법」, 「초지법」이 정하는 바에 따른다.

③ 자연환경보전지역 중 공원구역, 상수원보호구역인 경우에는 각각 「자연공원법」, 「수도법」에서 정하는 바에 따른다.

④ 자연환경보전지역 중 수산자원보호구역인 경우에는 「수산자원관리법」에서 정하는 바에 따른다.

⑤ 자연환경보전지역 중 지정문화재 또는 천연기념물과 그 보호구역인 경우에는 「문화재보호법」에서 정하는 바에 따른다.

09 국토의 계획 및 이용에 관한 법령상 용도지역에서의 건폐율의 최대한도가 가장 높은 지역은? (단, 조례 기타 강화 · 완화조건은 고려하지 않음)

① 자연녹지지역
② 생산관리지역
③ 자연환경보전지역
④ 계획관리지역
⑤ 농림지역

10 국토의 계획 및 이용에 관한 법령상 용도지역별 건폐율의 최대한도가 옳은 것을 모두 고른 것은? (단, 조례와 건축법령상의 예외는 고려하지 않음)

㉠ 제1종 일반주거지역: 60% 이하
㉡ 준주거지역: 70% 이하
㉢ 중심상업지역: 80% 이하
㉣ 준공업지역: 80% 이하
㉤ 계획관리지역: 20% 이하

---

① ㉠, ㉡
② ㉠, ㉣
③ ㉠, ㉡, ㉣
④ ㉡, ㉢, ㉤
⑤ ㉢, ㉣, ㉤

☆☆중요

11 국토의 계획 및 이용에 관한 법령상 도시지역 중 건폐율의 최대한도가 낮은 지역부터 높은 지역 순으로 옳게 나열한 것은? (단, 조례 등 기타 강화·완화조건은 고려하지 않음)

① 전용공업지역 − 중심상업지역 − 제1종 전용주거지역

② 보전녹지지역 − 유통상업지역 − 준공업지역

③ 자연녹지지역 − 일반상업지역 − 준주거지역

④ 일반상업지역 − 준공업지역 − 제2종 일반주거지역

⑤ 생산녹지지역 − 근린상업지역 − 유통상업지역

☆☆중요

12 「국토의 계획 및 이용에 관한 법률」에서 규정하고 있는 용도지역별 건폐율과 용적률의 최대한도를 순서대로 바르게 나열한 것은?

① 주거지역: 60% − 500% ② 상업지역: 90% − 1,200%

③ 녹지지역: 20% − 80% ④ 계획관리지역: 40% − 100%

⑤ 농림지역: 20% − 60%

고득점

13 국토의 계획 및 이용에 관한 법령상 도시·군계획조례로 정할 수 있는 건폐율의 최대한도가 다음 중 가장 큰 지역은?

① 자연환경보전지역에 있는 「자연공원법」에 따른 자연공원

② 계획관리지역에 있는 「산업입지 및 개발에 관한 법률」에 따른 농공단지

③ 수산자원보호구역

④ 도시지역 외의 지역에 지정된 개발진흥지구

⑤ 자연녹지지역에 지정된 개발진흥지구

14 국토의 계획 및 이용에 관한 법령상 용도지역 안에서의 용적률 범위에 관한 조문의 일부이다. 다음 (   )에 들어갈 내용으로 옳은 것은?

> • 제1종 일반주거지역: (ㄱ   )% 이상 (ㄴ   )% 이하
> • 제2종 일반주거지역: (ㄱ   )% 이상 (ㄷ   )% 이하
> • 제3종 일반주거지역: (ㄱ   )% 이상 (ㄹ   )% 이하

	ㄱ	ㄴ	ㄷ	ㄹ
①	50	100	150	200
②	50	200	250	300
③	100	200	250	300
④	100	250	300	350
⑤	200	250	300	350

☆중요
15 국토의 계획 및 이용에 관한 법령상 용도지역별 용적률의 최대한도가 큰 순서대로 나열한 것은? (단, 조례 기타 강화·완화조건은 고려하지 않음)

> ㄱ 근린상업지역   ㄴ 준공업지역
> ㄷ 준주거지역   ㄹ 보전녹지지역
> ㅁ 계획관리지역

① ㄱ - ㄴ - ㄷ - ㄹ - ㅁ   ② ㄱ - ㄷ - ㄴ - ㅁ - ㄹ
③ ㄴ - ㅁ - ㄱ - ㄹ - ㄷ   ④ ㄷ - ㄱ - ㄹ - ㄴ - ㅁ
⑤ ㄷ - ㄴ - ㄱ - ㅁ - ㄹ

☆중요
16 국토의 계획 및 이용에 관한 법령상 용적률의 최대한도가 같은 것끼리 묶어 놓은 것은? (단, 조례는 고려하지 않음)

① 제2종 전용주거지역 - 계획관리지역 - 자연녹지지역
② 보전녹지지역 - 보전관리지역 - 계획관리지역
③ 준주거지역 - 일반공업지역 - 근린상업지역
④ 제1종 전용주거지역 - 자연녹지지역 - 생산녹지지역
⑤ 전용공업지역 - 제3종 일반주거지역 - 유통상업지역

17 국토의 계획 및 이용에 관한 법령상 용적률의 특례에 관한 설명으로 **틀린** 것은?

① 도시지역 외의 지역에 지정된 개발진흥지구에서는 80% 이하의 범위에서 조례로 정한다.

② 성장관리계획구역 내 계획관리지역에서는 125% 이하의 범위에서 성장관리계획으로 정하는 바에 따라 용적률을 완화하여 적용할 수 있다.

③ 도시지역 외의 지역에 지정된 농공단지에서는 150% 이하의 범위에서 조례로 정한다.

④ 상업지역에서 건축주가 대지면적의 일부를 공공시설부지로 제공하는 경우 해당 건축물에 대한 용적률을 해당 용적률의 200% 이하의 범위에서 완화할 수 있다.

⑤ 방재지구의 재해저감대책에 부합하게 재해예방시설을 설치하는 건축물의 경우 주거지역에서는 해당 용적률의 120% 이하의 범위에서 도시·군계획조례가 정하는 비율로 할 수 있다.

18 국토의 계획 및 이용에 관한 법령상 용도지역 미세분 지역에 관한 설명이다. 다음 (   ) 안의 내용이 옳게 연결된 것은?

> 도시지역 또는 관리지역이 세부 용도지역으로 지정되지 아니한 경우 용도지역별 건폐율·용적률에 관한 규정을 적용할 때에 해당 용도지역이 도시지역인 경우에는 (㉠)에 관한 규정을 적용하고, 관리지역인 경우에는 (㉡)에 관한 규정을 적용한다.

① ㉠: 생산녹지지역, ㉡: 보전관리지역

② ㉠: 생산녹지지역, ㉡: 자연환경보전지역

③ ㉠: 보전녹지지역, ㉡: 보전관리지역

④ ㉠: 보전녹지지역, ㉡: 자연환경보전지역

⑤ ㉠: 자연환경보전지역, ㉡: 자연환경보전지역

19 국토의 계획 및 이용에 관한 법령상 용도지역에 관한 설명으로 틀린 것은?

① A지역은 아직 용도지역이 지정되지 아니한 상태이다. A지역에 대하여 용적률을 정할 때 법령상 기준은 50% 이상 80% 이하이다.

② 토지적성평가에 의해 세부용도지역으로 지정되지 아니한 관리지역에서는 일체의 건축물을 건축할 수 없다.

③ 도시지역에서는 「도로법」에 따른 접도구역을 적용하지 않는다.

④ 녹지지역의 도시·군계획시설사업에 필요하지 아니한 농지는 「농지법」에 따른 농지취득자격증명을 적용한다.

⑤ 도시·군계획조례의 개정으로 기존의 건축물이 용적률 기준에 부적합하게 된 경우라도 건축법령상의 재축은 할 수 있다.

Point 09 **용도지구** ★★★★   정답 및 해설 p.16~18

> 💡 **Tip**
> • 용도지구의 의의, 종류 및 세분, 지정목적을 정확하게 정리하고 암기할 것은 암기한다.
> • 용도지구의 신설, 건축제한의 원칙 및 예외를 정확하게 이해하고 정리한다.

20 국토의 계획 및 이용에 관한 법령상 용도지구에 관한 설명으로 옳은 것은?

① 용도지구란 토지의 이용 및 건축물의 용도 등에 대한 용도구역의 제한을 완화하여 적용함으로써 용도구역의 기능을 증진시키기 위하여 도시·군기본계획으로 결정하는 지역을 말한다.

② 중심상업지역에는 방화지구를 지정할 수 없다.

③ 시·도지사 또는 대도시 시장은 시·도 또는 대도시의 조례가 정하는 바에 따라 경관지구를 추가적으로 세분하거나 복합용도지구를 세분하여 지정할 수 있다.

④ 용도지구는 다른 용도지구와 중복하여 지정할 수 있다.

⑤ 시·도지사는 지역여건상 필요하면 법령에서 정하고 있는 용도지역 또는 용도구역의 행위제한을 완화하는 용도지구를 신설하여 도시·군관리계획으로 결정할 수 있다.

★중요
21 국토의 계획 및 이용에 관한 법령상 용도지구의 지정목적에 대한 설명으로 옳은 것은?

① 보호지구 - 경관의 보전·관리 및 형성을 위하여 필요한 지구

② 방재지구 - 화재의 위험을 예방하기 위하여 필요한 지구

③ 경관지구 - 문화재, 중요시설물(항만, 공항 등 대통령령으로 정하는 시설물을 말한다) 및 문화적·생태적으로 보존가치가 큰 지역의 보호와 보존을 위하여 필요한 지구

④ 개발진흥지구 - 지역의 토지이용 상황, 개발수요 및 주변 여건 등을 고려하여 효율적이고 복합적인 토지이용을 도모하기 위하여 특정시설의 입지를 완화할 필요가 있는 지구

⑤ 특정용도제한지구 - 주거 및 교육 환경보호나 청소년 보호 등의 목적으로 오염물질 배출시설, 청소년 유해시설 등 특정시설의 입지를 제한할 필요가 있는 지구

★중요
22 국토의 계획 및 이용에 관한 법령상 용도지구의 세분에 따른 종류로 옳은 것은?

① 경관지구 - 자연경관지구, 수변경관지구, 시가지경관지구

② 방재지구 - 자연방재지구, 집단방재지구

③ 보호지구 - 학교시설보호지구, 공용시설보호지구, 항만시설보호지구, 공항시설보호지구

④ 고도지구 - 최고고도지구, 최저고도지구

⑤ 개발진흥지구 - 주거개발진흥지구, 산업·유통개발진흥지구, 관광·휴양개발진흥지구, 복합개발진흥지구, 특정개발진흥지구

23 국토의 계획 및 이용에 관한 법령상 중요시설물보호지구에서 중요시설물에 해당하지 않는 것은?

① 학교시설　　　　　　　　　　② 항만시설

③ 군사시설　　　　　　　　　　④ 공용시설

⑤ 공항시설

24 국토의 계획 및 이용에 관한 법령상 세분된 용도지구의 지정목적을 설명한 것으로 옳은 것은 모두 몇 개인가?

> ⊙ 고도지구: 쾌적한 환경조성 및 토지의 효율적 이용을 위하여 건축물 높이의 최고한도를 규제할 필요가 있는 지구
>
> ⓛ 자연방재지구: 건축물·인구가 밀집되어 있는 지역으로서 시설개선 등을 통하여 재해예방이 필요한 지구
>
> ⓒ 역사문화환경보호지구: 지역 내 주요수계의 수변 또는 문화적 보존가치가 큰 건축물 주변의 경관 등 특별한 경관을 보호 또는 유지하거나 형성하기 위하여 필요한 지구
>
> ⓔ 집단취락지구: 녹지지역, 관리지역, 농림지역 또는 자연환경보전지역 안의 취락을 정비하기 위하여 필요한 지구
>
> ⓜ 산업·유통개발진흥지구: 공업기능 및 유통·물류기능을 중심으로 개발·정비할 필요가 있는 지구

① 1개
② 2개
③ 3개
④ 4개
⑤ 없음

25 국토의 계획 및 이용에 관한 법령상 개발진흥지구에 대한 설명으로 **틀린** 것은?

① 개발진흥지구란 주거, 상업, 공업, 유통·물류, 관광·휴양기능 등을 집중적으로 개발·정비할 필요가 있는 지구를 말한다.

② 개발진흥지구에서는 지구단위계획 또는 관계 법률에 따른 개발계획에 위반하여 건축물을 건축할 수 없다.

③ 특정개발진흥지구는 주거기능, 공업기능, 유통·물류기능 및 관광·휴양기능 중 둘 이상의 기능을 중심으로 개발·정비할 필요가 있는 지구를 말한다.

④ 도시지역 외의 지역에 위치한 관광·휴양개발진흥지구에 지구단위계획구역을 지정할 수 있다.

⑤ 도시지역 외의 지역에 지정된 개발진흥지구에서는 건폐율은 40% 이하, 용적률은 100% 이하의 범위에서 조례로 따로 정한다.

☆중요

26 국토의 계획 및 이용에 관한 법령상 용도지구의 건축제한에 관한 설명으로 옳은 것은?

① 용도지구에서의 건축물이나 그 밖의 시설의 용도·종류 및 규모 등의 제한에 관한 사항은 이 법 또는 다른 법률에 특별한 규정이 있는 경우 외에는 도시·군관리계획으로 정할 수 있다.

② 경관지구 안에서의 건축물의 건폐율·용적률·높이·최대너비·색채 및 대지 안의 조경 등에 관하여는 도시계획위원회가 정한다.

③ 고도지구에서 건축물을 신축하는 경우 도시·군계획조례가 정하는 높이를 초과하여 건축할 수 없다.

④ 생태계보호지구 안에서는 생태적으로 보존가치가 큰 지역의 보호 및 보존을 저해하지 않는 건축물로서 도시·군계획조례가 정하는 건축물에 한하여 건축할 수 있다.

⑤ 자연취락지구에서는 5층 이하의 범위에서 정신병원을 건축할 수 있다.

☆중요

27 국토의 계획 및 이용에 관한 법령상 복합용도지구에 관한 설명으로 틀린 것은?

① 복합용도지구란 지역의 토지이용 상황, 개발수요 및 주변 여건 등을 고려하여 효율적이고 복합적인 토지이용을 도모하기 위하여 특정시설의 입지를 완화할 필요가 있는 지구를 말한다.

② 시·도지사 또는 대도시 시장은 일반주거지역·일반공업지역 및 계획관리지역에 복합용도지구를 지정할 수 있다.

③ 용도지역의 변경시 기반시설이 부족해지는 등의 문제가 우려되어 해당 용도지역의 건축제한만을 완화하는 것이 적합한 경우에 지정한다.

④ 용도지역의 지정목적이 크게 저해되지 아니하도록 해당 용도지역 전체 면적의 3분의 1 이하의 범위에서 지정한다.

⑤ 일반주거지역에 지정된 복합용도지구에서 장례시설을 건축할 수 있다.

◤고득점

28 국토의 계획 및 이용에 관한 법령상 자연취락지구 안에서 건축할 수 있는 건축물에 해당하지 <u>않는</u> 것은? (단, 4층 이하의 건축물이고, 조례는 고려하지 않음)

① 동물 전용의 장례식장　　　　② 단독주택

③ 축산업용 창고　　　　　　　④ 마을회관

⑤ 도축장

29 국토의 계획 및 이용에 관한 법령상 용도지구에서의 건축제한 등에 관한 설명으로 <u>틀린</u> 것은? (단, 건축물은 도시 · 군계획시설이 아니며, 조례는 고려하지 않음)

① 지구단위계획 또는 개발계획을 수립하지 않는 개발진흥지구에서는 개발진흥지구의 지정목적 범위에서 해당 용도지역에서 허용되는 건축물을 건축할 수 있다.

② 고도지구 안에서는 도시 · 군관리계획으로 정하는 높이를 초과하는 건축물을 건축할 수 없다.

③ 계획관리지역에 지정된 복합용도지구에서는 위락시설 중 유흥주점을 건축할 수 있다.

④ 방재지구 안에서는 용도지역 안에서의 층수제한에 있어 1층 전부를 필로티 구조로 하는 경우 필로티 부분을 층수에서 제외한다.

⑤ 자연취락지구에서는 4층 이하의 방송통신시설을 건축할 수 있다.

30 국토의 계획 및 이용에 관한 법령상 용도지구에 관한 설명으로 <u>틀린</u> 것은?

① 국토교통부장관이 용도지구를 지정하는 경우에는 도시 · 군관리계획으로 결정한다.

② 용도지역 · 용도지구 안에서의 도시 · 군계획시설에 대하여는 용도지역 · 용도지구의 건축제한을 적용하지 않는다.

③ 시 · 도지사는 법령에서 정하고 있는 용도지구 외에 새로운 용도지구를 신설할 수 없다.

④ 방재지구의 지정을 도시 · 군관리계획으로 결정하는 경우 도시 · 군관리계획의 내용에는 해당 방재지구의 재해저감대책을 포함해야 한다.

⑤ 경관지구 및 고도지구에서 리모델링이 필요한 건축물에 대하여는 건축물의 높이, 규모 등의 제한을 완화하여 적용할 수 있다.

31 국토의 계획 및 이용에 관한 법령상 용도지역·용도지구에 관한 설명으로 옳은 것은?

① 대도시 시장은 일반상업지역에 복합용도지구를 지정할 수 있다.

② 시·도지사는 풍수해, 산사태 등의 동일한 재해가 최근 10년 이내 2회 이상 발생하여 인명 피해를 입은 지역에 대해서는 방재지구의 지정 또는 변경을 도시·군관리계획으로 결정해야 한다.

③ 용도지역 안에서의 건축물의 용도·종류 및 규모의 제한에 대한 규정은 도시·군계획시설에 대해서도 적용된다.

④ 공유수면의 매립목적이 그 매립구역과 이웃하고 있는 용도지역의 내용과 다른 경우 그 매립준공구역은 이와 이웃하고 있는 용도지역으로 지정된 것으로 본다.

⑤ 취락지구로서 「도시개발법」에 따른 도시개발구역으로 지정·고시된 지역은 도시지역으로 결정·고시된 것으로 본다.

Point 10 용도구역 ★★★

정답 및 해설 p.18~19

💡 **Tip**

• 용도구역의 명칭 및 지정목적, 지정권자 및 행위제한의 규정 체계를 비교해서 정리한다.
• 입지규제최소구역의 지정대상, 행위제한 및 적용배제 규정을 정확하게 이해하고 정리한다.

🍃신유형

32 국토의 계획 및 이용에 관한 법령상 용도구역의 종류이다. 시·도지사가 지정할 수 있는 용도구역은 모두 몇 개인가?

㉠ 개발제한구역	㉡ 도시자연공원구역
㉢ 시가화조정구역	㉣ 수산자원보호구역
㉤ 입지규제최소구역	

① 1개

② 2개

③ 3개

④ 4개

⑤ 5개

33 국토의 계획 및 이용에 관한 법령상 용도구역에 관한 설명으로 옳은 것은?

① 도시의 자연환경 및 경관을 보호하고 도시민에게 건전한 여가·휴식공간을 제공하기 위하여 도시지역 안에서 식생이 양호한 산지의 개발을 제한할 필요가 있다고 인정되는 지역을 개발제한구역으로 지정할 수 있다.

② 국방부장관의 요청에 따라 국토교통부장관이 개발제한구역을 지정하는 경우에는 이를 광역도시계획으로 결정한다.

③ 국토교통부장관은 도시자연공원구역의 지정을 도시·군관리계획으로 결정할 수 있다.

④ 도시자연공원구역의 지정목적과 지정권자, 행위제한 등에 관하여는 이 법에서 직접 규정하고 있다.

⑤ 해양수산부장관은 직접 또는 관계 행정기관의 장의 요청을 받아 수산자원보호구역의 지정을 도시·군관리계획으로 결정할 수 있다.

34 국토의 계획 및 이용에 관한 법령상 시가화조정구역에 관한 설명으로 옳은 것은?

① 국토교통부장관 또는 시·도지사가 도시지역과 그 주변지역의 무질서한 시가화를 방지하고 계획적·단계적인 개발을 도모하기 위하여 도시·군기본계획으로 결정하여 지정하는 용도구역이다.

② 시가화유보기간은 5년 이상 20년 이내에서 도시·군관리계획으로 정한다.

③ 시가화유보기간이 끝나면 국토교통부장관 또는 시·도지사는 이를 고시하여야 하고, 시가화조정구역 지정 결정은 그 고시일 다음 날부터 그 효력을 잃는다.

④ 공익상 사업시행이 불가피한 것으로서 주민의 요청에 의하여 시·도지사가 지정목적 달성에 지장이 없다고 인정한 도시·군계획사업은 시가화조정구역에서 시행할 수 있다.

⑤ 시가화조정구역에서 공익시설·공공시설의 설치는 허가 없이 할 수 있다.

☆ 중요

35 국토의 계획 및 이용에 관한 법령상 시가화조정구역에서의 행위제한에 관한 설명으로 <u>틀린</u> 것은?

① 시가화조정구역에서의 도시 · 군계획사업은 국방상 · 공익상 사업시행이 불가피한 것으로서 관계 중앙행정기관의 장의 요청에 의하여 국토교통부장관이 지정목적 달성에 지장이 없다고 인정하는 사업만 시행할 수 있다.

② 시가화조정구역에서 주택의 증축(기존 주택의 면적을 포함하여 100m² 이하)은 허가를 받아 할 수 있다.

③ 「건축법」에 따른 건축신고로서 건축허가에 갈음하는 행위는 신고하고 할 수 있다.

④ 시가화조정구역에서 입목의 벌채, 조림, 육림 행위는 허가를 받아 할 수 있다.

⑤ 특별시장 · 광역시장 · 특별자치시장 · 특별자치도지사 · 시장 또는 군수는 허가조건으로 조경 등의 조치를 하게 할 수 있다.

↖ 고득점

36 국토의 계획 및 이용에 관한 법령상 시가화조정구역 안에서 특별시장 · 광역시장 · 특별자치시장 · 특별자치도지사 · 시장 또는 군수의 허가를 받아 할 수 있는 행위에 해당하지 <u>않는</u> 것은? (단, 도시 · 군계획사업은 고려하지 않음)

① 농업 · 임업 또는 어업을 영위하는 자가 기존 관리용건축물의 면적을 포함하여 33m² 이하인 관리용건축물을 건축하는 행위

② 기존 주택의 면적을 포함하여 100m² 이하에 해당하는 농어가주택의 신축

③ 기존 건축물의 동일한 용도 및 규모 안에서의 개축 · 재축 및 대수선

④ 종교시설의 증축(새로운 대지조성은 허용되지 않으며, 증축면적은 지정 당시의 종교시설 연면적의 200%를 초과할 수 없다)

⑤ 마을공동시설로서 농기계수리소 및 농기계용 유류판매소(개인소유의 것을 포함한다)의 설치

37 국토의 계획 및 이용에 관한 법령상 입지규제최소구역에 관한 설명으로 <u>틀린</u> 것은?

① 입지규제최소구역의 지정 및 변경과 입지규제최소구역계획은 도시·군관리계획으로 결정한다.

② 두 개 이상의 노선이 교차하는 대중교통 결절지로부터 3km에 위치한 지역은 입지규제최소구역으로 지정할 수 있다.

③ 「도시 및 주거환경정비법」상 노후·불량건축물이 밀집한 공업지역으로 정비가 시급한 지역은 입지규제최소구역으로 지정할 수 있다.

④ 「도시재생 활성화 및 지원에 관한 특별법」에 따른 도시재생활성화지역 중 근린재생형 활성화계획을 수립하는 지역은 입지규제최소구역으로 지정할 수 있다.

⑤ 입지규제최소구역계획에는 건축물의 건폐율·용적률·높이에 관한 사항이 포함되어야 한다.

38 국토의 계획 및 이용에 관한 법령상 입지규제최소구역에 관한 설명으로 <u>틀린</u> 것은?

① 지역의 거점역할을 수행하는 철도역사를 중심으로 주변지역을 집중적으로 정비할 필요가 있는 지역은 입지규제최소구역으로 지정할 수 있다.

② 입지규제최소구역계획에는 간선도로 등 주요 기반시설의 확보에 관한 사항이 포함되어야 한다.

③ 입지규제최소구역계획의 수립기준 등은 국토교통부장관이 정하여 고시한다.

④ 입지규제최소구역에서는 「도시공원 및 녹지 등에 관한 법률」에 따른 공원의 설치에 관한 규정을 적용하지 않을 수 있다.

⑤ 입지규제최소구역으로 지정된 지역은 「건축법」에 따른 특별건축구역으로 지정된 것으로 본다.

39 국토의 계획 및 이용에 관한 법령상 입지규제최소구역에 관한 설명으로 옳은 것을 모두 고른 것은?

> ㉠ 도시·군관리계획의 결정권자는 도시·군기본계획에 따른 도심·부도심 또는 생활권의 중심지역과 그 주변지역의 전부 또는 일부를 입지규제최소구역으로 지정할 수 있다.
> ㉡ 입지규제최소구역에 대하여는 「주차장법」에 따른 부설주차장의 설치에 관한 규정을 적용하지 아니할 수 있다.
> ㉢ 다른 법률에서 도시·군관리계획의 결정을 의제하고 있는 경우에는 「국토의 계획 및 이용에 관한 법률」에 따르지 아니하고 입지규제최소구역을 지정할 수 있다.
> ㉣ 입지규제최소구역에서의 행위제한은 따로 입지규제최소구역계획으로 정한다.

① ㉠, ㉡   ② ㉡, ㉣   ③ ㉠, ㉡, ㉢
④ ㉠, ㉡, ㉣   ⑤ ㉠, ㉡, ㉢, ㉣

Point 11 용도지역 등의 행위제한 특례 ★★★

정답 및 해설 p.19

💡 **Tip**

둘 이상의 용도지역 등에 걸치는 대지에 대한 행위제한의 적용기준을 정확하게 이해하고 정리한다. 또한 계산문제로 출제되는 경우에 대비하여 연습한다.

---

40 국토의 계획 및 이용에 관한 법령상 하나의 대지가 둘 이상의 용도지역 등에 걸치는 경우에 관한 설명으로 **틀린** 것은?

① 가장 작은 부분의 규모가 $330m^2$ 이하인 경우 전체 대지의 건축제한은 그 대지 중 가장 넓은 면적이 속하는 용도지역 등에 관한 규정을 적용한다(단, 도로변에 띠모양으로 지정된 상업지역에 걸쳐 있는 토지가 아님).
② ①의 경우 전체 대지의 건폐율 및 용적률은 각 부분이 전체 대지면적에서 차지하는 비율을 고려하여 각 용도지역 등별 건폐율 및 용적률을 가중평균한 값을 적용한다.
③ 건축물이 경관지구에 걸쳐 있는 경우에는 그 건축물 및 대지의 전부에 대하여 경관지구의 건축물 및 대지에 관한 규정을 적용한다.
④ 하나의 건축물이 방화지구와 그 밖의 용도지역 등에 걸쳐 있는 경우에는 원칙적으로 그 전부에 대하여 방화지구의 건축물에 관한 규정을 적용한다.
⑤ 하나의 대지가 녹지지역과 그 밖의 용도지역 등에 걸쳐 있는 경우에는 각각의 용도지역 등의 건축물 및 토지에 관한 규정을 적용한다.

41 국토의 계획 및 이용에 관한 법령상 1,000m²의 대지가 그중 800m²는 제1종 전용주거지역, 나머지는 제2종 전용주거지역에 걸쳐 있을 때, 이 대지 전체에 적용되는 용적률은? (단, 해당 대지가 속해 있는 지역의 제1종 전용주거지역 및 제2종 전용주거지역의 용적률의 최대한도는 100% 및 150%로 함)

① 100% ② 110%

③ 120% ④ 140%

⑤ 150%

42 S시에서 甲이 소유하고 있는 500m²의 대지는 제1종 일반주거지역에 400m², 제2종 일반주거지역에 100m²씩 걸쳐 있다. 국토의 계획 및 이용에 관한 법령상 甲이 대지 위에 건축할 수 있는 최대 연면적이 800m²일 때 S시 조례에서 정하고 있는 제1종 일반거주지역의 용적률은? (단, 조례가 정하는 제2종 일반주거지역의 용적률은 200%이며, 기타 건축제한은 고려하지 않음)

① 100% ② 120%

③ 150% ④ 180%

⑤ 200%

43 면적이 500m²인 하나의 대지에 건축물을 건축하려는 경우 국토의 계획 및 이용에 관한 법령상 지상에 건축할 수 있는 건물의 최대 연면적은(주차장 면적은 제외함)? (다만, 해당 대지의 40%는 제1종 전용주거지역, 60%는 자연녹지지역에 걸쳐 있으며, 조례상 제1종 전용주거지역의 용적률은 80% 이하, 자연녹지지역의 용적률은 50% 이하이다. 그 외의 조건은 고려하지 않는다)

① 150m² ② 160m²

③ 250m² ④ 310m²

⑤ 400m²

제6장 도시·군계획시설

Point 12 도시·군계획시설 ★★★★

기본서 p.107~113

도시·군계획시설의 설치·관리

설치	기반시설을 설치하려면 종류·명칭·위치·규모 등을 미리 도시·군관리계획으로 결정해야 함. 다만, 주차장, 시장·공공청사·사회복지시설·장사시설·종합의료시설·폐차장, 건축물부설광장 등은 예외 🔍 도시·군계획시설의 결정·구조·설치기준: 국토교통부령으로 정함
관리	국가가 관리하는 경우에는 대통령령(「국유재산법」에 따른 중앙관서의 장), 지방자치단체가 관리하는 경우에는 그 지방자치단체의 조례로 정함
공동구	① 의의: 전기·가스·수도 등의 공급설비, 통신시설, 하수도시설 등 지하매설물을 공동수용 　⇨ 미관의 개선, 도로구조의 보전 및 교통의 원활한 소통 ② 공동구의 설치 　㉠ 설치의무: 도시개발구역·택지개발지구, 경제자유구역, 정비구역, 공공주택지구, 도청이전신도시 등이 200만m² 초과 　㉡ 설치비용: 공동구 점용예정자와 사업시행자가 부담 ③ 공동구 수용의무 　㉠ 공동구에 수용해야 하는 시설: 전선로, 통신선로, 수도관, 열수송관 등 　㉡ 공동구협의회의 심의를 거쳐 수용할 수 있는 시설: 가스관, 하수도관 ④ 공동구의 관리(특·광·시장 또는 군수) 　㉠ 안전 및 유지관리계획: 5년마다 수립·시행 　㉡ 안전점검: 1년에 1회 이상 실시 　㉢ 관리비용: 공동구를 점용하는 자가 함께 부담(연 2회 분할 납부)
광역 시설	① 의의: 기반시설 중 광역적인 정비체계가 필요한 시설 　㉠ 둘 이상의 특·광·시 또는 군의 관할 구역에 걸치는 시설: 도로·철도·광장·녹지, 수도·전기·가스·열공급설비, 공동구 등 　㉡ 둘 이상의 특·광·시 또는 군이 공동으로 이용하는 시설: 항만·공항·자동차정류장·공원·유원지, 장사시설·도축장 등 ② 설치·관리 　㉠ 원칙: 도시·군계획시설의 설치·관리(제43조)에 따름 　㉡ 협약·협의회 × ⇨ 도지사 　㉢ 법인: 국가계획으로 설치하는 광역시설

도시 · 군계획 시설결정 · 고시 ⇩	① 건축물의 건축, 공작물의 설치 허가 제한 ② 국 · 공유지의 처분제한

단계별
집행계획
⇩
	① 수립권자(= 입안자)
	   ⑤ 특 · 광 · 시장 또는 군수(원칙) ⇨ 도시 · 군계획시설결정 · 고시일부터 3개
	     월 이내
	   ⓛ 국토부장관, 도지사
	② 내용: 재원조달계획, 보상계획
	③ 구분: 1단계(3년 이내), 2단계(3년 이후)
	④ 절차: 협의 ⇨ 지방의회 의견청취 ⇨ 수립 ⇨ 공고

시행자
⇩
	① 행정청(= 입안자)
	   ⑤ 특 · 광 · 시장 또는 군수(원칙)
	     🔍 **연계시행**: 협의하여 시행자 지정 ⇨ 협의 불성립시 국토부장관, 도지사가 시행
	      자 지정
	   ⓛ 국토부장관(국가계획), 도지사(광역도시계획)
	② 비행정청: 지정
	   🔍 **민간(국가 · 지자체, 공공기관, 지방공사 등이 아닌 자)**: 면적(국 · 공유지는 제외)
	     3분의 2 이상 소유 + 총수 2분의 1 이상 동의

실시계획
⇩
	① 작성: 시행자
	② 내용: 설계도서, 자금계획, 공사기간(착공 ~ 준공예정일)
	③ 인가 · 고시(= 결정권자): 시 · 도지사, 대도시 시장(원칙), 국토부장관(국토부
	   장관이 지정한 시행자만)
	   ⑤ 변경 · 폐지 ○, 경미한 변경 ×
	   ⓛ 조건부 인가: 기 · 위 · 환 · 경 ⇨ 이행보증금 예치(공공 ×)
	④ 실효: 도시 · 군계획시설결정의 고시일부터 10년 이후에 실시계획을 인가받은
	   시행자가 실시계획고시일부터 5년 이내에 「공익사업을 위한 토지 등의 취득
	   및 보상에 관한 법률」에 따른 재결신청을 하지 않은 경우 다음 날로 실효

공사
⇩
	① 분할시행
	② 서류의 무상열람 등
	③ 공시송달
	④ 토지 등의 수용 · 사용: 「공익사업을 위한 토지 등의 취득 및 보상에 관한 법률」
	   (이하 '공취법') 준용
	   ⑤ 사업인정 · 고시 의제: 실시계획의 고시
	   ⓛ 재결신청기간의 연장: 사업시행기간 이내
	⑤ 타인토지의 출입 등
	   ⑤ 출입: 7일 전 통지 + 특 · 광 · 시장 또는 군수의 허가(비행정청)
	   ⓛ 일시사용, 장애물 변경 · 제거: 소유자 동의 + 3일 전 통지
	     (동의 × ⇨ 행정청은 통지, 비행정청은 허가)
	⑥ 행정심판: 시행자의 처분에 대하여는 행정심판 제기 가능. 다만, 비행정청인
	   시행자는 지정한 자에게 제기

준공검사· 공사완료 공고	국토부장관, 시·도지사, 대도시 시장

🔍 **비용부담**

1. 시행자 부담의 원칙
2. **수익자 부담의 예외 - 행정청 시행자**: 다른 지방자치단체(50% 이내) ⇨ 협의 불성립시 행정안전부장관(다른 시·도), 도지사(같은 도)가 결정

Point 14 장기미집행 시설부지의 매수청구 ★★★★★

기본서 p.129~134

도시·군계획 시설부지	① 원칙: 건축물의 건축, 공작물의 설치 허가 제한 ② 예외: 도시·군계획시설결정·고시일부터 2년 이내에 사업 시행 × ⇨ 가설건축물의 건축은 허가 ○
매수청구	① 매수청구사유: 도시·군계획시설결정·고시일부터 10년 이내에 사업 시행 ×(사업시행 여부는 실시계획인가 기준) ② 매수청구권자: 지목이 대(垈)인 토지소유자(건축물·정착물 포함) ③ 상대방(매수의무자) 　㉠ 특·광·시장 또는 군수(원칙) 　㉡ 시행자 　㉢ 설치·관리의무자 ④ 매수절차 　㉠ 매수의무자는 6개월 이내에 매수 여부 결정·통지 ⇨ 매수하기로 결정한 토지는 2년 이내에 매수 　㉡ 매수가격·매수절차: 공취법 준용 ⑤ 매수대금 　㉠ 원칙: 현금 　㉡ 도시·군계획시설채권(매수의무자 지방자치단체): 토지소유자가 원하는 경우, 부재지주 또는 비업무용 토지+매수대금 3천만원 초과하는 금액 　　🔍 **상환기간**: 10년 이내 - 「지방재정법」 적용 ⑥ 건축제한의 완화: 매수의무자가 매수거부결정 또는 2년 이내에 매수 × ⇨ 개발행위허가를 받아 건축물의 건축, 공작물의 설치 ○ 　㉠ 3층 이하의 단독주택, 제1종 근린생활시설, 제2종 근린생활시설(다중생활시설, 단란주점, 안마시술소, 노래연습장은 제외) 　㉡ 공작물 ⑦ 도시·군계획시설결정의 해제입안 신청: 도시·군계획시설결정·고시일부터 10년 이내에 사업 시행 × + 실효시까지 집행계획이 없는 경우 시설부지의 토지소유자 ⑧ 도시·군계획시설결정의 해제결정: 도시·군계획시설결정·고시일부터 10년 이내에 사업 시행 × ⇨ 지방의회 보고(특·광·시장·군수) ⇨ 해제권고 ⇨ 1년 이내에 해제결정(의무)
실효(·고시)	도시·군계획시설결정·고시일부터 20년 이내에 사업 시행 × ⇨ 다음 날

제6장 단원별 출제예상문제

Point 12 도시 · 군계획시설 ★★★★

정답 및 해설 p.19~21

💡 Tip

- 기반시설과 도시 · 군계획시설의 개념을 구분하고, 도시 · 군계획시설의 설치 및 관리에 관한 규정 체계, 광역시설의 종류와 설치를 정확하게 정리한다.
- 공동구는 최근 출제빈도가 높으므로 설치의무대상 지역과 수용되는 시설, 설치비용과 관리비용을 정확하게 이해하고 정리한다.

🌟중요

01 국토의 계획 및 이용에 관한 법령상 도시 · 군계획시설에 관한 설명으로 틀린 것은?

① 도시지역에서 기반시설 중 사회복지시설을 설치하려는 경우에는 미리 도시 · 군관리계획으로 결정해야 한다.

② 도시 · 군계획시설의 결정 · 구조 및 설치의 기준 등에 관하여 필요한 사항은 국토교통부령으로 정한다.

③ 지상 · 수상 등에 설치한 도시 · 군계획시설을 국가가 관리하는 경우에는 대통령령으로 그 관리에 관한 사항을 정한다.

④ 도시 · 군계획시설을 공중 · 수중 · 수상 또는 지하에 설치하는 경우 그 높이나 깊이의 기준과 보상 등에 관하여는 따로 법률로 정한다.

⑤ 둘 이상의 특별시 · 광역시 · 특별자치시 · 특별자치도 · 시 또는 군의 관할 구역에 걸치는 시설로서 광역적인 정비체계가 필요한 기반시설은 광역시설로 정한다.

02 국토의 계획 및 이용에 관한 법령상 도시지역에서 미리 도시 · 군관리계획으로 결정하지 않고 설치할 수 있는 기반시설을 모두 고른 것은?

> ㉠ 장사시설 · 종합의료시설
> ㉡ 건축물부설광장
> ㉢ 유치원, 특수학교, 대안학교 및 방송통신대학
> ㉣ 대지면적이 $500m^2$ 미만인 도축장
> ㉤ 폐기물처리 및 재활용시설 중 재활용시설

① ㉠, ㉡, ㉢
② ㉠, ㉣, ㉤
③ ㉡, ㉢, ㉤
④ ㉡, ㉢, ㉣, ㉤
⑤ ㉠, ㉡, ㉢, ㉣, ㉤

03 국토의 계획 및 이용에 관한 법령상 사업시행자가 공동구를 설치하여야 하는 지역 등에 해당하지 <u>않는</u> 것은? (단, 지역 등의 규모는 200만m^2를 초과함)

① 「산업입지 및 개발에 관한 법률」에 따른 도시첨단산업단지
② 「도시 및 주거환경정비법」에 따른 정비구역
③ 「경제자유구역의 지정 및 운영에 관한 특별법」에 따른 경제자유구역
④ 「공공주택 특별법」에 따른 공공주택지구
⑤ 「도청이전을 위한 도시건설 및 지원에 관한 특별법」에 따른 도청이전신도시

04 국토의 계획 및 이용에 관한 법령상 공동구의 관리 · 운영 등에 관하여 <u>틀린</u> 것은?

① 공동구는 특별시장 · 광역시장 · 특별자치시장 · 특별자치도지사 · 시장 또는 군수가 관리한다.
② 공동구의 효율적인 관리 · 운영을 위하여 필요하다고 인정하는 경우에는 지방공사에 그 관리 · 운영을 위탁할 수 있다.
③ 공동구관리자는 5년마다 해당 공동구의 안전 및 유지관리계획을 수립 · 시행해야 한다.
④ 공동구관리자는 1년에 2회 이상 공동구의 안전점검을 실시해야 한다.
⑤ 공동구의 관리에 소요되는 비용은 그 공동구를 점용하는 자가 함께 부담하되, 부담비율은 점용면적을 고려하여 공동구관리자가 정한다.

05 국토의 계획 및 이용에 관한 법령상 광역시설에 관한 설명으로 <u>틀린</u> 것은?

① 광역시설의 배치·규모 및 설치에 관하여 광역도시계획을 수립할 수 있다.

② 광역시설의 설치 및 관리는 공동구의 설치에 관한 규정에 따른다.

③ 장사시설, 도축장은 광역시설이 될 수 있다.

④ 관계 특별시장·광역시장·특별자치시장·특별자치도지사는 협약을 체결하거나 협의회 등을 구성하여 광역시설을 설치·관리할 수 있다.

⑤ 국가계획으로 설치하는 광역시설은 그 광역시설의 설치·관리를 사업목적 또는 사업종목으로 하여 다른 법률에 따라 설립된 법인이 설치·관리할 수 있다.

06 국토의 계획 및 이용에 관한 법령상 도시·군계획시설에 관한 설명으로 옳은 것은?

① 「도시공원 및 녹지 등에 관한 법률」에 따라 점용허가대상이 되는 공원 안의 기반시설은 도시·군관리계획으로 결정해야 한다.

② 도시·군계획시설부지에 대한 매수청구의 대상은 지목이 대(垈)인 토지에 한정되며, 그 토지에 있는 건축물은 포함되지 않는다.

③ 용도지역과 용도지구 안에서의 건축물의 용도·종류 및 규모의 제한에 대한 규정은 도시·군계획시설에 대해서도 적용된다.

④ 도시·군계획시설부지에서 도시·군관리계획을 입안하는 경우에는 그 계획의 입안을 위한 토지적성평가를 실시하지 않을 수 있다.

⑤ 도시·군계획시설사업의 시행자가 행정청이 아닌 경우, 시행자의 처분에 대해서는 행정심판을 제기할 수 없다.

07 국토의 계획 및 이용에 관한 법령상 도시 · 군계획시설에 관한 설명으로 옳은 것은?

① 도시 · 군계획시설결정의 고시일부터 5년 이내에 도시 · 군계획시설사업이 시행되지 않는 경우 그 도시 · 군계획시설의 부지 중 지목이 대(垈)인 토지의 소유자는 그 토지의 매수를 청구할 수 있다.

② 도시개발구역의 규모가 100만m²인 경우 해당 구역의 개발사업시행자는 공동구를 설치해야 한다.

③ 공동구가 설치된 경우 가스관은 공동구협의회의 심의를 거쳐 공동구에 수용할 수 있다.

④ 공동구관리자는 1년마다 해당 공동구의 안전 및 유지관리계획을 수립 · 시행해야 한다.

⑤ 도시 · 군계획시설결정은 고시일부터 10년 이내에 도시 · 군계획시설사업이 시행되지 않는 경우 그 고시일부터 10년이 되는 날의 다음 날에 그 효력을 잃는다.

08 국토의 계획 및 이용에 관한 법령상 도시 · 군계획시설에 관한 설명으로 옳은 것은?

① 공동구가 설치된 경우에 전선로, 통신선로 및 수도관은 공동구에 수용하지 않을 수 있다.

② 공동구 설치에 필요한 비용은 이 법이나 다른 법률에 특별한 규정이 있는 경우를 제외하고는 사업시행자가 단독으로 부담한다.

③ 사업시행자는 공동구의 설치공사를 완료한 때에는 지체 없이 공동구 점용예정자에게 개별적으로 통지해야 한다.

④ 도시 · 군계획시설부지의 매수청구시 매수의무자가 매수하지 아니하기로 결정한 날부터 1년이 경과하면 토지소유자는 해당 용도지역에서 허용되는 건축물을 건축할 수 있다.

⑤ 도시 · 군계획시설부지로 되어 있는 토지의 소유자는 도시 · 군계획시설결정의 실효시까지 그 토지의 도시 · 군계획시설결정 해제를 위한 도시 · 군관리계획입안을 신청할 수 없다.

> 💡 **Tip**
> 도시 · 군계획시설사업의 절차 전반에서 출제되므로 단계별 집행계획, 시행자, 실시계획 및 사업시행자의 특권
> (토지 등의 수용 · 사용, 타인토지의 출입 등), 비용부담에 관한 내용을 정확하게 이해하고 정리한다.

✡️중요
09 국토의 계획 및 이용에 관한 법령상 단계별 집행계획에 관한 다음 설명 중 옳은 것은?

① 단계별 집행계획에는 사업시행에 필요한 설계도서, 자금계획, 시행기간 등의 사항을 자세히 밝히거나 첨부해야 한다.

② 특별시장 · 광역시장 · 특별자치시장 · 특별자치도지사 · 시장 또는 군수는 도시 · 군계획시설결정의 고시일부터 3개월 이내에 단계별 집행계획을 수립해야 한다.

③ 단계별 집행계획을 수립하는 경우 미리 관계 행정기관의 장과 협의하고 도시계획위원회의 심의를 거쳐야 한다.

④ 시장 또는 군수가 단계별 집행계획을 수립한 때에는 도지사의 승인을 받아야 한다.

⑤ 2년 이내에 시행하는 도시 · 군계획시설사업은 제1단계 집행계획에, 2년 후에 시행하는 도시 · 군계획시설사업은 제2단계 집행계획에 포함되도록 해야 한다.

✡️중요
10 국토의 계획 및 이용에 관한 법령상 도시 · 군계획시설사업의 시행자에 대한 설명으로 <u>틀린</u> 것은?

① 원칙적으로 특별시장 · 광역시장 · 특별자치시장 · 특별자치도지사 · 시장 또는 군수가 관할 구역의 도시 · 군계획시설사업을 시행한다.

② 같은 도(道)에 있는 둘 이상의 시 또는 군의 관할 구역에 걸치는 경우에는 시장 또는 군수가 서로 협의하여 시행자를 정한다.

③ ②의 경우 시장 또는 군수의 협의가 성립되지 않는 때에는 국토교통부장관이 시행자를 지정한다.

④ 국가계획과 관련되는 경우 국토교통부장관이 직접 사업을 시행할 수 있다.

⑤ 한국토지주택공사는 도시 · 군계획시설사업 대상 토지소유자 동의요건을 갖추지 않아도 도시 · 군계획시설사업의 시행자로 지정을 받을 수 있다.

11 국토의 계획 및 이용에 관한 법령상 도시 · 군계획시설사업의 시행을 위한 실시계획과 관련하여 옳은 것은?

① 군수가 관할 구역에서 도시 · 군계획시설사업을 시행하는 경우에는 실시계획을 작성한 후 국토교통부장관의 인가를 받아야 한다.

② 국토교통부장관, 시 · 도지사 또는 대도시 시장은 실시계획을 인가하려는 때에는 미리 이를 공고하고, 관계 서류의 사본을 20일 이상 일반이 열람할 수 있도록 해야 한다.

③ 인가받은 실시계획을 변경하거나 폐지하는 경우에는 그 사실을 신고해야 한다.

④ 사업으로 인하여 기반시설의 설치가 필요한 경우 사업의 시행자인 지방자치단체는 그 이행의 담보를 위한 이행보증금을 예치해야 한다.

⑤ 사업구역경계의 변경 없이 건축물의 연면적 10% 미만을 변경하는 경우에는 실시계획의 변경인가를 받을 필요가 없다.

12 국토의 계획 및 이용에 관한 법령상 실시계획의 실효에 관하여 다음의 (　　　) 안에 알맞은 내용은?

> 도시 · 군계획시설결정의 고시일부터 (　㉠　)년 이후에 실시계획을 작성하거나 인가(다른 법률에 따라 의제된 경우는 제외한다)받은 도시 · 군계획시설사업의 시행자(이하 '장기미집행 도시 · 군계획시설사업의 시행자'라 한다)가 실시계획고시일부터 (　㉡　)년 이내에 「공익사업을 위한 토지 등의 취득 및 보상에 관한 법률」에 따른 재결신청을 하지 아니한 경우에는 실시계획고시일부터 (　㉡　)년이 지난 다음 날에 그 실시계획은 효력을 잃는다.

① ㉠: 5, ㉡: 3

② ㉠: 7, ㉡: 3

③ ㉠: 7, ㉡: 5

④ ㉠: 10, ㉡: 5

⑤ ㉠: 10, ㉡: 7

13 국토의 계획 및 이용에 관한 법령상 도시 · 군계획시설사업시행자의 토지 등의 수용 또는 사용에 관한 설명으로 <u>틀린</u> 것은?

① 행정청이 아닌 도시 · 군계획시설사업시행자도 도시 · 군계획시설사업에 필요한 토지나 건축물을 수용 또는 사용할 수 있다.

② 시행자는 사업시행을 위하여 특히 필요하다고 인정되면 도시 · 군계획시설에 인접한 토지를 일시사용할 수 있다.

③ 실시계획의 고시가 있은 때에는 「공익사업을 위한 토지 등의 취득 및 보상에 관한 법률」에 따른 사업인정 및 그 고시가 있었던 것으로 본다.

④ 시행자는 도시 · 군계획시설사업에 필요한 토지에 정착된 물건에 관한 소유권 외의 권리를 수용 또는 사용할 수 있다.

⑤ 시행자는 토지소유자 등과 협의가 성립하지 않을 때에는 실시계획의 고시가 있은 날부터 1년 이내에 토지수용위원회에 재결신청을 해야 한다.

14 국토의 계획 및 이용에 관한 법령상 도시 · 군계획시설사업의 시행자가 사업시행과 관련하여 타인의 토지를 출입하는 경우 등에 관한 설명으로 <u>틀린</u> 것은?

① 타인의 토지에 출입하려면 출입하려는 날의 7일 전까지 그 토지의 소유자 · 점유자 또는 관리인에게 그 일시와 장소를 알려야 한다.

② 행정청이 아닌 시행자가 타인의 토지에 출입하려는 경우 특별시장 · 광역시장 · 특별자치시장 · 특별자치도지사 · 시장 또는 군수의 허가를 받아야 한다.

③ 타인의 토지를 임시통로로 일시사용하려면 그 토지의 소유자 · 점유자 또는 관리인의 동의를 받아야 한다.

④ 행정청인 시행자는 타인의 토지를 재료적치장으로 일시사용하고자 할 때 그 토지소유자의 동의를 받을 수 없는 경우에는 미리 국토교통부장관의 승인을 받아야 한다.

⑤ 장애물을 제거하려면 제거하려는 날의 3일 전까지 장애물의 소유자 · 점유자 또는 관리인에게 알려야 한다.

15 국토의 계획 및 이용에 관한 법령상 도시·군계획시설사업의 시행을 위하여 행하는 타인 토지에의 출입 등에 관한 설명으로 옳은 것은?

① 행정청인 시행자는 타인의 토지에 출입하려면 시·도지사의 허가를 받아야 하며, 토지소유자의 동의를 받아야 한다.

② 적법한 절차에 의한 출입으로 손실이 발생하였을 경우 그 보상책임은 타인의 토지에 출입한 행위자가 진다.

③ 손실보상에 관하여는 그 손실을 보상할 자와 손실을 받은 자가 협의해야 한다.

④ 일출 전 또는 일몰 후라도 토지소유자 등의 승낙 없이 담장으로 둘러싸인 타인의 토지에 출입할 수 있다.

⑤ 토지의 소유자는 정당한 사유 없이 출입 등의 행위를 방해하거나 거부하지 못한다.

16 국토의 계획 및 이용에 관한 법령상 도시·군계획시설사업의 시행에 관한 설명으로 <u>틀린</u> 것은?

① 행정청인 시행자는 이해관계인의 주소 또는 거소(居所)가 불분명하여 서류를 송달할 수 없는 경우 그 서류의 송달에 갈음하여 그 내용을 공시할 수 있다.

② 실시계획에는 사업의 착수예정일 및 준공예정일은 포함되지만, 사업의 면적 또는 규모는 반드시 포함되어야 하는 것은 아니다.

③ 국·공유지로서 도시·군계획시설사업에 필요한 토지는 해당 도시·군관리계획으로 정하여진 목적 외의 목적으로 매각하거나 양도할 수 없다.

④ 도시·군계획시설사업의 시행자는 사업시행대상 지역 또는 대상 시설을 둘 이상으로 분할하여 도시·군계획시설사업을 시행할 수 있다.

⑤ 시행자는 공사를 마친 때에는 공사완료보고서를 작성하여 시·도지사 또는 대도시 시장의 준공검사를 받아야 한다.

17 국토의 계획 및 이용에 관한 법령상 도시 · 군계획시설사업에 관한 설명으로 **틀린** 것은?

① 도시 · 군관리계획으로 결정된 하천의 정비사업은 도시 · 군계획시설사업에 해당한다.

② 지방공사가 도시 · 군계획시설사업의 시행자로 지정을 받으려면 사업대상 토지면적의 3분의 2 이상의 토지소유자의 동의를 받아야 한다.

③ 도시 · 군계획시설사업을 분할시행하는 때에는 분할된 지역별로 실시계획을 작성할 수 있다.

④ 행정청인 도시 · 군계획시설사업의 시행자가 도시 · 군계획시설사업에 의하여 새로 공공시설을 설치한 경우 새로 설치된 공공시설은 그 시설을 관리할 관리청에 무상으로 귀속된다.

⑤ 실시계획인가 내용과 다르게 도시 · 군계획시설사업을 하여 토지의 원상회복명령을 받은 자가 원상회복을 하지 아니하면 행정대집행에 따라 원상회복을 할 수 있다.

18 국토의 계획 및 이용에 관한 법령상 도시 · 군계획시설사업의 비용부담에 관한 설명으로 **틀린** 것은?

① 도시 · 군계획시설사업을 지방자치단체가 하는 경우에는 해당 지방자치단체가 그에 관한 비용을 부담함을 원칙으로 한다.

② 국토교통부장관은 그가 시행한 도시 · 군계획시설사업으로 현저히 이익을 받는 시 · 도가 있으면 그 사업에 든 비용의 일부를 그 이익을 받는 시 · 도에 부담시킬 수 있다.

③ ②에 따라 부담하는 비용의 총액은 해당 도시 · 군계획시설사업에 소요된 비용의 50%를 넘지 못한다. 이 경우 소요된 비용에는 조사 · 측량비, 설계비 및 관리비를 포함하지 아니한다.

④ 도지사가 시행한 도시 · 군계획시설사업으로 그 도에 속하지 않는 군이 현저히 이익을 받는 경우, 해당 도지사와 군수간의 비용부담에 관한 협의가 성립되지 않는 때에는 국토교통부장관이 결정하는 바에 따른다.

⑤ 행정청이 아닌 자가 시행하는 도시 · 군계획시설사업에 드는 비용은 소요 비용의 3분의 1 이하의 범위에서 국가 또는 지방자치단체가 보조하거나 융자할 수 있다.

Point 14 장기미집행 시설부지의 매수청구 ★★★★★

정답 및 해설 p.22~23

> 💡 **Tip**
>
> 도시·군계획시설과 관련된 사권보호제도로서 장기미집행 시설부지의 매수청구(청구사유, 청구권자, 매수의무자, 매수절차 및 도시·군계획시설채권), 지방의회 보고, 해제입안 신청 등을 비교해서 정리하고, 도시·군계획시설결정의 실효를 정확하게 이해하고 정리한다.

☆중요

19 국토의 계획 및 이용에 관한 법령상 장기미집행 도시·군계획시설부지의 매수청구에 대한 설명으로 옳은 것은?

① 도시·군계획시설결정의 고시일부터 5년 이내에 해당 도시·군계획시설사업이 시행되지 아니한 토지의 소유자가 매수청구시 매수의무자는 해당 토지를 매수해야 한다.

② 매수의무자는 특별시장·광역시장·특별자치시장·특별자치도지사·시장 또는 군수로 한정된다.

③ 매수의무자는 매수청구를 받은 날부터 2년 이내에 매수 여부를 결정하여 토지소유자에게 알려야 한다.

④ 매수의무자가 지방공사인 경우로서 토지소유자가 원하는 경우에는 도시·군계획시설채권을 발행하여 매수대금을 지급할 수 있다.

⑤ 매수청구된 토지의 매수가격·매수절차 등에 관하여 이 법에 특별한 규정이 있는 경우 외에는 「공익사업을 위한 토지 등의 취득 및 보상에 관한 법률」을 준용한다.

20 국토의 계획 및 이용에 관한 법령상 도시·군계획시설부지의 매수청구에 관한 설명으로 옳은 것은?

① 도시·군계획시설결정의 고시일부터 10년 이내에 도시·군계획시설사업에 관한 실시계획의 인가만 있고 사업이 시행되지 않는 경우에는 그 시설부지의 매수청구권이 인정된다.

② 매수의무자가 매수하기로 결정한 토지는 매수결정을 알린 날부터 2년 이내에 매수해야 한다.

③ 매수의무자가 매수하지 아니하기로 결정한 경우에는 매수청구를 한 토지소유자는 개발행위허가를 받아 공동주택을 4층 이하의 규모로 설치할 수 있다.

④ 도시·군계획시설을 설치하거나 관리해야 할 의무가 있는 자가 서로 다른 경우에는 관리해야 할 의무가 있는 자에게 매수청구해야 한다.

⑤ 매수청구를 받은 토지가 비업무용 토지인 경우 그 대금의 전부에 대하여 도시·군계획시설채권을 발행하여 지급해야 한다.

21 국토의 계획 및 이용에 관한 법령상 장기미집행 시설부지의 매수청구에 관하여 옳은 것은?

① 매수청구 대상에는 도시·군계획시설의 부지로 되어 있는 토지 중 지목이 잡종지인 토지도 포함된다.

② 매수청구된 토지의 매수가격은 공시지가로 한다.

③ 시장 또는 군수가 해당 도시·군계획시설사업의 시행자로 정하여진 경우에는 시장 또는 군수가 매수의무자이다.

④ 도시·군계획시설채권의 상환기간은 20년 이내의 범위에서 지방자치단체의 조례로 정한다.

⑤ 매수청구를 한 토지의 소유자는 매수의무자가 매수하지 아니하기로 결정한 경우에는 개발행위허가 없이 공작물을 설치할 수 있다.

22 국토의 계획 및 이용에 관한 법령상 매수의무자가 도시·군계획시설부지의 매수결정을 알린 날부터 2년이 지날 때까지 해당 토지를 매수하지 않는 경우 매수청구를 한 토지소유자가 개발행위허가를 받아 건축할 수 있는 것은? (단, 조례는 고려하지 않음)

① 5층의 치과의원
② 4층의 다가구주택
③ 3층의 동물미용실
④ 2층의 노래연습장
⑤ 3층의 생활숙박시설

23 甲 소유의 토지는 A광역시 B구에 소재한 지목이 대(垈)인 토지로서 A광역시장을 사업시행자로 하는 도시·군계획시설부지이다. 甲의 토지에 대해 국토의 계획 및 이용에 관한 법령상 도시·군계획시설부지의 매수청구권이 인정되는 경우, 이에 관한 설명으로 옳은 것은?

① 甲의 토지의 매수의무자는 B구청장이다.
② 甲이 매수청구를 할 수 있는 대상은 토지이며, 그 토지에 있는 건축물은 포함되지 않는다.
③ 甲이 원하는 경우라도 매수의무자는 도시·군계획시설채권을 발행하여 그 대금을 지급할 수 없다.
④ 매수의무자는 매수청구를 받은 날부터 6개월 이내에 매수 여부를 결정하여 甲에게 알려야 한다.
⑤ 매수청구에 대해 매수의무자가 매수하지 아니하기로 결정한 경우 甲은 자신의 토지에 2층의 다세대주택을 건축할 수 있다.

24 국토의 계획 및 이용에 관한 법령상 도시·군계획시설결정의 실효 등에 관한 설명으로 옳은 것은?

① 도시·군계획시설결정이 고시된 도시·군계획시설에 대하여 고시일부터 10년이 지날 때까지 그 시설의 설치에 관한 사업이 시행되지 않는 경우 그 결정은 효력을 잃는다.

② 국토교통부장관은 도시·군계획시설결정·고시일부터 10년이 지날 때까지 해당 시설의 설치에 관한 사업이 시행되지 않는 경우에는 그 현황과 단계별 집행계획을 지방의회에 보고해야 한다.

③ 지방의회로부터 장기미집행 시설의 해제권고를 받은 시장 또는 군수는 도지사가 결정한 도시·군계획시설결정의 해제를 도시·군관리계획으로 결정할 수 있다.

④ 장기미집행 도시·군계획시설결정의 해제를 신청받은 도지사는 특별한 사유가 없으면 신청을 받은 날부터 1년 이내에 해당 도시·군계획시설의 해제를 위한 도시·군관리계획결정을 해야 한다.

⑤ 시장 또는 군수는 도시·군계획시설결정이 효력을 잃으면 지체 없이 그 사실을 고시해야 한다.

고득점

25 국토의 계획 및 이용에 관한 법령상 도시·군계획시설결정의 해제신청에 관한 설명으로 틀린 것은?

① 도시·군계획시설결정의 고시일부터 20년 이내에 그 시설의 설치에 관한 도시·군계획시설사업이 시행되지 아니한 경우에는 그 도시·군계획시설부지로 되어 있는 토지의 소유자는 입안권자에게 도시·군계획시설결정 해제를 위한 도시·군관리계획입안을 신청할 수 있다.

② 입안권자는 신청을 받은 날부터 3개월 이내에 입안 여부를 결정하여 토지소유자에게 알려야 한다.

③ 입안권자는 해제입안을 하기로 통지한 경우 통지한 날부터 6개월 이내에 해당 도시·군계획시설결정의 해제를 위한 도시·군관리계획을 입안해야 한다.

④ ①에 따라 신청을 한 토지소유자는 해당 도시·군계획시설결정의 해제를 위한 도시·군관리계획이 입안되지 않는 경우에는 결정권자에게 그 도시·군계획시설결정의 해제를 신청할 수 있다.

⑤ 국토교통부장관이 도시·군관리계획 결정권자에게 도시·군계획시설결정의 해제를 권고하려는 경우에는 중앙도시계획위원회의 심의를 거쳐야 한다.

제7장 지구단위계획

Point 15 **지구단위계획** ★★★★ 기본서 p.135~145

의의	① 도시·군계획 수립대상 지역의 일부에 대하여 수립하는 도시·군관리계획 ⇨ 체계적·계획적 개발·관리 ② 지구단위계획구역 및 지구단위계획: 국토부장관, 시·도지사, 시장·군수 ⇨ 도시·군관리계획결정
지구단위 계획구역 ⇩	① 임의적: 다음에 해당하는 지역의 전부 또는 일부 　㉠ 용도지구(예 취락지구) 　㉡ 개발예정지: 도시개발구역, 정비구역, 택지개발지구, 대지조성사업지구, 산업 　　단지, 관광단지 등 　㉢ 난개발 우려: 개발제한구역·도시자연공원구역·시가화조정구역 및 공원에서 　　해제되는 구역, 녹지지역에서 주거·상업·공업지역으로 변경되는 구역 　㉣ 역세권복합용도개발: 일반주거·준주거지역, 상업지역, 준공업지역 + 세 개 　　이상 노선이 교차하는 대중교통 결절지로부터 1km 이내 ② 의무적 　㉠ 정비구역·택지개발지구 + 사업이 끝난 후 10년이 지난 지역 　㉡ 시가화조정구역·공원에서 해제되는 지역, 녹지지역에서 주거·상업·공업 　　지역으로 변경되는 지역 + 면적이 30만m² 이상인 지역 ③ 도시지역 외 　㉠ 계획관리지역 　　ⓐ 지정하려는 구역 면적의 50% 이상 + 나머지 지역은 생산관리지역 또는 　　　보전관리지역일 것 　　ⓑ 면적 3만m² 이상. 다만, 아파트·연립주택 건설계획이 포함된 경우에는 　　　30만m² 이상일 것 　　ⓒ 도로·상하수도 등 기반시설을 공급할 수 있을 것 　　ⓓ 자연환경, 경관 등을 해치지 않고 문화재의 훼손우려가 없을 것 　㉡ 개발진흥지구 　　ⓐ 계획관리지역의 요건 중 ⓑ·ⓒ·ⓓ에 해당할 것 　　ⓑ 다음의 용도지역에 위치할 것 　　　• 주거개발진흥지구, 특정개발진흥지구: 계획관리지역 　　　• 관광·휴양개발진흥지구: 도시지역 외의 지역 　㉢ 용도지구를 폐지하고 그 용도지구에서의 건축제한 등을 지구단위계획으로 　　대체하려는 지역 ④ 실효: 지구단위계획구역결정·고시일부터 3년 이내에 지구단위계획 수립 × ⇨ 다음 날

지구단위계획 ⇩	① 내용: ⓛ·ⓒ을 포함한 둘 이상의 사항이 반드시 포함 　ⓐ 용도지역이나 용도지구를 세분하거나 변경하는 사항 　ⓛ 기반시설의 배치와 규모 　ⓒ 건축물의 용도제한, 건폐율 또는 용적률, 건축물의 높이의 최고한도·최저한도 등 ② 행위제한 등의 완화 　ⓐ 「국토의 계획 및 이용에 관한 법률」: 용도지역 및 용도지구에서의 건축제한과 건폐율(150% 이내)·용적률(200% 이내) 　ⓛ 「건축법」: 대지의 조경, 공개공지, 대지와 도로의 관계, 건축물의 높이제한, 일조 등의 확보를 위한 높이제한 　ⓒ 「주차장법」: 부설주차장의 설치(한옥마을, 차 없는 거리, 차량진입금지구간은 100% 완화) ③ 수립기준: 국토부장관이 정함 ④ 실효: (주민제안) 지구단위계획결정·고시일부터 5년 이내에 사업이나 공사에 착수 × ⇨ 다음 날
건축제한	가설건축물은 제외(존치기간 3년 이내, 재해복구용, 공사용)

제7장 단원별 출제예상문제

☆중요 출제가능성이 높은 중요 문제　🔧고득점 고득점 목표를 위한 어려운 문제　✎신유형 기존에 출제되지 않은 신유형 대비 문제

Point 15　**지구단위계획** ★★★★　정답 및 해설 p.23~25

💡 **Tip**
지구단위계획의 의의, 지구단위계획구역의 지정대상(임의적 지정대상과 의무적 지정대상), 지구단위계획의 내용, 행위제한 등의 완화 및 실효에 관한 내용을 정확하게 이해하고 정리한다.

☆중요
01 국토의 계획 및 이용에 관한 법령상 지구단위계획에 관한 설명 중 **틀린** 것은?

① 지구단위계획은 도시·군계획 수립대상 지역의 전부에 대하여 토지이용을 합리화하기 위한 것이며, 도시·군관리계획으로 결정한다.

② 국토교통부장관은 용도지구의 전부 또는 일부에 대하여 지구단위계획구역을 지정할 수 있다.

③ 「주택법」에 따라 대지조성사업지구로 지정된 지역의 전부에 대하여 지구단위계획구역을 지정할 수 있다.

④ 개발제한구역에서 해제되는 구역 중 계획적인 개발이 필요한 지역의 전부 또는 일부에 대하여 지구단위계획구역을 지정할 수 있다.

⑤ 도시지역 외의 지역으로서 용도지구를 폐지하고 그 용도지구에서의 행위제한 등을 지구단위계획으로 대체하려는 지역은 지구단위계획구역으로 지정될 수 있다.

☆중요
02 국토의 계획 및 이용에 관한 법령상 반드시 지구단위계획구역으로 지정해야 하는 지역은? (단, 해당 지역에 토지이용과 건축에 관한 계획이 수립되어 있는 경우가 아님)

① 녹지지역에서 주거지역으로 변경되는 구역 중 계획적인 개발 또는 관리가 필요한 지역

② 「도시개발법」에 따라 지정된 20만m²의 도시개발구역에서 개발사업이 끝난 후 10년이 지난 지역

③ 공원에서 해제되는 지역으로서 면적이 30만m² 이상인 지역

④ 도시자연공원구역에서 해제되는 지역으로서 면적이 10만m² 이상인 지역

⑤ 「택지개발촉진법」에 따라 지정된 택지개발지구에서 시행되는 사업이 끝난 후 5년이 지난 지역

03 국토의 계획 및 이용에 관한 법령상 도시지역 외의 지역에서 지구단위계획구역의 지정에 관한 설명으로 <u>틀린</u> 것은?

① 아파트 및 연립주택의 건설계획이 포함되어 있는 경우 그 면적이 30만m^2 이상이어야 한다.

② 아파트 및 연립주택의 건설계획이 포함되어 있지 아니한 경우 그 면적이 3만m^2 이상이어야 한다.

③ 계획관리지역이 지정하려는 지구단위계획구역 면적의 100분의 50 이상이어야 한다.

④ 계획관리지역 외에 지구단위계획구역으로 포함할 수 있는 나머지 용도지역은 농림지역이어야 한다.

⑤ 계획관리지역에서 주거개발진흥지구로 지정된 지역은 지구단위계획구역으로 지정할 수 있다.

04 국토의 계획 및 이용에 관한 법령상 지구단위계획의 내용에 해당하지 <u>않는</u> 것은?

① 용도지역을 준주거지역에서 일반상업지역으로 변경하는 내용

② 경관지구를 자연경관지구와 특화경관지구로 세분하는 내용

③ 지구단위계획구역의 지정목적 달성을 위하여 필요한 주차장의 배치와 규모

④ 건축물의 용도제한

⑤ 건축물의 형태·색채에 관한 계획

05 국토의 계획 및 이용에 관한 법령상 지구단위계획의 내용에 반드시 포함되어야 하는 사항으로 옳은 것을 모두 고른 것은?

㉠ 대통령령이 정하는 기반시설의 배치와 규모

㉡ 도로로 둘러싸인 일단의 지역 또는 계획적인 개발·정비를 위하여 구획된 일단의 토지의 규모와 조성계획

㉢ 건축물의 용도제한, 건축물의 건폐율 또는 용적률, 건축물의 높이의 최고한도 또는 최저한도

㉣ 건축물의 배치·형태·색채 또는 건축선에 관한 계획

㉤ 보행안전 등을 고려한 교통처리계획

---

① ㉠, ㉡   ② ㉠, ㉢   ③ ㉡, ㉢   ④ ㉢, ㉣   ⑤ ㉣, ㉤

06 국토의 계획 및 이용에 관한 법령상 지구단위계획구역에서 완화하여 적용될 수 있는 규정이 <u>아닌</u> 것은?

① 용도지역 및 용도지구별 건축제한
② 용도지역별 건폐율 또는 용적률
③ 「건축법」에 따른 건축물의 높이제한
④ 「건축법」에 따른 대지의 분할제한
⑤ 「주차장법」에 따른 부설주차장의 설치

☆중요
07 국토의 계획 및 이용에 관한 법령상 지구단위계획에 관한 설명으로 <u>틀린</u> 것은?

① 두 개의 노선이 교차하는 대중교통 결절지로부터 2km 이내에 위치한 지역은 지구단위계획구역으로 지정해야 한다.
② 지구단위계획구역 및 지구단위계획은 도시·군관리계획으로 결정한다.
③ 지구단위계획으로 목욕탕을 불허하고 있는 지구단위계획구역에서는 근린상업지역이라 하더라도 목욕탕을 건축할 수 없다.
④ 도시지역 내 지구단위계획구역의 지정이 한옥마을의 보존을 목적으로 하는 경우 지구단위계획으로 「주차장법」에 따른 주차장 설치기준을 100%까지 완화하여 적용할 수 있다.
⑤ 도시지역에 지정된 지구단위계획구역 안에서 완화하여 적용되는 건폐율 및 용적률은 해당 용도지역 또는 용도지구에 적용되는 건폐율의 150% 및 용적률의 200%를 각각 초과할 수 없다.

▲고득점
08 국토의 계획 및 이용에 관한 법령상 일반상업지역 내의 지구단위계획구역에서 건폐율이 60%이고 대지면적이 400m²인 부지에 건축물을 건축하려는 자가 그 부지 중 100m²를 공공시설 등의 부지로 제공하는 경우, 지구단위계획으로 완화하여 적용할 수 있는 건폐율의 최대한도(%)는 얼마인가? (단, 조례는 고려하지 않으며, 건축주가 용도폐지되는 공공시설 등을 무상양수 받은 경우가 아님)

① 60
② 65
③ 70
④ 75
⑤ 80

09 국토의 계획 및 이용에 관한 법령상 도시지역 외의 지구단위계획구역에서 지구단위계획에 의한 건폐율 등의 완화적용에 관한 설명으로 <u>틀린</u> 것은?

① 해당 용도지역 또는 개발진흥지구에 적용되는 건폐율의 150% 이내에서 건폐율을 완화하여 적용할 수 있다.

② 해당 용도지역 또는 개발진흥지구에 적용되는 용적률의 200% 이내에서 용적률을 완화하여 적용할 수 있다.

③ 해당 용도지역에 적용되는 건축물 높이의 120% 이내에서 높이제한을 완화하여 적용할 수 있다.

④ 계획관리지역에 지정된 개발진흥지구 내의 지구단위계획구역에서는 건축물의 용도·종류 및 규모 등을 완화하여 적용할 수 있다.

⑤ 계획관리지역 외의 지역에 지정된 개발진흥지구 내의 지구단위계획구역에서는 건축물의 용도·종류 및 규모 등을 완화하여 적용할 경우 아파트 및 연립주택은 허용되지 않는다.

10 국토의 계획 및 이용에 관한 법령상 지구단위계획 등에 관한 설명으로 <u>틀린</u> 것은?

① 지구단위계획의 수립기준은 국토교통부장관이 정한다.

② 도시지역 외의 지역도 지구단위계획구역으로 지정될 수 있다.

③ 지구단위계획에는 건축물의 건축선에 관한 계획이 포함될 수 있다.

④ 지구단위계획으로 차량진입금지구간을 지정한 경우 「주차장법」에 따른 주차장 설치기준을 최대 80%까지 완화하여 적용할 수 있다.

⑤ 시장 또는 군수가 입안한 지구단위계획구역의 지정·변경에 관한 도시·군관리계획은 시장 또는 군수가 직접 결정한다.

신유형

11 국토의 계획 및 이용에 관한 법령상 역세권 복합용도개발형 지구단위계획구역 내 준주거 지역에서 지구단위계획으로의 완화적용에 관하여 다음 (   ) 안에 알맞은 내용을 연결한 것은?

> • 건축물을 건축하려는 자가 그 대지의 일부를 공공시설 등의 부지로 제공하거나 공공시설 등을 설치하여 제공하는 경우에는 용적률의 (   )% 이내의 범위에서 용적률을 완화하여 적용할 수 있다.
> • 「건축법」에 따른 채광(採光) 등의 확보를 위한 건축물의 높이제한을 (   )% 이내의 범위에서 완화하여 적용할 수 있다.

① 120 − 150

② 120 − 200

③ 140 − 150

④ 140 − 200

⑤ 150 − 200

중요

12 국토의 계획 및 이용에 관한 법령상 지구단위계획구역과 지구단위계획에 관한 설명으로 틀린 것은?

① 「관광진흥법」에 따라 지정된 관광단지의 전부 또는 일부에 대하여 지구단위계획구역을 지정할 수 있다.

② 지구단위계획은 해당 용도지역의 특성을 고려하여 수립한다.

③ 지구단위계획이 수립되어 있는 지구단위계획구역에서 공사기간 중 이용하는 공사용 가설건축물을 건축하려면 그 지구단위계획에 맞게 하여야 한다.

④ 용도지역을 변경하는 지구단위계획에는 건축물의 용도제한이 반드시 포함되어야 한다.

⑤ 지구단위계획구역의 지정에 관한 도시·군관리계획결정의 고시일부터 3년 이내에 지구단위계획이 결정·고시되지 아니하면 그 3년이 되는 날의 다음 날에 그 지구단위계획구역의 지정에 관한 도시·군관리계획결정은 효력을 잃는다.

13 국토의 계획 및 이용에 관한 법령상 지구단위계획에 관한 설명이다. (　　)에 들어갈 내용으로 각각 옳은 것은?

> 주민의 입안제안에 따른 지구단위계획에 관한 (　㉠　)결정의 고시일부터 (　㉡　) 이내에 이 법 또는 다른 법률에 따라 허가·인가·승인 등을 받아 사업이나 공사에 착수하지 아니하면 그 (　㉡　)이 된 날의 다음 날에 그 지구단위계획에 관한 (　㉠　)결정은 효력을 잃는다.

① ㉠: 도시군기본계획, ㉡: 3년
② ㉠: 도시군기본계획, ㉡: 5년
③ ㉠: 도시군관리계획, ㉡: 1년
④ ㉠: 도시군관리계획, ㉡: 3년
⑤ ㉠: 도시군관리계획, ㉡: 5년

제8장 개발행위허가 등

Point 16 개발행위허가 ★★★★

기본서 p.146~160

허가 대상	(도시 · 군계획사업은 제외) ① 건축물의 건축: 「건축법」에 따른 건축물의 건축 ② 공작물의 설치: 인공을 가하여 제작한 시설물의 설치 ③ 토지의 형질변경: 절토 · 성토 · 정지 · 포장 등의 방법으로 토지의 형상을 변경하는 행위와 공유수면의 매립(전 · 답 사이의 지목변경을 수반하는 경작을 위한 형질변경은 제외) ④ 토석채취: 흙 · 모래 · 자갈 · 바위 등의 토석을 채취하는 행위(토지의 형질변경을 목적으로 하는 것은 제외) ⑤ 토지분할(건축물이 있는 대지는 제외) 　㉠ 녹지, 관리 · 농림 · 자연환경보전지역 　㉡ 「건축법」에 따른 대지분할제한 면적에 미만 　㉢ 너비 5m 이하 ⑥ 물건의 적치: 녹지지역 · 관리지역 또는 자연환경보전지역에서 건축물의 울타리 안이 아닌 토지에 물건을 1개월 이상 쌓아놓는 행위 　🔍 허가사항의 변경: 변경허가. 다만, 경미한 사항의 변경(① 사업기간의 단축, ② 면적의 5% 범위에서 축소)은 제외 ⇨ 지체 없이 허가권자에게 통지
예외	① 재해복구 · 재난수습을 위한 응급조치: 1개월 이내에 신고 ② 경미한 행위: 농사, 공용 · 공익 · 공공 　㉠ 녹지, 관리, 농림지역에서 농림어업용 비닐하우스의 설치(양식장은 제외) 　㉡ 조성이 완료된 대지에 건축물이나 공작물을 설치하기 위한 형질변경(절토 · 성토는 제외) 　㉢ 토지의 일부가 도시 · 군계획시설로 지형도면고시가 된 해당 토지의 분할

**허가
절차**

특 · 광 · 시장 또는 군수(15일 이내)

허가신청

신청서 제출 +
계획서(기 · 위 ·
환 · 경) 첨부

① 허가기준: 적합
　㉠ 개발행위규모
　　ⓐ 보전녹지 · 자연환경보전지역:
　　　5천m² 미만
　　ⓑ 주거 · 상업 · 자연녹지 ·
　　　생산녹지지역: 1만m² 미만
　　ⓒ 공업 · 관리 · 농림지역:
　　　3만m² 미만
　㉡ 도시 · 군관리계획, 성장관리계획
　　(특 · 광 · 시장 또는 군수가 수립
　　⇨ 5년마다 타당성 검토)
　㉢ 도시 · 군계획사업 ⇨ 시행자
　　의견청취
　㉣ 주변환경, 경관
　㉤ 기반시설
② 허가제한지역 ✕: 1회 3년 이내 +
　1회 2년 연장(도 · 지 · 기)

허가처분

내용 서면통지

준공검사

① 건축물의 건축
② 공작물의 설치
③ 토지의 형질변경
④ 토석채취

불허가처분　사유 서면통지

🔍 위반시 조치
• 무허가 행위: 원상회복명령
　⇨ 행정대집행
• 무허가 행위자: 처벌(3년, 3천)

조건부허가

기 · 위 · 환 · 경

이행보증금

국가 · 지자체,
공공기관,
공공단체 ✕

🔍 **약어 설명**
• **기 · 위 · 환 · 경**
　1. 기반시설의 설치
　2. 위해방지
　3. 환경오염방지
　4. 경관 · 조경
• **도 · 지 · 기**
　1. 도시 · 군기본계획이나 도시 · 군관리계획을 수립하는 지역
　2. 지구단위계획구역
　3. 기반시설부담구역

**허가
제한**

① 제한권자: 국토부장관, 시 · 도지사, 시장 · 군수
② 제한절차: 의견청취(시장 · 군수) ⇨ 심의(도계위) ⇨ 고시
③ 제한사유 · 기간

㉠ 녹지지역, 계획관리지역 + 수목 생육, 조수류 서식, 우량농지 등 보전할 필요가 있는 지역	1회 3년 이내
㉡ 주변환경, 경관, 미관, 문화재 등이 오염되거나 손상될 우려가 있는 지역	
㉢ 도시 · 군기본계획, 도시 · 군관리계획을 수립하고 있는 지역	5년(1회 3년 + 1회 2년 이내 연장)
㉣ 지구단위계획구역으로 지정된 지역	
㉤ 기반시설부담구역으로 지정된 지역	

허가효과	① (적법하게) 개발행위 가능 ② 관련 인·허가 등의 의제(건축허가 ×) ③ 공공시설의 귀속		
	개발행위허가를 받은 자	**행정청인 경우**	**행정청이 아닌 경우**
	새로 설치된 공공시설	관리청에 무상귀속	
	용도폐지되는 종래의 공공시설	개발행위허가를 받은 자에게 무상귀속	새로 설치한 공공시설의 설치비용에 상당하는 범위에서 개발행위허가를 받은 자에게 무상양도 가능

Point 17 성장관리계획 ★★★★

기본서 p.162~164

성장관리계획구역	① 지정권자: 특·광·시장 또는 군수 – 녹지, 관리, 농림, 자연환경보전지역 ② 지정절차: 주민의견청취 ⇨ 지방의회 의견청취 ⇨ 협의·심의 ⇨ 고시·열람 ③ 행위제한 완화: 성장관리계획구역 내 계획관리지역에서는 건폐율 50%, 용적률 125% 이내에서 완화적용

Point 18 기반시설연동제 ★★★★★

기본서 p.165~173

개발밀도 관리구역 (기개발지)	① 지정권자: 특별시장·광역시장·시장 또는 군수(임의적) ② 지정대상: 주거·상업·공업지역 + 기반시설의 설치가 곤란한 지역(도로, 상·하수도, 학교 – 2년, 20%) ③ 지정절차: 심의(도계위) ⇨ 지정·고시 ④ 지정효과: 건폐율 또는 용적률 강화적용 ⇨ 용적률 최대한도의 50% 범위에서 강화적용
기반시설 부담구역 (신개발지)	① 지정권자: 특·광·시장 또는 군수(의무적) ② 지정대상: 개발밀도관리구역 외의 지역 + 기반시설의 설치가 필요한 지역 – 행위제한이 완화, 개발행위가 집중(허가건수, 인구증가율 20% 이상) ③ 지정절차: 주민의견청취 ⇨ 심의(도계위) ⇨ 지정·고시 ④ 기반시설설치계획: 1년 이내 수립 × ⇨ 다음 날 해제 ⑤ 기반시설설치비용 ㉠ 납부의무자: 200m²를 초과하는 건축물의 신축·증축행위를 하는 자 ㉡ 납부방법: 현금(원칙), 토지로 물납 인정 ㉢ 부과 및 납부기한: 건축허가시 2개월 이내에 부과 ⇨ 납부의무자는 사용승인 신청시까지 납부 ㉣ 기반시설유발계수: 위락시설(2.1) > 관광휴게시설(1.9) > 제2종 근린생활시설(1.6)

제8장 단원별 출제예상문제

☆중요 출제가능성이 높은 중요 문제 🔖고득점 고득점 목표를 위한 어려운 문제 📝신유형 기존에 출제되지 않은 신유형 대비 문제

정답 및 해설 p.25~26

Point 16 개발행위허가 ★★★★

💡 Tip
- 개발행위허가의 대상과 예외 및 경미한 사항의 변경에 관한 내용을 정확하게 이해하고 정리한다.
- 개발행위허가의 절차와 관련하여 허가기준, 조건부허가 및 이행보증금, 개발행위허가의 제한에 관한 내용을 정확하게 정리한다.

☆중요
01 국토의 계획 및 이용에 관한 법령상 개발행위허가의 대상이 <u>아닌</u> 것은 모두 몇 개인가?

> ㉠ 도시개발사업에 의한 건축물의 건축
> ㉡ 공유수면의 매립
> ㉢ 녹지지역의 나대지에 물건을 1개월 이상 쌓아놓는 행위
> ㉣ 토지의 형질변경을 목적으로 하지 않는 토석채취
> ㉤ 자연환경보전지역에서 죽목의 벌채 및 식재

① 1개   ② 2개
③ 3개   ④ 4개
⑤ 5개

☆중요
02 국토의 계획 및 이용에 관한 법령상 허가를 받아야 하는 개발행위는?

① 높이 50cm 이내 또는 깊이 50cm 이내의 절토·성토·정지 등(포장은 제외한다)
② 도시지역 또는 지구단위계획구역에서 무게가 50t 이하, 부피가 $50m^3$ 이하, 수평투영면적이 $50m^2$ 이하의 공작물의 설치
③ 토지의 일부를 공공용지 또는 공용지로 하기 위한 토지의 분할
④ 농림지역에서 비닐하우스 안에 양식장의 설치
⑤ 전·답 사이의 지목변경을 수반하는 경작을 위한 토지의 형질변경

03 국토의 계획 및 이용에 관한 법령상 토지의 분할을 허가받아야 하는 것은? (단, 도시·군계획사업이 아님)

① 토지의 일부가 도시·군계획시설로 지형도면고시가 된 해당 토지의 분할
② 「사도법」에 따른 사도개설허가를 받은 토지의 분할
③ 토지의 일부를 공공용지 또는 공용지로 하기 위한 토지의 분할
④ 행정재산 중 일반재산을 매각·교환 또는 양여하기 위한 토지의 분할
⑤ 관계 법령에 따른 인·허가 등을 받지 않고 하는 너비 5m 이하로의 토지의 분할

☆중요
04 국토의 계획 및 이용에 관한 법령상 개발행위허가에 관한 설명으로 옳은 것은?

① 허가가 필요한 개발행위라도 용도지역이 지정되지 아니한 지역에서는 허가를 받지 않아도 된다.
② 농림지역에서 물건을 1개월 이상 쌓아놓는 행위는 허가를 받을 필요가 없다.
③ 개발행위허가를 받은 사항으로서 건축물 연면적을 10% 범위에서 확대 또는 축소하는 경우에는 변경허가를 받지 않는다.
④ 지방자치단체가 시행하는 개발행위에도 이행보증금을 예치하게 해야 한다.
⑤ 개발행위허가의 대상인 토지가 둘 이상의 용도지역에 걸치는 경우, 개발행위허가의 규모를 적용할 때는 가장 큰 규모의 용도지역에 대한 규정을 적용한다.

☆중요
05 국토의 계획 및 이용에 관한 법령상 개발행위허가의 절차에 관한 설명으로 틀린 것은?

① 허가권자는 특별시장·광역시장·특별자치시장·특별자치도지사·시장 또는 군수이다.
② 허가권자는 개발행위허가의 신청에 대하여 특별한 사유가 없으면 15일(협의 또는 심의기간은 제외) 이내에 처분을 해야 한다.
③ 허가권자는 개발행위에 따른 기반시설의 설치, 위해방지, 환경오염방지, 경관 및 조경 등에 관한 조치를 할 것을 조건으로 개발행위허가를 할 수 있다.
④ 지구단위계획이 수립된 지역에서는 토석채취량이 3만m^3 이상이라도 도시계획위원회의 심의를 거치지 않고 허가를 받을 수 있다.
⑤ 허가를 받지 않고 개발행위를 하는 자에 대하여는 그 토지의 원상회복을 명하는 대신에 이행보증금을 예치하게 할 수 있다.

06 국토의 계획 및 이용에 관한 법령상 개발행위허가에 대한 설명으로 <u>틀린</u> 것은?

① 허가권자가 처분을 할 때에는 허가내용이나 불허가처분의 사유를 서면으로 신청인에게 알려야 한다.

② 조성이 완료된 기존 대지에서 건축물의 건축을 위한 토지의 형질변경(절토 · 성토는 제외한다)은 허가를 받지 않고 할 수 있다.

③ 허가권자는 녹지지역에서 토지 형질변경의 신청이 있는 경우 면적 3만m² 미만인 경우에 한하여 허가를 할 수 있다.

④ 허가받은 개발행위의 사업기간을 연장하려는 경우에는 변경허가를 받아야 한다.

⑤ 건축물의 건축에 대해 개발행위허가를 받은 자가 건축을 완료하고 「건축법」상 사용승인을 받은 경우에는 따로 준공검사를 받지 않아도 된다.

07 국토의 계획 및 이용에 관한 법령상 개발행위허가의 기준에 해당하지 <u>않는</u> 것은? (단, 관련 인 · 허가 등의 의제는 고려하지 않음)

① 공유수면매립의 경우 매립목적이 도시 · 군관리계획에 적합할 것

② 도시 · 군계획사업의 시행에 지장이 없을 것

③ 자금조달계획이 목적사업의 시행에 적합할 것

④ 도시 · 군계획으로 경관계획이 수립되어 있는 경우에는 그에 적합할 것

⑤ 해당 개발행위에 따른 기반시설의 설치나 그에 필요한 용지의 확보계획이 적절할 것

08 국토의 계획 및 이용에 관한 법령상 용도지역에서 허용되는 개발행위허가의 규모로서 토지 형질변경면적을 바르게 연결한 것은?

① 상업지역 – 3만m² 미만

② 공업지역 – 3만m² 미만

③ 보전녹지지역 – 1만m² 미만

④ 관리지역 – 5만m² 미만

⑤ 자연환경보전지역 – 1만m² 미만

09 국토의 계획 및 이용에 관한 법령상 개발행위허가에 관한 설명으로 옳은 것은?

① 개발행위허가를 할 때에 허가권자가 「건축법」에 따른 건축물의 건축에 대하여 미리 관계 행정기관의 장과 협의한 경우에는 건축허가를 받은 것으로 본다.

② 토지의 일부가 도시·군계획시설로 지형도면고시가 된 해당 토지의 분할은 개발행위허가를 받아야 한다.

③ 허가기준을 적용할 때 유보용도로서 도시계획위원회의 심의를 통하여 허가기준을 강화 또는 완화하여 적용할 수 있는 지역은 생산녹지지역이다.

④ 지목의 변경(전·답 사이의 변경은 제외)을 수반하는 경작을 위한 토지의 형질변경은 허가를 받을 필요가 없다.

⑤ 허가받은 토석채취량을 5% 범위에서 축소하는 경우에는 변경허가를 받을 필요가 없다.

10 국토의 계획 및 이용에 관한 법령상 중앙도시계획위원회와 지방도시계획위원회의 심의를 거치지 않고 개발행위의 허가를 할 수 있는 경우를 모두 고른 것은?

> ㉠ 다른 법률에 따라 도시계획위원회의 심의를 받는 구역에서 하는 개발행위
> ㉡ 성장관리계획을 수립한 지역에서 하는 개발행위
> ㉢ 「산림자원의 조성 및 관리에 관한 법률」에 따른 산림사업을 위한 개발행위
> ㉣ 「사방사업법」에 따른 사방사업을 위한 개발행위

① ㉠, ㉡   ② ㉠, ㉢

③ ㉡, ㉢   ④ ㉡, ㉢, ㉣

⑤ ㉠, ㉡, ㉢, ㉣

11 국토의 계획 및 이용에 관한 법령상 개발행위허가의 제한에 관한 설명으로 <u>틀린</u> 것은?

① 국토교통부장관이 개발행위허가를 제한하고자 할 때에는 중앙도시계획위원회의 심의를 거쳐야 한다.

② 지구단위계획구역으로 지정된 지역은 최장 10년까지 개발행위허가를 제한할 수 있다.

③ 시·도지사가 개발행위허가를 제한하고자 할 때에는 시·도도시계획위원회의 심의 전에 미리 관할 시장 또는 군수의 의견을 들어야 한다.

④ 계획관리지역의 우량농지로서 보전할 필요가 있는 지역은 한 차례만 3년 이내의 기간 동안 개발행위허가를 제한할 수 있으며, 제한기간을 연장할 수 없다.

⑤ 기반시설부담구역으로 지정된 지역에 대해서는 도시계획위원회의 심의를 거치지 않고 한 차례만 2년 이내의 기간 동안 개발행위허가의 제한을 연장할 수 있다.

12 국토의 계획 및 이용에 관한 법령상 개발행위허가에 관한 설명으로 <u>틀린</u> 것은?

① 재해복구를 위한 응급조치로서 공작물의 설치를 하려는 자는 개발행위허가를 받지 않고 할 수 있으나 1개월 이내에 허가권자에게 신고해야 한다.

② 개발밀도관리구역에서는 기반시설의 설치나 그에 필요한 용지의 확보에 관한 계획서를 제출하지 않는다.

③ 토지분할을 위한 개발행위허가를 받은 자는 그 개발행위를 마치면 시·도지사의 준공검사를 받아야 한다.

④ 주거지역에서 면적 9천m^2인 토지의 형질변경 행위를 하려면 개발행위허가를 받아야 한다.

⑤ 기반시설의 설치에 필요한 용지의 확보를 조건으로 개발행위허가를 하려는 경우에는 미리 허가를 신청한 자의 의견을 들어야 한다.

⭐중요

13 국토의 계획 및 이용에 관한 법령상 개발행위에 따른 공공시설의 귀속에 관한 설명으로 **틀린** 것은?

① 개발행위허가를 받은 행정청이 기존의 공공시설에 대체되는 공공시설을 설치한 경우에는 새로 설치된 공공시설은 그 시설을 관리할 관리청에 무상으로 귀속된다.

② 개발행위허가를 받은 행정청이 기존의 공공시설에 대체되는 공공시설을 설치한 경우에는 종래의 공공시설은 그 행정청에게 무상으로 귀속된다.

③ 개발행위허가를 받은 자가 행정청이 아닌 경우 개발행위로 용도가 폐지되는 공공시설은 개발행위허가를 받은 자에게 무상으로 귀속된다.

④ 허가권자는 공공시설의 귀속에 관한 사항이 포함된 개발행위허가를 하려면 미리 관리청의 의견을 들어야 한다.

⑤ 개발행위허가를 받은 행정청은 개발행위가 끝나 준공검사를 마친 때에는 해당 시설의 관리청에 공공시설의 종류와 토지의 세목(細目)을 통지해야 한다.

🌱신유형

14 국토의 계획 및 이용에 관한 법령상 A군수가 민간개발업자 B에 대해 개발행위허가를 할 때, 토석을 운반하는 차량통행으로 통행로 주변환경이 오염될 우려가 있어 환경오염방지의 이행보증 등에 관한 조치를 명하는 경우이다. 이에 관한 설명으로 옳은 것은?

① B가 예치하는 이행보증금은 총공사비의 30% 이내가 되도록 해야 한다

② A군수는 B가 환경오염방지의 조치를 하지 않는 경우 원상회복을 명할 수 있다.

③ A군수는 이행보증금을 행정대집행의 비용으로 사용할 수 없다.

④ B가 개발행위허가를 받은 때에는 A군수는 즉시 이행보증금을 반환해야 한다.

⑤ B가 국가인 경우라도 민간개발업자의 경우와 동일한 이행보증이 필요하다.

✰중요

15 국토의 계획 및 이용에 관한 법령상 성장관리계획구역에 관한 설명으로 틀린 것은?

① 특별시장·광역시장·특별자치시장·특별자치도지사·시장 또는 군수가 성장관리계획구역을 지정할 수 있다.

② 성장관리계획구역을 지정하거나 변경하려면 미리 주민과 해당 지방의회의 의견을 들어야 하며, 관계 행정기관과의 협의 및 지방도시계획위원회의 심의를 거쳐야 한다.

③ 시장 또는 군수는 성장관리계획구역을 지정하려면 성장관리계획구역안을 7일간 일반이 열람할 수 있도록 해야 한다.

④ 성장관리계획구역에서 개발행위 또는 건축물의 용도변경을 하려면 그 성장관리계획에 맞게 하여야 한다.

⑤ 특별시장·광역시장·특별자치시장·특별자치도지사·시장 또는 군수는 5년마다 관할 구역 내 수립된 성장관리계획에 대하여 그 타당성 여부를 전반적으로 재검토하여 정비하여야 한다.

16 국토의 계획 및 이용에 관한 법령상 성장관리계획구역을 지정할 수 있는 지역에 해당하지 않는 것은?

① 「토지이용규제 기본법」에 따른 지역·지구 등의 변경으로 토지이용에 대한 행위제한이 완화되는 주거지역

② 개발수요가 많아 무질서한 개발이 진행되고 있거나 진행될 것으로 예상되는 계획관리지역

③ 주변지역과 연계하여 체계적인 관리가 필요한 생산관리지역

④ 주변의 토지이용이나 교통여건 변화 등으로 향후 시가화가 예상되는 농림지역

⑤ 난개발의 방지와 체계적인 관리가 필요한 자연녹지지역

17 국토의 계획 및 이용에 관한 법령상 성장관리계획에 관한 설명으로 옳은 것을 모두 고른 것은?

> ㉠ 시장 또는 군수는 성장관리계획구역을 지정할 때에는 도시·군관리계획의 결정으로 해야 한다.
> ㉡ 주거지역·상업지역 및 공업지역은 성장관리계획구역의 지정대상 지역이 아니다.
> ㉢ 성장관리계획구역 내 계획관리지역에서는 125% 이하의 범위에서 성장관리계획으로 정하는 바에 따라 조례로 정하는 비율까지 용적률을 완화하여 적용할 수 있다.

① ㉠

② ㉡

③ ㉠, ㉢

④ ㉡, ㉢

⑤ ㉠, ㉡, ㉢

18 국토의 계획 및 이용에 관한 법령상 성장관리계획구역에서는 다음의 구분에 따른 범위에서 성장관리계획으로 정하는 바에 따라 건폐율을 완화하여 적용할 수 있다. (   ) 안에 알맞은 내용을 바르게 연결한 것은?

> • 계획관리지역: (㉠   )% 이하
> • 자연녹지지역 및 생산녹지지역: (㉡   )% 이하

① ㉠: 30, ㉡: 30

② ㉠: 30, ㉡: 50

③ ㉠: 50, ㉡: 30

④ ㉠: 50, ㉡: 50

⑤ ㉠: 100, ㉡: 50

💡 **Tip**

• 개발밀도관리구역의 의의, 지정권자, 지정대상, 지정절차 및 지정효과를 정확하게 정리한다.
• 기반시설부담구역은 매년 출제되는 부분이므로 의의, 지정대상, 지정절차 및 지정효과를 정확하게 이해하고 정리한다. 기반시설설치비용과 관련하여 기반시설유발계수 등 암기할 사항은 암기한다.

19 국토의 계획 및 이용에 관한 법령상 시장 또는 군수가 주민의 의견을 들어야 하는 경우로 명시되어 있지 <u>않은</u> 것은? (단, 국토교통부장관이 따로 정하는 경우는 고려하지 않음)

① 광역도시계획을 수립하려는 경우
② 성장관리계획구역을 지정하려는 경우
③ 시범도시사업계획을 수립하려는 경우
④ 기반시설부담구역을 지정하려는 경우
⑤ 개발밀도관리구역을 지정하려는 경우

☆중요
20 국토의 계획 및 이용에 관한 법령상 개발밀도관리구역에 관한 설명 중 옳은 것은?

① 용적률의 최대한도가 1,100%인 상업지역이고 개발밀도관리구역으로 지정된 지역에서는 550%의 범위에서 용적률을 강화하여 적용한다.
② 개발밀도관리구역에 대하여는 기반시설의 변화가 있는 경우, 이를 즉시 검토하여 그 구역의 해제 등 필요한 조치를 취해야 한다.
③ 개발밀도관리구역의 명칭 변경에 대하여는 지방도시계획위원회의 심의를 거치지 않아도 된다.
④ 국토교통부장관 또는 시·도지사는 계획관리지역에서 개발밀도관리구역의 지정 또는 변경을 도시·군관리계획으로 결정할 수 있다.
⑤ 향후 3년 이내에 해당 지역의 학생수가 학교수용능력을 30% 이상 초과할 것으로 예상되는 지역은 개발밀도관리구역의 지정기준에 해당한다.

☆중요

21 국토의 계획 및 이용에 관한 법령상 개발밀도관리구역 및 기반시설부담구역에 관한 설명으로 옳은 것은?

① 개발밀도관리구역에서는 해당 용도지역에 적용되는 건폐율 또는 용적률을 강화하거나 완화하여 적용할 수 있다.

② 시장 또는 군수는 개발밀도관리구역을 지정하려면 주민의견을 들은 후 지방도시계획위원회의 심의를 거쳐 도지사의 승인을 받아야 한다.

③ 주거·상업지역에서의 개발행위로 기반시설의 수용능력이 부족할 것으로 예상되는 지역 중 기반시설의 설치가 곤란한 지역은 기반시설부담구역으로 지정할 수 있다.

④ 시장 또는 군수는 기반시설부담구역을 지정하면 기반시설설치계획을 수립해야 하며, 이를 도시·군관리계획에 반영해야 한다.

⑤ 기반시설부담구역에서 개발행위허가를 받으려는 자에게는 기반시설설치비용을 부과해야 한다.

☆중요

22 국토의 계획 및 이용에 관한 법령상 기반시설부담구역의 지정대상이 될 수 <u>없는</u> 지역은?

① 개발제한구역에서 해제되어 개발행위가 집중된 지역

② 전전년도 개발행위허가 건수가 100건이었으나, 전년도 개발행위허가 건수가 150건으로 증가한 지역

③ 주거지역에서 자연환경보전지역으로 변경되는 지역

④ 전년도 인구증가율이 5%인 시에 속해 있는 지역으로서 전년도 인구증가율이 25%인 지역

⑤ 계획관리지역에서 준공업지역으로 변경되는 지역

23 국토의 계획 및 이용에 관한 법령상 기반시설부담구역 등에 관한 설명으로 옳은 것은?

① 동일한 지역에 대해 기반시설부담구역과 개발밀도관리구역을 중복하여 지정할 수 있다.

② 대학은 기반시설부담구역에 설치가 필요한 기반시설에 해당한다.

③ 기반시설설치비용은 현금납부를 원칙으로 하되, 부과대상 토지 및 이와 비슷한 토지로 하는 납부를 인정할 수 있다.

④ 기반시설부담구역의 지정기준은 특별시장·광역시장·특별자치시장·특별자치도지사·시장 또는 군수가 정한다.

⑤ 기반시설부담구역의 지정·고시일부터 2년이 되는 날까지 기반시설설치계획을 수립하지 아니하면 그 2년이 되는 날의 다음 날에 구역의 지정은 해제된 것으로 본다.

24 국토의 계획 및 이용에 관한 법령상 기반시설부담구역에 설치가 필요한 기반시설에 해당하지 <u>않는</u> 것은? (단, 조례는 고려하지 않음)

① 도로(인근의 간선도로로부터 기반시설부담구역까지의 진입도로를 포함)
② 공원
③ 학교(「고등교육법」에 따른 학교를 포함)
④ 수도(인근의 수도로부터 기반시설부담구역까지 연결하는 수도를 포함)
⑤ 하수도(인근의 하수도로부터 기반시설부담구역까지 연결하는 하수도를 포함)

25 국토의 계획 및 이용에 관한 법령상 기반시설부담구역에 관한 설명으로 <u>틀린</u> 것은?

① 기반시설부담구역이 지정되면 기반시설설치계획을 수립해야 하며, 이를 도시·군관리계획에 반영해야 한다.
② 기반시설부담구역의 지정은 해당 지방도시계획위원회의 심의대상이다.
③ 법령의 개정으로 인하여 행위제한이 완화되는 지역에 대하여는 이를 기반시설부담구역으로 지정할 수 없다.
④ 지구단위계획을 수립한 경우에는 기반시설설치계획을 수립한 것으로 본다.
⑤ 기반시설부담구역은 기반시설이 적절하게 배치될 수 있는 규모로서 최소 10만m² 이상으로 지정해야 한다.

☆중요
26 국토의 계획 및 이용에 관한 법령상 기반시설설치비용의 부과대상 및 산정기준에 대하여 <u>틀린</u> 것은?

① 기반시설부담구역에서 기반시설설치비용의 부과대상인 건축행위는 200m²(기존 건축물의 연면적을 포함한다)를 초과하는 건축물의 신축·증축행위로 한다.
② 시장 또는 군수는 기반시설설치비용 납부의무자가 지방자치단체로부터 건축허가를 받은 날부터 2개월 이내에 기반시설설치비용을 부과하여야 한다.
③ 기반시설설치비용 납부의무자는 사용승인신청 후 7일까지 그 비용을 내야 한다.
④ 기존 건축물을 철거하고 신축하는 건축행위가 기반시설설치비용의 부과대상이 되는 경우에는 기존 건축물의 연면적을 초과하는 건축행위만 부과대상으로 한다.
⑤ 시장 또는 군수는 기반시설설치비용을 부과하려면 부과기준시점부터 30일 이내에 납부의무자에게 적용되는 부과기준 등을 미리 알려야 한다.

27 국토의 계획 및 이용에 관한 법령상 기반시설부담구역에서의 기반시설설치비용에 관한 설명으로 **틀린** 것은?

① 기반시설설치비용 산정시 기반시설을 설치하는 데 필요한 용지비용도 산입된다.

② 기반시설설치비용 납부시 물납이 인정될 수 있다.

③ 기반시설설치비용의 관리 및 운용을 위하여 기반시설부담구역별로 특별회계가 설치되어야 한다.

④ 의료시설과 교육연구시설의 기반시설유발계수는 같다.

⑤ 기반시설설치비용을 부과받은 납부의무자는 납부기일의 연기 또는 분할납부가 인정되지 않는 한 사용승인신청시까지 기반시설설치비용을 내야 한다.

☆중요
28 국토의 계획 및 이용에 관한 법령상 기반시설부담구역에서 기반시설설치비용의 산정에 사용되는 건축물별 기반시설유발계수가 높은 것부터 나열한 것은?

> ㉠ 제2종 근린생활시설
> ㉡ 종교시설
> ㉢ 판매시설
> ㉣ 위락시설

① ㉡ - ㉢ - ㉠ - ㉣   ② ㉢ - ㉠ - ㉣ - ㉡

③ ㉣ - ㉠ - ㉡ - ㉢   ④ ㉣ - ㉡ - ㉢ - ㉠

⑤ ㉣ - ㉢ - ㉡ - ㉠

29 국토의 계획 및 이용에 관한 법령상 건축물별 기반시설유발계수가 다음 중 가장 큰 것은?

① 단독주택

② 장례시설

③ 관광휴게시설

④ 제1종 근린생활시설

⑤ 비금속 광물제품 제조공장

제9장 보칙·벌칙

Point 19 보칙 및 벌칙 ★★★

정답 및 해설 p.28~29

> 💡 Tip
> • 도시계획위원회와 시범도시에 관한 내용은 간단하게 요약 정리한다.
> • 행정심판 및 청문사항은 정확하게 정리한다.

01 국토교통부장관, 시·도지사, 시장 또는 군수나 도시·군계획시설사업의 시행자는 다음의 행위를 하기 위하여 필요하면 타인의 토지에 출입하거나 타인의 토지를 재료적치장 또는 임시통로로 일시사용할 수 있으며, 특히 필요한 경우에는 나무, 흙, 돌, 그 밖의 장애물을 변경하거나 제거할 수 있다. 이에 해당하는 것을 모두 고른 것은?

> ㉠ 도시·군계획 및 광역도시계획에 관한 기초조사
> ㉡ 개발밀도관리구역, 기반시설부담구역 및 기반시설설치계획에 관한 기초조사
> ㉢ 도시·군계획시설사업에 관한 조사·측량 또는 시행

① ㉠   ② ㉢
③ ㉠, ㉡   ④ ㉡, ㉢
⑤ ㉠, ㉡, ㉢

☆중요
02 국토의 계획 및 이용에 관한 법령상 실효 또는 해제되는 경우에 해당하는 것은?

① 기반시설부담구역의 지정·고시일부터 1년이 지날 때까지 기반시설설치계획이 수립되지 아니한 경우
② 도시·군계획시설결정의 고시일부터 10년이 지날 때까지 그 시설의 설치에 관한 도시·군계획시설사업이 시행되지 아니한 경우
③ 지구단위계획구역 지정에 관한 도시·군관리계획결정의 고시일부터 1년 이내에 지구단위계획이 결정·고시되지 아니한 경우
④ 시가화조정구역의 지정에 관한 도시·군관리계획결정의 고시일부터 3년이 지난 경우
⑤ 광역계획권의 지정 후 3년 이내에 광역도시계획의 승인신청이 없는 경우

03 국토의 계획 및 이용에 관한 법령상 도시계획위원회에 관한 설명으로 옳은 것은?

① 시·도도시계획위원회는 위원장 및 부위원장 각 1명을 포함한 20명 이상 25명 이하의
위원으로 구성한다.

② 시·도도시계획위원회의 위원장과 부위원장은 위원 중에서 해당 시·도지사가 임명
또는 위촉한다.

③ 중앙도시계획위원회의 회의는 재적위원 과반수의 출석으로 개의(開議)하고, 출석위원
과반수의 찬성으로 의결한다.

④ 시·군·구에는 지방도시계획위원회를 두지 않는다.

⑤ 중앙도시계획위원회 회의록의 공개는 열람하는 방법으로 하며 사본을 제공할 수는 없다.

04 국토의 계획 및 이용에 관한 법령상 규정 내용으로 틀린 것은?

① 관계 중앙행정기관의 장은 국토교통부장관에게 시범도시의 지정을 요청하려는 때에는
주민의 의견을 들은 후 관계 지방자치단체의 장의 의견을 들어야 한다.

② 국토교통부장관이 직접 시범도시를 지정함에 있어서 그 대상이 되는 도시를 공모할
경우, 시장 또는 군수는 공모에 응모할 수 있다.

③ 행정청인 도시·군계획시설사업 시행자의 처분에 대하여는 「행정심판법」에 따라 행정
심판을 제기할 수 있다.

④ 국토교통부장관이 이 법률의 위반자에 대한 처분으로서 실시계획인가를 취소하려면
청문을 실시해야 한다.

⑤ 도지사는 도시·군기본계획과 도시·군관리계획이 국가계획의 취지에 부합하지 아니
하다고 판단하는 경우, 국토교통부장관에게 변경을 요구할 수 있다.

☆중요
05 국토의 계획 및 이용에 관한 법령상 허가 또는 승인에 관한 설명으로 틀린 것은?

① 토지의 형질변경을 수반하는 건축허가신청인 경우에는 「건축법」상의 허가요건만을
고려하여 허가해서는 안 된다는 것이 판례의 입장이다.

② 행정청인 도시·군계획시설사업의 시행자는 도시·군계획에 관한 기초조사를 위하여
필요한 경우 허가 없이 타인의 토지에 출입할 수 있다.

③ 시·도지사의 권한은 시장·군수 또는 구청장에게 위임할 수 있고, 이 경우 시·도지사
는 미리 국토교통부장관의 승인을 받아야 한다.

④ 대도시 시장이 지형도면을 작성할 때에는 도지사의 승인을 받지 않아도 된다.

⑤ 광역시장과 도지사가 공동으로 수립한 광역도시계획을 변경하려는 경우 국토교통부장
관의 승인을 받아야 한다.

06 국토의 계획 및 이용에 관한 법령상 시범도시에 관한 설명으로 옳은 것은?

① 국토교통부장관과 시·도지사는 시장·군수·구청장의 신청을 받아 시범도시를 지정할 수 있다.

② 시범도시사업의 시행을 위하여 필요한 경우에는 시범도시사업의 예산집행에 관한 사항을 도시·군계획조례로 정할 수 있다.

③ 시범도시를 공모할 경우 이에 응모할 수 있는 자는 특별시장·광역시장·특별자치시장·특별자치도지사·시장·군수·구청장 또는 주민이다.

④ 국토교통부장관은 시범도시를 지정하려면 설문조사·열람 등을 통하여 주민의 의견을 들은 후 관계 지방자치단체장의 의견을 들어야 한다.

⑤ 국토교통부장관은 시범도시사업계획의 수립에 소요되는 비용의 전부에 대하여 보조 또는 융자할 수 있다.

☆중요
07 국토의 계획 및 이용에 관한 법령상 국토교통부장관, 시·도지사, 시장·군수 또는 구청장이 처분을 하려는 때에 청문을 실시해야 하는 경우는 모두 몇 개인가?

⊙ 도시·군기본계획 승인의 취소
ⓛ 개발행위허가의 제한
ⓒ 행정청이 아닌 도시·군계획시설사업의 시행자 지정의 취소
ⓔ 실시계획인가의 취소
ⓜ 개발행위허가의 취소
ⓗ 개발밀도관리구역 지정의 해제

① 1개   ② 2개
③ 3개   ④ 4개
⑤ 5개

land.Hackers.com

7개년 출제비중분석

7개년 평균
출제비중

제2편 출제비중
15%

장별 출제비중

장 제목	평균	제33회	제32회	제31회	제30회	제29회	제28회	제27회
제1장 도시개발구역의 지정 등	1.1	2	2	1	1	1	1	0
제2장 도시개발사업의 시행	4	4	2	4	5	4	4	5
제3장 비용부담 · 보칙	0.9	0	2	1	0	1	1	1

*평균: 최근 7개년 동안 출제된 각 장별 평균 문제 수입니다.

제2편

도시개발법

Point 20 개발계획의 수립 ★★★★

기본서 p.191~195

🔍 **도시개발사업**: 도시개발구역 + 단지 또는 시가지 조성
(농지·산지 ⇨ 토지형질변경 + 토지구획정리 ⇨ 택지개발)

구분	수용방식	환지방식
사유	집단적인 (택지의) 조성·공급	① 대지로서의 효용증진과 공공시설의 정비 ② 지가가 현저히 높은 경우
장점	신속	동의(보상금 ×)
단점	보상금 확보, 획일적 개발	절차 지연, 복잡
시행자	공공	토지소유자, 조합

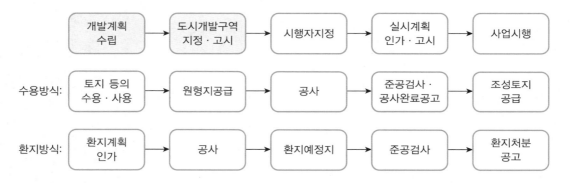

	① 수립·변경: 지정권자
개발계획 수립 ⇩	② 수립시기 　⊙ 원칙: 개발구역 지정 전 　ⓛ 예외: 개발구역 지정 후(2년 이내) 　　ⓐ 개발계획 공모 　　ⓑ 자연녹지, 생산녹지, 비도시지역 　　ⓒ 주거·상업·공업지역이 30% 이하 　　ⓓ 국토부장관이 지정(자연환경보전지역 ×) ③ 환지방식: 면적(국·공유지 포함) 3분의 2 이상 + 총수 2분의 1 이상 동의. 다만, 시행자가 국가·지자체인 경우 동의 × ④ 내용: 도시개발구역의 명칭·위치와 면적, 지정목적 및 사업시행기간, 시행자에 관한 사항, 시행방식 등(지구단위계획 ×) ⑤ 수립기준: 국토부장관이 정함 　⊙ 광역도시계획, 도시·군기본계획에 부합 　ⓛ 330만m² 이상은 주거·생산·교육·유통·위락 등의 기능이 상호 조화

도시개발구역
지정 · 고시
⇩

① 지정권자
　㉠ 원칙: 시 · 도지사, 대도시 시장
　　🔍 걸치는 경우에는 협의하여 지정할 자를 정함
　㉡ 국토부장관
　　ⓐ 국가가 개발
　　ⓑ 중앙행정기관의 장이 요청
　　ⓒ 공공기관 · 정부출연기관의 장이 30만m^2 이상으로 제안
　　ⓓ 시 · 도지사, 대도시 시장의 협의 성립 ×
　　ⓔ 천재지변 등 긴급
　㉢ 지정요청: 시장 · 군수 · 구청장 ⇨ 시 · 도지사
　㉣ 지정제안: 국가 · 지자체, 조합을 제외한 시행자 ⇨ 시장 · 군수 · 구청장(1개
　　월 이내에 수용 여부 통보 + 1개월 연장 가능)
　　🔍 토지소유자 등 민간시행자는 면적 3분의 2 이상 동의
② 지정대상 · 규모: 결합개발, 분할시행(1만m^2 이상)

도시지역	• 주거, 상업, 자연녹지, 생산녹지: 1만m^2 이상 • 공업: 3만m^2 이상
비도시지역	30만m^2 이상(10만m^2 예외)

③ 지정절차: 기초조사(임의적) ⇨ 주민의견청취[공람이나 공청회(100만m^2 이상)]
　⇨ 협의(50만m^2 이상시 국토부장관) · 심의 ⇨ 지정 · 고시 ⇨ 공람(14일 이상)
④ 지정효과
　㉠ 도시지역과 지구단위계획구역으로 결정 · 고시의제. 다만, 취락지구는 제외
　㉡ 행위제한
　　ⓐ 허가대상: 건축물(가설건축물 포함)의 건축 · 대수선 · 용도변경, 공작물의
　　　설치, 토지의 형질변경, 토석채취, 토지분할, 물건을 1개월 이상 쌓아놓는
　　　행위와 죽목의 벌채 · 식재는 특 · 광 · 시장 · 군수의 허가
　　ⓑ 예외: 응급조치, 경미한 행위(농사)
　　ⓒ 기득권 보호: 공사나 사업에 착수한 자 + 30일 이내 신고
⑤ 지정해제: 다음 날
　㉠ 원칙: 개발계획 ⇨ 도시개발구역
　　ⓐ 도시개발구역 지정 · 고시일부터 3년 이내에 실시계획인가 신청 ×
　　ⓑ 공사완료(환지처분)의 공고일
　㉡ 예외: 도시개발구역 ⇨ 개발계획
　　ⓐ 도시개발구역 지정 · 고시일부터 2년(330만m^2 이상은 5년) 이내에 개발
　　　계획 수립 ×
　　ⓑ 개발계획 수립 · 고시일부터 3년(330만m^2 이상은 5년) 이내에 실시계획
　　　인가 신청 ×
　㉢ 해제효과: 용도지역 환원, 지구단위계획구역 폐지. 다만, 공사완료(환지처분)
　　는 제외

☆중요 출제가능성이 높은 중요 문제 ↖고득점 고득점 목표를 위한 어려운 문제 ✍신유형 기존에 출제되지 않은 신유형 대비 문제

<u>Point 20</u> **개발계획의 수립** ★★★★

정답 및 해설 p.30

💡 **Tip**

개발계획의 단계적 수립대상 지역, 개발계획의 내용과 환지방식에서 토지소유자의 동의 및 수립기준 등을 정확하게 이해하고 정리한다.

☆중요

01 도시개발법령상 도시개발구역을 지정한 후에 개발계획을 수립할 수 있는 경우가 <u>아닌</u> 것은?

① 개발계획을 공모하는 경우
② 자연녹지지역에 도시개발구역을 지정할 때
③ 도시지역 외의 지역에 도시개발구역을 지정할 때
④ 국토교통부장관이 국가균형발전을 위하여 관계 중앙행정기관의 장과 협의하여 상업지역에 도시개발구역을 지정할 때
⑤ 해당 도시개발구역에 포함되는 주거·상업·공업지역의 면적이 전체 도시개발구역 지정면적의 100분의 50 이상인 지역을 도시개발구역으로 지정할 때

☆중요

02 도시개발법령상 도시개발구역과 개발계획에 관한 설명으로 <u>틀린</u> 것은?

① 도시개발구역은 국토교통부장관, 시·도지사 또는 대도시 시장이 도시·군관리계획결정으로 지정한다.
② 지정권자는 도시개발구역을 지정하려면 개발계획을 수립해야 한다.
③ 환지방식의 도시개발사업에 대한 개발계획을 수립하려면 토지면적의 3분의 2 이상에 해당하는 토지소유자와 그 지역의 토지소유자 총수의 2분의 1 이상의 동의를 받아야 한다.
④ 면적 330만m² 이상인 도시개발구역에 대한 개발계획을 수립할 때에는 주거·생산·교통·유통·위락 등의 기능이 서로 조화를 이루도록 노력해야 한다.
⑤ 도시·군기본계획이 수립되어 있는 지역에 대하여 개발계획을 수립하려면 개발계획의 내용이 해당 도시·군기본계획에 들어맞도록 해야 한다.

03 도시개발법령상 개발계획에 관한 설명으로 옳은 것은?

① 광역시장이 개발계획을 변경하는 경우 군수 또는 구청장은 광역시장으로부터 송부받은 관계 서류를 일반인에게 공람시켜야 한다.

② 개발계획의 작성기준 및 방법은 시·도의 조례로 정한다.

③ 보건의료시설, 어린이집 및 노인복지시설의 설치계획은 개발계획에 포함되지 않는다.

④ 지정권자는 도시개발사업을 환지방식으로 시행하려고 개발계획을 수립할 때 시행자가 국가인 경우 토지소유자의 동의를 받아야 한다.

⑤ 개발계획에는 지구단위계획이 포함되어야 한다.

04 도시개발법령상 환지방식의 도시개발사업에 대한 개발계획의 수립·변경을 위한 동의자 수 산정방법으로 옳은 것은?

① 도시개발구역의 토지면적을 산정하는 경우 국공유지는 제외한다.

② 토지소유권을 여러 명이 공유하는 경우 공유자 각각을 토지소유자로 본다. 다만, 「집합 건물의 소유 및 관리에 관한 법률」에 따른 구분소유자는 대표 1명만을 토지소유자로 본다.

③ 1인이 둘 이상 필지의 토지를 단독으로 소유한 경우 필지의 수에 관계없이 토지소유자를 1인으로 본다.

④ 개발계획 변경시 개발계획의 변경을 요청받기 전에 동의를 철회하는 사람이 있는 경우 그 사람은 동의자 수에 포함한다.

⑤ 개발계획의 변경을 요청받은 후부터 개발계획이 변경되기 전까지의 사이에 토지소유자가 변경된 경우 변경된 토지소유자의 동의서를 기준으로 한다.

05 도시개발법령상 도시개발사업의 일부를 환지방식으로 시행하기 위하여 개발계획을 변경할 때 토지소유자의 동의가 필요한 경우는? (단, 시행자는 국가나 지방자치단체가 아님)

① 너비가 15m인 도로의 변경

② 도로를 제외한 기반시설의 면적이 종전보다 100분의 4 증가하는 경우

③ 기반시설을 제외한 도시개발구역의 용적률이 종전보다 100분의 4 증가하는 경우

④ 수용예정인구가 종전보다 100분의 5 증가하여 2,600명이 되는 경우

⑤ 토지의 편입이나 제외로 인하여 환지방식이 적용되는 면적이 종전보다 100분의 9 증감하는 경우

06 도시개발법령상 도시개발구역을 지정한 후에 개발계획에 포함시킬 수 있는 사항이 <u>아닌</u> 것은?

① 도시개발구역 밖의 지역에 기반시설을 설치해야 하는 경우 그 시설의 설치에 필요한 비용의 부담계획
② 수용 또는 사용의 대상이 되는 토지 등이 있는 경우에는 그 세부목록
③ 임대주택건설계획 등 세입자의 주거 및 생활안정 대책
④ 재원조달계획
⑤ 순환개발 등 단계적 사업추진이 필요한 경우 사업추진계획

07 도시개발법령상 개발계획의 수립 등에 관한 설명으로 <u>틀린</u> 것은?

① 개발계획의 작성기준 및 방법은 국토교통부장관이 정한다.
② 개발계획을 공모한 경우에는 도시개발구역을 지정한 후에 개발계획을 수립할 수 있다.
③ 창의적이고 효율적인 도시개발사업을 추진하기 위하여 필요한 경우에는 개발계획안을 공모하여 선정된 안을 개발계획에 반영할 수 있다.
④ 지정권자는 선정된 개발계획안의 응모자를 시행자로 지정해서는 안 된다.
⑤ 지정권자는 직접 또는 관계 중앙행정기관의 장이나 시장·군수·구청장 또는 사업시행 자의 요청을 받아 개발계획을 변경할 수 있다.

Point 21 **도시개발구역의 지정** ★★★★★ 정답 및 해설 p.30~32

> 💡 **Tip**
> 도시개발구역의 지정권자 및 국토교통부장관의 지정사항, 지정규모, 지정절차, 지정효과로서 의제사항과 행위제한, 지정해제에 관한 내용을 정확하게 이해하고 정리한다.

08 도시개발법령상 도시개발구역의 지정권자가 될 수 <u>없는</u> 자는?

① 광역시장 ② 도지사
③ 자치구의 구청장 ④ 대도시의 시장
⑤ 특별자치도지사

09 도시개발법령상 국토교통부장관이 도시개발구역을 지정할 수 있는 경우는 모두 몇 개인가?

> ㉠ 국가가 도시개발사업을 실시할 필요가 있는 경우
> ㉡ 시장 또는 군수가 도시개발구역의 지정을 요청하는 경우
> ㉢ 지방공사의 장이 20만m^2 규모로 국가계획과 밀접한 관련이 있는 도시개발구역의 지정을 제안하는 경우
> ㉣ 천재·지변으로 인하여 도시개발사업을 긴급하게 할 필요가 있는 경우
> ㉤ 산업통상자원부장관이 10만m^2 규모로 도시개발구역의 지정을 요청하는 경우
> ㉥ 도시개발사업이 필요하다고 인정되는 지역이 둘 이상의 시·도 또는 대도시에 걸치는 경우

① 1개   ② 2개
③ 3개   ④ 4개
⑤ 5개

10 도시개발법령상 도시개발구역의 지정제안에 관한 내용으로 <u>틀린</u> 것은?

① 도시개발조합은 특별자치도지사, 시장·군수 또는 구청장에게 도시개발구역의 지정을 제안할 수 있다.

② 토지소유자가 도시개발구역의 지정을 제안하려는 경우에는 대상 구역의 토지면적의 3분의 2 이상에 해당하는 토지소유자(지상권자를 포함)의 동의를 받아야 한다.

③ 도시개발구역지정의 제안을 받은 자는 제안 내용의 수용 여부를 1개월 이내에 제안자에게 통보해야 한다. 다만, 1개월 이내의 범위에서 연장할 수 있다.

④ 한국토지주택공사의 사장은 30만m^2 이상으로서 국가계획과 밀접한 관련이 있는 도시개발구역의 지정을 국토교통부장관에게 제안할 수 있다.

⑤ 제안하려는 지역이 둘 이상의 시·군 또는 구의 행정구역에 걸치는 경우에는 면적이 가장 큰 지역의 시장·군수 또는 구청장에게 제안서류를 제출해야 한다.

11 도시개발법령상 도시개발구역으로 지정할 수 있는 대상 지역 및 규모에 관하여 ( )에 들어갈 숫자를 바르게 나열한 것은?

> • 주거지역 및 상업지역: (㉠)만m^2 이상
> • 공업지역: (㉡)만m^2 이상
> • 도시개발구역 지정면적의 100분의 30 이하인 생산녹지지역: (㉢)만m^2 이상
> • 계획관리지역: (㉣)만m^2 이상

① ㉠: 1, ㉡: 1, ㉢: 1, ㉣: 30
② ㉠: 1, ㉡: 3, ㉢: 1, ㉣: 30
③ ㉠: 1, ㉡: 3, ㉢: 3, ㉣: 10
④ ㉠: 3, ㉡: 1, ㉢: 3, ㉣: 30
⑤ ㉠: 3, ㉡: 3, ㉢: 1, ㉣: 10

☆중요
12 도시개발법령상 도시개발구역으로 지정할 수 있는 대상으로 옳은 것은?

① 광역도시계획 및 도시·군기본계획이 수립되지 아니한 지역의 1만m^{2}의 주거지역
② 광역도시계획 및 도시·군기본계획이 수립된 지역의 2만m^{2}의 공업지역
③ 국토교통부장관이 국가균형발전을 위하여 필요하다고 인정한 30만m^{2}의 자연환경보전지역
④ 시·도지사가 계획적인 도시개발이 필요하다고 인정하는 10만m^{2}의 계획관리지역
⑤ 대도시 시장이 계획적인 도시개발이 필요하다고 인정하는 5천m^{2}의 보전녹지지역

13 도시개발법령상 도시개발구역의 지정에 관한 설명으로 옳은 것은?

① 「국토의 계획 및 이용에 관한 법률」에 따른 취락지구 또는 개발진흥지구로 지정된 지역에 도시개발구역을 지정하려면 그 규모가 1만m^2 이상이어야 한다.

② 도시개발사업이 필요하다고 인정되는 지역이 둘 이상의 도의 행정구역에 걸치는 경우에는 해당 면적이 더 넓은 행정구역의 도지사가 도시개발구역을 지정해야 한다.

③ 지정권자는 도시개발사업의 효율적 추진을 위하여 필요하다고 인정하는 경우 서로 떨어진 둘 이상의 지역을 결합하여 하나의 도시개발구역으로 지정할 수 있다.

④ 도시개발구역의 총면적이 1만m^2 미만인 경우 둘 이상의 사업시행지구로 분할하여 지정할 수 있다.

⑤ 자연녹지지역에서 도시개발구역을 지정한 이후 도시개발사업의 계획을 수립하는 것은 허용되지 않는다.

14 도시개발법령상 도시개발구역의 지정절차에 관한 설명으로 <u>틀린</u> 것은?

① 도시개발구역을 지정하려면 그 지역의 인구·경제·사회·문화·토지이용 등을 조사하거나 측량을 해야 한다.

② 도시개발구역을 지정하거나 요청하려는 경우에는 공람이나 공청회를 통하여 주민이나 관계 전문가 등으로부터 의견을 들어야 한다.

③ 도시개발구역의 면적이 10만m^2 미만인 경우에는 일간신문에 공고하지 않고 공보와 해당 시·군 또는 구의 인터넷 홈페이지에 공고할 수 있다.

④ 도시개발구역의 면적이 100만m^2 이상인 경우 공람기간이 끝난 후 공청회를 개최해야 한다.

⑤ 시·도지사 또는 대도시 시장은 지정하려는 도시개발구역의 면적이 50만m^2 이상인 경우에는 국토교통부장관과 협의해야 한다.

15 도시개발법령상 도시개발구역에서 특별시장·광역시장·특별자치도지사·시장 또는 군수의 허가를 받아야 하는 행위가 <u>아닌</u> 것은?

① 건축물(가설건축물을 포함한다)의 건축, 대수선 또는 용도변경
② 토지의 형질변경
③ 죽목의 벌채 및 식재
④ 토지의 합병 및 분할
⑤ 옮기기 쉽지 아니한 물건을 1개월 이상 쌓아놓는 행위

16 도시개발법령상 도시개발구역의 지정효과에 관한 설명으로 <u>틀린</u> 것은?

① 취락지구로 지정된 지역이 도시개발구역으로 지정·고시된 경우 도시지역과 지구단위계획구역으로 결정·고시된 것으로 본다.
② ①에 따른 지형도면의 고시는 개발계획에서 정하는 도시개발사업의 시행기간에 할 수 있다.
③ 특별시장·광역시장·특별자치도지사·시장 또는 군수는 허가를 하려는 경우에 시행자가 이미 지정되어 있으면 미리 그 시행자의 의견을 들어야 한다.
④ 도시개발구역의 지정·고시 당시 이미 공사 또는 사업에 착수한 자는 30일 이내에 신고한 후 이를 계속 시행할 수 있다.
⑤ 도시개발구역에 있는 국·공유지는 개발계획에 정해진 목적 외의 목적으로 처분할 수 없다.

17 도시개발법령상 도시개발구역에서 허가를 받아야 하는 행위는?

① 농림수산물의 생산에 직접 이용되는 것으로서 비닐하우스의 설치
② 도시개발구역의 개발에 지장을 주지 않고 자연경관을 손상하지 않는 범위에서의 토석의 채취
③ 도시개발구역에 남겨두기로 결정된 대지에서 물건을 쌓아놓는 행위
④ 관상용 죽목의 임시식재(경작지에서의 임시식재를 제외한다)
⑤ 공예품 소재확보를 위한 죽목의 벌채

18 도시개발법령상 도시개발구역의 지정해제와 관련된 설명으로 옳은 것은?

① 도시개발구역이 지정·고시된 날부터 2년이 되는 날까지 실시계획의 인가신청이 없는 경우 2년이 되는 날의 다음 날에 해당 구역이 해제된 것으로 본다.

② 도시개발구역의 지정은 도시개발사업의 공사완료의 공고일에 해제된 것으로 본다.

③ 도시개발사업의 공사완료로 도시개발구역의 지정이 해제의제된 경우에는 해당 도시개발구역 지정 전의 용도지역으로 환원되거나 폐지된 것으로 보지 않는다.

④ 330만m^2 미만 규모의 도시개발구역을 지정·고시한 날부터 2년이 되는 날까지 개발계획을 수립·고시하지 않는 경우 그 2년이 되는 날에 해당 구역의 지정이 해제된 것으로 본다.

⑤ ④의 경우 개발계획을 수립·고시한 날부터 3년이 되는 날까지 실시계획의 인가를 받지 않으면 그 3년이 되는 날의 다음 날에 해당 구역은 해제된 것으로 본다.

19 도시개발법령상 도시개발구역을 지정한 후 개발계획을 수립하는 경우에는 다음에 규정된 날의 다음 날에 도시개발구역의 지정이 해제된 것으로 본다. (   )에 들어갈 숫자를 옳게 나열한 것은?

• 도시개발구역이 지정·고시된 날부터 (㉠)년이 되는 날까지 개발계획을 수립·고시하지 아니하는 경우에는 그 (㉠)년이 되는 날. 다만, 도시개발구역의 면적이 330만m^2 이상인 경우에는 (㉡)년으로 한다.

• 개발계획을 수립·고시한 날부터 (㉢)년이 되는 날까지 실시계획인가를 신청하지 아니하는 경우에는 그 (㉢)년이 되는 날. 다만, 도시개발구역의 면적이 330만m^2 이상인 경우에는 (㉡)년으로 한다.

---

① ㉠: 2, ㉡: 3, ㉢: 3

② ㉠: 2, ㉡: 5, ㉢: 3

③ ㉠: 3, ㉡: 3, ㉢: 2

④ ㉠: 3, ㉡: 5, ㉢: 2

⑤ ㉠: 3, ㉡: 5, ㉢: 3

제2장 도시개발사업의 시행

Point 22 도시개발사업의 시행자 ★★★★

기본서 p.208~214

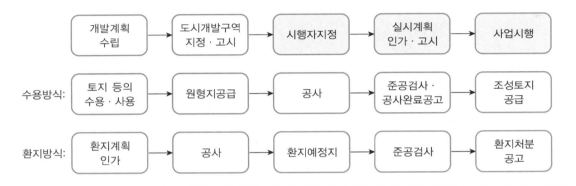

시행자 지정 ⇩	① 시행자의 지정: 지정권자. 다만, 전부 환지방식은 토지소유자 또는 조합을 지정	
	공공 (대행 ○)	① 국가 · 지자체(행정청) ② 공공기관(토 · 수 · 농 · 관 · 철 · 매) ③ 정부출연기관(철 · 제) ④ 지방공사
	민간	⑤ 토지소유자 ⑥ 조합(전부 환지방식 한정) ⑦ 수도권 외의 지역으로 이전하는 법인(공장 · 대학) ⑧ 등록사업자 ⑨ 토목공사업자 등
	② 시행자의 변경 ㉠ 실시계획인가 후 2년 이내에 사업에 착수 × ㉡ 전부 환지방식의 경우 토지소유자 또는 조합이 도시개발구역 지정 · 고시일부터 1년 이내에 실시계획인가 신청 ×	

🔍 약어 설명
- 토 · 수 · 농 · 관 · 철 · 매: 한국토지주택공사 · 한국수자원공사 · 한국농어촌공사 · 한국관광공사 · 한국철도공사 · 매입공공기관
- 철 · 제: 국가철도공단 · 제주국제자유도시개발센터

도시개발조합	① 설립인가: 토지소유자 7명 이상 + 정관 작성 ⇨ 지정권자의 인가 　　🔍 **동의요건**: 면적 3분의 2 이상 + 총수 2분의 1 이상 ② 설립등기: 설립인가 후 30일 이내 ⇨ 성립(공법상의 사단법인) ③ 조합원: 토지소유자(동의불문) 　　🔍 토지면적에 관계없이 평등한 의결권 ④ 임원(필수적): 조합장 1인, 이사, 감사 　　㉠ 의결권을 가진 조합원 중에서 선임 　　㉡ 조합장 또는 이사의 조합과의 계약이나 소송은 감사가 조합을 대표 　　㉢ 그 조합이나 다른 조합의 임·직원 겸직 금지 　　㉣ 결격(제한능력자, 파산자 등)에 해당하게 되면 그 다음 날부터 임원자격상실
대의원회 (임의적)	조합원 수가 50인 이상인 조합 ⇨ 조합원 총수의 100분의 10 이상 🔍 **총회권한대행 제외 사항**: 1. 정관의 변경, 2. 개발계획 수립·변경, 3. 환지계획 작성, 　　4. 임원의 선임, 5. 합병 또는 해산(청산 후는 제외)

실시계획 인가·고시 ⇩	① 실시계획 작성: 시행자 　　㉠ 내용: 설계도서, 자금계획, 시행기간, 지구단위계획 　　㉡ 기준: 개발계획에 부합 ② 실시계획인가·고시: 지정권자 　　㉠ 의견청취: 국토부장관은 시·도지사 또는 대도시 시장, 시·도지사는 시· 　　　군·구청장 　　㉡ 효과: 공사에 착수(2년 이내), 도시·군관리계획 결정·고시 의제 ③ 시행방식의 변경: 지정권자 – 도시개발구역 지정 이후 지가상승 등 여건 변화 　　㉠ 공공시행자: 수용방식 ⇨ 전부 환지방식, 혼용방식 ⇨ 전부 환지방식 　　㉡ 시행자(조합✕): 수용방식 ⇨ 혼용방식

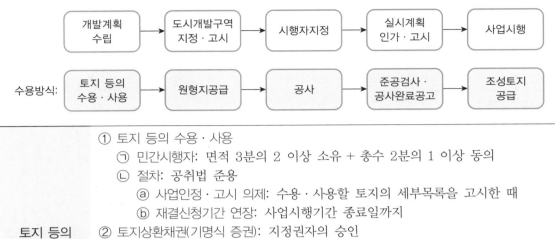

토지 등의
수용 · 사용
⇩
	① 토지 등의 수용 · 사용
	   ㉠ 민간시행자: 면적 3분의 2 이상 소유 + 총수 2분의 1 이상 동의
	   ㉡ 절차: 공취법 준용
	      ⓐ 사업인정 · 고시 의제: 수용 · 사용할 토지의 세부목록을 고시한 때
	      ⓑ 재결신청기간 연장: 사업시행기간 종료일까지
	② 토지상환채권(기명식 증권): 지정권자의 승인
	   ㉠ 발행: 시행자 – 토지소유자가 원하는 경우 토지 등의 매수대금의 일부 지급
	   ㉡ 규모: 분양 토지 · 건축물 면적의 2분의 1 이하
	   ㉢ 제한: 민간시행자는 지급 보증
	③ 선수금: 시행자는 조성토지 등과 원형지를 공급받거나 이용하려는 자로부터 해
	   당 대금의 전부 또는 일부를 미리 받을 수 있음 ⇨ 지정권자의 승인
	   ㉠ 공공시행자: 개발계획수립 후 + 100분의 10 이상의 토지소유권 확보
	   ㉡ 민간시행자: 실시계획인가 후 + 공사진척률이 100분의 10 이상

원형지 공급
⇩
	① 승인 · 범위: 지정권자 ⇨ 도시개발구역 전체 토지면적의 3분의 1 이내로 공급
	② 공급대상
	   ㉠ 국가 · 지자체, 공공기관, 지방공사
	   ㉡ 학교나 공장부지로 직접 사용하려는 자
	③ 선정방법: 수의계약의 방법이 원칙. 다만, 학교나 공장부지는 경쟁입찰의 방식
	④ 공급가격: 시행자와 원형지개발자가 협의하여 결정
	⑤ 매각제한(국가 · 지자체는 제외): 원형지 공급계약일부터 10년 or 공사완료 공고
	   일부터 5년 중 먼저 끝나는 기간

공사 ⇩	준공검사 · 공사완료 공고: 지정권자

조성토지
공급
	① 승인: 지정권자 ⇨ 국토부장관은 시 · 도지사 또는 대도시 시장, 시 · 도지사는
	   시 · 군 · 구청장의 의견청취
	② 공급기준: 조성토지 등의 공급계획에 따라 공급
	   🔍 조성토지 등의 공급계획은 실시계획(지구단위계획 포함)에 맞게 작성
	③ 공급방법: 경쟁입찰 원칙. 다만, 추첨(㉠ 국민주택규모 이하의 주택건설용지,
	   ㉡ 공공택지, ㉢ 330m² 이하 단독주택용지, ㉣ 공장용지), 수의계약(공공시설
	   용지, 토지상환채권 등)
	④ 공급가격: 감정가격 원칙. 다만, 학교 · 폐기물처리시설 등 공공시설용지는 감정가
	   이하

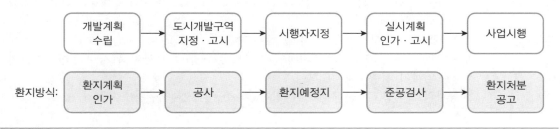

환지방식:

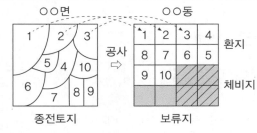

환지계획

① 절차: 작성(시행자) ⇨ 인가 신청(비행정청인 시행자) ⇨ 특별자치도지사, 시장·군수·구청장의 인가
② 내용
　㉠ 환지설계(평가식 원칙)
　㉡ 필지별 환지명세
　㉢ 필지별·권리별 청산대상 토지명세
　㉣ 체비지·보류지의 명세
　㉤ 입체환지용 건축물의 명세 등
③ 작성기준
　㉠ 적응환지: 종전 토지와 환지의 위치·지목·면적·토질·수리·이용상황·환경 등을 고려
　㉡ 조성토지의 가격평가: 감정평가 후 토지평가협의회의 심의를 거쳐 결정
　㉢ 토지부담률(면적식): 시행자가 산정 ⇨ 50% 초과 금지. 다만, 지정권자가 인정하는 경우 60%, 토지소유자 총수 3분의 2 이상이 동의하는 경우 60% 초과 가능
④ 적응환지의 예외
　㉠ 환지부지정: ⓐ 토지소유자의 신청·동의(임차권자 동의 필수), ⓑ 용도폐지되는 공공시설용지
　㉡ 과소토지의 방지: 면적이 작은 토지는 증환지 or 환지대상에서 제외(직권부지정), 면적이 넓은 토지는 감환지
　㉢ 입체환지: 토지·건축물소유자의 신청으로 건축물의 일부와 토지의 지분을 부여 ⇨ 1주택 공급이 원칙. 다만, ⓐ 과밀억제권역 ×, ⓑ 근로자 숙소·기숙사 용도, ⓒ 공공시행자는 소유한 주택 수만큼 공급 가능
　㉣ 보류지, 체비지(사업에 필요한 경비에 충당)

환지예정지	① 사용·수익권 이동(종전 토지 ⇨ 환지예정지): 토지소유자 또는 임차권자는 환지처분의 공고일까지 종전의 토지는 사용·수익할 수 없고, 환지예정지에 종전과 동일한 내용의 권리 행사 가능 🔍 체비지: 시행자가 사용·수익 및 처분 가능 ② 사용·수익의 정지: 환지부지정인 토지소유자(30일 전까지 통지) ⇨ 환지처분의 공고일까지 시행자가 관리 ③ 공사완료의 공고·공람 ⇨ 의견청취 ⇨ 준공검사(지정권자)

Point 27 환지처분 ★★★★★

환지처분	① 시기: 준공검사(지정권자가 시행자인 경우 공사완료의 공고) 후 60일 이내 ② 효과 　㉠ 권리의 이동(종전 토지 ⇨ 환지): 환지는 환지처분 공고일의 다음 날부터 종전 토지로 보며, 환지를 정하지 아니한 종전토지에 있던 권리는 환지처분 공고일이 끝나는 때에 소멸. 다만, 다음은 예외 　　ⓐ 행정상·재판상 처분은 환지처분에 영향 × 　　ⓑ 지역권은 종전 토지에 존속 ⇨ 행사할 이익이 없어진 지역권은 환지처분 공고일이 끝나는 때에 소멸 　㉡ 체비지·보류지의 귀속: 체비지는 시행자, 보류지는 환지계획에서 정한 자가 각각 환지처분 공고일의 다음 날에 소유권 취득. 다만, 이미 처분한 체비지는 매입한 자가 이전등기를 마친 때에 취득 ③ 환지등기: 환지처분의 공고 후 14일 이내에 시행자가 등기소에 촉탁·신청(의무) ⇨ 타등기 제한 ④ 청산 　㉠ 시기: 환지처분을 하는 때에 결정 ⇨ 환지처분 공고일의 다음 날에 확정 ⇨ 청산금 징수·교부(분할 ○) 　　🔍 환지부지정의 경우 환지처분 전이라도 청산금을 결정하여 교부 가능 　㉡ 소멸시효: 5년간 행사 ×

제2장 단원별 출제예상문제

🌟중요 출제가능성이 높은 중요 문제 🔖고득점 고득점 목표를 위한 어려운 문제 🔖신유형 기존에 출제되지 않은 신유형 대비 문제

<u>Point 22</u> **도시개발사업의 시행자** ★★★★   정답 및 해설 p.32~33

💡 **Tip**
- 전부 환지방식에서 시행자, 공공시행자의 사업대행, 규약과 시행규정, 시행자 변경사유를 정확하게 비교하고 정리한다.
- 도시개발조합은 매년 출제되는 부분으로 조합의 설립인가, 설립등기, 조합원, 조합의 기관으로서 임원 및 대의원회를 정확하게 정리한다.

01 도시개발법령상 지정권자가 도시개발구역의 전부를 환지방식으로 시행하는 경우에 시행자로 지정해야 하는 자는?

① 국가 또는 지방자치단체
② 도시개발구역의 토지소유자나 조합
③ 토목공사업의 면허를 받은 자 또는 등록사업자
④ 한국수자원공사
⑤ 부동산투자회사

🔖 고득점
02 도시개발법령상 지정권자가 '도시개발구역 전부를 환지방식으로 시행하는 도시개발사업을 지방자치단체의 장이 집행하는 공공시설에 관한 사업과 병행하여 시행할 필요가 있다고 인정'하는 경우, 이 도시개발사업의 시행자로 지정될 수 <u>없는</u> 자는?

① 국가
② 지방자치단체
③ 「한국토지주택공사법」에 따른 한국토지주택공사
④ 「지방공기업법」에 따른 지방공사
⑤ 「자본시장과 금융투자업에 관한 법률」에 따른 신탁업자

03 도시개발법령상 도시개발사업의 시행자에 관한 설명으로 <u>틀린</u> 것은?

① 「한국부동산원법」에 따른 한국부동산원은 도시개발사업의 시행자로 지정될 수 없다.

② 지정권자는 토지소유자가 공동으로 도시개발사업을 시행하려고 할 때에는 규약을 정하게 할 수 있다.

③ 전부 환지방식의 경우 지정권자는 토지소유자나 조합이 개발계획의 수립ㆍ고시일부터 1년 이내에 시행자 지정을 신청하지 않으면 지방자치단체 등을 시행자로 지정할 수 있다.

④ 사업시행자는 도로, 공원 등 공공시설의 건설을 국가ㆍ지방자치단체 등에게 위탁하여 시행할 수 있다.

⑤ 행정청이 아닌 시행자가 한 처분에 관하여는 특별자치도지사, 시장ㆍ군수 또는 구청장에게 행정심판을 제기해야 한다.

04 도시개발법령상 도시개발사업의 시행자 중 「주택법」에 따른 주택건설사업자 등으로 하여금 도시개발사업의 일부를 대행하게 할 수 있는 자만을 모두 고른 것은?

> ㉠ 지방자치단체
> ㉡ 「한국관광공사법」에 따른 한국관광공사
> ㉢ 「부동산투자회사법」에 따라 설립된 위탁관리부동산투자회사
> ㉣ 「수도권정비계획법」에 따른 과밀억제권역에서 수도권 외의 지역으로 이전하는 법인

① ㉠   ② ㉠, ㉡   ③ ㉡, ㉢

④ ㉢, ㉣   ⑤ ㉡, ㉢, ㉣

05 다음은 도시개발법령상 공동으로 도시개발사업을 시행하려는 자가 정하는 규약에 포함되어야 할 사항이다. 환지방식으로 시행하는 경우에만 포함되어야 할 사항이 <u>아닌</u> 것은?

① 청산

② 환지계획 및 환지예정지의 지정

③ 보류지 및 체비지의 관리ㆍ처분

④ 토지평가협의회의 구성 및 운영

⑤ 주된 사무소의 소재지

06 도시개발법령상 시행자 변경 사유로 틀린 것은 모두 몇 개인가?

> ㉠ 도시개발사업에 관한 실시계획의 인가를 받은 후 2년 이내에 사업을 착수하지 않는 경우
> ㉡ 행정처분으로 실시계획의 인가가 취소된 경우
> ㉢ 사업시행자가 도시개발구역 지정의 고시일부터 6개월 이내에 실시계획의 인가를 신청하지 않는 경우
> ㉣ 사업시행자의 부도로 도시개발사업의 목적을 달성하기 어렵다고 인정되는 경우
> ㉤ 천재지변, 그 밖의 사유로 인하여 긴급히 도시개발사업이 필요한 경우

① 1개
② 2개
③ 3개
④ 4개
⑤ 5개

07 도시개발법령상 도시개발사업의 시행에 관한 설명으로 옳은 것은?

① 국가는 도시개발사업의 시행자가 될 수 없다.
② 한국철도공사는 역세권개발사업을 시행하는 경우만 도시개발사업의 시행자가 된다.
③ 지방자치단체가 도시개발사업의 전부를 환지방식으로 시행하려고 할 때에는 도시개발사업의 시행규정을 작성하여야 한다.
④ 토지소유자가 도시개발구역의 지정을 제안하려는 경우에는 대상 구역 토지면적의 2분의 1 이상에 해당하는 토지소유자의 동의를 받아야 한다.
⑤ 지정권자는 시행자가 실시계획의 인가를 받은 후 1년 이내에 사업을 착수하지 않는 경우 시행자를 변경할 수 있다.

08 도시개발법령상 다음 중 지정권자의 승인을 받아 「자본시장과 금융투자업에 관한 법률」에 따른 신탁업자와 신탁계약을 체결하여 도시개발사업을 시행할 수 있는 자는?

① 국가나 지방자치단체
② 국가철도공단
③ 지방공사
④ 도시개발구역의 토지소유자가 도시개발을 위하여 설립한 조합
⑤ 「부동산개발업의 관리 및 육성에 관한 법률」에 따라 등록한 부동산개발업자

💡 **Tip**

도시개발조합은 매년 출제되는 부분으로 조합의 설립절차와 동의요건, 조합원, 조합의 기관으로서 임원 및 대의원회를 정확하게 정리한다.

☆중요

09 도시개발법령상 도시개발조합에 관한 설명으로 옳은 것은?

① 조합을 설립하려면 도시개발구역의 토지소유자 7명 이상이 정관을 작성하여 특별자치 도지사, 시장·군수 또는 구청장에게 조합설립의 인가를 받아야 한다.

② 조합설립인가 신청을 위한 동의자 수 산정에 있어 도시개발구역의 토지면적은 국공유 지를 제외한다.

③ 조합이 작성하는 정관에는 도시개발구역의 면적이 포함되어야 한다.

④ 조합설립인가를 받은 후 주된 사무소의 소재지를 변경하려는 경우에는 변경인가를 받 아야 한다.

⑤ 조합에 관하여는 「민법」 중 재단법인에 관한 규정을 준용한다.

🔺고득점

10 도시개발법령상 도시개발구역의 토지소유자 현황이 다음과 같은 경우 조합설립의 인가를 신청하기 위한 동의요건을 갖추기 위한 최소한의 토지소유자의 수는 몇 명인가?

소유자명	소유필지수	소유면적(m²)	소유자명	소유필지수	소유면적(m²)
김○○	2필지	2,000	엄○○	1필지	1,000
이○○	2필지	2,000	윤○○	1필지	1,000
박○○	2필지	2,000	유○○	1필지	1,000
최○○	2필지	2,000	장○○	1필지	1,000
정○○	2필지	2,000	강○○	1필지	1,000
한○○	1필지	2,000	국토교통부	2필지	1,000
신○○	1필지	1,000	서울특별시	1필지	1,000
			합계	20필지	20,000

① 5명   ② 6명

③ 7명   ④ 8명

⑤ 9명

11 도시개발법령상 도시개발조합에 관한 내용으로 옳은 것은?

① 조합은 도시개발사업의 전부를 수용방식으로 시행하는 경우 사업시행자가 될 수 있다.

② 조합설립의 인가를 신청하려면 해당 도시개발구역의 토지면적의 2분의 1 이상에 해당하는 토지소유자와 그 구역의 토지소유자 총수의 3분의 2 이상의 동의를 받아야 한다.

③ 토지소유자는 조합설립인가의 신청 전에 동의를 철회할 수 있다. 이 경우 그 토지소유자는 동의자 수에서 제외한다.

④ 조합설립인가에 동의한 자로부터 토지를 취득한 자는 그 동의를 철회할 수 없다.

⑤ 조합의 대표자는 설립인가를 받으면 지체 없이 주된 사무소의 소재지에서 설립등기를 해야 하고, 조합은 등기를 하면 성립한다.

12 도시개발법령상 도시개발사업의 조합원에 관한 설명으로 옳은 것은?

① 조합원은 도시개발구역 안의 토지 또는 건축물의 소유자 또는 그 저당권자로 한다.

② 도시개발구역의 토지소유자가 미성년자인 경우에는 조합원이 될 수 없다.

③ 조합원으로 된 자가 금고 이상의 형의 선고를 받은 경우에는 그 사유가 발생한 다음 날부터 조합원의 자격을 상실한다.

④ 조합원은 보유토지의 면적과 관계없는 평등한 의결권을 가지므로, 공유토지의 경우 공유자별로 의결권이 있다.

⑤ 조합원이 정관에 따라 부과된 부과금을 체납하는 경우 조합은 특별자치도지사 · 시장 · 군수 또는 구청장에게 그 징수를 위탁할 수 있다.

13 도시개발법령상 도시개발조합의 임원에 관한 설명으로 옳은 것은?

① 조합에는 '조합장, 이사 및 감사'의 임원을 두어야 하며, 임원은 지정권자가 선임한다.

② 조합의 임원은 의결권이 있는 조합원이어야 한다.

③ 조합의 임원으로 선임된 자가 결격에 해당하게 된 때에는 당연퇴임한다.

④ 이사의 자기를 위한 조합과의 계약에 관하여는 조합장이 조합을 대표한다.

⑤ 조합의 이사는 조합장을 겸할 수 있다.

14 도시개발법령상 조합의 총회 등에 대한 내용으로 <u>틀린</u> 것은?

① 정관의 변경, 자금의 차입, 부과금의 금액 또는 징수방법의 결정 등의 사항은 총회의 의결을 거쳐서 결정한다.

② 의결권을 가진 조합원의 수가 100명인 조합은 총회의 권한을 대행하게 하기 위하여 대의원회를 둘 수 있다.

③ 대의원의 수는 조합원 총수의 100분의 10 이상으로 한다.

④ 대의원은 의결권을 가진 조합원 중에서 정관이 정하는 바에 따라 선출한다.

⑤ 대의원회는 개발계획의 수립에 관한 총회의 권한을 대행할 수 있다.

☆중요
15 도시개발법령상 도시개발조합 총회의 의결사항 중 대의원회가 총회의 권한을 대행할 수 <u>없는</u> 사항은?

① 자금의 차입과 그 방법·이율 및 상환방법

② 체비지의 처분방법

③ 이사의 선임

④ 부과금의 금액 또는 징수방법

⑤ 환지예정지의 지정

> 💡 **Tip**
> 실시계획의 내용, 인가 및 변경인가, 인가 전 의견청취, 인가의 효과를 정확하게 정리한다.

✿중요

16 도시개발법령상 도시개발사업의 실시계획에 관한 내용으로 <u>틀린</u> 것은?

① 시행자는 사업시행에 필요한 설계도서 · 자금계획 및 시행기간 등을 명시하거나 첨부한 실시계획을 작성해야 한다.

② 실시계획은 개발계획에 맞게 작성해야 하고, 지구단위계획이 포함되어야 한다.

③ 지정권자인 국토교통부장관이 실시계획을 인가하는 경우 시 · 도지사 또는 대도시 시장의 의견을 미리 들어야 한다.

④ 고시된 실시계획의 내용 중 「국토의 계획 및 이용에 관한 법률」에 따라 도시 · 군관리계획으로 결정하여야 하는 사항이 종전에 도시 · 군관리계획으로 결정된 사항에 저촉되면 종전에 도시 · 군관리계획으로 결정된 사항이 우선하여 적용한다.

⑤ 실시계획의 인가를 받은 후 사업비의 100분의 10의 범위에서 사업비를 증액하는 경우 지정권자의 변경인가를 받지 않아도 된다.

17 도시개발법령상 실시계획에 관한 설명으로 <u>틀린</u> 것은?

① 지정권자가 아닌 시행자는 작성한 실시계획에 관하여 지정권자의 인가를 받아야 한다.

② 시행자는 사업시행면적을 100분의 10의 범위에서 감소시키려는 경우 인가받은 실시계획에 관하여 변경인가를 받아야 한다.

③ 실시계획의 인가에 의해 「주택법」에 따른 사업계획의 승인은 의제될 수 있다.

④ 지정권자가 실시계획을 인가할 때 그 내용에 인 · 허가 등의 의제사항이 있으면 미리 관계 행정기관의 장과 협의해야 한다. 이 경우 관계 행정기관의 장은 협의 요청을 받은 날부터 20일 이내에 의견을 제출해야 한다.

⑤ 실시계획을 고시한 경우 그 고시된 내용 중 「국토의 계획 및 이용에 관한 법률」에 따라 도시 · 군관리계획으로 결정해야 하는 사항은 같은 법에 따른 도시 · 군관리계획이 결정 · 고시된 것으로 본다.

18 도시개발법령상 도시개발사업의 실시계획에 관한 설명으로 옳은 것은?

① 지정권자인 시·도지사가 실시계획을 작성하는 경우 국토교통부장관의 의견을 미리 들어야 한다.

② 도시개발사업을 환지방식으로 시행하는 구역에 대하여 지정권자가 실시계획을 작성한 경우에는 사업의 명칭·목적, 도시·군관리계획의 결정내용을 관할 등기소에 통보·제출해야 한다.

③ 실시계획을 인가할 때 지정권자가 해당 실시계획에 대한 「하수도법」에 따른 공공하수도 공사시행의 허가에 관하여 관계 행정기관의 장과 협의한 때에는 해당 허가를 받은 것으로 본다.

④ 인가를 받은 실시계획 중 사업시행면적의 100분의 20이 감소된 경우 지정권자의 변경인가를 받을 필요가 없다.

⑤ 지정권자는 시행자가 도시개발구역 지정의 고시일부터 6개월 이내에 실시계획의 인가를 신청하지 않는 경우 시행자를 변경할 수 있다.

19 도시개발법령상 도시개발사업의 시행방식에 관한 설명으로 옳은 것은?

① 분할 혼용방식은 수용 또는 사용방식이 적용되는 지역과 환지방식이 적용되는 지역을 사업시행지구별로 분할하여 시행하는 방식이다.

② 계획적이고 체계적인 도시개발 등 집단적인 조성과 공급이 필요한 경우에는 환지방식으로 정해야 하며, 다른 시행방식에 의할 수 없다.

③ 도시개발사업을 시행하는 지방자치단체는 도시개발구역 지정 이후 그 시행방식을 혼용방식에서 수용 또는 사용방식으로 변경할 수 있다.

④ 시행자는 도시개발사업의 시행방식을 토지 등을 수용 또는 사용하는 방식, 환지방식 또는 이를 혼용하는 방식 중에서 정하여 국토교통부장관의 허가를 받아야 한다.

⑤ 지방자치단체가 도시개발사업의 전부를 환지방식으로 시행하려고 할 때에는 도시개발사업에 관한 규약을 정해야 한다.

20 도시개발법령상 도시개발사업의 시행방식과 관련된 설명 중 <u>틀린</u> 것은?

① 사업시행방식은 실시계획으로 정한다.

② 사업시행지구를 분할하여 시행하는 경우에는 각 사업지구에서 부담해야 하는 도시기반시설의 설치비용 등을 명확히 구분하여 실시계획에 반영해야 한다.

③ 지정권자는 도시개발구역 지정 이후 도시개발사업의 시행방식을 변경할 수 있다.

④ 공공시행자가 도시개발사업의 시행방식을 수용방식에서 전부 환지방식으로 변경하는 것은 가능하다.

⑤ 조합인 시행자는 도시개발사업의 시행방식을 변경하는 것이 인정되지 않는다.

정답 및 해설 p.34~35

Point 25 수용·사용방식에 의한 사업시행 ★★★★

💡**Tip**
• 토지 등의 수용절차 및 특례, 토지상환채권(발행규모, 보증, 발행방법), 선수금을 정확하게 정리한다.
• 토지의 공급으로서 원형지와 조성토지의 공급대상, 공급방법 및 공급가격 등을 정확하게 비교해서 정리한다.

🌟중요
21 도시개발법령상 수용 또는 사용의 방식에 따른 사업시행에 관한 설명으로 옳은 것은?

① 시행자가 아닌 지정권자는 도시개발사업에 필요한 토지 등을 수용할 수 있다.

② 수용의 대상이 되는 토지의 세부목록을 고시한 경우에는 「공익사업을 위한 토지 등의 취득 및 보상에 관한 법률」에 따른 사업인정 및 그 고시가 있었던 것으로 본다.

③ 시행자는 토지 등의 매수대금 일부의 지급을 위하여 토지상환채권을 발행할 수 없다.

④ 국가에게 공급할 수 있는 원형지 면적은 도시개발구역 전체 토지면적의 3분의 1을 초과할 수 있다.

⑤ 토지상환채권의 발행규모는 그 토지상환채권으로 상환할 토지·건축물이 해당 도시개발사업으로 조성되는 분양토지 또는 분양건축물 면적의 3분의 1을 초과하지 않도록 해야 한다.

22 도시개발법령상 토지상환채권에 관한 설명으로 옳은 것은?

① 토지상환채권은 무기명식 증권으로 한다.

② 지방공사인 시행자는 금융기관의 지급보증을 받은 경우에만 토지상환채권을 발행할 수 있다.

③ 시행자는 토지상환채권을 발행하려면 토지상환채권의 발행계획을 작성하여 미리 지정권자의 승인을 받아야 한다.

④ 토지가격의 추산방법은 토지상환채권의 발행계획에 포함되지 않는다.

⑤ 토지상환채권은 타인에게 이전할 수 없다.

23 도시개발법령상 수용 또는 사용방식에 의한 도시개발사업의 시행에 관한 설명으로 <u>틀린</u> 것은?

① 수용 또는 사용의 대상이 되는 토지의 세부목록을 고시한 때에는 「공익사업을 위한 토지 등의 취득 및 보상에 관한 법률」에 따른 사업인정 및 고시가 있는 것으로 본다.

② 토지소유자의 동의요건 산정기준일은 도시개발구역지정 고시일을 기준으로 한다.

③ 재결신청은 「공익사업을 위한 토지 등의 취득 및 보상에 관한 법률」의 규정에 따라 사업인정 후 1년 이내에 해야 한다.

④ 시행자는 토지소유자가 원하면 토지 등의 매수대금의 일부를 지급하기 위하여 토지상환채권을 발행할 수 있다.

⑤ 토지소유자인 시행자가 실시계획인가를 받은 후에 선수금을 받기 위한 공사진척률은 100분의 10 이상이어야 한다.

24 도시개발법령상 수용 또는 사용방식에 의한 사업시행과 관련한 설명 중 **틀린** 것은 모두 몇 개인가?

> ㉠ 「지방공기업법」에 따라 설립된 지방공사가 시행자인 경우 토지소유자 전원의 동의 없이 는 도시개발사업에 필요한 토지 등을 수용하거나 사용할 수 없다.
> ㉡ 토지상환채권의 이율은 발행 당시의 금융기관의 예금금리 및 부동산 수급상황을 고려해서 발행자가 정한다.
> ㉢ 지정권자가 아닌 시행자는 선수금을 미리 받으려면 지정권자의 승인을 받아야 한다.
> ㉣ 시행자는 사업시행에 필요한 토지 등을 제공함으로써 생활의 근거를 상실하게 되는 자에 대하여 이주대책을 수립·시행해야 한다.
> ㉤ 토지상환채권은 질권의 목적으로 할 수 없다.

① 1개
② 2개
③ 3개
④ 4개
⑤ 없음

25 도시개발법령상 원형지의 공급과 개발에 관한 설명으로 **틀린** 것은?

① 원형지개발자의 선정은 수의계약의 방법으로 한다.
② 시행자는 미리 지정권자의 승인을 받아 원형지를 공급하여 개발하게 할 수 있다.
③ 시행자는 공급받은 토지의 전부나 일부를 시행자의 동의 없이 제3자에게 매각하는 경우 원형지 공급계약을 해제할 수 있다.
④ 원형지 공급가격은 개발계획이 반영된 원형지의 감정가격으로 한다.
⑤ 원형지를 공급받아 개발하는 지방공사는 원형지에 대한 공사완료 공고일부터 5년이 지난 시점이라면 해당 원형지를 매각할 수 있다.

26 도시개발법령상 원형지의 공급과 관련된 설명으로 <u>틀린</u> 것은?

① 원형지 공급 승인신청서에는 원형지 사용조건에 관한 서류가 첨부되어야 한다.

② 지정권자는 원형지 공급·개발의 승인을 할 때에는 교통처리계획 및 기반시설의 설치 등에 관한 이행조건을 붙일 수 있다.

③ 원형지개발자인 국가는 10년의 범위에서 대통령령으로 정하는 기간 안에는 원형지를 매각할 수 없다.

④ 이주용 주택이나 공공·문화시설 등 대통령령으로 정하는 경우로서 미리 지정권자의 승인을 받은 경우에는 매각제한에도 불구하고 원형지를 매각할 수 있다.

⑤ 원형지를 공장부지로 직접 사용하는 자를 원형지개발자로 선정하는 경우 경쟁입찰의 방식으로 하며, 경쟁입찰이 2회 이상 유찰된 경우에는 수의계약의 방법으로 할 수 있다.

⭐중요
27 도시개발법령상 조성토지 등의 공급에 관한 설명으로 옳은 것은?

① 지정권자가 아닌 시행자가 조성토지 등을 공급하려고 할 때에는 조성토지 등의 공급계획을 작성하여 지정권자에게 제출해야 한다.

②「주택법」에 따른 공공택지는 경쟁입찰의 방법으로 공급해야 한다.

③ 조성토지 등의 가격평가는 감정가격으로 한다.

④ 일반에게 분양할 수 없는 공공청사용지를 지방자치단체에게 공급하는 경우에는 수의계약의 방법으로 할 수 없다.

⑤ 수의계약의 방법으로 조성토지를 공급하기로 하였으나 공급 신청량이 공급계획에서 계획된 면적을 초과하는 경우에는 경쟁입찰의 방법에 의한다.

28 도시개발법령상 조성토지 등의 공급에 관한 설명으로 <u>틀린</u> 것은?

① 조성토지 등의 공급계획은 고시된 실시계획(지구단위계획을 포함한다)에 맞게 작성되어야 한다.

② 조성토지 등의 공급은 경쟁입찰의 방법에 따른다. 이 경우 최고가격으로 입찰한 자를 낙찰자로 한다.

③ 도시개발사업시행자는「국토의 계획 및 이용에 관한 법률」에 따른 기반시설의 원활한 설치를 위하여 필요하면 공급대상자의 자격을 제한할 수 있다.

④ 토지상환채권에 의하여 토지를 상환하는 경우에는 수의계약의 방법으로 할 수 있다.

⑤ 학교나 폐기물처리시설을 설치하기 위해 공급하는 조성토지의 가격은「감정평가 및 감정평가사에 관한 법률」에 따른 감정평가법인 등이 감정평가한 가격으로 정해야 한다.

★중요
29 도시개발법령상 수용 또는 사용의 방식에 따른 도시개발사업의 시행에 관한 설명으로 옳은 것은?

① 지방자치단체가 시행자인 경우 지급보증 없이 토지상환채권을 발행할 수 있다.

② 정부출연기관인 시행자가 사업에 필요한 토지를 수용하려면 사업대상 토지면적의 3분의 2 이상에 해당하는 토지를 소유하고 토지소유자 총수의 2분의 1 이상에 해당하는 자의 동의를 받아야 한다.

③ 시행자는 조성토지를 공급받는 자로부터 해당 대금의 전부를 미리 받을 수 없다.

④ 공공용지가 아닌 조성토지 등의 공급은 수의계약의 방법에 의해야 한다.

⑤ 원형지가 공공택지 용도인 경우 원형지개발자의 선정은 추첨의 방법으로 할 수 있다.

> 💡 **Tip**
> • 환지계획은 매년 출제되는 부분으로 환지계획의 내용, 작성기준(토지부담률, 가격평가)과 특례(환지부지정, 증환지·감환지, 보류지와 체비지), 인가권자 및 변경인가에 관한 내용을 정확하게 정리한다.
> • 환지예정지의 개념과 지정의 효과를 정확하게 이해하고 정리한다.

☆☆중요
30 도시개발법령상 환지계획에 포함되어야 할 사항이 <u>아닌</u> 것은?

① 환지설계
② 청산금의 결정
③ 체비지 또는 보류지를 정한 경우 그 명세
④ 1,200분의 1의 환지예정지도
⑤ 입체환지방식으로 시행하는 경우에는 건축계획

☆☆중요
31 도시개발법령상 환지계획에 대한 설명으로 <u>틀린</u> 것은?

① 환지계획은 종전 토지 및 환지의 위치·지목·면적·토질·수리·이용상황·환경 기타 사항을 종합적으로 고려해야 한다.
② 행정청인 시행자가 환지계획을 정하려고 하는 경우에 해당 토지의 임차권자는 공람기간에 시행자에게 의견서를 제출할 수 있다.
③ 시행자는 토지소유자가 신청하거나 동의하면 해당 토지에 관한 임차권자의 동의가 없어도 그 토지의 전부 또는 일부에 대하여 환지를 정하지 않을 수 있다.
④ 「공익사업을 위한 토지 등의 취득 및 보상에 관한 법률」에서 정하는 공공시설의 용지는 그 위치·면적 등에 관하여 적응환지의 원칙을 적용하지 않을 수 있다.
⑤ 토지부담률은 사업시행자가 산정하되, 환지계획구역의 평균 토지부담률은 50%를 초과할 수 없다.

32 도시개발법령상 환지계획에 관한 설명으로 **틀린** 것은?

① 환지방식으로 조성되는 토지 등의 가격을 평가하는 경우 토지평가협의회의 심의를 거쳐서 결정하되, 그에 앞서 감정평가법인 등이 평가하게 해야 한다.

② 환지계획구역의 토지소유자 총수의 3분의 2 이상이 동의하는 경우에는 토지부담률은 60%를 초과하여 정할 수 있다.

③ 시행자는 토지면적의 규모를 조정할 특별한 필요가 있으면 면적이 넓은 토지는 그 면적을 줄여서 환지를 정하거나 환지대상에서 제외할 수 있다.

④ 시행자는 보류지 중 일부를 체비지로 정하여 도시개발사업에 필요한 경비에 충당할 수 있다.

⑤ 「주택법」에 따른 공동주택의 건설을 촉진하기 위하여 필요하다고 인정하면 체비지 중 일부를 같은 지역에 집단으로 정하게 할 수 있다.

33 도시개발법령상 환지설계를 평가식으로 하는 경우 다음 조건에서 비례율은? (단, 제시된 조건 이외의 사항은 고려하지 않음)

- 도시개발사업으로 조성되는 토지·건축물의 평가액 합계: 200억원
- 환지 전 토지·건축물의 평가액 합계: 80억원
- 총사업비: 40억원

---

① 100%   ② 125%

③ 150%   ④ 200%

⑤ 250%

34 도시개발법령상 조합인 시행자가 면적식으로 환지계획을 수립하여 환지방식에 의한 사업 시행을 하는 경우, 환지계획구역의 평균 토지부담률(%)은 얼마인가? (단, 다른 조건은 고려하지 않음)

- 환지계획구역 면적: 100만m^2
- 공공시설의 설치로 시행자에게 무상귀속되는 토지면적: 10만m^2
- 시행자가 소유하는 토지면적: 10만m^2
- 보류지 면적: 60만m^2

① 20%   ② 40%

③ 50%   ④ 60%

⑤ 80%

35 도시개발법령상 입체환지와 관련된 설명 중 틀린 것은?

① 시행자는 토지 또는 건축물소유자의 신청을 받아 건축물의 일부와 그 건축물이 있는 토지의 공유지분을 부여할 수 있다.

② 입체환지의 신청기간은 시행자가 토지소유자에게 입체환지 신청을 통지한 날부터 30일 이상 60일 이하로 한다. 다만, 20일의 범위에서 연장할 수 있다.

③ 입체환지를 신청하는 자의 종전 소유토지 및 건축물의 권리가액이 구분건축물의 최소 공급가격의 100분의 70 이하인 경우에는 신청대상에서 제외할 수 있다.

④ 지정권자가 정한 기준일의 다음 날부터 단독주택이 다세대주택으로 전환되는 경우 시행자는 해당 건축물에 대하여 금전으로 청산하거나 환지지정을 제한할 수 있다.

⑤ 입체환지로 주택을 공급하는 경우 「수도권정비계획법」에 따른 과밀억제권역에 위치하지 않는 도시개발구역의 토지소유자에 대하여는 1주택만 공급한다.

36 도시개발법령상 환지방식에 의한 도시개발사업의 시행에 관한 설명으로 옳은 것은?

① 시행자는 지정권자에게 준공검사를 받은 경우에는 90일 이내에 환지처분을 해야 한다.

② 도시개발구역이 2 이상의 환지계획구역으로 구분되는 경우에도 사업비와 보류지는 도시개발구역 전체를 대상으로 책정해야 하며, 환지계획구역별로는 책정할 수 없다.

③ 도시개발구역에 있는 조성토지 등의 가격은 개별공시지가로 한다.

④ 환지예정지가 지정되어도 종전 토지의 임차권자는 환지처분 공고일까지 종전 토지를 사용·수익할 수 있다.

⑤ 환지계획에는 필지별로 된 환지명세와 필지별과 권리별로 된 청산대상 토지명세가 포함되어야 한다.

37 도시개발법령상 환지방식의 사업시행에 관한 설명으로 옳은 것은?

① 행정청이 아닌 시행자가 환지계획을 작성한 경우에는 특별자치도지사, 시·도지사의 인가를 받아야 한다.

② 환지로 지정된 토지나 건축물을 금전으로 청산하는 내용으로 환지계획을 변경하는 경우에는 변경인가를 받아야 한다.

③ 토지소유자의 환지제외 신청이 있더라도 해당 토지에 관한 임차권자 등이 동의하지 않는 경우에는 해당 토지를 환지에서 제외할 수 없다.

④ 환지예정지의 지정이 있으면 종전의 토지에 대한 임차권 등은 종전의 토지에 대해서는 물론 환지예정지에 대해서도 소멸한다.

⑤ 환지계획에서 환지를 정하지 아니한 종전의 토지에 있던 권리는 환지처분이 공고된 날의 다음 날이 끝나는 때에 소멸한다.

38 도시개발법령상 환지예정지에 관한 설명으로 <u>틀린</u> 것은?

① 환지예정지의 효력발생기간은 환지예정지의 지정의 효력발생일부터 환지처분의 공고가 있는 날까지이다.

② 시행자는 종전의 토지에 대해 임차권자 등이 있는 경우에는 해당 환지예정지에 대하여 해당 권리의 목적인 토지 또는 그 부분을 아울러 지정해야 한다.

③ 체비지의 용도로 환지예정지가 지정된 때에는 도시개발사업에 소요되는 비용을 충당하기 위하여 사용 또는 수익은 할 수 있지만, 처분은 할 수 없다.

④ 시행자는 환지예정지를 지정한 경우에 해당 토지를 사용·수익하는 데에 장애가 될 물건이 있으면 그 토지의 사용·수익을 시작할 날을 따로 정할 수 있다.

⑤ 환지예정지의 종전의 토지소유자 또는 임차권자 등은 종전의 토지를 환지예정지로 지정받은 자의 사용·수익을 방해할 수 없다.

39 도시개발법령상 환지예정지에 대한 설명으로 <u>틀린</u> 것은?

① 환지예정지의 지정으로 종전의 임대료 또는 지료 등이 불합리하게 된 때에는 계약당사자는 계약조건에도 불구하고 장래에 대하여 그 증감을 청구할 수 있다.

② 임대료 또는 지료의 증감청구는 환지예정지 지정의 효력발생일로부터 60일 이내에 행사할 수 있다.

③ 시행자는 환지를 정하지 않기로 결정된 토지소유자 또는 임차권자 등에게 날짜를 정하여 그날부터 해당 토지 또는 해당 부분의 사용 또는 수익을 정지시킬 수 있다.

④ ③의 경우 시행자는 30일 이상의 기간을 두고 미리 해당 토지소유자 또는 임차권자 등에게 통지해야 한다.

⑤ 환지예정지의 지정으로 사용 또는 수익할 자가 없게 된 토지는 그날로부터 환지처분의 공고가 있는 날까지 시장·군수 또는 구청장이 관리한다.

🔆 **Tip**
환지처분은 매년 출제되는 부분으로 환지처분의 절차 및 효과, 환지등기, 청산금을 정확하게 이해하고 정리한다.

☆중요
40 도시개발법령상 환지방식에 의한 사업시행에 관한 설명으로 **틀린** 것은?

① 도시개발구역의 토지소유자나 이해관계인은 환지방식에 의한 도시개발사업 공사 관계 서류의 공람기간에 시행자에게 의견서를 제출할 수 있다.

② 지정권자가 시행자인 경우 공사완료 공고가 있는 때에는 60일 이내에 환지처분을 해야 한다.

③ 체비지로 정해지지 않은 보류지는 환지계획에서 정한 자가 환지처분이 공고된 날의 다음 날에 해당 소유권을 취득한다.

④ 청산금은 이자를 붙여 분할징수하거나 분할교부할 수 있다.

⑤ 행정청이 아닌 시행자가 인가받은 환지계획의 내용 중 종전 토지의 합필 또는 분필로 환지명세가 변경되는 경우에는 변경인가를 받아야 한다.

☆중요
41 도시개발법령상 환지처분의 효과에 관한 설명으로 **틀린** 것은?

① 환지계획에서 정하여진 환지는 그 환지처분이 공고된 날의 다음 날부터 종전의 토지로 본다.

② 환지처분은 행정상 처분으로서 종전의 토지에 전속(專屬)하는 것에 관하여 영향을 미친다.

③ 도시개발구역의 토지에 대한 지역권은 도시개발사업의 시행으로 행사할 이익이 없어지면 환지처분이 공고된 날이 끝나는 때에 소멸한다.

④ 체비지는 시행자가 환지처분이 공고된 날의 다음 날에 해당 소유권을 취득한다.

⑤ 청산금은 환지처분이 공고된 날의 다음 날에 확정된다.

42 도시개발법령상 환지등기에 관한 설명으로 **틀린** 것은?

① 환지등기는 토지소유자가 신청한다.

② 환지등기는 환지처분의 공고가 있은 후 14일 이내에 해야 한다.

③ 환지처분이 공고된 날부터 환지등기가 있는 때까지는 다른 등기를 할 수 없다.

④ 환지등기가 없어도 물권변동의 효력이 발생한다.

⑤ 확정일자가 있는 서류로 환지처분의 공고일 전에 등기원인이 생긴 것임을 증명하면 다른 등기를 할 수 있다.

☆중요

43 도시개발법령상 청산금에 대한 설명으로 **틀린** 것은?

① 환지를 정하거나 그 대상에서 제외한 경우 그 과부족분(過不足分)은 금전으로 청산해야 한다.

② 과소토지여서 환지대상에서 제외한 토지에 대하여는 청산금을 교부하는 때에 청산금을 결정할 수 있다.

③ 시행자는 환지처분이 공고된 후에 확정된 청산금을 징수하거나 교부해야 한다.

④ 청산금을 받을 권리나 징수할 권리를 3년간 행사하지 아니하면 시효로 소멸한다.

⑤ 행정청이 아닌 시행자는 특별자치도지사, 시장·군수 또는 구청장에게 청산금의 징수를 위탁할 수 있다.

☆중요

44 도시개발법령상 환지방식에 의한 사업시행에 관한 설명으로 **옳은** 것은?

① 환지계획에 따라 환지처분을 받은 자는 환지처분이 공고된 날의 다음 날에 건축물의 일부와 해당 건축물이 있는 토지의 공유지분을 취득한다.

② 환지설계시 적용되는 토지·건축물의 평가액은 최초 환지계획인가 신청시를 기준으로 하여 정하되, 환지계획의 변경인가를 받아 변경할 수 있다.

③ 환지계획에서 정하여진 환지는 그 환지처분이 공고된 날부터 종전의 토지로 본다.

④ 토지소유자의 동의나 신청에 따라 환지를 정하지 않는 토지에 대하여는 환지처분 전에 청산금을 교부할 수 없다.

⑤ 도시개발사업의 시행으로 행사할 이익이 없어진 지역권은 환지처분이 공고된 날의 다음 날이 끝나는 때에 소멸한다.

45 도시개발법령상 환지처분에 따른 용익권자의 권리조정에 관한 설명으로 **틀린** 것은?

① 도시개발사업으로 임차권 등의 목적인 토지 등의 이용이 증진 또는 방해됨으로써 종전의 임대료 등이 불합리하게 된 경우 당사자는 그 증감을 청구할 수 있다.

② 환지처분의 공고가 있은 날부터 30일이 지난 때에는 임대료·지료 기타 사용료 등의 증감을 청구할 수 없다.

③ 도시개발사업의 시행으로 지역권 또는 임차권 등을 설정한 목적을 달성할 수 없게 된 때에는 당사자는 해당 권리를 포기하거나 계약을 해지할 수 있다.

④ 권리를 포기하거나 계약을 해지한 자는 그로 인한 손실의 보상을 시행자에게 청구할 수 있다.

⑤ 손실을 보상한 시행자는 해당 토지 또는 건축물의 소유자나 그로 인하여 이익을 받는 자에게 이를 구상할 수 있다.

46 도시개발법령상 감가보상금제도에 대한 설명으로 **틀린** 것은?

① 감가보상을 하기 위해서는 시행지구 토지가격 총액이 시행 전보다 감소했어야 한다.

② 시행지구 내의 토지소유자가 받은 환지가 종전의 토지에 비하여 저가의 것이라 해도 시행지구 내의 토지 전체의 가격이 불변이거나 증가한 경우에는 감가보상의 문제가 생기지 않는다.

③ 행정청이 아닌 시행자는 도시개발사업의 시행으로 사업시행 후의 토지가액의 총액이 사업시행 전보다 감소한 때에는 그 차액에 상당하는 감가보상금을 지급해야 한다.

④ 감가보상금은 소유자 또는 임차권, 지상권 기타 사용·수익할 권리를 가진 자에게 지급해야 한다.

⑤ 감가보상금은 토지수용의 경우에 있어서 손실보상금과 같은 성격을 가진다.

47 도시개발법령상 준공검사 등에 관한 설명으로 **틀린** 것은?

① 도시개발사업의 준공검사 전에는 체비지를 사용할 수 없다.

② 지정권자는 효율적인 준공검사를 위하여 필요하면 관계 행정기관 등에 의뢰하여 준공검사를 할 수 있다.

③ 지정권자가 아닌 시행자가 도시개발사업의 공사를 끝낸 때에는 공사완료 보고서를 작성하여 지정권자의 준공검사를 받아야 한다.

④ 지정권자가 아닌 시행자는 도시개발사업에 관한 공사가 전부 끝나기 전이라도 공사가 끝난 부분에 관하여 준공검사를 받을 수 있다.

⑤ 지정권자인 시행자는 도시개발사업의 공사를 완료한 때에는 공사완료 공고를 해야 한다.

☆중요
48 도시개발법령상 체비지에 관한 설명으로 **틀린** 것은?

① 시행자는 도시개발사업에 필요한 경비의 충당을 위해 보류지 중 일부를 체비지로 정할 수 있다.

② 시행자는 체비지의 용도로 환지예정지가 지정된 경우에는 도시개발사업에 드는 비용을 충당하기 위하여 이를 처분할 수 있다.

③ 이미 처분된 체비지는 그 체비지를 매입한 자가 환지처분의 공고가 있은 날의 다음 날에 소유권을 취득한다.

④ 지정권자는 도시개발사업의 조성토지 등(체비지는 제외)이 그 사용으로 인하여 사업시행에 지장이 없는 경우에는 준공 전에 사용허가를 할 수 있다.

⑤ 시행자는 지정권자의 사용허가를 받지 않아도 준공 전에 조성토지인 체비지를 사용할 수 있다.

제3장 비용부담 · 보칙

Point 28 비용부담 ★★★★

비용부담	① 시행자 부담의 원칙 ② 수익자 부담의 예외 – 행정청 시행자: 다른 지방자치단체(2분의 1 이내) ➡ 협의불성립시 행정안전부장관 또는 시 · 도지사가 결정 ③ 도시개발채권: 시 · 도지사가 행정안전부장관의 승인을 받아 발행 　　㉠ 전자등록발행, 무기명발행 　　㉡ 상환기간: 5년부터 10년까지 범위 　　㉢ 소멸시효: 원금 5년, 이자 2년

제3장 비용부담 · 보칙　153

☆중요 출제가능성이 높은 중요 문제   ✎고득점 고득점 목표를 위한 어려운 문제   ✐신유형 기존에 출제되지 않은 신유형 대비 문제

Point 28   **비용부담** ★★★★   정답 및 해설 p.37

> 💡 **Tip**
> 시행자 부담의 원칙과 수익자 부담의 예외, 도시개발채권의 발행자, 승인권자, 상환기간 및 소멸시효 등을
> 정확하게 정리한다.

☆중요

01 도시개발법령상 도시개발사업의 비용부담에 관한 설명으로 틀린 것은?

① 도시개발사업에 필요한 비용은 이 법이나 다른 법률에 특별한 규정을 제외하고는 시행자
가 부담한다.

② 지방자치단체의 장이 발행하는 도시개발채권의 소멸시효는 상환일로부터 기산하여
원금은 5년, 이자는 2년으로 한다.

③ 시행자가 지방자치단체인 경우에는 공원·녹지의 조성비 전부를 국고에서 보조하거나
융자할 수 있다.

④ 시행자는 공동구를 설치하는 경우에는 다른 법률에 따라 그 공동구에 수용될 시설을
설치할 의무가 있는 자에게 공동구의 설치에 드는 비용을 부담시킬 수 있다.

⑤ 도시개발사업에 관한 비용부담에 대해 대도시 시장과 시·도지사간의 협의가 성립되지
않는 경우에는 기획재정부장관의 결정에 따른다.

02 도시개발법령상 도시개발사업의 비용부담에 관한 설명으로 **틀린** 것은?

① 지정권자가 시행자가 아닌 경우 도시개발구역의 통신시설의 설치는 특별한 사유가 없으면 준공검사 신청일까지 끝내야 한다.

② 지정권자인 시행자는 그가 시행한 사업으로 이익을 얻는 시·도에 비용의 전부 또는 일부를 부담시킬 수 있다.

③ ②의 경우 부담금의 총액은 해당 도시개발사업에 소요된 비용의 2분의 1을 넘지 못한다.

④ 도시개발사업의 시행에 드는 비용의 전부 또는 일부는 국고에서 보조하거나 융자할 수 있다. 다만, 시행자가 행정청이면 전부를 보조하거나 융자할 수 있다.

⑤ 전부 환지방식으로 도시개발사업을 시행하는 경우에는 전기시설을 공급하는 자가 3분의 2, 지중에 설치할 것을 요청하는 자가 3분의 1의 비율로 부담한다.

03 도시개발법령상 도시개발채권에 관한 설명으로 **옳은** 것은?

① 도시개발사업을 시행하는 조합은 시·도지사의 승인을 받아 도시개발채권을 발행할 수 있다.

② 도시개발채권의 이율은 기획재정부장관이 국채·공채 등의 금리와 특별회계의 상황 등을 고려하여 정한다.

③ 도시개발채권의 소멸시효는 상환일부터 기산하여 원금은 3년, 이자는 1년으로 한다.

④ 도시개발채권의 상환은 5년부터 10년까지의 범위에서 국토교통부장관이 따로 정하여 고시한다.

⑤ 매입필증을 제출받는 자는 매입자로부터 제출받은 매입필증을 5년간 따로 보관해야 한다.

04 도시개발법령상 도시개발채권을 원칙적으로 매입해야 하는 자는?

① 도시개발사업을 시행하는 도시개발조합

② 도시·군계획시설사업의 시행자로 지정된 자

③ 도시개발사업을 시행하는 토지소유자와 공사의 도급계약을 체결한 자

④ 개발행위허가 중 공작물의 설치허가를 받은 자

⑤ 토지의 소유권이전등기를 신청하는 자

05 도시개발법령상 도시개발채권에 관한 설명으로 <u>틀린</u> 것은?

① 도시개발채권의 상환기간은 5년보다 짧게 정할 수는 없다.

② 도시개발채권을 발행하려는 시·도지사는 기획재정부장관의 승인을 받은 후 채권의 발행총액 등을 공고하여야 한다.

③ 수용 또는 사용방식으로 시행하는 도시개발사업에서 한국토지주택공사와 공사도급계약을 체결하는 자는 도시개발채권을 매입해야 한다.

④ 도시개발채권은 「주식·사채 등의 전자등록에 관한 법률」에 따라 전자등록하여 발행하거나 무기명으로 발행할 수 있다.

⑤ 도시개발채권의 매입의무자가 아닌 자가 착오로 도시개발채권을 매입한 경우에는 도시개발채권을 중도에 상환할 수 있다.

06 「도시개발법」상 벌칙에 관한 규정으로 다음 (   ) 안에 알맞은 것은?

> 「도시개발법」 제10조의2【보안관리 및 부동산투기 방지대책】제2항 또는 제3항을 위반하여 미공개정보를 목적 외로 사용하거나 타인에게 제공 또는 누설한 자는 5년 이하의 징역 또는 그 위반행위로 얻은 재산상 이익 또는 회피한 손실액의 3배 이상 5배 이하에 상당하는 벌금에 처한다. 다만, 얻은 이익 또는 회피한 손실액이 없거나 산정하기 곤란한 경우 또는 그 위반행위로 얻은 재산상 이익의 5배에 해당하는 금액이 (   )원 이하인 경우에는 벌금의 상한액을 (   )원으로 한다.

① 1억   ② 5억

③ 10억   ④ 20억

⑤ 100억

7개년 출제비중분석

7개년 평균
출제비중

제3편 출제비중
15%

장별 출제비중

장 제목	평균	제33회	제32회	제31회	제30회	제29회	제28회	제27회
제1장 총칙	0.6	0	1	0	0	1	1	1
제2장 기본계획의 수립 및 정비구역의 지정	1.1	0	0	1	2	1	2	2
제3장 정비사업의 시행	3.7	5	3	5	3	4	3	3
제4장 비용부담 등	0.6	1	2	0	1	0	0	0

*평균: 최근 7개년 동안 출제된 각 장별 평균 문제 수입니다.

제3편

도시 및 주거환경정비법

제1장 총칙

기본서 p.272~276

Point 29 용어정의 ★★★★

(1) 정비사업: 정비구역에서 정비기반시설을 정비하거나 주택 등 건축물을 개량 또는 건설하는 다음의 사업

구분	의의		토지등소유자
	정비기반시설	노후 · 불량건축물	
주거환경 개선사업	극히 열악	과도 밀집	토지 또는 건축물의 소유자 또는 지상권자
	• 도시저소득 주민이 집단거주하는 지역으로서 주거환경을 개선 • 단독주택 및 다세대주택이 밀집한 지역에서 정비기반시설 등의 확충을 통하여 주거환경을 보전 · 정비 · 개량		
재개발 사업	열악	밀집	토지 또는 건축물의 소유자 또는 지상권자
	• 주거환경을 개선 • 상업 · 공업지역 등에서 상권활성화 등 도시환경을 개선 🔍 **공공재개발사업:** 시장 · 군수 등, 토지주택공사 등이 시행 + 일반분양분의 50% 이상 지분형주택, 임대주택으로 공급		
재건축 사업	양호	공동주택 밀집	건축물 및 부속 토지의 소유자
	주거환경을 개선 🔍 **공공재건축사업:** 시장 · 군수 등, 토지주택공사 등이 시행 + 종전 세대수 160% 이상 건설 · 공급		

(2) 노후 · 불량건축물

① 건축물이 훼손되거나 일부가 멸실되어 붕괴, 그 밖의 안전사고의 우려가 있는 건축물
② 내진성능이 확보되지 아니한 건축물
③ 주거환경이 불량한 곳에 위치 + 새로 건설하는 경우 효용의 현저한 증가가 예상되는 건축물: 준공일 기준으로 40년까지 사용하기 위한 보수 · 보강비용이 철거 후 새로이 건설하는 데 드는 비용보다 클 것으로 예상되는 건축물
④ 도시미관을 저해하거나 노후화된 건축물: 준공된 후 20년 이상 30년 이하의 범위에서 조례로 정하는 기간이 지난 건축물

(3) 정비기반시설: 도로 · 상하수도 · 구거(도랑), 공원, 공용주차장, 공동구, 열 · 가스 등의 공급시설, 녹지 · 하천 · 공공공지, 광장 등

(4) 공동이용시설: 놀이터 · 마을회관 · 공동작업장, 구판장 · 세탁장, 탁아소 · 어린이집 · 경로당 등

(5) 주택단지

① 「주택법」에 따른 사업계획승인을 받아 주택과 부대 · 복리시설을 건설한 일단의 토지

② 「건축법」에 따라 건축허가를 받아 아파트 또는 연립주택을 건설한 일단의 토지 등

(6) 토지주택공사 등: 한국토지주택공사 또는 지방공사

(7) 정관 등

① 조합 – 정관

② 토지등소유자 – 규약

③ 시장 · 군수 등, 토지주택공사 등, 신탁업자 – 시행규정

☆중요 출제가능성이 높은 중요 문제 🗕고득점 고득점 목표를 위한 어려운 문제 신유형 기존에 출제되지 않은 신유형 대비 문제

Point 29 **용어정의 ★★★★**

정답 및 해설 p.38~39

> 💡 **Tip**
> 정비사업의 종류 및 의의, 노후·불량건축물의 요건, 정비기반시설과 공동이용시설의 구분, 토지등소유자의
> 개념, 정관 등의 구분을 비교해서 정확하게 정리한다.

☆중요
01 도시 및 주거환경정비법령상 정비사업의 용어정의로 옳은 것은?

① 도시저소득 주민이 집단거주하는 지역으로서 정비기반시설이 극히 열악하고 노후·불량건축물이 과도하게 밀집한 지역의 주거환경을 개선하기 위한 사업은 재개발사업이다.

② 상업지역·공업지역 등에서 도시기능의 회복 및 상권활성화 등을 위하여 도시환경을 개선하기 위한 사업은 재건축사업이다.

③ 정비기반시설은 양호하나 노후·불량건축물에 해당하는 공동주택이 밀집한 지역에서 주거환경을 개선하기 위한 사업은 주거환경개선사업이다.

④ 단독주택 및 다세대주택이 밀집한 지역에서 정비기반시설과 공동이용시설 확충을 통하여 주거환경을 보전·정비·개량하기 위한 사업은 공공재개발사업이다.

⑤ 공공재건축사업을 시행하는 경우 공공재건축사업을 추진하는 단지의 종전 세대수의 100분의 160에 해당하는 세대 이상을 건설·공급해야 한다.

02 도시 및 주거환경정비법령상 시장·군수 등, 토지주택공사 등이 시행하는 공공재개발사업의 요건에 관하여 다음 (   ) 안에 알맞은 내용을 연결한 것은?

> • 건설·공급되는 주택의 전체 세대수 또는 전체 연면적 중 토지등소유자 대상 분양분(지분형주택은 제외한다)을 제외한 나머지 주택의 세대수 또는 연면적의 100분의 (   ) 이상을 지분형주택, 공공임대주택 또는 공공지원민간임대주택으로 건설·공급할 것
> • 공공임대주택의 건설비율은 건설·공급되는 주택의 전체 세대수의 100분의 (   ) 이하에서 국토교통부장관이 정하여 고시하는 비율 이상으로 한다.

① 30 − 20
② 40 − 10
③ 40 − 20
④ 50 − 10
⑤ 50 − 20

03 도시 및 주거환경정비법령상 노후·불량건축물의 요건에 관한 설명으로 틀린 것은?

① 건축물이 훼손되거나 일부가 멸실되어 붕괴, 그 밖의 안전사고의 우려가 있는 건축물
② 준공일 기준으로 40년까지 사용하기 위하여 보수·보강하는 데 드는 비용이 철거 후 새로운 건축물을 건설하는 데 드는 비용보다 클 것으로 예상되는 건축물
③ 노후화된 건축물로서 준공된 후 20년 이상 40년 이하의 범위에서 조례로 정하는 기간이 지난 건축물
④ 도시미관을 저해하는 건축물로서 「국토의 계획 및 이용에 관한 법률」에 따른 도시·군 기본계획의 경관에 관한 사항에 어긋나는 건축물
⑤ 내진성능이 확보되지 아니한 건축물 중 중대한 기능적 결함 또는 부실설계·시공으로 구조적 결함 등이 있는 건축물로서 대통령령으로 정하는 건축물

04 도시 및 주거환경정비법령상의 용어 및 내용에 대한 설명으로 옳은 것은?

① 도시저소득 주민이 집단거주하는 지역으로서 정비기반시설이 극히 열악하고 노후·불량 건축물이 과도하게 밀집한 지역의 주거환경을 개선하기 위한 사업은 주거환경개선사업 이다.

② 토지주택공사 등이란 한국토지주택공사 또는 신탁업자를 말한다.

③ 「건축법」에 따른 건축허가를 받아 아파트 또는 연립주택을 건설한 일단의 토지는 주택 단지에 해당하지 않는다.

④ 주민이 공동으로 사용하는 공동작업장, 공원, 공용주차장은 공동이용시설이다.

⑤ 대지는 정비구역의 지목이 '대(垈)'인 토지를 말한다.

05 도시 및 주거환경정비법령상 정비기반시설에 해당하지 않는 것은?

① 공용주차장   ② 마을회관

③ 하수도   ④ 하천

⑤ 지역난방시설

06 도시 및 주거환경정비법령상 정비기반시설이 아닌 것은? (단, 주거환경개선사업을 위하여 지정·고시된 정비구역이 아님)

① 광장   ② 구거(溝渠)

③ 녹지   ④ 공동구

⑤ 공동작업장

07 도시 및 주거환경정비법령상 주민이 공동으로 사용하는 시설로서 공동이용시설에 해당하지 않는 것은? (단, 조례는 고려하지 않으며, 각 시설은 단독주택, 공동주택 및 제1종 근린 생활시설에 해당하지 않음)

① 탁아소   ② 어린이집

③ 유치원   ④ 놀이터

⑤ 경로당

08 도시 및 주거환경정비법령상 토지등소유자의 정의로 틀린 것은?

① 주거환경개선사업의 정비구역에 위치한 건축물의 소유자

② 재개발사업의 정비구역에 위치한 토지의 소유자

③ 재개발사업의 정비구역에 위치한 토지의 지상권자

④ 재건축사업의 정비구역에 위치한 건축물의 부속토지의 지상권자

⑤ 신탁업자가 사업시행자로 지정된 경우 토지등소유자가 정비사업을 목적으로 신탁업자에게 신탁한 토지 또는 건축물에 대하여는 위탁자

09 도시 및 주거환경정비법령상 정비사업을 시행하는 절차를 시행순서에 따라 나열한 것은?

> ㉠ 도시·주거환경정비기본계획 수립
> ㉡ 정비계획 입안 및 정비구역 지정
> ㉢ 사업시행계획인가
> ㉣ 관리처분계획인가
> ㉤ 이전·고시

① ㉠ ⇨ ㉡ ⇨ ㉢ ⇨ ㉣ ⇨ ㉤

② ㉠ ⇨ ㉡ ⇨ ㉣ ⇨ ㉢ ⇨ ㉤

③ ㉠ ⇨ ㉢ ⇨ ㉤ ⇨ ㉡ ⇨ ㉣

④ ㉡ ⇨ ㉠ ⇨ ㉢ ⇨ ㉣ ⇨ ㉤

⑤ ㉡ ⇨ ㉠ ⇨ ㉣ ⇨ ㉢ ⇨ ㉤

제2장 기본계획의 수립 및 정비구역의 지정

Point 30 도시 및 주거환경정비기본계획 ★★★★

기본서 p.277~279

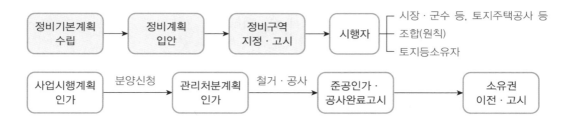

정비기본계획 수립 ⇩	① 수립의무: 특별시장·광역시장·시장(대도시가 아닌 시는 예외) − 10년 단위로 수립 + 5년마다 타당성 검토
	⊕ 대도시가 아닌 시장은 도지사의 승인
	② 내용
	㉠ 정비사업의 기본방향·계획기간
	㉡ 정비예정구역의 개략적 범위
	㉢ 단계별 정비사업 추진계획
	㉣ 건폐율·용적률 등 건축물의 밀도계획
	㉤ 세입자의 주거안정대책 등
	③ 절차: 주민공람(14일 이상) ⇨ 지방의회 의견청취(60일 이내에 의견제시) ⇨ 협의·심의 ⇨ 수립·보고(국토부장관), 열람
	⊕ 경미한 사항의 변경은 절차 생략 ○
	④ 수립기준: 국토부장관이 정함

정비계획
입안
⇩
	① 입안권자: 구청장·광역시의 군수(구청장 등)는 정비계획을 입안하여 특별시장·광역시장에게 정비구역 지정 신청. 다만, 시장 또는 군수(도)는 정비계획을 입안하여 직접 정비구역 지정
	② 입안제안: 토지등소유자(3분의 2 이상 동의) ⇨ 입안권자(60일 이내에 반영 여부 통보 + 1회 30일 연장 가능)
	③ 내용
	  ㉠ 정비사업의 명칭, 정비구역의 위치·면적
	  ㉡ 도시·군계획시설의 설치
	  ㉢ 건축물의 주용도·건폐율·용적률·높이
	  ㉣ 세입자 주거대책
	  ㉤ 지구단위계획에 관한 사항 등
	④ 절차: 주민 서면통보, 주민설명회 및 주민공람(30일 이상) ⇨ 지방의회 의견청취 (60일 이내에 의견제시) ⇨ 입안
	  🔍 **재건축사업의 안전진단**: 주택단지의 건축물. 다만, 주택 붕괴나 구조안전상 사용금지가 필요한 경우 등은 제외
	  1. **안전진단의 실시**: 입안권자 − 정비계획 수립시기가 도래한 때(원칙). 토지등소유자 10분의 1 이상의 동의를 받아 요청하는 경우(비용부담)
	  2. **안전진단 실시 여부의 결정(사전결정)**: 입안권자(현지조사) ⇨ 안전진단 실시 의뢰 ⇨ 실시(안전진단전문기관, 국토안전관리원, 한국건설기술연구원)
	  3. **정비계획 입안 여부의 결정(종국결정)**: 입안권자 − 안전진단의 결과와 도시계획 및 지역여건 등을 종합 검토 ⇨ 시·도지사에게 보고 ⇨ 적정성 검토 ⇨ 취소 요청

정비구역 지정 · 고시	① 지정권자: 특별시장 · 광역시장 · 시장 또는 군수(광역시는 제외) 　🔍 도시계획위원회 심의 ⇨ 정비구역 지정 · 고시 ⇨ 보고 · 열람 ② 지정효과 　㉠ 지구단위계획구역과 지구단위계획 결정 · 고시 의제 　㉡ 행위제한: 건축물(가설건축물 포함)의 건축 · 용도변경, 공작물의 설치, 토지 　　형질변경, 토석채취, 토지분할, 물건을 1개월 이상 쌓아놓는 행위와 죽목의 　　벌채 · 식재는 시장 · 군수 등의 허가. 다만, 응급조치 · 안전조치, 경미한 행 　　위는 예외 　　🔍 **기득권 보호**: 공사 · 사업에 착수한 자 + 30일 이내 신고 ③ 지정해제(의무적) 　㉠ 정비구역 지정 예정일부터 3년 이내에 정비구역 지정 × 　㉡ 조합이 시행하는 재개발사업 · 재건축사업 　　ⓐ 토지등소유자가 정비구역 지정 · 고시일부터 2년 이내에 추진위원회의 승인 　　　신청 × 　　ⓑ 추진위원회가 승인일부터 2년 이내에 조합설립인가 신청 × 　　ⓒ 조합이 설립인가일부터 3년 이내에 사업시행계획인가 신청 × 　㉢ 토지등소유자가 시행하는 재개발사업으로서 정비구역 지정 · 고시일부터 5년 　　이내에 사업시행계획인가 신청 × ④ 직권해제(임의적) 　㉠ 정비사업의 시행으로 토지등소유자에게 과도한 부담이 발생할 것으로 예상되는 　　경우 　㉡ 정비구역 등의 추진상황으로 보아 지정목적을 달성할 수 없다고 인정되는 경우 　㉢ 토지등소유자의 100분의 30 이상이 정비구역 등의 해제를 요청하는 경우 　　(추진위 구성 ×) 　㉣ 추진위원회가 구성되거나 조합이 설립된 정비구역에서 토지등소유자 과반수 　　의 동의로 정비구역의 해제를 요청하는 경우(사업시행계획인가 신청 ×)

꽃중요 출제가능성이 높은 중요 문제 　🔥고득점 고득점 목표를 위한 어려운 문제 　✎신유형 기존에 출제되지 않은 신유형 대비 문제

Point 30 　도시 및 주거환경정비기본계획 ★★★★

정답 및 해설 p.39

> **💡 Tip**
> 기본계획은 자주 출제되는 부분으로 수립권자와 예외, 기본계획의 내용, 수립절차 및 타당성 검토에 관한
> 내용을 정확하게 정리한다.

꽃중요

01 도시 및 주거환경정비법령상 도시·주거환경정비 기본방침 및 기본계획에 관한 설명으로 **틀린** 것은?

① 국토교통부장관은 도시 및 주거환경을 개선하기 위하여 10년마다 기본방침을 정하고, 5년마다 타당성을 검토해야 한다.

② 특별시장·광역시장·특별자치시장·특별자치도지사·시장 또는 군수는 관할 구역에 대하여 도시·주거환경정비기본계획을 10년 단위로 수립해야 한다.

③ 기본계획의 수립권자는 기본계획을 수립하는 경우에 14일 이상 주민에게 공람하여 의견을 들어야 한다.

④ 지방의회는 수립권자가 기본계획을 통지한 날부터 60일 이내에 의견을 제시해야 한다.

⑤ 공동이용시설에 대한 설치계획을 변경하는 경우에는 지방도시계획위원회의 심의를 거치지 않을 수 있다.

☆중요

02 도시 및 주거환경정비법령상 도시 · 주거환경정비기본계획(이하 '기본계획'이라 함)의 수립에 관한 설명으로 <u>틀린</u> 것은?

① 도지사가 대도시가 아닌 시로서 기본계획을 수립할 필요가 없다고 인정하는 시(市)는 기본계획을 수립하지 않을 수 있다.

② 기본계획의 작성기준 및 작성방법은 국토교통부장관이 정하여 고시한다.

③ 대도시의 시장이 아닌 시장은 기본계획을 수립하거나 변경하려면 도지사의 승인을 받아야 한다.

④ 기본계획을 수립하거나 변경하려면 관계 행정기관의 장과 협의한 후 지방도시계획위원회의 심의를 거쳐야 한다.

⑤ 국토교통부장관은 기본계획에 대하여 3년마다 타당성 여부를 검토하여 그 결과를 기본계획에 반영해야 한다.

03 도시 및 주거환경정비법령상 도시 · 주거환경정비기본계획에 포함되어야 하는 사항이 <u>아닌</u> 것은?

① 정비구역으로 지정할 예정인 구역(정비예정구역)의 개략적 범위

② 주거지 관리계획

③ 지구단위계획(필요한 경우로 한정한다)

④ 단계별 정비사업 추진계획(정비예정구역별 정비계획의 수립시기를 포함한다)

⑤ 녹지 · 조경 · 에너지공급 · 폐기물처리 등에 관한 환경계획

☆중요

04 도시 및 주거환경정비법령상 도시 · 주거환경정비기본계획을 변경할 때 주민공람과 지방의회의 의견청취를 생략할 수 있는 경우가 <u>아닌</u> 것은?

① 정비기반시설의 면적을 10% 미만의 범위에서 축소하는 경우

② 정비사업의 계획기간을 단축하는 경우

③ 사회복지시설 및 주민문화시설 등에 대한 설치계획을 변경하는 경우

④ 구체적으로 명시된 정비예정구역 면적의 30%를 변경하는 경우

⑤ 정비사업의 시행을 위하여 필요한 재원조달에 관한 사항을 변경하는 경우

> **Tip**
>
> 정비계획의 내용과 입안절차, 재건축사업의 안전진단(실시시기, 안전진단의 대상 및 절차)에 관한 내용을 정확하게 정리한다.

05 도시 및 주거환경정비법령상 정비사업과 정비계획 입안대상 지역의 연결로 <u>틀린</u> 것은?

① 주거환경개선사업 – 정비기반시설이 현저히 부족하여 재해발생시 피난 및 구조활동이 곤란한 지역

② 재건축사업 – 철거민이 50세대 이상 규모로 정착한 지역

③ 재개발사업 – 인구·산업 등이 과도하게 집중되어 있어 도시기능의 회복을 위하여 토지의 합리적인 이용이 요청되는 지역

④ 주거환경개선사업 – 단독주택 및 다세대주택 등이 밀집한 지역으로서 주거환경의 보전·정비·개량이 필요한 지역

⑤ 재개발사업 – 노후·불량건축물의 수가 전체 건축물의 수의 3분의 2 이상인 지역으로 서 정비기반시설의 정비에 따라 과소토지가 되어 도시의 환경이 현저히 불량하게 될 우려가 있는 지역

✎신유형

06 도시 및 주거환경정비법령상 재건축사업을 위한 정비계획 입안대상 지역으로서 다음 ( )에 알맞은 내용으로 짝지은 것은?

> 노후·불량건축물로서 기존 세대수가 (㉠)세대 이상이거나 그 부지면적이 (㉡)m² 이상인 지역

① ㉠: 100, ㉡: 5천

② ㉠: 200, ㉡: 1만

③ ㉠: 300, ㉡: 2만

④ ㉠: 500, ㉡: 3만

⑤ ㉠: 1천, ㉡: 10만

07 도시 및 주거환경정비법령상 정비계획에 포함되어야 하는 사항이 <u>아닌</u> 것은?

① 정비구역 및 그 면적
② 토지등소유자별 분담금 추산액 및 산출근거
③ 정비사업시행 예정시기
④ 건폐율·용적률 등에 관한 건축물의 밀도계획
⑤ 세입자 주거대책

08 도시 및 주거환경정비법령상 정비계획의 입안 등에 관한 설명으로 옳은 것은?

① 자치구의 구청장 또는 광역시의 군수(구청장 등)는 정비계획을 입안하여 직접 정비구역을 지정한다.
② 정비계획의 입안권자는 정비계획을 입안하거나 변경하려면 주민에게 서면으로 통보한 후 주민설명회 및 14일 이상 주민에게 공람하여 의견을 들어야 한다.
③ 지방의회는 정비계획의 입안권자가 정비계획을 통지한 날부터 30일 이내에 의견을 제시해야 한다.
④ 토지등소유자가 3분의 2 이상의 동의로 정비계획의 변경을 요청하는 경우에는 정비계획의 입안을 제안할 수 있다.
⑤ 정비계획의 입안권자는 부득이한 사정이 없는 경우 제안일부터 45일 이내에 정비계획에의 반영 여부를 제안자에게 통보해야 한다.

09 도시 및 주거환경정비법령상 정비계획 입안을 위하여 주민의견청취 절차를 거쳐야 하는 경우는? (단, 조례는 고려하지 않음)

① 정비기반시설의 위치를 변경하는 경우
② 공동이용시설 설치계획을 변경하는 경우
③ 정비사업시행 예정시기를 3년의 범위에서 조정하는 경우
④ 건축물의 최고높이를 변경하는 경우
⑤ 건축물의 용적률을 20% 미만의 범위에서 확대하는 경우

10 도시 및 주거환경정비법령상 재건축사업의 안전진단에 관한 설명으로 옳은 것은?

① 정비계획의 입안권자는 재건축사업의 정비예정구역별 정비계획의 수립시기가 도래한 때에는 안전진단을 실시해야 한다.

② 정비계획의 입안을 제안하려는 자가 안전진단의 실시를 요청하는 경우 해당 정비예정 구역에 위치한 건축물 및 그 부속토지의 소유자 2분의 1 이상의 동의를 받아야 한다.

③ 정비계획의 입안권자는 안전진단의 요청이 있는 때에는 요청일부터 10일 이내에 안전 진단의 실시 여부를 결정하여 요청인에게 통보해야 한다.

④ 주택의 구조안전상 사용금지가 필요하다고 정비계획의 입안권자가 인정할 때에는 안전 진단을 실시해야 한다.

⑤ 정비계획의 입안권자는 안전진단에 드는 비용을 부담해야 하며, 안전진단의 실시를 요청 하는 자에게 부담시킬 수 없다.

11 도시 및 주거환경정비법령상 재건축사업의 안전진단에 관한 설명으로 옳은 것은?

① 「국토안전관리원법」에 따른 국토안전관리원은 재건축사업의 안전진단을 할 수 있다.

② 정비계획의 입안권자는 현지조사 등을 통하여 해당 건축물의 구조안전성, 건축마감, 설비노후도 및 주거환경 적합성 등을 심사하여 정비계획의 입안 여부를 결정해야 한다.

③ 정비계획의 입안권자는 정비계획의 입안을 결정한 경우에는 지체 없이 국토교통부장관 에게 안전진단 결과보고서를 제출해야 한다.

④ 시·도지사는 안전진단결과의 적정성 검토결과에 따라 정비계획 입안결정을 직접 취소 할 수 있다.

⑤ 시장·군수 등은 정비구역이 지정·고시된 날부터 10년이 되는 날까지 준공인가를 받지 아니한 경우에는 안전진단을 다시 실시해야 한다.

> 💡 **Tip**
> 정비구역의 지정권자와 지정효과, 행위제한, 정비구역의 의무적 해제와 임의적 해제에 관한 내용을 비교해서 정확하게 정리한다.

12 도시 및 주거환경정비법령상 정비구역의 지정권자가 <u>아닌</u> 자는?

① 광역시장

② 도지사

③ 시장

④ 군수(광역시의 군수가 아님)

⑤ 특별자치시장

13 도시 및 주거환경정비법령상 정비구역의 지정 등에 대한 설명으로 <u>틀린</u> 것은?

① 정비구역의 지정권자는 정비구역 지정을 위하여 직접 정비계획을 입안할 수 있다.

② 정비구역의 지정권자는 서로 연접하지 않은 둘 이상의 정비구역을 하나의 정비구역으로 결합하여 지정할 수 없다.

③ 정비구역의 진입로 설치를 위하여 필요한 경우에는 진입로 지역과 그 인접 지역을 포함하여 정비구역을 지정할 수 있다.

④ 정비사업의 효율적인 추진을 위하여 필요하다고 인정하는 경우에는 하나의 정비구역을 둘 이상의 정비구역으로 분할하는 방법으로 정비구역을 지정할 수 있다.

⑤ 정비구역의 지정·고시가 있는 경우 「국토의 계획 및 이용에 관한 법률」에 따른 지구단위계획구역 및 지구단위계획으로 결정·고시된 것으로 본다.

14 도시 및 주거환경정비법령상 정비구역에서 시장·군수 등의 허가를 받아야 하는 행위를 모두 고른 것은? (단, 재해복구 또는 재난수습과 관련 없는 행위임)

ㄱ 건축물(가설건축물을 포함)의 건축, 용도변경
ㄴ 죽목의 벌채 및 식재
ㄷ 토지의 굴착 또는 공유수면의 매립
ㄹ 이동이 쉽지 않은 물건을 20일 동안 쌓아놓는 행위

---

① ㄱ, ㄴ   ② ㄷ, ㄹ
③ ㄱ, ㄴ, ㄷ   ④ ㄴ, ㄷ, ㄹ
⑤ ㄱ, ㄴ, ㄷ, ㄹ

15 도시 및 주거환경정비법령상 정비구역에서 허가를 받아야 하는 행위와 그 구체적 내용을 바르게 연결한 것은?

① 공작물의 설치: 농림수산물의 생산에 직접 이용되는 것으로서 국토교통부령으로 정하는 간이공작물의 설치
② 토지의 형질변경: 경작을 위한 토지의 형질변경
③ 토석의 채취: 정비구역의 개발에 지장을 주지 않고 자연경관을 손상하지 않는 범위에서의 토석의 채취
④ 물건을 쌓아놓는 행위: 정비구역에 존치하기로 결정된 대지에 물건을 쌓아놓는 행위
⑤ 죽목의 벌채 및 식재: 경작지에서 관상용 죽목의 임시식재

16 도시 및 주거환경정비법령상 정비구역에서의 행위제한 등에 관한 설명으로 <u>틀린</u> 것은?

① 국토교통부장관, 시·도지사, 시장, 군수 또는 구청장은 기본계획을 공람 중인 정비예
정구역에 대하여 건축물의 건축과 토지의 형질변경 행위를 제한할 수 있다.

② ①의 경우 제한기간은 3년 이내의 기간으로 정한다. 다만, 1년의 범위에서 한 차례만
연장할 수 있다.

③ 정비구역의 지정 당시 이미 공사에 착수한 자는 정비구역이 지정·고시된 날부터 30일
이내에 시장·군수 등에게 신고한 후 계속 시행할 수 있다.

④ 기존 건축물의 붕괴 등 안전사고의 우려가 있는 경우 안전조치를 위한 행위는 시장·
군수 등의 허가를 받지 않고 할 수 있다.

⑤ 정비구역에서는 「주택법」에 따른 지역주택조합의 조합원을 모집해서는 안 된다.

17 도시 및 주거환경정비법령상 정비구역의 해제사유에 해당하는 것은?

① 조합의 재건축사업의 경우, 토지등소유자가 정비구역으로 지정·고시된 날부터 1년이
되는 날까지 조합설립추진위원회의 승인을 신청하지 않는 경우

② 조합의 재건축사업의 경우, 토지등소유자가 정비구역으로 지정·고시된 날부터 2년이
되는 날까지 조합설립인가를 신청하지 않는 경우

③ 조합의 재건축사업의 경우, 조합설립추진위원회가 추진위원회 승인일부터 1년이 되는
날까지 조합설립인가를 신청하지 않는 경우

④ 토지등소유자가 재개발사업을 시행하는 경우로서 토지등소유자가 정비구역으로 지정·
고시된 날부터 5년이 되는 날까지 사업시행계획인가를 신청하지 않는 경우

⑤ 조합설립추진위원회가 구성된 구역에서 토지등소유자의 100분의 20이 정비구역의 해제
를 요청한 경우

18 도시 및 주거환경정비법령상 정비구역의 해제와 관련된 다음의 설명 중 **틀린** 것은?

① 정비구역을 해제하려는 경우 그 내용을 30일 이상 주민에게 공람하고 지방의회의 의견을 들어야 한다.

② 정비구역의 토지등소유자 100분의 30 이상의 동의로 연장을 요청하는 경우 해제기간을 2년의 범위에서 연장할 수 있다.

③ 정비사업의 시행으로 토지등소유자에게 과도한 부담이 발생할 것으로 예상되는 경우 정비구역의 지정권자는 지방도시계획위원회의 심의를 거치지 않고 정비구역을 해제할 수 있다.

④ 정비구역의 지정권자는 추진위원회가 구성되지 아니한 구역에서 토지등소유자의 100분의 30 이상이 요청하는 경우 정비구역의 지정을 해제할 수 있다.

⑤ 정비구역의 추진상황으로 보아 지정목적을 달성할 수 없다고 인정되어 정비구역이 해제된 경우 정비계획으로 변경된 용도지역은 정비구역 지정 이전의 상태로 환원된 것으로 본다.

✒신유형

19 도시 및 주거환경정비법령상 정비구역의 지정권자는 다음에 해당하는 경우 지방도시계획위원회의 심의를 거쳐 정비구역 등을 해제할 수 있다. 다음의 (   ) 안에 들어갈 내용으로 옳은 것은?

> 사업시행자가 정비구역에서 정비기반시설 및 공동이용시설을 새로 설치하거나 확대하고 토지등소유자가 스스로 주택을 보전·정비하거나 개량하는 방법으로 시행 중인 주거환경개선사업의 정비구역이 지정·고시된 날부터 (㉠)년 이상 경과하고, 추진상황으로 보아 지정목적을 달성할 수 없다고 인정되는 경우로서 토지등소유자의 (㉡)(이)가 정비구역의 해제에 동의하는 경우

① ㉠: 5, ㉡: 2분의 1

② ㉠: 5, ㉡: 3분의 2

③ ㉠: 10, ㉡: 과반수

④ ㉠: 10, ㉡: 4분의 3

⑤ ㉠: 20, ㉡: 5분의 4

제3장 정비사업의 시행

Point 33 정비사업의 시행방법과 시행자 ★★★★★

기본서 p.297~305

구분	시행방법	시행자
주거환경 개선사업	① 자율주택정비 ② 수용 ③ 환지 ④ 관리처분(주택) 🔍 각각 또는 혼용방법 가능	• ① 방법: 시장·군수 등(원칙), 토지주택공사 등(토지등소유자 과반수 동의) • ②·③·④ 방법: 시장·군수 등, 토지주택공사 등 단독 또는 공동(건설사업자·등록사업자) − 토지등소유자 3분의 2 이상 + 세입자 과반수(토지등소유자 2분의 1 이하는 생략) 동의
재개발 사업	① 관리처분(건축물) ② 환지	조합 또는 토지등소유자(20인 미만인 경우) 단독 또는 공동(시장·군수 등, 토지주택공사 등, 건설사업자·등록사업자, 신탁업자, 한국부동산원)
재건축 사업	관리처분(주택·오피스텔) 🔍 오피스텔: 준주거·상업지역에서 전체 연면적 30% 이하	조합 단독 또는 공동(시장·군수 등, 토지주택공사 등, 건설사업자·등록사업자)

🔍 시공자 선정
  1. **조합(원칙)** − 조합설립인가 후 총회에서 경쟁입찰의 방법으로 시공자 선정(다만, 100인 이하는 정관)
  2. **토지등소유자(재개발사업)** − 사업시행계획인가 후 규약에 따라 시공자 선정

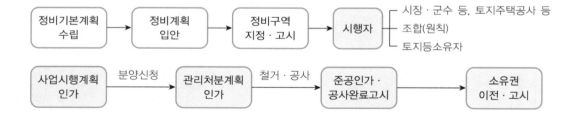

(1) 조합설립의무. 다만, 재개발사업은 예외

(2) 추진위원회

① **구성:** 정비구역 지정·고시 후 5명 이상 위원(위원장 포함) + 토지등소유자 과반수 동의
+ 시장·군수 등의 승인 ⇨ 추진위원장 1명과 감사를 두어야 함

② **업무**

    ㉠ 정비사업전문관리업자의 선정(경쟁입찰)

    ㉡ 설계자의 선정

    ㉢ 개략적인 사업시행계획서의 작성

    ㉣ 조합설립인가를 받기 위한 준비업무 등

(3) 설립인가: 시장·군수 등 ⇨ 변경시 조합원 3분의 2 이상 찬성 + 변경인가. 다만, 경미한 변경
은 신고

① **재개발사업:** 토지등소유자 4분의 3 이상 + 토지면적 2분의 1 이상 동의

② **재건축사업:** 동별 구분소유자 과반수 + 전체 구분소유자 4분의 3 이상 및 토지면적 4분
의 3 이상 동의. 다만, 주택단지가 아닌 지역은 토지 또는 건축물소유자 4분의 3 이상
+ 면적 3분의 2 이상 동의

(4) 설립등기(의무): 설립인가 후 30일 이내 ⇨ 성립(공법상의 사단법인)

(5) 조합원: 토지등소유자(재건축사업은 동의한 자만 해당)

   🔍 투기과열지구의 재건축사업은 조합설립인가 후, 재개발사업은 관리처분계획인가 후 조합원 지위 양도 ✕
     (상속·이혼은 제외) ⇨ 1세대 1주택자는 소유기간 10년 이상 + 거주기간 5년 이상인 경우 양도 ○

(6) 임원(필수적): 조합장[거주(선임일 ~ 관리처분계획인가일)] 1명, 이사(3명 이상), 감사 − 임기
3년 이하(연임 ○), 다른 조합의 임·직원 겸직 금지

① **자격요건:** 1년 이상 거주 or 5년 이상 건축물이나 토지소유

② 조합장이나 이사의 조합과의 계약이나 소송은 감사가 대표

③ 임원이 결격사유(제한능력자, 파산자 등)에 해당하게 되거나 자격요건을 갖추지 못하면
당연퇴임. 다만, 퇴임 전 행위는 유효

(7) 총회(필수적): 조합장 or 조합원 5분의 1(임원 해임 등은 10분의 1) 이상 요구로 조합장이
소집 ⇨ 조합원 10% 이상 직접 출석. 다만, 사업시행계획서와 관리처분계획은 조합원 20%
이상이 직접 출석(조합원 과반수의 찬성으로 의결)

   🔍 **정관 변경:** 조합원 과반수(조합원 자격, 제명·탈퇴·교체에 관한 사항은 조합원 3분의 2 이상) 찬성 +
     시장·군수 등 변경인가

(8) 대의원회(필수적): 조합원 100명 이상인 조합은 대의원회를 두어야 한다. 대의원회는 조합원 10분의 1 이상(조합원 10분의 1의 범위에서 100명 이상 가능) ⇨ 총회권한대행 제외 사항[정관변경, 사업시행계획·관리처분계획, 임원, 합병·해산(사업완료는 제외) 등]

    🔍 조합장이 아닌 조합임원(이사·감사)은 대의원이 될 수 없다.

(9) 주민대표회의: 시장·군수 등, 토지주택공사 등의 사업시행을 원하는 경우 정비구역 지정·고시 후 토지등소유자 과반수의 동의 + 시장·군수 등의 승인 ⇨ 의견 제시

    ① **구성원:** 5명 이상 25명 이하(위원장을 포함)

    ② **조직:** 위원장과 부위원장 각 1명과 1명 이상 3명 이하의 감사를 둔다.

Point 35   사업시행계획인가 ★★★

기본서 p.325~334

사업시행계획
인가
⇩
	① **절차:** 사업시행계획서 작성(시행자) ⇨ 총회의결(조합원 과반수 찬성) ⇨ 사업시행계획인가·고시(시장·군수 등, 60일 이내) 변경·폐지 ○
	  🔍 **재개발사업에서 지정개발자의 사업비 예치:** 100분의 20의 범위 ⇨ 청산금 지급이 완료된 때 반환
	② **내용:** ㉠ 토지이용계획(건축물배치계획을 포함), ㉡ 정비기반시설 및 공동이용시설의 설치계획, ㉢ 건축물의 높이 및 용적률 등에 관한 건축계획, ㉣ 임시거주시설을 포함한 주민이주대책, ㉤ 임대주택의 건설계획(재건축사업은 제외) 등
	③ **정비사업 시행을 위한 조치**
	  ㉠ 임시거주 조치 의무: 주거환경개선사업·재개발사업의 시행자 ⇨ 국·공유지의 무상사용(국가·지자체는 정당한 사유 없이 거절 ×), 사유지는 보상
	  ㉡ 토지 등의 수용·사용(재건축사업은 천재·지변에 한정): 공취법 준용
	    ⓐ 사업인정·고시 의제: 사업시행계획인가·고시
	    ⓑ 재결신청기간 연장: 사업시행기간 이내
	    ⓒ 사후현물보상 가능: 준공인가 후 대지·건축물로 보상
	  ㉢ 매도청구: 재건축사업의 시행자는 ⓐ 조합설립에 동의하지 않은 자와 ⓑ 건축물 또는 토지만 소유한 자의 건축물·토지 등에 대하여 매도청구 가능
	    🔍 회답촉구(사업시행계획인가·고시일부터 30일 이내) ⇨ 2개월 이내 회답(× 부동의 간주) ⇨ 2개월 이내 매도청구
	  ㉣ 주거환경개선구역의 용도지역 결정·고시의제: 수용방식과 관리처분방식은 제3종 일반주거지역, 자율주택정비방식과 환지방식은 제2종 일반주거지역
	  ㉤ 국민주택채권 매입 규정 적용 배제: 주거환경개선사업에 따른 건축허가를 받거나 부동산등기를 하는 때

관리처분계획
인가
⇩

① 분양신청 통지·공고: 사업시행계획인가·고시 후 120일 이내

　㉠ 분양신청기간: 통지한 날부터 30일 이상 60일 이내(20일의 범위에서 1회 연장 가능)

　㉡ 손실보상: ⓐ 분양신청을 하지 않거나 철회한 자, ⓑ 투기과열지구에서 분양 신청을 할 수 없는 자, ⓒ 분양대상에서 제외된 자의 토지·건축물 등에 대하여 관리처분계획인가·고시 다음 날부터 90일 이내 협의 × ⇨ 다음 날부터 60일 이내 수용재결 or 매도청구

② 절차: 분양신청기간 종료 후 관리처분계획 수립(시행자) ⇨ 공람(30일 이상) ⇨ 인가·고시(시장·군수 등, 30일 이내) 변경·폐지 ○. 다만, 경미한 변경은 신고

③ 내용

　㉠ 분양설계(분양신청기간 만료일 기준)

　㉡ 분양대상자의 주소·성명

　㉢ 분양예정인 대지·건축물의 추산액(분양가)

　㉣ 보류지 등의 명세 및 추산액(일반 분양분)

　㉤ 종전 토지·건축물의 명세와 가격(종전가 - 사업시행계획인가·고시일 기준)

　㉥ 정비사업비 추산액과 조합원의 부담규모·시기(재건축부담금을 포함)

　㉦ 소유권 외의 권리명세 등

④ 기준(≒ 환지계획): 면적·이용상황·환경, 증·감환지, 입체환지 ○

　㉠ 환지부지정: 너무 좁은 토지나 건축물, 정비구역 지정 후 분할된 토지를 취득한 자는 현금 청산 가능

　㉡ 주택공급기준: 1주택 공급이 원칙

　　ⓐ 1토지를 공유한 경우: 시·도조례로 정하는 바에 따라 공급 가능

　　ⓑ 소유 주택 수만큼 공급: 과밀억제권역이 아닌 재건축사업(투기과열지구·조정대상지역은 제외), 근로자 숙소·기숙사 용도, 국가·지자체 등

　　ⓒ 종전가 또는 종전 주거전용면적의 범위에서 2주택 공급: 1주택은 $60m^2$ 이하 ⇨ 3년간 전매 ×(상속은 제외)

　　ⓓ 3주택까지 공급: 과밀억제권역의 재건축사업(투기과열지구·조정대상지역은 제외)

　㉢ 기타: 재개발사업에서 지상권자는 분양대상에서 제외, 재건축사업은 조합원 전원이 동의하면 따로 정할 수 있음

⑤ 건축물의 공급: 사업시행자는 정비사업의 시행으로 건설된 건축물을 인가받은 관리처분계획에 따라 토지등소유자에게 공급해야 함

　㉠ 재개발임대주택의 인수: 시·도지사 또는 시장, 군수, 구청장이 우선하여 인수해야 함

　㉡ 지분형주택의 공급: 사업시행자가 토지주택공사 등인 경우 ⇨ 주거전용면적 $60m^2$ 이하, 공동소유기간은 10년의 범위에서 시행자가 정함

⑥ 기존 건축물의 철거: 관리처분계획인가를 받은 후. 다만, 붕괴우려나 범죄발생의 우려가 있는 경우는 예외

⑦ 종전 토지 또는 건축물의 사용·수익 정지: 관리처분계획인가·고시일부터 이전고시가 있는 날까지. 다만, 시행자의 동의를 받은 경우 등은 예외

⑧ 지상권 등 계약의 해지: 정비사업의 시행으로 지상권·전세권 또는 임차권의 설정목적을 달성할 수 없는 경우 해지 가능 ⇨ 시행자에게 금전 반환청구 ⇨ 시행자의 구상 ⇨ 불응시 분양받을 대지·건축물 압류(저당권과 동일)

🔍 **존속기간 적용배제:** 관리처분계획의 인가를 받은 후

Point 37 　이전·고시(분양처분) ★★★★

기본서 p.354~358

소유권 이전·고시	① 철거·공사 ⇨ 준공인가(시장·군수 등)·공사완료의 고시 ⇨ 이전·고시 ⇨ 등기 ⇨ 청산 ② 정비구역 해제: 준공인가의 고시일(관리처분방법은 이전·고시일)의 다음 날로 해제 ⇨ 조합의 존속에 영향 × ③ 소유권 이전·고시(분양처분) 　㉠ 시기: 공사완료 고시 후 지체 없이 대지확정측량·토지분할 ⇨ 분양대상자에게 통지 ⇨ 소유권 이전·고시 ⇨ 보고 　㉡ 효과: 이전·고시일의 다음 날에 분양받을 대지·건축물의 소유권 취득, 청산금의 확정 　㉢ 조합의 해산: 조합장은 이전·고시가 있는 날부터 1년 이내에 조합 해산을 위한 총회를 소집해야 함 ④ 분양등기: 이전·고시가 있은 후 지체 없이 시행자가 촉탁·신청(의무) ⇨ 타등기 제한 ⑤ 청산금: 종전가와 분양가의 차액 　㉠ 징수·지급: 이전·고시 후. 다만, 정관이나 총회의결을 거쳐 따로 정한 경우 분할징수·분할지급 가능(관리처분계획인가 후 ~ 이전·고시일) 　㉡ 징수위탁: 납부 × ⇨ 시장·군수 등에게 징수위탁 ⇨ 강제징수 ⇨ 수수료(징수금액 100분의 4) 교부 　㉢ 소멸시효: 이전·고시일의 다음 날부터 5년

제3장 단원별 출제예상문제

Point 33 정비사업의 시행방법과 시행자 ★★★★★

정답 및 해설 p.42

💡 **Tip**

- 정비사업의 시행방법과 시행자에 관한 사항은 정비사업 전반에 대한 이해와 관련되는 내용으로 매년 출제되는 부분이므로 정비사업별 시행방법과 시행자를 비교해서 정확하게 정리한다.
- 재개발사업과 재건축사업의 공공시행사유, 대행 및 시공자의 선정을 정확하게 정리한다.

✿중요

01 도시 및 주거환경정비법령상 정비사업의 시행방법에 관한 설명으로 틀린 것은?

① 주거환경개선사업은 사업시행자가 정비구역에서 정비기반시설 및 공동이용시설을 새로 설치하거나 확대하고 토지등소유자가 스스로 주택을 보전·정비하거나 개량하는 방법으로 할 수 있다.

② 재건축사업은 정비구역에서 인가받은 관리처분계획에 따라 주택 및 오피스텔을 건설하여 공급하거나 환지로 공급하는 방법으로 한다.

③ ②의 경우 오피스텔은 준주거지역 및 상업지역에서 전체 건축물 연면적의 100분의 30 이하로 건설하여 공급할 수 있다.

④ 재개발사업은 정비구역에서 인가받은 관리처분계획에 따라 건축물을 건설하여 공급하거나 환지로 공급하는 방법으로 한다.

⑤ 주거환경개선사업은 정비구역의 전부 또는 일부를 수용하여 주택을 건설한 후 토지등소유자에게 우선 공급하거나 대지를 토지등소유자 또는 토지등소유자 외의 자에게 공급하는 방법으로 시행할 수 있다.

02 도시 및 주거환경정비법령상 정비사업의 시행자에 관한 설명으로 옳은 것은?

① 관리처분으로 시행하는 주거환경개선사업은 정비예정구역의 토지등소유자와 세입자 세대수의 과반수의 동의를 각각 받아 시장·군수 등이 직접 시행할 수 있다.

② ①의 경우 시장·군수 등이 토지주택공사 등과 건설사업자를 공동시행자로 지정할 수 없다.

③ ①의 경우 세입자의 세대수가 토지등소유자의 2분의 1 이하인 경우에는 세입자의 동의 절차를 거치지 아니할 수 있다.

④ 재개발사업은 토지등소유자가 30인인 경우에는 토지등소유자가 직접 시행할 수 있다.

⑤ 재건축사업 조합설립추진위원회가 구성승인을 받은 날부터 2년이 되었음에도 조합설 립인가를 신청하지 아니한 경우 시장·군수 등이 직접 시행할 수 있다.

03 도시 및 주거환경정비법령상 정비사업의 시행자에 관한 설명으로 <u>틀린</u> 것은?

① 재건축사업은 조합이 시행하거나 조합이 조합원 과반수의 동의를 받아 건설사업자 또는 등록사업자와 공동으로 시행할 수 있다.

② 재개발사업은 조합이 조합원 과반수의 동의를 받아 시장·군수 등, 토지주택공사 등, 건설사업자, 등록사업자, 신탁업자 또는 한국부동산원과 공동으로 시행할 수 있다.

③ 주거환경개선사업은 조합이 시행할 수 있다.

④ 시장·군수 등은 직접 정비사업을 시행하거나 토지주택공사 등을 사업시행자로 지정하는 때에는 그 내용을 해당 지방자치단체의 공보에 고시하고 토지등소유자에게 통지해야 한다.

⑤ 시장·군수 등이 토지주택공사 등을 사업시행자로 지정·고시한 때에는 그 고시일 다음 날에 조합설립인가가 취소된 것으로 본다.

04 도시 및 주거환정정비법령상 시장·군수 등이 직접 정비사업을 시행하거나 토지주택공사 등을 사업시행자로 지정할 수 있는 경우에 해당하지 <u>않는</u> 것은?

① 천재지변으로 긴급하게 정비사업을 시행할 필요가 있다고 인정하는 때

② 재건축조합이 사업시행 예정일부터 2년 이내에 사업시행계획인가를 신청하지 아니한 때

③ 조합설립추진위원회가 시장·군수 등의 구성승인을 받은 날부터 3년 이내에 조합설립 인가를 신청하지 아니한 때

④ 순환정비방식으로 정비사업을 시행할 필요가 있다고 인정하는 때

⑤ 해당 정비구역의 국·공유지 면적이 전체 토지면적의 2분의 1 이상으로서 토지등소유 자의 과반수가 동의하는 때

05 도시 및 주거환경정비법령상 재개발사업·재건축사업의 사업대행자에 관한 설명으로 <u>틀린</u> 것은?

① 시장·군수 등은 조합이 시행하는 정비사업을 계속 추진하기 어렵다고 인정하는 경우 에는 직접 대행하거나 토지주택공사 등 또는 지정개발자에게 대행하게 할 수 있다.

② 시장·군수 등은 토지등소유자의 과반수의 동의로 요청하는 경우에도 사업대행자를 지 정할 수 있다.

③ 사업대행자는 사업대행개시결정의 고시를 한 날의 다음 날부터 사업대행완료를 고시하 는 날까지 사업시행자의 이름과 계산으로 업무를 집행하고 재산을 관리한다.

④ 시장·군수 등이 아닌 사업대행자는 사업시행자에게 재산상의 부담을 가하는 행위를 하려는 때에는 미리 시장·군수 등의 승인을 받아야 한다.

⑤ 사업대행자는 사업시행자에게 청구할 수 있는 보수에 대한 권리로써 사업시행자에게 귀속될 건축물을 압류할 수 있다.

06 도시 및 주거환경정비법령상 시공자 선정에 대한 설명으로 <u>틀린</u> 것은?

① 조합은 조합설립인가를 받은 후 조합총회에서 경쟁입찰의 방법으로 건설사업자 또는 등록사업자를 시공자로 선정해야 한다.

② 조합원 100인 이하인 정비사업은 조합총회에서 정관으로 정하는 바에 따라 시공자를 선정할 수 있다.

③ 재개발사업을 토지등소유자가 시행하는 경우에는 사업시행계획인가를 받은 후 경쟁입찰의 방법으로 시공자를 선정해야 한다.

④ 시장·군수 등이 직접 정비사업을 시행하는 경우 시장·군수 등은 주민대표회의가 경쟁입찰의 방법으로 추천한 자를 시공자로 선정해야 한다.

⑤ 사업시행자는 선정된 시공자와 공사에 관한 계약을 체결할 때에는 기존 건축물의 철거 공사에 관한 사항을 포함시켜야 한다.

07 도시 및 주거환경정비법령상 주거환경개선사업에 관한 설명으로 옳은 것만을 모두 고른 것은?

> ㉠ 세입자의 세대수가 토지등소유자의 3분의 1에 해당하는 경우 시장·군수 등은 토지주택공사 등을 주거환경개선사업 시행자로 지정하기 위해서는 세입자의 동의를 받아야 한다.
>
> ㉡ 사업시행자는 '정비구역에서 정비기반시설을 새로이 설치하거나 확대하고 토지등소유자가 스스로 주택을 보전·정비하거나 개량하는 방법' 및 '환지로 공급하는 방법'을 혼용할 수 있다.
>
> ㉢ 사업시행자는 사업의 시행으로 철거되는 주택의 소유자 또는 세입자에게 해당 정비구역 안과 밖에 위치한 임대주택 등의 시설에 임시로 거주하게 하거나 주택자금의 융자를 알선하는 등 임시거주에 상응하는 조치를 해야 한다.

① ㉠　　　　　　　　　　　② ㉠, ㉡

③ ㉠, ㉢　　　　　　　　　④ ㉡, ㉢

⑤ ㉠, ㉡, ㉢

> **💡 Tip**
> • 조합은 매년 출제되는 부분으로 가장 중요한 내용이다. 조합설립추진위원회의 구성 및 업무, 조합설립인가 및 동의요건, 조합원, 정관, 조합의 기관으로서 임원(자격요건, 업무, 결격), 총회(소집, 의결방법), 대의원 회의 구성에 관한 전반적인 내용을 정확하게 정리하고 암기할 사항은 암기한다.
> • 주민대표회의에 관한 사항은 기본적인 내용을 정리한다.

☆중요
08 도시 및 주거환경정비법령상 조합설립추진위원회에 관한 설명으로 <u>틀린</u> 것은?

① 조합을 설립하려면 정비구역 지정·고시 후 위원장을 포함한 5명 이상의 위원 및 운영 규정에 대하여 토지등소유자 과반수의 동의를 받아 추진위원회를 구성해야 한다.

② 추진위원회를 구성한 경우 시장·군수 등의 승인을 받아야 한다.

③ 조합설립인가를 신청하기 전에 조합설립에 대한 반대의 의사표시를 한 추진위원회 동의자라도 조합의 설립에 동의한 것으로 본다.

④ 조합설립추진위원회는 추진위원회를 대표하는 추진위원장 1명과 감사를 두어야 한다.

⑤ 추진위원회는 사용경비를 기재한 회계장부 및 관계 서류를 조합설립인가일부터 30일 이내에 조합에 인계해야 한다.

☆중요
09 도시 및 주거환경정비법령상 조합설립추진위원회가 수행할 수 있는 업무가 <u>아닌</u> 것은 모두 몇 개인가? (단, 추진위원회 운영규정은 고려하지 않음)

> ㉠ 조합정관의 변경
> ㉡ 조합의 설립을 위한 창립총회의 개최
> ㉢ 설계자의 변경
> ㉣ 개략적인 정비사업 시행계획서의 작성
> ㉤ 토지등소유자의 동의서의 접수
> ㉥ 정비사업비의 조합원별 분담내역의 결정

① 없음   ② 1개
③ 2개   ④ 3개
⑤ 모두

10 도시 및 주거환경정비법령상 조합설립추진위원회가 조합설립 동의서에 포함되는 사항 중 조합설립인가 신청일 60일 전까지 추진위원회 구성에 동의한 토지등소유자에게 등기우편으로 통지해야 하는 사항에 해당하지 <u>않는</u> 것은?

① 건설되는 건축물의 설계의 개요
② 시공자의 선정에 관한 사항
③ 공사비 등 정비사업비용에 드는 비용(정비사업비)
④ 정비사업비의 분담기준
⑤ 사업완료 후 소유권의 귀속에 관한 사항

11 도시 및 주거환경정비법령상 조합설립에 관하여 (   ) 안에 들어갈 내용을 바르게 나열한 것은?

- 재건축사업의 추진위원회가 조합을 설립하려는 때에는 주택단지의 공동주택의 각 동별 구분소유자의 (㉠)의 동의(공동주택의 각 동별 구분소유자가 5인 이하인 경우는 제외)와 주택단지의 전체 구분소유자의 4분의 3 이상 및 토지면적의 4분의 3 이상의 토지소유자의 동의를 받아 시장·군수 등의 인가를 받아야 한다.
- 재개발사업의 추진위원회가 조합을 설립하려면 토지등소유자의 4분의 3 이상 및 토지면적의 (㉡) 이상의 토지소유자의 동의를 받아 시장·군수 등의 인가를 받아야 한다.
- 재건축사업의 추진위원회가 조합을 설립하려는 경우 주택단지가 아닌 지역의 토지 또는 건축물소유자의 4분의 3 이상 및 토지면적의 (㉢) 이상의 토지소유자의 동의를 받아야 한다.

① ㉠: 2분의 1, ㉡: 2분의 1, ㉢: 3분의 2
② ㉠: 2분의 1, ㉡: 3분의 2, ㉢: 과반수
③ ㉠: 과반수, ㉡: 2분의 1, ㉢: 3분의 2
④ ㉠: 과반수, ㉡: 과반수, ㉢: 과반수
⑤ ㉠: 3분의 2, ㉡: 2분의 1, ㉢: 과반수

12 도시 및 주거환경정비법령상 재개발사업에 관한 설명으로 옳은 것은?

① 정비구역에 위치한 토지의 지상권자는 재개발사업의 조합원이 될 수 없다.

② 재개발사업은 관리처분계획에 따라 건축물을 건설·공급하는 방법으로 해야 하며, 환지로 공급하는 방법으로 할 수 없다.

③ 재개발사업은 조합을 설립하여 시행해야 하고 토지등소유자가 직접 시행할 수 없다.

④ 재개발사업의 시행 여부를 결정하려면 안전진단을 실시해야 한다.

⑤ 조합설립인가 후 토지의 매매로 조합원의 권리가 이전되어 조합원을 교체하는 경우 총회의 의결 없이 시장·군수 등에게 신고하고 변경할 수 있다.

13 도시 및 주거환경정비법령상 토지등소유자의 동의자 수 산정방법 등에 관한 설명으로 틀린 것은?

① 재건축사업의 경우 구분소유권을 여럿이서 공유하는 경우에는 그 여럿을 대표하는 1인을 토지등소유자로 산정한다.

② 재개발사업의 경우 토지에 지상권이 설정되어 있는 경우 토지의 소유자와 해당 토지의 지상권자를 대표하는 1인을 토지등소유자로 산정한다.

③ 재개발사업의 경우 1인이 다수 필지의 토지 또는 다수의 건축물을 소유하고 있는 경우에는 필지나 건축물의 수에 관계없이 토지등소유자를 1인으로 산정한다.

④ 추진위원회의 구성 또는 조합의 설립에 동의한 자로부터 토지 또는 건축물을 취득한 자에 대해서는 별도로 동의를 받아야 한다.

⑤ 국·공유지에 대해서는 그 재산관리청 각각을 토지등소유자로 산정한다.

14 도시 및 주거환경정비법령상 재개발사업을 시행하기 위하여 조합을 설립하고자 할 때 다음 표의 예시에서 산정되는 토지등소유자의 수는 몇 명인가?

지번	토지소유자	건축물소유자	지상권자
1	A	A	
2	A		
3	B		C, D
4	E, F	G	
5	H, I, J		
6	H, I, J		

① 5명
② 6명
③ 9명
④ 10명
⑤ 12명

15 도시 및 주거환경정비법령상 정비사업조합에 관한 설명으로 틀린 것은?

① 정비사업전문관리업자의 선정 및 변경의 사항은 조합총회의 의결을 거쳐야 한다.
② 조합은 명칭에 '정비사업조합'이라는 문자를 사용해야 한다.
③ 조합이 인가받은 사항을 변경하려는 때에는 총회에서 조합원의 3분의 2 이상의 찬성으로 의결하고, 시장·군수 등의 인가를 받아야 한다.
④ 조합설립인가를 받은 경우에는 따로 등기를 하지 않아도 조합이 성립된다.
⑤ 조합에 관하여는 이 법에 규정된 사항을 제외하고는 「민법」 중 사단법인에 관한 규정을 준용한다.

16 도시 및 주거환경정비법령상 동의의 철회에 관한 설명으로 <u>틀린</u> 것은?

① 동의의 철회 또는 반대의사의 표시는 해당 동의에 따른 인·허가 등을 신청하기 전까지 할 수 있다.

② 정비구역의 해제에 대한 동의는 최초로 동의한 날부터 30일까지만 철회할 수 있다.

③ 조합설립에 대한 동의는 조합설립을 위한 창립총회 후에도 철회할 수 있다.

④ 시장·군수 등이 토지등소유자의 철회서를 받은 때에는 지체 없이 동의의 상대방에게 철회서가 접수된 사실을 통지해야 한다.

⑤ 동의의 철회나 반대의 의사표시는 철회서가 동의의 상대방에게 도달한 때 또는 시장·군수 등이 동의의 상대방에게 철회서가 접수된 사실을 통지한 때 중 빠른 때에 효력이 발생한다.

☆중요
17 도시 및 주거환경정비법령상 조합원 지위의 양도제한과 관련하여 ㉠, ㉡에 옳은 내용은?

> 「주택법」에 따른 투기과열지구로 지정된 지역에서 재건축사업을 시행하는 경우에는 (㉠) 후, 재개발사업을 시행하는 경우에는 (㉡) 후 해당 정비사업의 건축물 또는 토지를 양수(매매·증여, 그 밖의 권리의 변동을 수반하는 일체의 행위를 포함하되, 상속·이혼은 제외한다)한 자는 조합원이 될 수 없다.

① ㉠: 정비기본계획 수립·고시, ㉡: 정비구역 지정·고시

② ㉠: 정비구역 지정·고시, ㉡: 조합설립인가

③ ㉠: 조합설립인가, ㉡: 사업시행계획인가

④ ㉠: 조합설립인가, ㉡: 관리처분계획인가

⑤ ㉠: 사업시행계획인가, ㉡: 관리처분계획인가

18 도시 및 주거환경정비법령상 「주택법」에 따른 투기과열지구에서 조합원 지위를 양도할 수 있는 사유로 **틀린** 것은?

① 세대원의 질병치료(「의료법」에 따른 의료기관의 장이 1년 이상의 치료나 요양이 필요하다고 인정하는 경우로 한정한다)로 세대원이 모두 해당 사업구역에 위치하지 아니한 특별시·광역시·특별자치시·특별자치도·시 또는 군으로 이전하는 경우

② 세대원 모두 해외로 이주하거나 세대원 모두 2년 이상 해외에 체류하려는 경우

③ 1세대 1주택자로서 양도하는 주택에 대한 소유기간이 5년 이상 및 거주기간이 10년 이상인 경우

④ 조합설립인가일부터 3년 이상 사업시행계획인가 신청이 없는 재건축사업의 건축물을 3년 이상 계속하여 소유하고 있는 자가 사업시행계획인가 신청 전에 양도하는 경우

⑤ 국가·지방자치단체 및 금융기관에 대한 채무를 이행하지 못하여 재건축사업의 토지 또는 건축물이 경매 또는 공매되는 경우

19 도시 및 주거환경정비법령상 조합의 정관으로 정할 수 <u>없는</u> 것은?

① 조합임원의 수 및 업무의 범위

② 대의원 수, 대의원 선임방법

③ 대의원회 법정 의결정족수의 완화

④ 청산금 분할징수 여부의 결정

⑤ 조합 상근임원 보수에 관한 사항

20 도시 및 주거환경정비법령상 재건축사업의 조합에 관한 설명으로 옳은 것은?

① 재건축사업은 조합을 설립하지 않고 토지등소유자가 직접 시행할 수 있다.

② 재건축사업의 토지등소유자는 당연 조합원이 된다.

③ 조합의 정관에는 정비구역의 위치 및 면적이 포함되어야 한다.

④ 소유권 또는 구분소유권이 여러 명의 공유에 속하는 때에는 각각을 조합원으로 본다.

⑤ 조합이 정관을 변경하려는 경우에는 조합원의 동의 없이 시장·군수 등에게 신고하면 된다.

21 도시 및 주거환경정비법령상 재개발사업 조합에 관한 설명으로 옳은 것은?

① 재개발사업의 추진위원회가 조합을 설립하려면 토지등소유자의 4분의 3 이상 및 토지면적의 2분의 1 이상의 토지소유자의 동의를 받아 시·도지사의 인가를 받아야 한다.

② 조합설립인가 후 해당 정비사업의 건축물 또는 토지를 양수한 자는 조합원이 될 수 없다.

③ 조합원의 자격에 관한 사항에 대하여 정관을 변경하려는 경우에는 총회를 개최하여 조합원 3분의 2 이상의 찬성이 있어야 한다.

④ 조합의 이사는 대의원회에서 해임될 수 있다.

⑤ 토지등소유자의 수가 100인을 초과하는 경우 이사의 수를 3명 이상으로 한다.

22 도시 및 주거환경정비법령상 조합이 정관의 기재사항을 변경하려고 할 때, 조합원 3분의 2 이상의 찬성을 받아야 하는 것을 모두 고른 것은? (단, 조례는 고려하지 않음)

> ㉠ 조합의 명칭 및 사무소의 소재지
> ㉡ 조합원의 자격
> ㉢ 조합원의 제명·탈퇴 및 교체
> ㉣ 정비사업비의 부담시기 및 절차
> ㉤ 조합의 비용부담 및 조합의 회계

① ㉠, ㉡, ㉢
② ㉠, ㉣, ㉤
③ ㉡, ㉢, ㉣
④ ㉠, ㉡, ㉢, ㉤
⑤ ㉡, ㉢, ㉣, ㉤

23 도시 및 주거환경정비법령상 조합임원에 관한 설명으로 옳은 것은?

① 조합은 조합장 1명과 이사, 감사를 임원으로 둔다. 이 경우 조합장은 선임일부터 사업시행계획인가를 받을 때까지는 해당 정비구역에서 거주해야 한다.

② 시장·군수 등이 전문조합관리인을 선정한 경우 전문조합관리인이 업무를 대행할 임원은 당연퇴임한다.

③ 조합임원은 같은 목적의 정비사업을 하는 다른 조합의 임원을 겸할 수 있다.

④ 조합임원이 결격사유에 해당하게 되면 당연퇴임하고, 그 임원이 퇴임 전에 관여한 행위는 그 효력을 잃는다.

⑤ 조합장이 아닌 조합임원은 대의원이 될 수 있다.

24 도시 및 주거환경정비법령상 조합은 다음의 어느 하나의 자격요건을 갖춘 임원을 둔다. 다음의 (   ) 안에 들어갈 내용을 바르게 연결한 것은?

> • 정비구역에서 거주하고 있는 자로서 선임일 직전 3년 동안 정비구역 내 거주기간이 (㉠) 년 이상일 것
> • 정비구역에 위치한 건축물 또는 토지(재건축사업의 경우에는 건축물과 그 부속토지를 말한다)를 (㉡)년 이상 소유하고 있을 것

① ㉠: 1, ㉡: 3
② ㉠: 1, ㉡: 5
③ ㉠: 2, ㉡: 3
④ ㉠: 3, ㉡: 5
⑤ ㉠: 5, ㉡: 10

25 도시 및 주거환경정비법령상 조합임원에 관한 설명으로 옳은 것은?

① 조합임원이 금고 이상의 형의 집행유예를 받고 그 유예기간 중에 있는 경우에는 총회의 의결을 거쳐 해임된다.
② 조합임원은 조합원 10분의 1 이상의 요구로 소집된 총회에서 조합원 과반수의 출석과 출석 조합원 과반수의 동의를 받아 해임할 수 있다.
③ 조합장이 자기를 위하여 조합과 계약이나 소송을 할 때에는 이사가 조합을 대표한다.
④ 조합임원의 임기는 5년 이하의 범위에서 정관으로 정하되, 연임할 수 없다.
⑤ 조합의 정관에는 조합임원 업무의 분담 및 대행 등에 관한 사항은 포함되지 않는다.

26 도시 및 주거환경정비법령상 조합임원의 결격사유로 **틀린** 것은?

① 미성년자 · 피성년후견인 또는 피한정후견인
② 파산선고를 받고 복권되지 아니한 자
③ 금고 이상의 실형을 선고받고 그 집행이 종료되거나 집행이 면제된 날부터 2년이 경과되지 아니한 자
④ 금고 이상의 형의 집행유예를 받고 그 유예기간 중에 있는 자
⑤ 이 법을 위반하여 벌금 100만원 이상의 형을 선고받고 5년이 지나지 아니한 자

27 도시 및 주거환경정비법령상 총회 및 대의원회에 관한 설명으로 옳은 것은?

① 총회는 조합장이 직권으로 소집하거나 조합원 5분의 1 이상 또는 대의원 3분의 2 이상의 요구로 조합장이 소집한다.

② 관리처분계획의 수립 및 변경(경미한 변경은 제외)의 경우에는 조합원 과반수의 출석과 출석 조합원 과반수의 찬성으로 의결한다.

③ 조합원의 수가 50명 이상인 조합은 총회의 권한을 대행하게 하기 위하여 대의원회를 둘 수 있다.

④ 대의원회는 조합원의 10분의 1 이상으로 하되, 조합원의 10분의 1이 100명을 넘는 경우에는 100명으로 한다.

⑤ 조합의 합병 또는 해산에 관한 사항은 대의원회가 대행할 수 있다.

28 도시 및 주거환경정비법령상 조합총회의 소집에 관한 규정 내용이다. (   )에 들어갈 숫자를 바르게 나열한 것은?

> • 정관의 기재사항 중 조합임원의 권리·의무·보수·선임방법·변경 및 해임에 관한 사항을 변경하기 위한 총회의 경우는 조합원 (㉠)분의 1 이상의 요구로 조합장이 소집한다.
> • 총회를 소집하려는 자는 총회가 개최되기 (㉡)일 전까지 회의 목적·안건·일시 및 장소를 정하여 조합원에게 통지해야 한다.

① ㉠: 3, ㉡: 7   ② ㉠: 5, ㉡: 7
③ ㉠: 5, ㉡: 10   ④ ㉠: 10, ㉡: 7
⑤ ㉠: 10, ㉡: 10

29 도시 및 주거환경정비법령상 조합원의 100분의 20 이상이 직접 출석해야 하는 총회에 해당하지 <u>않는</u> 것은?

① 창립총회

② 사업시행계획서의 작성 및 변경을 위하여 개최하는 총회

③ 정비사업전문관리업자의 선정 및 변경을 위하여 개최하는 총회

④ 관리처분계획의 수립 및 변경을 위하여 개최하는 총회

⑤ 정비사업비의 사용 및 변경을 위하여 개최하는 총회

30 도시 및 주거환경정비법령상 조합총회의 의결사항 중 대의원회가 대행할 수 <u>없는</u> 사항을 모두 고른 것은?

> ㉠ 정비사업비의 변경
> ㉡ 조합임원의 선임 및 해임
> ㉢ 사업완료로 인한 조합의 해산
> ㉣ 시공자·설계자의 선정 및 변경

① ㉠, ㉡, ㉢　　　　　　　　　　② ㉠, ㉡, ㉣
③ ㉠, ㉢, ㉣　　　　　　　　　　④ ㉡, ㉢, ㉣
⑤ ㉠, ㉡, ㉢, ㉣

31 도시 및 주거환경정비법령상 조합에 관한 설명으로 옳은 것은?

① 국토교통부장관은 표준정관을 작성하여 보급할 수 있다.
② 재건축사업의 경우 재건축사업에 동의하지 않은 토지등소유자도 조합원이 될 수 있다.
③ 재건축사업의 추진위원회가 주택단지가 아닌 지역이 포함된 정비구역에서 조합을 설립하려는 때에는 토지면적의 4분의 3 이상의 토지소유자의 동의를 받아야 한다.
④ 분양신청을 하지 아니한 자에 대한 손실보상 금액을 포함한 정비사업비가 100분의 10 이상 늘어나는 경우에는 총회에서 조합원 3분의 2 이상의 찬성으로 의결해야 한다.
⑤ 대의원회는 임기 중 궐위된 조합장을 보궐선임할 수 없다.

32 도시 및 주거환경정비법령상 주민대표회의에 관한 설명으로 <u>틀린</u> 것은?

① 토지등소유자가 시장·군수 등 또는 토지주택공사 등의 사업시행을 원하는 경우에는 정비구역 지정·고시 후 주민대표회의를 구성해야 한다.
② 주민대표회의는 위원장을 포함하여 5명 이상 25명 이하로 구성한다.
③ 주민대표회의는 토지등소유자의 과반수의 동의를 받아서 구성하며, 이를 구성한 때에는 시장·군수 등에게 통보해야 한다.
④ 주민대표회의 또는 세입자(상가세입자를 포함한다)는 사업시행자가 시행규정을 정하는 때에 의견을 제시할 수 있다.
⑤ 주민대표회의에는 위원장과 부위원장 각 1명과 1명 이상 3명 이하의 감사를 둔다.

Point 35 사업시행계획인가 ★★★

정답 및 해설 p.45~46

> **♡ Tip**
> 사업시행계획의 내용, 인가 및 변경인가, 사업시행을 위한 조치로서 임시거주조치, 토지 등의 수용·사용,
> 매도청구, 계약의 해지 등에 관한 내용을 정확하게 정리한다.

☆중요

33 도시 및 주거환경정비법령상 사업시행계획인가에 관한 설명으로 **틀린** 것은?

① 사업시행자는 정비계획에 따라 사업시행계획서를 작성해야 한다.

② 사업시행자는 사업시행계획서에 정관 등의 서류를 첨부하여 시장·군수 등에게 제출
하고 사업시행계획인가를 받아야 한다.

③ 사업시행자가 사업시행계획인가를 받은 후 대지면적을 10%의 범위에서 변경하려는 때
에는 시장·군수 등에게 변경인가를 받아야 한다.

④ 시장·군수 등은 경미한 변경의 신고를 받은 날부터 20일 이내에 신고수리 여부를
신고인에게 통지해야 한다.

⑤ 조합인 사업시행자는 사업시행계획인가를 신청하기 전에 미리 총회의 의결을 거쳐야
한다.

34 도시 및 주거환경정비법령상 재건축사업의 사업시행자가 작성하여야 하는 사업시행계획
서에 포함되어야 하는 사항이 <u>아닌</u> 것은? (단, 조례는 고려하지 않음)

① 토지이용계획(건축물배치계획을 포함한다)

② 정비기반시설 및 공동이용시설의 설치계획

③ 임대주택의 건설계획

④ 세입자의 주거 및 이주대책

⑤ 사업시행기간 동안 정비구역 내 가로등 설치, 폐쇄회로 텔레비전 설치 등 범죄예방대책

도시 및 주거환경정비법

제3편

35 도시 및 주거환경정비법령상 사업시행계획인가에 관한 설명으로 <u>틀린</u> 것은?

① 시장·군수 등은 특별한 사유가 없으면 사업시행계획서의 제출이 있은 날부터 60일 이내에 인가 여부를 결정하여 사업시행자에게 통보해야 한다.

② 시장·군수 등은 관계 서류의 사본을 14일 이상 일반인이 공람할 수 있게 해야 한다.

③ 시장·군수 등은 정비구역부터 200m 이내에 교육시설이 설치되어 있는 때에는 해당 지방자치단체의 교육감 또는 교육장과 협의해야 한다.

④ 시장·군수 등은 재개발사업의 시행자가 토지등소유자인 지정개발자인 때에는 정비사업비의 100분의 30의 금액을 예치하게 할 수 있다.

⑤ 재개발사업에서 지정개발자의 예치금은 청산금의 지급이 완료된 때에 반환한다.

36 도시 및 주거환경정비법령상 주거환경개선사업에 관한 설명으로 <u>틀린</u> 것은?

① 주거환경개선사업에 따른 건축허가를 받는 때와 부동산등기를 하는 때에는 「주택도시 기금법」의 국민주택채권의 매입에 관한 규정을 적용하지 않는다.

② 주거환경개선구역은 해당 정비구역의 지정·고시가 있은 날부터 제1종 일반주거지역 으로 결정·고시된 것으로 본다.

③ 사업시행자는 철거되는 주택의 소유자에게 임대주택 등의 시설에 임시로 거주하게 하는 등 임시거주에 상응하는 조치를 해야 한다.

④ 사업시행으로 철거되는 주택의 소유자 또는 세입자를 위하여 사업시행자가 지방자치단 체의 건축물을 임시거주시설로 사용하는 경우 사용료 또는 대부료는 면제한다.

⑤ 사업시행자는 정비사업의 공사를 완료한 때에는 완료한 날부터 30일 이내에 임시거주 시설을 철거하고, 사용한 건축물이나 토지를 원상회복해야 한다.

37 도시 및 주거환경정비법령상 재개발사업에 관한 설명으로 **틀린** 것은?

① 사업시행계획서에는 일부 건축물의 존치 또는 리모델링에 관한 내용이 포함될 수 있다.

② 신탁업자가 단독으로 정비사업을 시행하는 경우 작성하는 시행규정에는 토지등소유자 전체회의가 포함되어야 한다.

③ 조합이 인가받은 사업시행계획 중 건축물이 아닌 부대·복리시설의 위치를 변경하려는 때에는 변경인가를 받아야 한다.

④ 사업시행자가 임시거주시설의 설치를 위하여 국가의 토지를 일시사용하고자 신청한 경우, 국가는 그 토지에 대하여 제3자와 이미 매매계약을 체결하였다면 이를 거절할 수 있다.

⑤ 조합이 재개발사업의 시행으로 건설된 임대주택의 인수를 요청하는 경우 국토교통부장관이 우선하여 인수하여야 한다.

◤ 고득점

38 도시 및 주거환경정비법령상 재건축사업 등의 용적률 완화 및 국민주택규모 주택 건설에 관한 설명으로 **틀린** 것은? (단, 주거지역으로 한정함)

① 수도권 과밀억제권역에서 시행하는 재개발사업 및 재건축사업의 시행자는 정비계획으로 정해진 용적률에도 불구하고 지방도시계획위원회의 심의를 거쳐 법적상한용적률까지 건축할 수 있다.

② 사업시행자는 초과용적률의 일정 비율에 해당하는 면적은 국민주택규모 주택으로 건설해야 한다.

③ 사업시행자는 인수자에게 공급해야 하는 국민주택규모 주택을 공개추첨의 방법으로 선정해야 한다.

④ 선정된 국민주택규모 주택을 공급하는 경우에는 시·도지사, 시장·군수·구청장 순으로 우선하여 인수할 수 있다.

⑤ 시·도지사 및 시장·군수·구청장이 국민주택규모 주택을 인수할 수 없는 경우 한국토지주택공사가 인수해야 한다.

39 도시 및 주거환경정비법령상 토지 등의 수용 또는 사용에 관한 설명으로 <u>틀린</u> 것은?

① 재건축사업의 경우에는 천재지변, 그 밖의 불가피한 사유로 긴급하게 정비사업을 시행할 필요가 있다고 인정하는 때로 한정한다.

② 정비구역의 지정 · 고시가 있은 때에는 「공익사업을 위한 토지 등의 취득 및 보상에 관한 법률」에 따른 사업인정 및 그 고시가 있은 것으로 본다.

③ 재결신청은 사업시행계획인가를 할 때 정한 사업시행기간 이내에 해야 한다.

④ 대지 또는 건축물을 현물보상하는 경우에는 준공인가 이후에도 할 수 있다.

⑤ 사업시행자가 대통령령으로 정하는 손실보상의 기준 이상으로 세입자에게 손실을 보상하는 경우에는 용적률의 100분의 125 이하의 범위에서 완화하여 정할 수 있다.

☆중요
40 도시 및 주거환경정비법령상 재건축사업에서의 매도청구와 토지분할청구에 관한 설명으로 <u>틀린</u> 것은?

① 사업시행자는 사업시행계획인가의 고시가 있은 날부터 30일 이내에 조합설립에 동의하지 아니한 자에게 동의 여부를 회답할 것을 서면으로 촉구해야 한다.

② ①의 촉구를 받은 토지등소유자는 2개월 이내에 회답해야 한다.

③ 회답기간 내에 회답하지 아니한 경우 그 토지등소유자는 조합설립에 동의하지 아니하겠다는 뜻을 회답한 것으로 본다.

④ 사업시행자는 회답기간이 만료된 때에는 지체 없이 조합설립에 동의하지 아니하겠다는 뜻을 회답한 토지등소유자에게 건축물 또는 토지의 소유권을 매도할 것을 청구할 수 있다.

⑤ 추진위원회는 조합설립 동의요건을 충족시키기 위하여 필요한 경우에는 주택단지 안의 일부 토지에 대하여 「건축법」에도 불구하고 분할제한 면적에 미달되더라도 토지분할을 청구할 수 있다.

💡 **Tip**

관리처분계획은 매년 출제되는 부분으로 분양신청, 관리처분계획의 내용, 작성기준 및 주택공급기준, 인가 및 변경인가, 관리처분계획인가의 효과 등에 관한 내용을 정확하게 정리한다.

⚡중요
41 도시 및 주거환경정비법령상 분양공고 등에 관한 설명으로 옳은 것은?

① 사업시행자는 사업시행계획인가의 고시가 있은 날부터 60일 이내에 분양대상자별 분담금의 추산액 등을 토지등소유자에게 통지해야 한다.

② 분양신청기간은 사업시행계획인가의 고시가 있은 날부터 30일 이상 60일 이내로 해야 한다.

③ 사업시행자는 관리처분계획의 수립에 지장이 없다고 판단하는 경우에는 분양신청기간을 20일의 범위에서 한 차례만 연장할 수 있다.

④ 재건축사업의 경우 토지등소유자가 종전의 토지 또는 건축물의 가격의 10%에 상당하는 금액을 사업시행자에게 납입하고 추가분양을 신청할 수 있다.

⑤ 투기과열지구의 정비사업에서 상속으로 조합원 자격을 취득한 분양대상자는 최초 관리처분계획인가일부터 5년 이내에는 투기과열지구에서 분양신청을 할 수 없다.

🏹고득점
42 도시 및 주거환경정비법령상 손실보상에 관한 조문이다. 다음의 (   )에 순서대로 알맞은 것은?

• 사업시행자는 관리처분계획이 인가·고시된 다음 날부터 (㉠)일 이내에 분양신청을 하지 않은 자와 토지, 건축물 또는 그 밖의 권리의 손실보상에 관한 협의를 해야 한다.
• 사업시행자는 손실보상의 협의가 성립되지 않으면 그 기간의 만료일 다음 날부터 (㉡)일 이내에 수용재결을 신청하거나 매도청구소송을 제기해야 한다.

① ㉠: 30, ㉡: 10

② ㉠: 60, ㉡: 30

③ ㉠: 90, ㉡: 60

④ ㉠: 120, ㉡: 90

⑤ ㉠: 150, ㉡: 120

43 도시 및 주거환경정비법령상 관리처분계획에 포함되어야 하는 사항으로 명시되지 <u>않은</u> 것은?

① 분양설계

② 분양대상자별 분양예정인 대지 또는 건축물의 추산액(임대관리 위탁주택에 관한 내용을 포함한다)

③ 정비사업비의 추산액(「재건축초과이익 환수에 관한 법률」에 따른 재건축부담금에 관한 사항은 제외한다) 및 그에 따른 조합원 분담규모 및 분담시기

④ 기존 건축물의 철거예정시기

⑤ 세입자별 손실보상을 위한 권리명세 및 그 평가액

44 도시 및 주거환경정비법령상 관리처분계획의 기준에 대한 설명으로 <u>틀린</u> 것은?

① 종전의 토지 또는 건축물의 면적·이용상황·환경 그 밖의 사항을 종합적으로 고려하여 수립하도록 한다.

② 분양설계에 관한 계획은 분양신청기간이 만료하는 날을 기준으로 하여 수립한다.

③ 1세대 또는 1명이 하나 이상의 주택 또는 토지를 소유한 경우 원칙적으로 1주택을 공급한다.

④ 근로자 숙소·기숙사 용도로 주택을 소유하고 있는 토지등소유자에게는 소유한 주택 수만큼 주택을 공급할 수 있다.

⑤ 2명 이상이 1주택을 공유한 경우로서 시·도조례로 주택공급을 따로 정하고 있는 경우에는 시·도조례로 정하는 바에 따라 주택을 공급할 수 있다.

45 도시 및 주거환경정비법령상 A시 B구역 재개발사업의 사업시행자가 관리처분계획을 작성하기 위하여 종전의 토지가격을 ㉠ <u>사업시행계획인가 고시가 있은 날을 기준</u>으로 ㉡ <u>시장이 선정·계약한</u> ㉢ <u>4인의 감정평가법인 등이 평가한 금액</u>을 산술평균하여 산정하였다. ㉠, ㉡, ㉢ 중 옳은 것을 모두 고른 것은?

① ㉠

② ㉠, ㉡

③ ㉠, ㉢

④ ㉡, ㉢

⑤ ㉠, ㉡, ㉢

46 도시 및 주거환경정비법령에서의 관리처분계획에 관한 설명으로 옳은 것은?

① 재개발사업의 관리처분은 지상권자에 대한 분양을 포함한다.

② 너무 좁은 토지 또는 건축물이나 정비구역 지정 후 분할된 토지를 취득한 자라도 현금청산은 할 수 없다.

③ 수도권 과밀억제권역의 투기과열지구에 위치한 재건축사업의 토지등소유자에게는 소유한 주택 수만큼 공급할 수 있다.

④ 분양대상자별 종전 주택의 주거전용면적의 범위에서 3주택을 공급할 수 있고, 이 중 1주택은 주거전용면적을 $60m^2$ 이하로 한다.

⑤ 사업시행자는 관리처분계획을 수립하여 시장·군수 등의 인가를 받아야 한다.

47 도시 및 주거환경정비법령상 (　　　)에 들어갈 내용에 해당하지 <u>않는</u> 것은?

> 정비사업을 통하여 분양받을 건축물이 (　　　)에는 기준일의 다음 날을 기준으로 건축물을 분양받을 권리를 산정한다. (기준일이란 정비구역의 지정·고시가 있는 날 또는 시·도지사가 투기를 억제하기 위하여 기본계획수립 후 정비구역 지정·고시 전에 따로 정하는 날을 말함)

① 1필지의 토지가 여러 개의 필지로 분할되는 경우

② 단독주택 또는 다가구주택이 다세대주택으로 전환되는 경우

③ 나대지에 건축물을 새로 건축하여 토지등소유자가 증가하는 경우

④ 여러 개의 필지가 1필지의 토지로 합병되어 토지등소유자가 감소하는 경우

⑤ 하나의 대지 범위에 속하는 동일인 소유의 토지와 주택 등 건축물을 토지와 주택 등 건축물로 각각 분리하여 소유하는 경우

48 도시 및 주거환경정비법령상 관리처분계획에 관한 설명으로 **틀린** 것은?

① 주택분양에 관한 권리를 포기하는 토지등소유자에 대한 임대주택의 공급에 따라 관리처분계획을 변경하는 때에는 시장·군수 등에게 신고해야 한다.

② 사업시행자는 관리처분계획인가를 신청하기 전에 관계 서류의 사본을 30일 이상 토지등소유자에게 공람하게 하고 의견을 들어야 한다.

③ 시장·군수 등은 관리처분계획인가의 신청이 있은 날부터 30일 이내에 인가 여부를 결정하여 사업시행자에게 통보해야 한다.

④ 조합원 5분의 1 이상이 관리처분계획인가 신청이 있은 날부터 15일 이내에 관리처분계획의 타당성 검증을 요청한 경우 시장·군수 등은 이에 따라야 한다.

⑤ 인가받은 관리처분계획을 중지 또는 폐지하려는 경우에는 인가를 받거나 신고할 필요가 없다.

49 도시 및 주거환경정비법령상 사업시행자가 인가받은 관리처분계획을 변경하고자 할 때 시장·군수 등에게 신고해야 하는 경우가 <u>아닌</u> 것은?

① 사업시행자의 변동에 따른 권리·의무의 변동이 있는 경우로서 분양설계의 변경을 수반하지 않는 경우

② 재건축사업에서의 매도청구에 대한 판결에 따라 관리처분계획을 변경하는 경우

③ 주택분양에 관한 권리를 포기하는 토지등소유자에 대한 임대주택의 공급에 따라 관리처분계획을 변경하는 경우

④ 계산착오·오기·누락 등에 따른 조서의 단순정정인 경우로서 불이익을 받는 자가 있는 경우

⑤ 정관 및 사업시행계획인가의 변경에 따라 관리처분계획을 변경하는 경우

50 도시 및 주거환경정비법령상 관리처분계획에 관한 설명으로 옳은 것은?

① 재건축사업의 관리처분의 기준은 조합원 전원의 동의를 받더라도 법령상 정해진 관리처분의 기준과 달리 정할 수 없다.

② 재개발사업에서 관리처분계획은 주택단지의 경우 1개의 건축물의 대지는 1필지의 토지가 되도록 정해야 한다.

③ 같은 세대에 속하지 아니하는 3명이 1토지를 공유한 경우에는 3주택을 공급하여야 한다.

④ 지방자치단체인 토지등소유자에게는 하나 이상의 주택 또는 토지를 소유한 경우라도 1주택을 공급한다.

⑤ 지분형주택의 규모는 주거전용면적 $60m^2$ 이하인 주택으로 한정한다.

51 도시 및 주거환경정비법령상 주택의 공급에 관한 설명으로 옳은 것은?

① 사업시행자는 정비사업의 시행으로 건설된 건축물을 인가된 사업시행계획에 따라 토지
등소유자에게 공급해야 한다.

② 사업시행자가 조합인 경우에는 분양대상자와 사업시행자가 공동소유하는 방식의 지분형
주택을 공급할 수 있다.

③ 국토교통부장관은 정비구역에서 면적이 $100m^2$의 토지를 소유한 자로서 건축물을 소유
하지 아니한 자의 요청이 있는 경우에는 인수한 임대주택의 일부를 토지임대부 분양주
택으로 전환하여 공급하여야 한다.

④ 사업시행자는 정비사업의 시행으로 임대주택을 건설하는 경우 공급대상자에게 주택을
공급하고 남은 주택에 대하여 공급대상자 외의 자에게 공급할 수 있다.

⑤ 조합이 시·도지사 또는 토지주택공사 등에게 재개발임대주택의 인수를 요청하는 경우
토지주택공사 등이 우선하여 인수해야 한다.

52 도시 및 주거환경정비법령상 관리처분계획인가에 관한 설명으로 틀린 것은?

① 관리처분계획인가의 고시가 있은 때에는 종전의 토지의 임차권자는 사업시행자의 동의
를 받아도 이전고시가 있는 날까지 종전의 토지를 사용할 수 없다.

② 사업시행자는 관리처분계획인가를 받은 후 기존의 건축물을 철거해야 한다.

③ 폐공가(廢空家)의 밀집으로 범죄발생의 우려가 있는 경우 사업시행자는 기존 건축물의
소유자의 동의 및 시장·군수 등의 허가를 받아 해당 건축물을 철거할 수 있다.

④ ③의 경우 건축물의 철거는 토지등소유자로서의 권리·의무에 영향을 주지 않는다.

⑤ 정비사업의 시행으로 조성된 대지 및 건축물은 관리처분계획에 따라 처분 또는 관리하
여야 한다.

53 도시 및 주거환경정비법령상 용익권자의 보호조치에 관한 설명으로 <u>틀린</u> 것은?

① 정비사업의 시행으로 지상권·전세권 또는 임차권의 설정목적을 달성할 수 없는 때에는 그 권리자는 계약을 해지할 수 있다.

② 계약을 해지할 수 있는 자가 가지는 전세금·보증금, 그 밖에 계약상의 금전의 반환청구권은 사업시행자에게 행사할 수 있다.

③ 금전의 반환청구권의 행사로 해당 금전을 지급한 사업시행자는 해당 토지등소유자에게 구상할 수 있다.

④ 사업시행자는 구상이 되지 않는 때에는 해당 토지등소유자에게 귀속될 대지 또는 건축물을 압류할 수 있다.

⑤ 사업시행계획의 인가를 받은 경우 지상권·전세권설정계약 또는 임대차계약의 계약기간은 「민법」, 「주택임대차보호법」, 「상가건물 임대차보호법」의 관련 규정을 적용하지 않는다.

Point 37 **이전·고시(분양처분)** ★★★★　　　　　정답 및 해설 p.47~48

💡 **Tip**
공사완료에 따른 소유권 이전절차, 정비구역의 해제, 분양처분의 효과 및 등기, 청산금에 관한 내용을 정확하게 정리한다.

54 도시 및 주거환경정비법령상 정비사업의 공사완료에 따른 조치 등에 관한 다음 절차를 진행순서에 따라 옳게 나열한 것은?

> ㉠ 준공인가
> ㉡ 대지확정측량 및 토지분할
> ㉢ 관리처분계획에서 정한 사항을 분양받을 자에게 통지
> ㉣ 대지 또는 건축물의 소유권 이전·고시

① ㉠ - ㉡ - ㉢ - ㉣

② ㉠ - ㉣ - ㉢ - ㉡

③ ㉡ - ㉠ - ㉢ - ㉣

④ ㉡ - ㉢ - ㉣ - ㉠

⑤ ㉢ - ㉣ - ㉠ - ㉡

55 도시 및 주거환경정비법령상 공사완료에 따른 조치 등에 관한 설명으로 **틀린** 것은?

① 사업시행자인 지방공사가 정비사업의 공사를 완료한 때에는 시장·군수 등의 준공인가를 받아야 한다.

② 시장·군수 등은 준공인가 전 사용허가를 하는 때에는 동별·세대별 또는 구획별로 사용허가를 할 수 있다.

③ 관리처분계획을 수립하는 경우 정비구역의 지정은 이전고시가 있는 날의 다음 날에 해제된 것으로 본다.

④ 준공인가에 따라 정비구역의 지정이 해제되면 조합도 해산된 것으로 본다.

⑤ 정비사업의 효율적인 추진을 위하여 필요한 경우에는 해당 정비사업에 관한 공사가 전부 완료되기 전이라도 완공된 부분은 준공인가를 받아 대지 또는 건축물별로 분양받을 자에게 소유권을 이전할 수 있다.

56 도시 및 주거환경정비법령상 정비사업의 준공인가 등에 관한 설명으로 옳은 것은?

① 정비사업의 시행자가 시장·군수 등인 경우에는 정비사업의 공사를 완료한 때에는 시·도지사의 준공인가를 받아야 한다.

② 시장·군수 등은 준공인가를 하기 전에는 입주예정자가 완공된 건축물을 사용할 수 있도록 사업시행자에게 허가할 수 없다.

③ 토지주택공사 등인 사업시행자가 다른 법률에 따라 자체적으로 준공인가를 처리한 경우에도 시장·군수 등이 필요하다고 인정하면 준공검사를 다시 실시할 수 있다.

④ 조합장은 이전·고시가 있은 날부터 1년 이내에 조합해산을 위한 총회를 소집해야 한다.

⑤ 건축물을 분양받을 자는 사업시행자가 소유권 이전에 관한 내용을 공보에 고시한 날에 건축물의 소유권을 취득한다.

57 도시 및 주거환경정비법령상 공사완료에 따른 조치 등에 관한 설명으로 <u>틀린</u> 것은?

① 시장·군수 등은 직접 시행하는 정비사업에 관한 공사가 완료된 때에는 그 완료를 해당 지방자치단체의 공보에 고시해야 한다.

② 건축물을 분양받을 자에게 소유권을 이전한 경우 종전의 토지 또는 건축물에 설정된 저당권 등 등기된 권리는 소유권을 이전받은 건축물에 설정된 것으로 본다.

③ 사업시행자는 이전고시가 있은 후에 청산금을 분양받은 자로부터 징수하거나 지급해야 한다.

④ 사업시행자는 이전고시가 있은 때에는 지체 없이 대지 및 건축물에 관한 등기를 지방법원지원 또는 등기소에 촉탁 또는 신청해야 한다.

⑤ 정비사업에 관하여 소유권의 이전고시가 있은 날부터는 대지 및 건축물에 관한 등기가 없더라도 저당권 등의 다른 등기를 할 수 있다.

58 도시 및 주거환경정비법령상 정비사업의 청산금에 관한 설명으로 옳은 것은?

① 사업시행자는 정관 등이나 총회의 의결에도 불구하고 이전고시 전에는 청산금을 분양대상자에게 지급할 수 없다.

② 청산금을 징수할 권리는 이전고시일부터 5년간 행사하지 않으면 소멸한다.

③ 사업시행자는 청산금을 일시금으로 지급해야 하고, 분할지급해서는 안 된다.

④ 정비구역에 있는 건축물에 저당권을 설정한 권리자는 사업시행자가 그 건축물의 소유자에게 청산금을 지급하기 전에 압류절차를 거쳐 저당권을 행사할 수 있다.

⑤ 청산금을 납부할 자가 이를 납부하지 않는 경우 시장·군수 등인 사업시행자는 지방세 체납처분의 예에 따라 징수할 수 없다.

제4장 비용부담 등

Point 38 비용부담 ★★★

(1) 시행자 부담의 원칙

(2) 시장·군수 등의 부담: 시장·군수 등은 다음 시설의 건설에 드는 비용의 전부 또는 일부를 부담할 수 있다.

① 도로, 상·하수도, 공원, 공용주차장, 공동구, 녹지, 하천, 공공공지 및 광장
② 임시거주시설

(3) 보조·융자: 국가 또는 지자체는 시장·군수 등이 아닌 사업시행자가 시행하는 정비사업에 드는 비용의 일부를 보조 또는 융자하거나 융자를 알선할 수 있다.

☆중요 출제가능성이 높은 중요 문제 ↘고득점 고득점 목표를 위한 어려운 문제 ◈신유형 기존에 출제되지 않은 신유형 대비 문제

Point 38 비용부담 ★★★

정답 및 해설 p.48

> 💡 Tip
> • 정비사업비의 부담에 관한 기본적인 내용, 징수위탁시 수수료 등에 관한 내용을 정리한다.
> • 공공재개발사업에 관한 기본적인 내용을 정리한다.

☆중요
01 도시 및 주거환경정비법령상 비용부담 등에 관한 설명으로 <u>틀린</u> 것은?

① 정비사업비는 이 법 또는 다른 법령에 특별한 규정이 있는 경우를 제외하고는 사업시행자가 부담한다.

② 정비구역의 국유·공유재산은 정비사업 외의 목적으로 매각되거나 양도될 수 없다.

③ 사업시행자가 공동구를 설치하는 경우에는 다른 법령에 따라 그 공동구에 수용될 시설을 설치할 의무가 있는 자에게 공동구의 설치에 드는 비용을 부담시킬 수 있다.

④ 지방자치단체는 시장·군수 등이 아닌 사업시행자가 시행하는 정비사업에 드는 비용에 대해 융자를 알선할 수는 있으나 직접적으로 보조할 수는 없다.

⑤ 국가 또는 지방자치단체는 토지임대부 분양주택을 공급받는 자에게 해당 공급비용의 전부 또는 일부를 보조 또는 융자할 수 있다.

02 도시 및 주거환경정비법령상 비용부담 및 징수의 원칙에 대한 설명 중 옳은 것은?

① 사업시행자는 토지등소유자로부터 사업비용과 정비사업의 시행과정에서 발생한 수입의 2분의 1을 징수할 수 있다.

② 부과금 및 연체료의 부과·징수에 관한 사항은 해당 시장·군수 등이 정한다.

③ 시장·군수 등은 자신이 시행하는 정비사업으로 현저한 이익을 받는 정비기반시설의 관리자가 있는 경우라도 그 관리자에게 정비사업비의 일부를 부담시킬 수 없다.

④ 시장·군수 등이 아닌 사업시행자는 부과금 또는 연체료를 체납하는 자가 있는 때에는 시장·군수 등에게 그 부과·징수를 위탁할 수 있다.

⑤ 부과·징수를 위탁한 경우 사업시행자는 징수한 금액의 100분의 2에 해당하는 금액을 해당 시장·군수 등에게 교부해야 한다.

03 도시 및 주거환경정비법령상 시장·군수 등이 아닌 사업시행자가 시행하는 정비사업의 정비계획에 따라 설치되는 도시·군계획시설 중 그 건설에 드는 비용을 시장·군수 등이 부담할 수 있는 시설을 모두 고른 것은?

> ㉠ 공공공지
> ㉡ 공동구
> ㉢ 공용주차장
> ㉣ 공원

① ㉠
② ㉡, ㉢
③ ㉢, ㉣
④ ㉠, ㉡, ㉢
⑤ ㉠, ㉡, ㉢, ㉣

04 도시 및 주거환경정비법령상 비용부담 등에 관한 설명으로 <u>틀린</u> 것은?

① 정비구역의 국유·공유재산은 사업시행자 또는 점유자 및 사용자에게 다른 사람에 우선하여 수의계약으로 매각될 수 있다.

② 시장·군수 등은 자신이 시행하는 정비사업으로 현저한 이익을 받는 정비기반시설의 관리자가 있는 경우에는 해당 정비사업비의 2분의 1까지 그 관리자에게 부담시킬 수 있다.

③ 공동구에 수용될 전기·가스·수도의 공급시설과 전기통신시설 등의 관리자가 부담할 공동구의 설치에 드는 비용의 부담비율은 공동구의 점용예정면적비율에 따른다.

④ 공동구는 시장·군수 등이 관리한다.

⑤ 시장·군수 등은 공동구 관리비용의 일부를 그 공동구를 점용하는 자에게 부담시킬 수 있으며, 그 부담비율은 점용면적비율을 고려하여 시장·군수 등이 정한다.

☆중요

05 도시 및 주거환경정비법령상 공공재개발사업 예정구역의 지정 등에 관한 설명으로 <u>틀린</u> 것은?

① 정비구역의 지정권자는 공공재개발사업을 추진하려는 구역을 공공재개발사업 예정구역으로 지정할 수 있다.

② 정비구역의 지정권자는 공공재개발사업 예정구역 지정에 관하여 지방도시계획위원회의 심의를 거치기 전에 미리 관할 시장·군수 등의 의견을 들어야 한다.

③ 지방도시계획위원회는 공공재개발사업 예정구역 지정의 신청이 있는 경우 신청일부터 30일 이내에 심의를 완료해야 한다.

④ 정비구역의 지정권자는 공공재개발사업 예정구역을 지정·고시하기 전에 예정구역 지정의 내용을 14일 이상 주민에게 공람하여 의견을 들어야 한다.

⑤ 정비구역의 지정권자는 공공재개발사업 예정구역이 지정·고시된 날부터 3년이 되는 날까지 공공재개발사업을 위한 정비구역으로 지정되지 아니하면 그 3년이 되는 날의 다음 날에 공공재개발사업 예정구역 지정을 해제해야 한다.

06 도시 및 주거환경정비법령상 공공재개발사업에 관한 설명으로 옳은 내용을 모두 고른 것은?

> ㉠ 정비구역의 지정권자는 기본계획을 수립하거나 변경하지 아니하고 공공재개발사업을 위한 정비계획을 결정하여 정비구역을 지정할 수 있다.
>
> ㉡ 정비구역의 지정권자는 공공재개발사업을 위한 정비구역을 지정·고시한 날부터 1년이 되는 날까지 공공재개발사업 시행자가 지정되지 아니하면 그 1년이 되는 날의 다음 날에 공공재개발사업을 위한 정비구역의 지정을 해제해야 한다.
>
> ㉢ 공공재개발사업을 시행하는 경우 지방도시계획위원회의 심의를 거쳐 법적상한용적률의 100분의 120까지 건축할 수 있다.

① ㉠

② ㉠, ㉡

③ ㉠, ㉢

④ ㉡, ㉢

⑤ ㉠, ㉡, ㉢

07 도시 및 주거환경정비법령상 국토교통부장관, 시·도지사, 시장, 군수 또는 구청장이 청문을 해야 하는 처분사유가 <u>아닌</u> 것은?

① 관리처분계획인가의 취소

② 추진위원회 승인의 취소

③ 사업시행계획인가의 취소

④ 도시·주거환경정비기본계획 승인의 취소

⑤ 정비사업전문관리업의 등록 취소

7개년 출제비중분석

제4편 출제비중
17.5%

7개년 평균
출제비중

장별 출제비중

장 제목	평균	제33회	제32회	제31회	제30회	제29회	제28회	제27회
제1장 총칙	2	1	2	2	3	2	2	2
제2장 건축물의 건축	2.1	2	3	2	3	1	3	1
제3장 대지와 도로	0.4	0	0	1	0	0	0	2
제4장 구조 및 재료	0.6	1	0	0	0	2	0	1
제5장 지역·지구의 건축물	0.4	1	0	1	0	1	0	0
제6장 특별건축구역, 건축협정, 보칙 및 벌칙	1.4	2	2	1	1	1	2	1

*평균: 최근 7개년 동안 출제된 각 장별 평균 문제 수입니다.

제4편

건축법

제1장 총칙

Point 39   용어정의 ★★★★

기본서 p.385~388

적용대상물	+	적용대상행위	⇨	건축허가	⇨	건축기준
건축물 대지 건축설비 공작물		건축 대수선 용도변경		건축신고 건축협의 가설건축물		• 대지 관련: 조경, 공개공지, 접도의무, 건축선 • 건축물 관련: 구조 · 재료, 　크기제한, 높이제한 • 기타: 특별건축구역, 건축협정 · 결합건축 등

Point 40   적용대상물 ★★★★★

기본서 p.389~399

건축물	① 건축물 　㉠ 의의 　　토지에 정착하는 공작물 중 　　ⓐ 지붕과 기둥 또는 벽이 있는 것 　　ⓑ 이에 딸린 시설물 　　ⓒ 지하 또는 고가의 공작물에 설치하는 사무소 · 공연장 · 점포 · 차고 · 창고 　㉡ 적용배제 건축물 　　ⓐ 지정문화재 · 임시지정문화재 　　ⓑ 철도 · 궤도의 선로부지에 있는 시설(운전보안시설, 보행시설, 플랫폼, 급수 · 　　　급탄 · 급유시설) 　　ⓒ 고속도로 통행료 징수시설 　　ⓓ 컨테이너를 이용한 간이창고(공장부지의 이동이 쉬운 것) 　　ⓔ 하천구역 내의 수문조작실 　㉢ 고층건축물: 30층 이상 또는 높이 120m 이상 　　초고층건축물: 50층 이상 또는 높이 200m 이상 　㉣ 다중이용 건축물: 다음의 어느 하나에 해당하는 건축물 　　ⓐ 다음의 용도로 쓰는 바닥면적 합계가 5천㎡ 이상인 건축물: 문화 · 집회시설 　　　(동 · 식물원은 제외), 종교시설, 판매시설, 운수시설, 의료시설, 숙박시설 　　ⓑ 16층 이상인 건축물 　㉤ 특수구조 건축물 　　ⓐ 보 · 차양 등이 외벽 중심선으로부터 3m 이상 돌출 　　ⓑ 기둥과 기둥 사이의 거리가 20m 이상

② 건축물의 용도
　　㉠ 단독주택
　　　ⓐ 단독주택
　　　ⓑ 다중주택(다수인 거주 + 독립주거 × + 3개 층·660m^2 이하)
　　　ⓒ 다가구주택(3개 층 이하 + 660m^2 이하 + 19세대 이하)
　　　ⓓ 공관
　　㉡ 공동주택
　　　ⓐ 아파트(5개 층 이상)
　　　ⓑ 연립주택(4개 층 이하 + 660m^2 초과)
　　　ⓒ 다세대주택(4개 층 이하 + 660m^2 이하)
　　　ⓓ 기숙사
　　㉢ 제1종 근린생활시설
　　　ⓐ 소매점(1천m^2 미만)
　　　ⓑ 휴게음식점(300m^2 미만)
　　　ⓒ 이용원·미용원, 목욕장, 세탁소
　　　ⓓ 의원, 안마원, 산후조리원
　　　ⓔ 지역자치센터(1천m^2 미만)
　　　ⓕ 부동산중개사무소(30m^2 미만)
　　　ⓖ 전기자동차 충전소(1천m^2 미만)
　　㉣ 제2종 근린생활시설
　　　ⓐ 공연장(500m^2 미만)
　　　ⓑ 종교집회장(500m^2 미만)
　　　ⓒ 일반음식점
　　　ⓓ 동물병원·동물미용실
　　　ⓔ 독서실
　　　ⓕ 부동산중개사무소(500m^2 미만)
　　　ⓖ 다중생활시설(500m^2 미만)
　　　ⓗ 단란주점(150m^2 미만)
　　　ⓘ 안마시술소, 노래연습장

대지	각 필지로 나눈 토지(1필지 = 1대지). 다만, ① 둘 이상의 필지를 하나의 대지(합병조건)로 하거나 ② 하나 이상 필지의 일부를 하나의 대지(분할조건)로 할 수 있음
공작물 (분리축조)	① 높이 6m를 넘는 굴뚝, 철탑(운동시설, 통신용) ② 높이 4m를 넘는 광고탑, 장식탑·기념탑·첨탑 ③ 높이 8m를 넘는 고가수조 ④ 높이 2m를 넘는 담장·옹벽 ⑤ 높이 8m 이하의 기계식·철골조립식 주차장 ⑥ 바닥면적 30m^{2}를 넘는 지하대피호 🔍 시장·군수·구청장에게 축조신고

기타	① 리모델링: 건축물의 노후화 억제 또는 기능 향상 + 대수선, 건축물의 일부를 증축 또는 개축하는 행위
	② 지하층: 바닥이 지표면 아래 + 바닥에서 지표면까지의 평균높이가 해당 층 높이의 2분의 1 이상인 것 ⇨ 층수에서 제외, 지하층의 바닥면적은 연면적에 포함하되 용적률을 산정할 때에는 제외

Point 41 적용대상행위 ★★★★★

기본서 p.399~401

건축	건축물을 신축·증축·개축·재축(再築)하거나 이전하는 것	
	신축	① 건축물이 없는 대지에 새로이 건축물을 축조하는 것 ② 부속건축물만 있는 대지에 새로 주된 건축물을 축조하는 것 ③ 기존 건축물이 해체나 멸실된 대지에서 종전 규모를 초과하여 축조하는 것
	증축	기존 건축물이 있는 대지에서 건축물의 면적·층수 또는 높이를 늘리는 것
	개축	기존 건축물의 전부나 일부(내력벽·기둥·보·지붕틀 중 셋 이상 포함)를 해체하고 그 대지에 종전과 같은 규모의 범위에서 다시 축조하는 것
	재축	건축물이 천재지변 등 재해로 멸실된 경우에 그 대지에 종전과 같은 규모의 범위에서 다시 축조하는 것. 다만, 동수, 층수 및 높이의 어느 하나가 종전 규모를 초과하는 경우 건축법령에 모두 적합할 것(연면적 합계는 종전 규모 이하)
	이전	건축물의 주요구조부(내력벽, 기둥, 바닥, 보, 지붕틀 및 주계단)를 해체하지 않고 같은 대지의 다른 위치로 옮기는 것
대수선	구조·외부 형태를 수선·변경 또는 증설하는 것 + 증축·개축 또는 재축에 해당 ✕ ① 내력벽, 외벽의 마감재료: 증설 또는 해체, 각 $30m^2$ 이상 수선 또는 변경 ② 기둥, 보, 지붕틀: 증설 또는 해체, 각 3개 이상 수선 또는 변경 ③ 방화벽, 방화구획을 위한 바닥·벽: 증설 또는 해체, 수선 또는 변경 ④ 주계단·피난계단·특별피난계단: 증설 또는 해체, 수선 또는 변경 ⑤ 다가구주택·다세대주택의 경계벽: 증설 또는 해체, 수선 또는 변경	

(특별자치시장 · 특별자치도지사), 시장 · 군수 · 구청장의 허가 · 신고

			허가
용도변경	① 자동차관련시설군	자동차 관련 시설	↑
	② 산업등시설군	운수시설 · 공장 · 창고시설 · 위험물저장 및 처리시설 · 자원순환 관련 시설 · 묘지 관련 시설 · 장례시설	
	③ 전기통신시설군	방송통신시설 · 발전시설	
	④ 문화집회시설군	문화 및 집회시설 · 종교시설 · 위락시설 · 관광휴게시설	
	⑤ 영업시설군	판매시설 · 운동시설 · 숙박시설 · 다중생활시설(제2종 근린생활시설)	
	⑥ 교육복지시설군	의료시설 · 교육연구시설 · 노유자시설 · 수련시설 · 야영장시설	
	⑦ 근린생활시설군	제1종 근린생활시설 · 제2종 근린생활시설(다중생활시설 ×)	
	⑧ 주거업무시설군	단독주택 · 공동주택 · 업무시설 · 교정시설 · 국방군사시설	
	⑨ 기타시설군	동물 및 식물 관련 시설	신고

←———————— 대장변경신청 ————————→

🔍 준용: 허가 · 신고대상 + 100m² 이상 ⇨ 사용승인
　　　　허가대상 + 500m² 이상 ⇨ 건축사 설계

Point 42 　적용대상 지역 ★★★　　　　　　　　　　　　기본서 p.402~404

🔍 전면적 적용지역

① 도시지역, ② 지구단위계획구역, ③ 동 · 읍의 지역 ⇨ 제한적 적용지역에서 적용배제규정(도로, 건축선, 방화지구, 분할제한)

✿중요 출제가능성이 높은 중요 문제　🔻고득점 고득점 목표를 위한 어려운 문제　📝신유형 기존에 출제되지 않은 신유형 대비 문제

Point 39　용어정의 ★★★★

정답 및 해설 p.49

💡 Tip

주요구조부, 고층건축물과 초고층건축물, 다중이용 건축물의 정의 등을 정확하게 정리하고 암기할 사항은 암기한다.

01 건축법령상 용어에 관한 설명으로 틀린 것은?

① 건축물의 용도란 건축물의 종류를 유사한 구조, 이용목적 및 형태별로 묶어 분류한 것을 말한다.

② 대지는 「공간정보의 구축 및 관리 등에 관한 법률」에 따라 각 필지로 나눈 토지를 말한다.

③ 구조계산서와 시방서(示方書)는 설계도서에 해당한다.

④ 도로란 보행 및 자동차 통행이 가능한 너비 6m 이상의 도로를 말한다.

⑤ 실내건축이란 건축물의 실내를 안전하고 쾌적하며 효율적으로 사용하기 위하여 내부 공간을 칸막이로 구획하거나 벽지, 천장재, 바닥재, 유리 등의 재료를 설치하는 것을 말한다.

✿중요
02 건축법령상 '주요구조부'에 해당하는 것은 모두 몇 개인가?

㉠ 사이 기둥	㉡ 최하층 바닥
㉢ 작은 보	㉣ 지붕틀
㉤ 차양	㉥ 옥외 계단

① 1개　　　　　　　　　② 2개

③ 3개　　　　　　　　　④ 4개

⑤ 없음

03 건축법령상 용어정의로 옳은 것은?

① 건축이란 건축물을 신축·증축·개축·재축·수선하는 것을 말하며, 건축물을 이전하는 것은 건축에 해당하지 않는다.

② 층수가 27층이고 높이가 110m인 건축물은 고층건축물에 해당한다.

③ 지하층이란 건축물의 바닥이 지표면 아래에 있는 층으로서 바닥에서 지표면까지의 평균높이가 해당 층 높이의 3분의 1 이상인 것을 말한다.

④ 기둥과 기둥 사이의 거리가 20m 이상인 건축물은 특수구조 건축물에 해당한다.

⑤ 건축물의 노후화를 억제하기 위하여 일부를 증축 또는 개축하는 행위는 리모델링이나, 건축물의 기능 향상을 위하여 대수선하는 행위는 리모델링이 아니다.

04 건축법령상 다중이용 건축물이 <u>아닌</u> 것은?

① 바닥면적의 합계가 5천m²인 숙박시설 중 관광호텔

② 바닥면적의 합계가 6천m²인 종교시설

③ 바닥면적의 합계가 7천m²인 판매시설

④ 바닥면적의 합계가 8천m²인 동물원

⑤ 층수가 18층인 건축물

05 건축법령에 규정된 용어에 관한 설명으로 옳은 것은?

① 현장 관리인을 두어 스스로 건축설비의 설치 공사를 하는 자는 건축주가 아니다.

② 거실이란 건축물 안에서 거주, 집무, 작업, 집회, 오락 그 밖에 이와 유사한 목적을 위하여 사용되는 방을 말한다.

③ 건축물의 옥상에 설치하는 피뢰침은 공작물에 해당한다.

④ 부속건축물이란 건축물의 내부와 외부를 연결하는 완충공간으로서 전망이나 휴식 등의 목적으로 건축물 외벽에 접하여 부가적(附加的)으로 설치되는 공간을 말한다.

⑤ 공사감리자란 자기의 책임으로 설계도서를 작성하고 그 설계도서에서 의도하는 바를 해설하며, 지도하고 자문에 응하는 자를 말한다.

06 건축법령상 용어에 관한 설명으로 <u>틀린</u> 것은?

① 내력벽을 수선하더라도 수선되는 벽면적의 합계가 $30m^2$ 미만인 경우는 대수선에 포함되지 않는다.

② 지하의 공작물에 설치하는 점포는 건축물에 해당하지 않는다.

③ 결합건축이란 용적률을 개별 대지마다 적용하지 않고, 2개 이상의 대지를 대상으로 통합 적용하여 건축물을 건축하는 것을 말한다.

④ 막다른 도로의 구조와 너비는 막다른 도로가 도로에 해당하는지 여부를 판단하는 기준이 된다.

⑤ 초고층건축물이란 층수가 50층 이상이거나 높이가 200m 이상인 건축물을 말한다.

07 건축법령상 특수구조 건축물의 특례에 관한 설명으로 옳은 것은? (단, 건축법령상 다른 특례 및 조례는 고려하지 않음)

① 한쪽 끝은 고정되고 다른 끝은 지지되지 아니한 구조로 된 차양이 외벽의 중심선으로부터 3m 이상 돌출된 건축물은 특수구조 건축물에 해당한다.

② 기둥과 기둥 사이의 거리가 15m인 건축물은 특수구조 건축물로서 건축물 내진등급의 설정에 관한 규정을 강화하여 적용할 수 있다.

③ 건축 공사현장 안전관리 예치금에 관한 규정을 강화하여 적용할 수 있다.

④ 대지의 조경에 관한 규정을 변경하여 적용할 수 있다.

⑤ 특수구조 건축물을 건축하려는 건축주는 건축허가신청 전에 허가권자에게 해당 건축물의 구조안전에 관하여 지방건축위원회의 심의를 신청하여야 한다.

Point 40 적용대상물 ★★★★★

> **💡 Tip**
>
> 건축법의 적용대상물로서 건축물(의의, 적용배제), 건축물의 용도(단독주택, 공동주택, 제1종 근린생활시설, 제2종 근린생활시설), 대지, 건축설비와 공작물의 개념을 정확하게 비교정리하고 암기할 사항은 암기한다.

☆중요
08 건축법령상 건축물에 대한 설명 중 **틀린** 것은?

① 건축물이란 토지에 정착하는 공작물 중 지붕과 기둥 또는 벽이 있는 것과 이에 딸린 시설물을 말한다.

② 지하의 공작물에 설치되는 사무소나 창고 등은 대지가 없으므로 건축물이 아니다.

③ 「문화재보호법」에 따른 임시지정문화재에는 「건축법」을 적용하지 않는다.

④ 다가구주택은 단독주택에 해당한다.

⑤ 독서실, 동물병원은 제2종 근린생활시설에 해당한다.

☆중요
09 다음 건축물 중 「건축법」의 적용을 받는 것은?

① 대지에 정착된 컨테이너를 이용한 주택

② 철도의 선로부지에 있는 운전보안시설

③ 「문화재보호법」에 따른 지정문화재

④ 고속도로 통행료 징수시설

⑤ 「하천법」에 따른 하천구역 내의 수문조작실

10 다음 중 「건축법」이 적용되지 않는 건축물은 모두 몇 개인가?

> ㉠ 고속철도의 역사
> ㉡ 전통한옥
> ㉢ 고속도로 휴게소
> ㉣ 주거용 건축물의 대지에 설치한 컨테이너를 이용한 간이창고
> ㉤ 지역자치센터
> ㉥ 과적차량 검문소

① 1개   ② 2개
③ 3개   ④ 4개
⑤ 없음

11 건축법령에 규정된 주택에 관한 설명으로 틀린 것은?

① 다중주택은 1개 동의 주택으로 쓰이는 바닥면적의 합계가 $330m^2$ 이하이고 주택으로 쓰는 층수(지하층은 제외한다)가 3개 층 이하이어야 한다.
② 다가구주택은 주택으로 쓰는 층수가 3개 층 이하이며, 1개 동의 주택으로 쓰이는 바닥면적의 합계가 $660m^2$ 이하이고, 19세대 이하가 거주하는 공동주택이 아닌 것이다.
③ 아파트는 주택으로 쓰는 층수가 5개 층 이상인 공동주택이다.
④ 연립주택은 주택으로 쓰는 1개 동의 바닥면적의 합계가 $660m^2$를 초과하고, 4개 층 이하인 공동주택이다.
⑤ 다세대주택은 주택으로 쓰는 1개 동의 바닥면적의 합계가 $660m^2$ 이하이고, 4개 층 이하인 공동주택이다.

12 건축법령상 제1종 근린생활시설에 해당하는 것은? (단, 동일한 건축물 안에서 당해 용도에 쓰이는 바닥면적의 합계는 $1,000m^2$임)

① 영화관   ② 서점
③ 체육도장   ④ 우체국
⑤ 산후조리원

13 건축법령상 용도별 건축물의 종류에 관한 설명으로 옳은 것은?

① 소매점으로 쓰는 바닥면적의 합계가 300m² 미만인 경우 제1종 근린생활시설에 해당한다.

② 의원과 안마시술소는 의료시설에 해당한다.

③ 자동차학원과 무도학원은 교육연구시설에 해당한다.

④ 부동산중개사무소로 쓰는 바닥면적의 합계가 30m² 미만인 것은 제1종 근린생활시설이다.

⑤ 카지노와 유스호스텔은 관광휴게시설에 해당한다.

☆중요
14 건축법령상 건축물의 용도에 대한 설명으로 옳은 것은?

① 휴게음식점으로 쓰는 바닥면적의 합계가 300m²인 것은 제1종 근린생활시설에 해당한다.

② 어린이집, 노인복지시설은 노유자시설에 해당한다.

③ 관람석의 바닥면적의 합계가 1천m² 이상인 경마장은 운동시설에 해당한다.

④ 동물원, 식물원은 동물 및 식물 관련 시설에 해당한다.

⑤ 야외극장, 야외음악당은 문화 및 집회시설에 해당한다.

▲고득점
15 건축법령상 둘 이상의 필지를 하나의 대지로 할 수 있는 경우가 <u>아닌</u> 것은?

① 하나의 건축물을 두 필지 이상에 걸쳐 건축하는 경우 그 건축물이 건축되는 각 필지의 토지를 합한 토지

② 각 필지의 도면 축척이 다른 경우로서 합병이 불가능한 필지의 토지를 합한 토지

③ 서로 인접하고 있는 필지로서 각 필지의 지반이 연속되지 아니한 경우로서 합병이 불가능한 필지의 토지를 합한 토지

④ 토지의 소유자가 서로 다르거나 소유권 이외의 권리관계가 다른 경우로서 합병이 불가능한 필지의 토지를 합한 토지

⑤ 「주택법」에 따른 사업계획승인을 받아 주택과 그 부대시설 및 복리시설을 건축하는 주택단지

16 건축법령상 하나 이상의 필지의 일부를 하나의 대지로 할 수 있는 토지가 <u>아닌</u> 것은?

① 하나 이상의 필지의 일부에 대하여 도시·군계획시설이 결정·고시된 경우

② 하나 이상의 필지의 일부에 대하여 「농지법」에 따른 농지전용허가를 받은 경우

③ 하나 이상의 필지의 일부에 대하여 「국토의 계획 및 이용에 관한 법률」에 따른 개발행위허가를 받은 경우

④ 하나 이상의 필지의 일부에 대하여 「산지관리법」에 따른 산지전용허가를 받은 경우

⑤ 사용승인을 신청할 때 하나의 필지로 합칠 것을 조건으로 건축허가를 하는 경우 그 필지가 합쳐지는 토지

17 「건축법」이 적용되는 공작물이 <u>아닌</u> 것은? (단, 건축물과 분리하여 축조하는 경우임)

① 높이 2m를 넘는 옹벽

② 주거지역·상업지역에서 설치하는 높이 6m를 넘는 통신용 철탑

③ 높이 4m를 넘는 장식탑, 기념탑

④ 높이 8m를 넘는 기계식 주차장으로서 외벽이 없는 것

⑤ 높이 5m를 넘는 태양에너지를 이용하는 발전설비

18 건축법령상 대지를 조성하기 위하여 건축물과 분리하여 공작물을 축조하려는 경우, 특별자치시장·특별자치도지사 또는 시장·군수·구청장에게 신고해야 하는 공작물에 해당하는 것은? (단, 공용건축물에 대한 특례는 고려하지 않음)

① 높이 5m의 굴뚝

② 높이 7m의 고가수조(高架水槽)

③ 높이 3m의 광고탑

④ 높이 3m의 담장

⑤ 바닥면적 20m²의 지하대피호

ϔ Tip

「건축법」의 적용대상행위로서 건축(신축, 증축, 개축, 재축, 이전), 대수선, 용도변경(시설군, 허가·신고, 준용규정)의 개념을 정확하게 비교정리하고 암기할 사항은 암기한다.

19 건축법령상 건축에 관한 설명으로 틀린 것은?

① 건축이란 건축물을 신축·증축·개축·재축(再築)하거나 건축물을 이전하는 것을 말한다.

② 부속건축물이 있는 대지에 새로이 주된 건축물을 축조하는 것은 신축에 해당한다.

③ 증축이란 기존의 건축물이 있는 대지에서 건축물의 건축면적·연면적·층수 또는 높이를 늘리는 것을 말한다.

④ 재축이란 기존 건축물의 전부 또는 일부를 해체하고 종전과 같은 규모의 범위에서 건축물을 다시 축조하는 것을 말한다.

⑤ 이전이란 건축물의 주요구조부를 해체하지 않고 같은 대지에서 다른 위치로 옮기는 것을 말한다.

20 건축법령상 용어에 관한 설명으로 옳은 것은?

① 2개 이상의 대지를 대상으로 용적률을 통합적용하여 건축물을 건축하는 것을 결합건축이라 한다.

② 고층건축물에 해당하려면 건축물의 층수가 30층 이상이고 높이가 120m 이상이어야 한다.

③ 건축물이 천재지변으로 멸실된 경우 그 대지에 종전 규모보다 연면적의 합계를 늘려 건축물을 다시 축조하는 것은 재축에 해당한다.

④ 건축물의 내력벽을 해체하여 같은 대지의 다른 위치로 옮기는 것은 이전에 해당한다.

⑤ 기존 건축물이 있는 대지에서 건축물의 내력벽을 증설하여 건축면적을 늘리는 것은 대수선에 해당한다.

21 건축법령상 건축에 해당하지 <u>않는</u> 것은?

① 건축물이 없던 나대지에 새로 건축물을 축조하는 것
② 기존 3층의 건축물이 있는 대지에서 건축물의 층수를 5층으로 늘리는 것
③ 산사태로 멸실된 건축물을 그 대지에 종전과 같은 규모의 범위에서 다시 축조하는 것
④ 건축물의 주요구조부를 해체하지 않고 같은 대지에서 옆으로 3m 옮기는 것
⑤ 건축물의 피난계단을 증설하는 것

22 건축법령에 규정된 대수선에 해당하지 <u>않는</u> 것은? (단, 증축·개축 또는 재축에 해당하지 않음을 전제로 함)

① 내력벽의 벽면적을 30m² 이상 수선 또는 변경하는 것
② 기둥을 증설 또는 해체하거나 세 개 이상 수선 또는 변경하는 것
③ 다가구주택의 가구간 또는 다세대주택의 세대간 경계벽을 증설 또는 해체하는 것
④ 주계단·피난계단 또는 특별피난계단을 증설 또는 해체하거나 수선 또는 변경하는 것
⑤ 건축물의 실내에 사용하는 마감재료를 증설 또는 해체하는 것

23 건축법령상 시설군과 그에 속하는 건축물의 용도를 옳게 연결한 것은?

① 자동차 관련 시설군 – 운수시설
② 산업 등 시설군 – 창고시설
③ 전기통신시설군 – 위험물저장 및 처리시설
④ 주거업무시설군 – 노유자시설
⑤ 그 밖의 시설군 – 장례시설

24 건축법령상 용도변경에 관한 건축물의 용도별 시설군이다. (   ) 안에 들어갈 내용으로 알맞은 것은?

산업 등 시설군	(㉠), 공장, 창고시설, 위험물저장 및 처리시설, 자원순환 관련 시설, 묘지 관련 시설, 장례시설
문화집회시설군	문화 및 집회시설, 종교시설, (㉡), 관광휴게시설
영업시설군	판매시설, 운동시설, (㉢), 다중생활시설(제2종 근린생활시설)
교육 및 복지시설군	의료시설, (㉣), 노유자시설, 수련시설, 야영장시설

① ㉠: 운수시설,   ㉡: 위락시설,   ㉢: 교육연구시설,   ㉣: 숙박시설
② ㉠: 운수시설,   ㉡: 위락시설,   ㉢: 숙박시설,   ㉣: 교육연구시설
③ ㉠: 위락시설,   ㉡: 운수시설,   ㉢: 숙박시설,   ㉣: 교육연구시설
④ ㉠: 위락시설,   ㉡: 숙박시설,   ㉢: 운수시설,   ㉣: 교육연구시설
⑤ ㉠: 위락시설,   ㉡: 교육연구시설,   ㉢: 숙박시설,   ㉣: 운수시설

☆중요
25 건축법령상 건축물의 용도변경에 관한 설명으로 옳은 것은?

① 단독주택을 다중주택으로 변경하는 경우에는 건축물대장 기재내용의 변경을 신청하지 않아도 된다.
② 특별시나 광역시에 위치하는 건축물인 경우에는 특별시장이나 광역시장의 허가를 받거나 신고해야 한다.
③ 같은 시설군 안에서 건축물의 용도를 변경하려는 경우에는 신고를 해야 한다.
④ 용도변경하려는 부분의 바닥면적의 합계가 100m² 이상인 경우라도 신고대상인 용도변경을 하는 경우에는 사용승인을 받을 필요가 없다.
⑤ 용도변경하려는 부분의 바닥면적의 합계가 500m² 이상인 경우에는 모두 건축사가 설계해야 한다.

26 건축법령상 사용승인을 받은 건축물의 용도를 변경하려는 경우에 특별자치시장·특별자치도지사 또는 시장·군수·구청장의 허가를 받아야 하는 경우는?

① 운동시설을 업무시설로 용도변경하는 경우
② 공동주택을 제1종 근린생활시설로 용도변경하는 경우
③ 문화 및 집회시설을 판매시설로 용도변경하는 경우
④ 종교시설을 수련시설로 용도변경하는 경우
⑤ 교육연구시설을 교정 및 군사시설로 용도변경하는 경우

☆중요
27 건축법령상 건축물의 용도변경으로서 허가대상인 것을 모두 고른 것은?

	용도변경 전	용도변경 후
㉠	숙박시설	위락시설
㉡	문화 및 집회시설	교육연구시설
㉢	판매시설	관광휴게시설
㉣	의료시설	장례시설
㉤	운동시설	수련시설

① ㉠, ㉡, ㉤   ② ㉠, ㉢, ㉣
③ ㉡, ㉢, ㉣   ④ ㉡, ㉣, ㉤
⑤ ㉢, ㉣, ㉤

✎신유형
28 甲은 A도 B시에서 의료시설로 사용승인을 받은 바닥면적의 합계가 3천m²인 건축물의 용도를 변경하려고 한다. 건축법령상 이에 관한 설명으로 틀린 것은?

① 서점으로 용도를 변경하려는 경우에는 용도변경신고를 해야 한다.
② 문화 및 집회시설로 용도를 변경하려는 경우에는 용도변경허가를 받아야 한다.
③ 甲이 바닥면적의 합계 1천m²의 부분에 대해서만 업무시설로 용도를 변경하는 경우에는 사용승인을 받지 않아도 된다.
④ A도지사는 도시·군계획에 특히 필요하다고 인정하면 B시장의 용도변경허가를 제한할 수 있다.
⑤ B시장은 甲이 종교시설과 운동시설의 복수용도로 용도변경 신청을 한 경우 지방건축위원회의 심의를 거쳐 이를 허용할 수 있다.

> 💡 **Tip**
>
> 전면적 적용대상 지역과 제한적 적용대상 지역을 구분하고 제한적 적용대상 지역에서 적용하지 않는 규정을 정리한다.

29 「국토의 계획 및 이용에 관한 법률」에 따른 도시지역 및 지구단위계획구역 외의 지역으로서 동이나 읍이 아닌 지역에서는 「건축법」의 일부 규정을 적용하지 않는다. 이에 해당하는 규정이 <u>아닌</u> 것은?

① 대지와 도로의 관계
② 건축선의 지정
③ 방화지구 안의 건축물
④ 건축물의 높이제한
⑤ 대지의 분할제한

☆중요
30 「건축법」은 그 적용이 배제되거나 완화되는 경우가 있다. 그 내용 중 **틀린** 것은?

① 철도의 선로부지에 있는 플랫폼을 건축하는 경우에는 「건축법」상 건폐율 규정이 적용되지 않는다.
② 고속도로 통행료 징수시설을 건축하는 경우에는 「건축법」상 대지의 분할제한 규정이 적용되지 않는다.
③ 지구단위계획구역이 아닌 계획관리지역으로서 동이나 읍이 아닌 지역에서는 「건축법」상 건폐율, 용적률 규정이 적용되지 않는다.
④ 지구단위계획구역이 아닌 계획관리지역으로서 동이나 읍이 아닌 지역에서는 「건축법」상 대지의 분할제한, 건축선의 지정에 관한 규정이 적용되지 않는다.
⑤ 건축주·설계자 등 건축관계자는 「건축법」의 적용이 매우 불합리하다고 인정되는 대지 또는 건축물로서 대통령령으로 정하는 것에 대하여는 완화적용을 요청할 수 있다.

31 건축법령상 지방건축위원회의 심의사항이 <u>아닌</u> 것은?

① 건축선의 지정에 관한 사항

② 경관지구 안의 건축물로서 건축조례로 정하는 용도 및 규모에 해당하는 건축물의 건축 또는 대수선에 관한 사항

③ 표준설계도서의 인정에 관한 사항

④ 16층 이상의 다중이용 건축물의 건축에 관한 사항

⑤ 문화 및 집회시설, 종교시설, 판매시설, 운수시설 중 여객자동차터미널, 종합병원 등의 건축물로서 바닥면적의 합계가 5천m² 이상인 다중이용 건축물의 건축에 관한 사항

제2장 건축물의 건축

Point 43 건축허가 ★★★★★

기본서 p.409~422

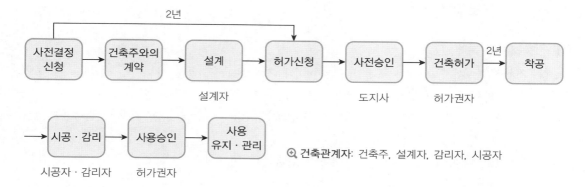

(1) **사전결정의 신청**: 허가대상 건축물을 건축하려는 자 ⇨ 허가권자

① 의제: ㉠ 개발행위허가, ㉡ 산지전용허가(보전산지는 도시지역만), ㉢ 농지전용허가, ㉣ 하천점용허가

② 실효: 사전결정의 통지를 받은 날부터 2년 이내에 건축허가신청 ×

(2) **건축허가**

① 허가대상 · 허가권자: 건축물의 건축 또는 대수선

㉠ 원칙: (특별자치시장 · 특별자치도지사), 시장 · 군수 · 구청장의 허가

㉡ 예외: 특별시장 · 광역시장의 허가 − 21층 이상 또는 연면적 10만m² 이상(공장 · 창고는 제외)

② 사전승인: 시장 · 군수 ⇨ 도지사의 승인

㉠ 21층 이상 또는 연면적 10만m² 이상(공장 · 창고는 제외)

㉡ **자연환경 · 수질보호**: 3층 이상 또는 연면적 1천m² 이상 + 위락시설, 숙박시설, 공동주택, 일반음식점, 일반업무시설

㉢ **주거환경 · 교육환경 보호**: 위락시설, 숙박시설

③ 허가의 거부: 위락시설 · 숙박시설이 주변환경에 부적합 ⇨ 건축위 심의

④ 허가의 취소(필수적): 2년 이내 착수 ×(1년 연장 가능), 공사완료 불가능

⑤ 건축허가 전 안전영향평가: 초고층건축물 또는 16층 이상 + 10만m² 이상인 건축물

⑥ 대지소유권 확보의 예외: 대지사용권 확보(분양목적의 공동주택 ×), 공유자 80% 이상의 동의 ⇨ 건축허가시 부동의한 공유자의 지분에 대하여 매도청구 가능(시가, 사전 3개월 이상 협의)

⑦ 허가의 제한: 2년 이내 + 1회 1년 연장 가능, 주민의견청취 후 건축위 심의 ⇨ 허가권자
에게 통보

    ㉠ **국토부장관:** 국토관리, 주무부장관(국방, 문화재, 환경, 국민경제)이 요청 ⇨ 허가권자

    ㉡ **특별시장·광역시장·도지사:** 지역계획, 도시·군계획 ⇨ 시장·군수·구청장

Point 44   **건축절차** ★★★

기본서 p.424~432

(1) 건축허가의 특례

① **건축신고:** 시장·군수·구청장 − 1년 이내 착수 × (1년 연장 가능) ⇨ 실효

    ㉠ 바닥면적 합계 $85m^2$ 이내의 증축·개축·재축

    ㉡ 관리·농림·자연환경보전지역 + 연면적 $200m^2$ 미만 + 3층 미만인 건축물의 건축
(지구단위계획구역은 제외)

    ㉢ 연면적 $200m^2$ 미만 + 3층 미만인 건축물의 대수선

    ㉣ 주요구조부의 해체가 없는 대수선

      • 내력벽 $30m^2$ 이상 수선

      • 기둥, 보, 지붕틀을 각 3개 이상 수선

    ㉤ 기타: 연면적 $100m^2$ 이하인 건축물의 신축, 높이 3m 이하의 증축

② **가설건축물:** 시장·군수·구청장

    ㉠ 건축허가: 도시·군계획시설부지 − 4층 이상 ×, 철근콘크리트조 ×, 존치기간 3년 이내,
전기·가스·수도 등 설치 ×, 분양목적 ×

    ㉡ 축조신고: 허가대상 이외 재해복구·흥행·전람회·공사용 가설건축물 − 존치기간
3년 이내

(2) 안전관리 예치금: 연면적 1천m^2 이상인 건축물 − 건축공사비 1%의 범위

(3) 사용승인: 허가권자 − 허가·신고대상 건축물, 허가대상 가설건축물

① **기간:** 국토부령이 정하는 기간(7일) 이내에 현장검사 실시 ⇨ 합격시 사용승인서 교부 ⇨
건축물 사용 가능, 준공검사 등 의제

② **임시사용승인:** 2년 이내 + 대형건축물·암반공사 등은 연장 가능

제2장 단원별 출제예상문제

☆중요 출제가능성이 높은 중요 문제 ↘고득점 고득점 목표를 위한 어려운 문제 🖐신유형 기존에 출제되지 않은 신유형 대비 문제

Point 43 건축허가 ★★★★★

정답 및 해설 p.52~54

💡 **Tip**

• 건축허가는 매년 출제되는 부분으로 「건축법」의 핵심이다. 건축허가권자와 도지사의 사전승인대상을 구분하고, 건축허가의 거부, 취소, 제한 및 대지의 소유권 확보, 사전결정의 신청에 관한 내용을 정확하게 정리한다.

• 건축신고대상과 가설건축물(허가 및 신고), 공용건축물을 정확하게 비교해서 정리한다.

☆중요

01 건축법령상 건축 관련 입지와 규모의 사전결정에 관한 설명으로 **틀린** 것은?

① 바닥면적이 각 80m²인 3층의 건축물을 건축하려는 자는 건축허가를 신청하기 전에 허가권자에게 해당 대지에 건축 가능한 건축물의 규모에 대한 사전결정을 신청할 수 있다.

② 사전결정신청자는 건축위원회 심의와 「도시교통정비 촉진법」에 따른 교통영향평가서의 검토를 동시에 신청할 수 있다.

③ 허가권자는 사전결정을 한 후 사전결정서를 사전결정일부터 7일 이내에 사전결정을 신청한 자에게 송부해야 한다.

④ 사전결정을 통지받은 경우에는 도시지역 외의 지역에서 「산지관리법」에 따른 보전산지에 대한 산지전용허가를 받은 것으로 본다.

⑤ 사전결정신청자는 사전결정을 통지받은 날부터 2년 이내에 건축허가를 신청해야 한다.

02 건축법령상 건축허가의 사전결정에 관한 설명으로 <u>틀린</u> 것은?

① 사전결정신청 사항에는 건축허가를 받기 위하여 신청자가 고려해야 할 사항이 포함될 수 있다.

② 허가권자는 사전결정이 신청된 건축물의 대지면적이 「환경영향평가법」에 따른 소규모 환경영향평가대상 사업인 경우 환경부장관이나 지방환경관서의 장과 소규모 환경영향 평가에 관한 협의를 해야 한다.

③ 사전결정을 통지받은 경우에는 「국토의 계획 및 이용에 관한 법률」에 따른 개발행위허 가를 받은 것으로 본다.

④ 사전결정의 통지로써 개발행위허가가 의제되는 경우 허가권자는 사전결정을 하기에 앞서 관계 행정기관의 장과 협의해야 한다.

⑤ 사전결정신청자는 사전결정을 통지받은 날부터 2년 이내에 착공신고를 해야 하며, 이 기간에 착공신고를 하지 않으면 사전결정의 효력이 상실된다.

중요
03 건축법령상 건축허가권자로부터 건축 관련 입지와 규모의 사전결정 통지를 받은 경우 허가를 받은 것으로 보는 것이 <u>아닌</u> 것은?

① 「국토의 계획 및 이용에 관한 법률」에 따른 개발행위허가

② 「산지관리법」에 따른 산지전용허가(보전산지가 아님)

③ 「농지법」에 따른 농지전용허가

④ 「하천법」에 따른 하천점용허가

⑤ 「도로법」에 따른 도로점용허가

중요
04 건축법령상 건축허가 등에 관한 설명으로 <u>틀린</u> 것은?

① 건축물을 건축하거나 대수선하려는 자는 원칙적으로 특별자치시장·특별자치도지사 또는 시장·군수·구청장의 허가를 받아야 한다.

② 50층의 공동주택을 특별시에 건축하려면 특별시장의 허가를 받아야 한다.

③ 건축허가를 받은 자가 허가를 받은 날부터 3년 이내에 공사에 착수하지 않는 경우 건축 허가를 취소할 수 있다.

④ ③의 경우 정당한 사유가 있다고 인정되면 1년의 범위에서 공사의 착수기간을 연장할 수 있다.

⑤ 건축허가를 하기 전에 실시하는 건축물 안전영향평가는 연면적이 10만m^2 이상이고 16층 이상인 건축물이어야 한다.

05 건축법령상 시장·군수가 건축허가를 하려면 미리 도지사의 승인을 받아야 하는 건축물은?

① 층수가 21층인 공장

② 연면적의 합계가 10만m²인 창고

③ 자연환경을 보호하기 위하여 도지사가 지정·공고한 구역에 건축하는 연면적의 합계가 900m²인 2층의 위락시설

④ 주거환경 등 주변환경을 보호하기 위하여 도지사가 지정·공고한 구역에 건축하는 일반 음식점

⑤ 수질을 보호하기 위하여 도지사가 지정·공고한 구역에 건축하는 3층의 숙박시설

06 건축법령상 안전영향평가에 관한 설명으로 틀린 것은?

① 허가권자는 초고층건축물에 대하여 건축허가를 하기 전에 안전영향평가를 안전영향평가기관에 의뢰하여 실시해야 한다.

② 안전영향평가는 건축물의 구조, 지반 및 풍환경(風環境) 등이 건축물의 구조안전과 인접 대지의 안전에 미치는 영향 등을 평가하는 것이다.

③ 안전영향평가 결과는 건축위원회의 심의를 거쳐 확정한다.

④ 안전영향평가의 대상에는 연면적이 10만m² 이상이거나 21층 이상인 건축물도 포함된다.

⑤ 안전영향평가기관은 해당 건축물에 적용된 설계 기준 및 하중의 적정성 등의 항목을 검토해야 한다.

07 건축법령상 대지의 소유권 확보 및 매도청구에 관한 설명으로 틀린 것은?

① 건축허가를 받으려는 자는 해당 대지의 소유권을 확보해야 한다.

② 분양을 목적으로 하는 공동주택의 건축주가 그 대지를 사용할 수 있는 권원을 확보한 경우 건축허가를 받을 수 있다.

③ 건축주가 건축물을 리모델링하기 위하여 건축물 및 해당 대지의 공유자 수의 100분의 80 이상의 동의를 얻고 동의한 공유자의 지분합계가 전체 지분의 100분의 80 이상인 경우 건축허가를 받을 수 있다.

④ ③에 따라 건축허가를 받은 건축주는 해당 건축물 또는 대지의 공유자 중 동의하지 않은 공유자에게 그 공유지분을 시가(市價)로 매도할 것을 청구할 수 있다.

⑤ 건축주는 매도청구를 하기 전에 매도청구 대상이 되는 공유자와 3개월 이상 협의를 해야 한다.

08 건축법령상 건축허가에 관한 설명으로 옳은 것은?

① 시장·군수는 위락시설인 건축물이 교육환경 등 주변환경을 고려할 때 부적합하다고 인정하면 도지사의 승인을 거쳐 건축허가를 하지 않을 수 있다.

② 국가 또는 지방자치단체가 건축물의 건축 등을 하려는 경우 미리 건축물의 소재지를 관할하는 허가권자에게 통보해야 한다.

③ 건축허가를 받으면 「국토의 계획 및 이용에 관한 법률」에 따른 개발행위허가를 받은 것으로 본다.

④ 도(道)의 관할 구역에 있는 시(市)에서 21층 이상인 건축물을 건축하려면 도지사의 허가를 받아야 한다.

⑤ 건축위원회의 심의를 받은 자가 심의결과를 통지받은 날부터 1년 이내에 건축허가를 신청하지 않으면 심의의 효력이 상실된다.

09 건축법령상 건축허가 및 건축신고 등에 관한 설명으로 틀린 것은?

① 2층 건축물이 증축하려는 부분의 바닥면적의 합계가 80m²인 경우에는 건축신고를 하면 건축허가를 받은 것으로 본다.

② 연면적의 10분의 3을 증축하여 연면적의 합계가 10만m²인 창고를 광역시에 건축하려는 자는 광역시장의 허가를 받아야 한다.

③ 허가권자는 상습침수지역에 건축하려는 건축물의 지하층을 주거용으로 사용하는 것이 부적합하다고 인정되는 경우 건축위원회의 심의를 거쳐 건축허가를 하지 않을 수 있다.

④ 연면적의 합계가 200m²인 건축물의 높이를 2m 증축할 경우 건축신고를 하면 건축허가를 받은 것으로 본다.

⑤ 건축신고를 한 자가 신고일부터 1년 이내에 공사에 착수하지 않으면 그 신고의 효력은 없어진다.

10 건축법령상 특별자치시장·특별자치도지사 또는 시장·군수·구청장에게 건축신고하면 건축허가를 받은 것으로 보는 경우가 아닌 것은?

① 바닥면적의 합계가 100m² 이내의 단층 건축물의 증축

② 연면적이 200m² 미만이고 3층 미만인 건축물의 대수선

③ 소규모 건축물로서 연면적의 합계가 100m² 이하인 건축물의 건축

④ 농업을 경영하기 위하여 읍·면지역에서 연면적 200m² 이하인 창고의 건축

⑤ 주요구조부의 해체 없이 보를 세 개 이상 수선하는 것

11 건축법령상 건축신고대상으로 옳은 내용만을 모두 고른 것은?

> ㉠ 연면적이 200m²고 3층인 건축물의 주계단을 증설하는 것
> ㉡ 내력벽의 면적을 50m² 수선하는 것
> ㉢ 건축물의 방화벽을 수선하는 것
> ㉣ 1층의 바닥면적 80m², 2층의 바닥면적 50m²인 2층 건축물의 신축
> ㉤ 건축물의 높이를 5m 증축하는 건축물

① ㉠, ㉣
② ㉡, ㉢
③ ㉠, ㉡, ㉤
④ ㉢, ㉣, ㉤
⑤ ㉠, ㉡, ㉢, ㉣

12 甲은 A광역시 B구에서 연면적 합계가 2만m²인 허가대상 건축물을 신축하려고 한다. 건축법령상 이에 관한 설명으로 **틀린** 것은? (단, 건축법령상 특례규정은 고려하지 않음)

① 甲은 B구청장에게 건축허가를 받아야 한다.
② 甲이 건축허가를 받은 경우에도 해당 대지를 조성하기 위해 높이 4m의 옹벽을 축조하려면 따로 공작물 축조신고를 해야 한다.
③ 甲이 건축허가를 받은 경우에도 A광역시장은 지역계획에 특히 필요하다고 인정하면 甲의 건축물의 착공을 제한할 수 있다.
④ 건축허가를 받은 후 건축주를 甲에서 乙로 변경하는 경우에는 B구청장에게 신고해야 한다.
⑤ 공사감리자는 필요하다고 인정하면 공사시공자에게 상세시공도면을 작성하도록 요청할 수 있다.

13 A는 연면적의 합계가 98m²인 창고 건축물을 신축하기 위해 건축신고를 했고, 그 신고는 수리되었다. 건축법령상 이에 관한 설명으로 **틀린** 것은?

① A는 건축허가를 받은 것으로 본다.
② A의 창고가 「농지법」에 따른 농지전용허가의 대상인 경우에는 별도로 농지전용허가를 받아야 한다.
③ A가 창고의 신축공사에 착수하려면 허가권자에게 공사계획을 신고해야 한다.
④ A가 건축에 착수한 이후 건축주를 B로 변경하는 경우 신고를 해야 한다.
⑤ A가 창고의 신축을 완료하여 창고를 사용하려면 사용승인을 신청해야 한다.

14 건축법령상 건축허가의 제한에 관한 설명으로 옳은 것은?

① 시·도지사가 건축허가를 제한하는 경우에는 「토지이용규제 기본법」에 따라 주민의견을 청취하거나 건축위원회의 심의를 거쳐야 한다.

② 지역계획을 위하여 특히 필요한 경우 도지사는 특별자치시장의 건축허가를 제한할 수 있다.

③ 문화재보존·환경보전 또는 국민경제를 위하여 특히 필요한 경우 주무부장관은 허가권자의 건축허가를 제한할 수 있다.

④ 건축허가나 착공을 제한하는 경우 제한기간은 2년 이내로 하되, 1회에 한하여 1년 이내의 범위에서 제한기간을 연장할 수 있다.

⑤ 특별시장·광역시장·도지사가 건축허가를 제한하려면 미리 국토교통부장관의 승인을 받아야 한다.

15 건축법령상 건축허가의 제한에 관한 설명으로 틀린 것은?

① 국토교통부장관은 국방부장관이 국방상 특히 필요하다고 인정하여 요청하면 허가권자의 건축허가를 제한할 수 있다.

② 특별시장은 도시·군계획에 특히 필요하다고 인정하면 관할 구청장의 건축허가를 제한할 수 있다.

③ 건축허가나 착공을 제한하는 경우 제한기간은 1년 이내로 하되, 1회에 한하여 2년 이내의 범위에서 제한기간을 연장할 수 있다.

④ 도지사가 허가받은 건축물의 착공을 제한한 경우 국토교통부장관은 그 제한 내용이 지나치다고 인정하면 해제를 명할 수 있다.

⑤ 국토교통부장관은 건축허가를 제한하는 경우 그 목적·기간 및 대상을 정하여 허가권자에게 통보해야 하며, 통보를 받은 허가권자는 지체 없이 이를 공고해야 한다.

16 건축법령상 건축물의 건축허가를 받으면 허가를 받거나 신고를 한 것으로 본다. 이러한 의제사항에 해당하지 <u>않는</u> 것은?

① 「도로법」에 따른 도로의 점용허가
② 「농지법」에 따른 농지전용허가
③ 「폐기물처리법」에 따른 폐기물처리업허가
④ 「대기환경보전법」에 따른 대기오염물질 배출시설 설치의 신고
⑤ 「국토의 계획 및 이용에 관한 법률」에 따른 개발행위허가

☆ 중요

17 건축법령상 도시·군계획시설 예정지에서 건축하는 가설건축물에 관한 설명으로 <u>틀린</u> 것은? (단, 조례는 고려하지 않음)

① 층수는 3층 이상이 아니어야 한다.
② 철근콘크리트조 또는 철골철근콘크리트조가 아니어야 한다.
③ 전기·수도·가스 등 새로운 간선공급설비의 설치를 필요로 하는 것이 아니어야 한다.
④ 존치기간은 3년 이내이어야 하고, 도시·군계획사업이 시행될 때까지 그 기간을 연장할 수 있다.
⑤ 공동주택, 판매시설 등으로서 분양을 목적으로 하는 것이 아니어야 한다.

↖ 고득점

18 건축법령상 가설건축물 축조신고의 대상이 <u>아닌</u> 것은? (단, 조례와 공용건축물에 대한 특례는 고려하지 않음)

① 공사에 필요한 규모의 공사용 가설건축물 및 공작물
② 전시를 위한 견본주택
③ 조립식 구조로 된 주거용으로 쓰는 가설건축물로서 연면적이 $10m^2$인 것
④ 야외흡연실 용도로 쓰는 가설건축물로서 연면적이 $50m^2$인 것
⑤ 도시지역 중 주거지역에 설치하는 농업용 비닐하우스로서 연면적이 $100m^2$인 것

19 건축법령상 가설건축물에 관한 설명으로 <u>틀린</u> 것은?

① 도시 · 군계획시설에서 가설건축물을 건축하려는 자는 특별자치시장 · 특별자치도지사 또는 시장 · 군수 · 구청장에게 허가를 받아야 한다.

② 허가대상 외에 재해복구 · 흥행 · 전람회 · 공사용 가설건축물을 축조하려는 자는 특별 자치시장 · 특별자치도지사 또는 시장 · 군수 · 구청장에게 신고한 후 착공해야 한다.

③ 신고해야 하는 가설건축물의 존치기간은 2년 이내로 한다.

④ 시장 · 군수 · 구청장은 존치기간 만료일 30일 전까지 가설건축물의 건축주에게 존치기 간 연장 가능 여부를 알려야 한다.

⑤ 신고대상 가설건축물의 존치기간을 연장하려는 경우 존치기간 만료일 7일 전까지 신고 를 해야 한다.

20 건축법령상 전시를 위한 견본주택인 가설건축물을 신고하고 축조하는 경우에 관한 설명으로 옳은 것을 모두 고른 것은? (단, 건축법령상 특례규정은 고려하지 않음)

> ㉠ 「건축법」 제44조의 대지와 도로의 관계에 관한 규정은 적용된다.
> ㉡ 견본주택의 존치기간은 해당 주택의 분양완료일까지이다.
> ㉢ 견본주택이 2층 이상인 경우 공사감리자를 지정해야 한다.

① ㉠

② ㉢

③ ㉠, ㉡

④ ㉡, ㉢

⑤ ㉠, ㉡, ㉢

☆중요
21 건축법령상 건축 공사현장 안전관리 예치금에 관한 조문의 내용이다. (   )에 들어갈 내용을 바르게 나열한 것은? (단, 적용제외는 고려하지 않음)

> 허가권자는 연면적이 (㉠)m² 이상인 건축물로서 해당 지방자치단체의 조례로 정하는 건축물에 대하여는 착공신고를 하는 건축주에게 장기간 건축물의 공사현장이 방치되는 것에 대비하여 미리 미관개선과 안전관리에 필요한 비용을 건축공사비의 (㉡)%의 범위에서 예치하게 할 수 있다.

① ㉠: 1천, ㉡: 1
② ㉠: 1천, ㉡: 3
③ ㉠: 1천, ㉡: 5
④ ㉠: 3천, ㉡: 3
⑤ ㉠: 3천, ㉡: 5

22 건축법령상 건축절차에 관한 설명으로 틀린 것은?

① 건축허가를 받아야 하거나 건축신고를 해야 하는 건축물 또는 「주택법」에 따른 리모델링을 하는 건축물의 설계는 원칙적으로 건축사가 아니면 할 수 없다.
② 바닥면적의 합계가 85m² 미만의 증축·개축 또는 재축을 위한 설계는 건축사가 아니어도 할 수 있다.
③ 건축허가를 받은 건축물의 공사에 착수하려는 건축주는 허가권자에게 공사계획을 신고해야 한다.
④ 허가권자는 건축허가를 한 때에는 건축사 등을 공사감리자로 지정하여 공사감리를 하게 해야 한다.
⑤ 공사감리자는 공사의 공정(工程)이 대통령령으로 정하는 진도에 다다른 경우에는 감리중간보고서를, 공사를 완료한 경우에는 감리완료보고서를 각각 작성하여 건축주에게 제출해야 한다.

23 건축법령상 건축 공사현장 안전관리에 관한 설명으로 **틀린** 것은?

① 건축허가를 받은 자는 건축물의 건축공사를 중단하고 장기간 공사현장을 방치할 경우에는 안전관리조치 등을 할 의무가 있다.

② 허가권자는 연면적이 1천m² 이상으로 조례가 정하는 건축물에 대하여는 착공신고를 하는 건축주에게 안전관리 예치금을 예치하게 할 수 있다.

③ 예치금은 대통령령으로 정하는 보증서로 대신할 수 있다.

④ 허가권자는 안전에 위해하다고 판단되는 경우 안전관리를 위한 개선명령을 할 수 있다.

⑤ 예치금은 반환해야 하므로 이를 사용하여 대집행을 할 수 없다.

☆중요
24 건축법령상 건축물의 사용승인에 관한 설명으로 옳은 것은?

① 건축주가 공사감리자를 지정한 경우에는 공사감리자가 사용승인을 신청해야 한다.

② 도시·군계획시설에서 건축허가를 받은 가설건축물의 경우에는 따로 사용승인을 받지 않고 사용할 수 있다.

③ 사용승인서의 교부 전에 공사가 완료된 부분이 건폐율, 용적률 등의 법정 기준에 적합한 경우 허가권자는 직권으로 임시사용을 승인할 수 있으며, 그 기간은 1년 이내로 해야 한다.

④ 허가권자의 사용승인을 받은 경우에는 「전기안전관리법」에 따른 전기설비의 사용 전 검사를 받은 것으로 본다.

⑤ 허가권자인 구청장이 건축물의 사용승인을 하려면 관할 특별시장 또는 광역시장의 동의를 받아야 한다.

25 건축주 甲은 A도 B시에서 연면적이 100m²이고 2층인 건축물을 대수선하기 위해 건축신고를 하려고 한다. 건축법령상 이에 관한 설명으로 옳은 것은? (단, 건축법령상 특례 및 조례는 고려하지 않음)

① 甲이 대수선을 하기 전에 B시장에게 건축신고를 하면 건축허가를 받은 것으로 본다.

② 건축신고를 한 甲이 공사시공자를 변경하려면 B시장에게 허가를 받아야 한다.

③ B시장은 건축신고의 수리 전에 건축물 안전영향평가를 실시하여야 한다.

④ 건축신고를 한 甲이 신고일로부터 6개월 이내 공사에 착수하지 아니하면 그 신고의 효력은 없어진다.

⑤ 건축신고를 한 甲은 건축물의 공사가 끝난 후 사용승인신청 없이 건축물을 사용할 수 있다.

26 건축법령상 특별자치시장·특별자치도지사 또는 시장·군수·구청장이 건축물대장을 작성하여야 하는 경우를 모두 고른 것은? (단, 가설건축물은 제외함)

> ㉠ 허가권자가 건축물의 사용승인서를 내준 경우
> ㉡ 건축허가 또는 건축신고대상 건축물 외의 건축물의 공사가 끝난 후 기재요청이 있는 경우
> ㉢「집합건물의 소유 및 관리에 관한 법률」에 따른 건축물대장의 신규등록 신청이 있는 경우

① ㉠

② ㉡

③ ㉠, ㉢

④ ㉡, ㉢

⑤ ㉠, ㉡, ㉢

27 건축법령상 시장·군수·구청장이 건축물대장의 기재내용이 변경되는 경우 관할 등기소에 등기를 촉탁해야 하는 사유가 <u>아닌</u> 것은?

① 지번이나 행정구역의 명칭이 변경된 경우

② 건축물대장을 신규등록한 경우

③ 사용승인을 받은 건축물로서 사용승인 내용 중 건축물의 면적·구조·용도 및 층수가 변경된 경우

④「건축물관리법」에 따라 건축물을 해체한 경우

⑤「건축물관리법」에 따른 건축물의 멸실 후 멸실신고를 한 경우

Point 45 대지관련기준 ★★★★★

기본서 p.434~442

대지	① 조경의무: 200m² 이상인 대지 　㉠ 면제 　　ⓐ 녹지지역, 관리 · 농림 · 자연환경보전지역(지구단위계획구역은 제외) 　　ⓑ 공장(대지면적 5천m² 미만, 연면적 1,500m² 미만, 산업단지) 　　ⓒ 연면적 1,500m² 미만인 물류시설(주거 · 상업지역은 제외) 　　ⓓ 축사 　　ⓔ 허가대상 가설건축물 　㉡ 옥상조경: 면적 3분의 2를 조경면적에 산입 가능 ⇨ 대지 조경면적의 100분의 50 초과 × ② 공개공지 설치의무(필로티 구조 ○) 　㉠ 대상: 일반 · 준주거, 상업, 준공업지역 + 문화집회, 종교, 판매(농수산물유통시설 ×), 운수(여객용시설), 업무, 숙박시설로 쓰는 바닥면적 합계 5천m² 이상인 건축물 　㉡ 설치기준: 대지면적 100분의 10 이하 ⇨ 연간 60일 이내로 문화행사 · 판촉활동 가능 　㉢ 완화적용: 용적률과 건축물의 높이제한 1.2배 이하의 범위 ③ 대지분할제한 면적 　㉠ 주거지역 − 60m² 　㉡ 상업 · 공업지역 − 150m² 　㉢ 녹지지역 − 200m² 　㉣ 기타 − 60m² 미만
도로	① 요건: ㉠ 보행과 자동차 통행이 가능 + ㉡ 너비 4m 이상 + ㉢ 도로 · 예정도로 ⇨ 「국토의 계획 및 이용에 관한 법률」 · 「도로법」 등 관계 법령에 따른 신설 · 변경의 고시 or 허가권자가 지정 · 공고 ② 대지와 도로의 관계(접도의무): 대지는 도로(자동차만의 통행 ×)에 2m 이상 접해야 함. 다만, 출입에 지장이 없는 경우 등은 예외 ⇨ 연면적 2천m²(공장은 3천m²) 이상인 건축물의 대지는 너비 6m 이상의 도로에 4m 이상 접해야 함

건축선	① 위치: 대지와 도로의 경계선이 원칙. 다만, 다음의 경우에는 대지 안쪽으로 후퇴 　㉠ 소요너비 미달도로: 중심선으로부터 그 소요너비의 2분의 1의 수평거리만큼 물러난 　　선. 다만, 반대쪽에 하천·철도·경사지 등이 있는 경우에는 하천 등이 있는 쪽의 　　도로경계선에서 소요너비에 해당하는 수평거리의 선 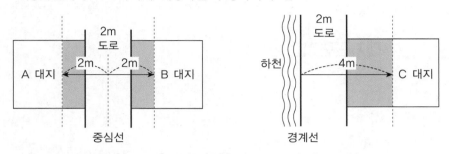 　　　* 건축선과 도로사이의 면적(음영된 부분)은 대지면적산정에서 제외 　㉡ 지정건축선: 시장·군수·구청장이 건축물의 위치 정비 – 도시지역에서 4m 이하 ② 건축제한: 수직면 월선금지(건축물과 담장, 지표 아래는 제외), 개폐시 월선금지(도로 　면에서 높이 4.5m 이하의 출입구, 창문 등)

제3장 단원별 출제예상문제

Point 45　대지관련기준 ★★★★★

정답 및 해설 p.55~57

💡 Tip

- 대지의 안전기준, 조경기준(조경의무 면제대상), 공개공지의 설치 및 대지의 분할제한에 관한 내용을 정확하게 정리하고 암기할 사항은 암기한다.
- 건축법령상 도로의 의의, 지정 및 변경·폐지, 대지와 도로의 관계(접도의무), 건축선에 관한 내용을 정확하게 정리한다.

01 건축법령상 대지의 안전 등을 위한 조치로서 건축법령에 적합하지 않은 것은?

① 대지는 인접하는 도로면보다 낮아서는 안 된다. 다만, 배수에 지장이 없거나 방습이 필요 없는 건축물의 경우에는 인접하는 도로면보다 낮을 수 있다.

② 대지에는 빗물과 오수를 배출하거나 처리하기 위하여 필요한 하수관, 하수구, 저수탱크 등을 설치해야 한다.

③ 쓰레기로 매립된 토지에 건축물을 건축하는 경우 성토, 지반 개량 등 필요한 조치를 해야 한다.

④ 손궤(損潰)의 우려가 있는 토지에 설치하는 옹벽의 높이가 2m 이상인 경우에는 콘크리트구조로 해야 한다.

⑤ 옹벽의 외벽면에는 이의 지지 또는 배수를 위한 시설을 포함한 구조물이 밖으로 튀어나오지 않도록 해야 한다.

02 건축법령상 대지면적이 2천m²인 대지에 건축하는 경우 조경 등의 조치를 하지 않아도 되는 건축물을 모두 고른 것은? (단, 건축법령상 특례규정 및 조례는 고려하지 않음)

> ㉠ 연면적의 합계가 500m²인 축사
> ㉡ 녹지지역에 건축하는 기숙사
> ㉢ 도시 · 군계획시설에서 허가를 받아 건축하는 가설건축물
> ㉣ 2층의 공장
> ㉤ 상업지역에 건축하는 연면적의 합계가 1천m²인 물류시설

① ㉠, ㉡, ㉣　　　　　　　　　　② ㉠, ㉡, ㉤
③ ㉢, ㉣, ㉤　　　　　　　　　　④ ㉠, ㉡, ㉢, ㉣
⑤ ㉡, ㉢, ㉣, ㉤

03 다음은 건축법령상 예외적으로 대지에 조경 등의 조치를 하지 않을 수 있는 건축물에 관한 규정의 일부이다. (　　) 안에 들어갈 숫자를 순서대로 나열한 것은?

> 1. 면적 (　㉠　)m² 미만인 대지에 건축하는 공장
> 2. 연면적의 합계가 (　㉡　)m² 미만인 공장
> 3. 「산업집적활성화 및 공장설립에 관한 법률」에 따른 산업단지의 공장

① ㉠: 3,000, ㉡: 1,000　　　　　② ㉠: 3,000, ㉡: 1,500
③ ㉠: 5,000, ㉡: 1,000　　　　　④ ㉠: 5,000, ㉡: 1,500
⑤ ㉠: 5,000, ㉡: 3,000

04 건축법령상 대지의 조경 및 공개공지 등의 설치에 관한 설명으로 옳은 것은? (단, 「건축법」 제73조에 따른 적용특례 및 조례는 고려하지 않음)

① 면적 100m² 이상인 대지에 건축을 하는 건축주는 조경 등의 조치를 해야 한다.

② 대지의 조경면적이 500m²가 필요한데, 옥상에 600m²의 조경을 하였을 때 옥상부분의 조경면적을 대지의 조경면적으로 산정할 수 있는 면적은 300m²를 초과할 수 없다.

③ 준공업지역의 건축물에 설치하는 공개공지 등의 면적은 대지면적의 100분의 10을 넘어야 한다.

④ 공개공지에서는 연간 60일 이내의 기간 동안 주민들을 위한 문화행사를 열거나 판촉활동을 할 수 있다.

⑤ 공개공지 등을 설치하는 경우 건축물의 건폐율과 건축물의 높이제한을 1.2배 이하에서 완화하여 적용할 수 있다.

05 건축법령상 공개공지 등을 설치해야 하는 건축물에 해당하지 <u>않는</u> 것은? (단, 건축물은 해당 용도로 쓰는 바닥면적의 합계가 5천m² 이상이며, 조례는 고려하지 않음)

① 일반주거지역에 있는 교회

② 준주거지역에 있는 공연장

③ 근린상업지역에 있는 생활숙박시설

④ 일반상업지역에 있는 여객자동차터미널

⑤ 일반공업지역에 있는 격리병원

06 건축법령상 공개공지 등의 확보에 관한 설명으로 <u>틀린</u> 것은?

① 상업지역에서 판매시설 중 농수산물유통시설로 쓰는 바닥면적의 합계가 3천m²인 건축물의 대지에는 공개공지 등을 확보해야 한다.

② 공개공지는 필로티의 구조로 설치할 수 있다.

③ 공개공지 등에는 물건을 쌓아놓거나 출입을 차단하는 시설을 설치해서는 안 된다.

④ 공개공지 등의 면적은 대지면적의 100분의 10 이하의 범위에서 건축조례로 정한다.

⑤ 공개공지 등을 설치하는 경우에는 건축물의 용적률 기준을 완화하여 적용할 수 있다.

☆ 중요

07 건축법령상 건축물이 있는 대지는 일정한 범위에서 조례가 정하는 면적에 못 미치게 분할할 수 없다. 조례의 기준이 되는 용도지역별 대지면적으로 옳은 것은?

① 준주거지역: 180m² 이상

② 중심상업지역: 200m² 이상

③ 준공업지역: 150m² 이상

④ 자연녹지지역: 300m² 이상

⑤ 계획관리지역: 500m² 이상

↖ 고득점

08 건축물의 대지는 일정한 규정에 따른 기준에 못 미치게 분할할 수 없다. 이에 해당하는 「건축법」의 규정이 <u>아닌</u> 것은?

① 공개공지(제43조)

② 대지와 도로의 관계(제44조)

③ 건폐율(제55조)

④ 용적률(제56조)

⑤ 건축물의 높이제한(제60조)

☆ 중요

09 건축법령상의 도로에 관한 설명으로 <u>틀린</u> 것은?

① 도로는 보행과 자동차 통행이 가능한 너비 4m 이상이어야 한다.

② 「국토의 계획 및 이용에 관한 법률」, 「도로법」, 「사도법」 등 관계 법령에 따라 신설·변경에 관한 고시가 있는 도로는 건축법령상의 도로에 해당한다.

③ 건축허가 또는 신고시에 시·도지사 또는 시장·군수·구청장이 도로의 위치를 지정하여 공고한 도로는 건축법령상의 도로에 해당한다.

④ 실제로 개설되어 있지 않은 예정도로도 건축법령상 도로에 해당한다.

⑤ 지형적 조건으로 차량 통행을 위한 도로의 설치가 곤란한 경우에는 도로가 될 수 없다.

✿중요

10 건축법령상의 대지와 도로에 관한 설명으로 옳은 것은?

① 도시지역에서 대지에 접하는 막다른 도로의 길이가 35m인 경우 그 소요너비는 4m 이상이어야 한다.

② 허가권자는 도로의 위치를 지정하거나 지정한 도로를 폐지 또는 변경하려면 그 도로에 대한 이해관계인의 동의를 받아야 한다.

③ 허가권자가 도로를 지정하려는 경우 주민이 오랫동안 통행로로 이용하는 사실상의 통로라도 이해관계인의 동의가 필수적이다.

④ 건축물의 주변에 건축이 가능한 공지가 있다면 건축물의 대지가 도로(자동차만의 통행에 사용되는 도로는 제외)에 2m 이상 접하지 않아도 된다.

⑤ 연면적의 합계가 2천m²인 공장의 대지는 너비 6m 이상의 도로에 4m 이상 접해야 한다.

11 건축법령상 건축선에 관한 설명으로 틀린 것은?

① 도로와 접한 부분에 건축물을 건축할 수 있는 선(건축선)은 대지와 도로의 경계선으로 한다.

② 소요너비에 못 미치는 너비의 도로로서 그 도로의 반대쪽에 경사지·하천·철도 등이 있는 경우에는 그 경사지 등이 있는 쪽의 도로경계선에서 소요너비에 해당하는 수평거리의 선을 건축선으로 한다.

③ 너비 8m 미만인 도로의 모퉁이에 위치한 대지의 건축선은 그 대지에 접한 도로경계선의 교차점으로부터 도로경계선에 따라 일정한 거리를 각각 후퇴한 두 점을 연결한 선으로 한다.

④ ②와 ③의 경우 도로와 건축선 사이의 부분은 대지면적 산정시 이를 포함한다.

⑤ 허가권자는 건축선을 지정하려면 미리 그 내용을 지방자치단체의 공보 등에 30일 이상 공고해야 한다.

★중요

12 용적률 최대한도 200%가 적용되는 지역에서 다음과 같은 A대지에 건축물을 건축할 때 건축법령상 최대 연면적은 얼마인가?

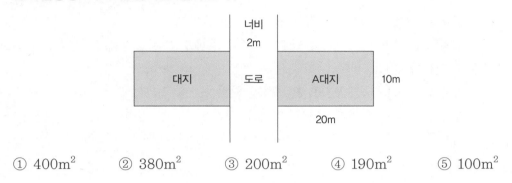

① 400m²   ② 380m²   ③ 200m²   ④ 190m²   ⑤ 100m²

고득점

13 그림과 같이 두 개의 도로가 90°로 교차하는 모퉁이에 위치한 A대지에 건축물을 건축하려는 경우 건축법령상의 대지면적은 얼마로 산정되는가?

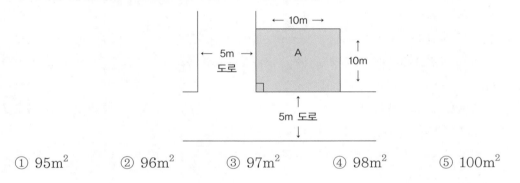

① 95m²   ② 96m²   ③ 97m²   ④ 98m²   ⑤ 100m²

★중요

14 건축법령상 건축선에 대한 설명으로 **틀린** 것은?

① 소요너비에 못 미치는 너비의 도로인 경우에는 그 중심선으로부터 그 소요너비의 2분의 1의 수평거리만큼 물러난 선을 건축선으로 한다.

② 대지의 도로모퉁이 부분의 건축선은 도로의 너비가 8m 이상이거나 교차각이 120° 이상인 경우에는 적용되지 않는다.

③ 도로면으로부터 4.5m 이하의 높이에 있는 출입구나 창문은 열고 닫을 때 건축선의 수직면을 넘지 않는 구조로 해야 한다.

④ 지표 아래의 건축물 부분이라도 건축선의 수직면을 넘어서는 안 된다.

⑤ 시장·군수·구청장은 건축물의 위치를 정비하기 위하여 필요하다고 인정하면 도시지역에서 4m 이하의 범위로 건축선을 따로 정할 수 있다.

15 특별시 ○○구에 위치한 A 소유의 대지에 높이 4m, 연면적 합계가 90m²인 건축물을 신축하려 한다. 건축법령상 건축규제에 위반되는 것은? (단, 조례는 고려하지 않음)

① A는 건축을 위해 ○○구청장에게 건축신고를 하였다.

② A의 대지는 인접한 도로면보다 낮으나, 대지의 배수에 지장이 없고 건축물의 용도상 방습의 필요가 없다.

③ A는 공개공지 또는 공개공간을 확보하지 않았다.

④ A의 대지는 보행과 자동차 통행이 가능한 도로에 3m를 접하고 있다.

⑤ A의 건축물은 창문을 열었을 때 건축선의 수직면을 넘어서는 구조로 되어 있다.

16 건축법령상 건축물의 대지와 도로에 관한 설명으로 옳은 것은? (단, 「건축법」 제3조에 따른 적용제외는 고려하지 않음)

① 건축물의 주변에 허가권자가 인정한 공지가 있는 경우라도 건축물의 대지는 2m 이상 도로에 접해야 한다.

② 도로의 교차각이 90°이며 해당 도로와 교차되는 도로의 너비가 각각 6m라면 도로경계선의 교차점으로부터 도로경계선에 따라 각 3m를 후퇴한 두 점을 연결한 선이 건축선이 된다.

③ 도로면으로부터 높이 4.5m 이하에 있는 출입구, 창문, 그 밖에 이와 유사한 구조물은 열고 닫을 때 건축선의 수직면을 넘는 구조로 할 수 있다.

④ 연면적의 합계가 2천m² 이상인 작물 재배사인 건축물의 대지는 너비 6m 이상의 도로에 4m 이상 접해야 한다.

⑤ 건축물과 담장, 지표 아래의 창고시설은 건축선의 수직면을 넘어서는 안 된다.

제4장 구조·재료 및 건축설비

Point 46 구조·재료 및 건축설비 ★★★

기본서 p.443~452

구조·재료	① 구조안전 확인서류의 제출 　　㉠ 층수가 2층(목구조 건축물은 3층) 이상 　　㉡ 연면적 $200m^2$(목구조 건축물은 $500m^2$) 이상 　　㉢ 높이가 13m 이상 　　㉣ 처마높이가 9m 이상 　　㉤ 기둥과 기둥 사이의 거리가 10m 이상 　　㉥ 단독주택 및 공동주택 ② 방화지구: 건축물의 주요구조부와 외벽·지붕은 내화구조, 지붕 위에 설치하거나 높이 3m 이상인 공작물의 주요부는 불연재료 ③ 피난시설 등 　　㉠ 직통계단: 거실로부터 보행거리 30m 이내 　　㉡ 피난안전구역: 초고층건축물 – 지상층에서 최대 30개 층마다 1개소 이상 　　㉢ 난간: 옥상광장 또는 2층 이상인 층의 노대 등 주위 – 높이 1.2m 이상 　　㉣ 헬리포트: 11층 이상 + 11층 이상인 층의 바닥면적 합계가 1만m^2 이상인 건축물의 옥상 – 평지붕은 헬리포트, 경사지붕은 대피공간
건축설비	① 승용승강기의 설치: 6층 이상 + 연면적 2천m^2 이상인 건축물 ② 비상용승강기의 추가설치: 높이 31m 초과하는 건축물

☆☆중요 출제가능성이 높은 중요 문제 🗡고득점 고득점 목표를 위한 어려운 문제 🔖신유형 기존에 출제되지 않은 신유형 대비 문제

Point 46   구조 · 재료 및 건축설비 ★★★

정답 및 해설 p.57~58

💡 **Tip**
- 구조안전 확인서류의 제출대상, 피난설비, 소음방지 등에 관한 건축기준을 기출지문 위주로 정리한다.
- 지하층의 의의 및 특례, 건축설비 중 승강기의 설치대상 등을 정리하고 암기할 사항은 암기한다.

☆☆중요

01 건축법령상 건축주가 착공신고를 하는 때에 구조안전의 확인서류를 허가권자에게 제출해야 하는 건축물로 **틀린** 것은? (단, 목구조 건축물과 창고, 축사, 작물 재배사 및 표준설계도서에 따라 건축하는 건축물은 제외)

① 층수가 3층 이상인 건축물
② 연면적이 200m² 이상인 건축물
③ 높이가 13m 이상인 건축물
④ 처마높이가 9m 이상인 건축물
⑤ 기둥과 기둥 사이의 거리가 10m 이상인 건축물

🗡고득점

02 건축법령상 구조안전 확인대상 건축물 중 건축주가 착공신고시 구조안전 확인서류를 제출해야 하는 건축물이 **아닌** 것은? (단, 「건축법」상 적용제외 및 특례는 고려하지 않음)

① 단독주택
② 처마높이가 10m인 건축물
③ 기둥과 기둥 사이의 거리가 10m인 건축물
④ 연면적이 330m²인 2층의 목구조 건축물
⑤ 다세대주택

03 건축법령상 직통계단과 피난안전구역의 설치에 관하여 다음의 (　　) 안에 공통으로 들어갈 숫자는?

> • 건축물의 피난층 외의 층에서는 피난층 또는 지상으로 통하는 직통계단(경사로를 포함한다)을 거실 각 부분으로부터 계단(거실로부터 가장 가까운 거리에 있는 1개소의 계단을 말한다)에 이르는 보행거리가 (　　)m 이하가 되도록 설치해야 한다.
> • 초고층건축물에는 피난층 또는 지상으로 통하는 직통계단과 직접 연결되는 피난안전구역을 지상층으로부터 최대 (　　)개 층마다 1개소 이상 설치해야 한다.

① 10 　　　　　　② 20 　　　　　　③ 30
④ 40 　　　　　　⑤ 50

04 건축법령상 건축물의 피난시설에 관한 설명으로 <u>틀린</u> 것은?

① 10층 이상인 건축물로서 10층 이상인 층의 바닥면적의 합계가 1만m² 이상인 건축물의 옥상에는 헬리포트를 설치해야 한다.

② 건축물의 11층 이하의 층에는 소방관이 진입할 수 있는 창을 설치하고, 외부에서 주·야간에 식별할 수 있는 표시를 해야 한다.

③ 옥상광장 또는 2층 이상의 층에 출입이 가능한 노대 등이 있는 경우 그 주위에는 높이 1.2m 이상의 난간을 설치해야 한다.

④ 연면적 1천m² 이상인 공동주택은 옥상으로 통하는 출입문에 비상문자동개폐장치를 설치해야 한다.

⑤ 건축물의 3층 이상인 층으로서 위락시설 중 주점영업의 용도로 쓰는 경우 그 층 거실의 바닥면적의 합계가 300m² 이상인 경우에는 옥외피난계단을 따로 설치해야 한다.

05 건축법령상 소음방지를 위하여 일정한 기준에 따라 경계벽을 설치해야 하는 경우가 <u>아닌</u> 것은? (단, 「건축법」 제73조에 따른 적용특례는 고려하지 않음)

① 의료시설의 병실간
② 숙박시설의 객실간
③ 판매시설 중 상점간
④ 교육연구시설 중 학교의 교실간
⑤ 제2종 근린생활시설 중 다중생활시설의 호실간

06 건축법령상 가구·세대 등 간 소음방지를 위하여 국토교통부령으로 정하는 기준에 따라 층간바닥(화장실의 바닥은 제외)을 설치해야 하는 건축물이 <u>아닌</u> 것은? (단, 특별건축구역의 적용특례는 고려하지 않음)

① 단독주택 중 다중주택
② 공동주택
③ 업무시설 중 오피스텔
④ 숙박시설 중 다중생활시설
⑤ 제2종 근린생활시설 중 다중생활시설

07 건축법령상 건축물의 구조와 재료에 관한 설명으로 옳은 것은? (단, 「건축법」 제3조에 따른 적용제외는 고려하지 않음)

① 방화지구 안에 있더라도 도매시장의 용도로 쓰는 건축물로서 그 주요구조부가 불연재료로 된 건축물은 주요구조부와 지붕·외벽을 내화구조로 하지 않을 수 있다.
② 방화지구 안의 공작물로서 건축물의 지붕 위에 설치하는 간판, 광고탑은 주요부를 난연(難燃)재료로 해야 한다.
③ 인접 대지경계선으로부터 직선거리 3m에 이웃 주택의 내부가 보이는 창문을 설치하려면 차면시설(遮面施設)을 설치해야 한다.
④ 출입이 가능한 옥상광장에 높이 1m의 난간을 설치한 경우 건축법령에 위반되지 않는다.
⑤ 5층 이상인 층이 문화 및 집회시설 중 식물원의 용도로 쓰는 경우에는 피난용도로 쓸 수 있는 광장을 옥상에 설치해야 한다.

08 건축법령상 지하층에 관한 설명으로 틀린 것은?

① 지하층이란 건축물의 바닥이 지표면 아래에 있는 층으로서 바닥에서 지표면까지의 평균높이가 그 층 높이의 2분의 1 이상인 것을 말한다.
② 바닥이 지표면 아래에 있는 층으로서 해당 층의 높이가 4m인 경우 바닥에서 지표면까지의 평균높이가 3m인 것은 지하층에 해당한다.
③ 지하층의 구조 및 설비는 국토교통부령으로 정하는 기준에 적합하게 설치해야 한다.
④ 지하층은 층수에 산입하지 않는다.
⑤ 지하층의 바닥면적은 연면적에서 제외하지만, 용적률의 산정에 있어서는 연면적에 포함한다.

09 건축법령상 국토교통부장관이 정하여 고시하는 건축물, 건축설비 및 대지에 관한 범죄 예방기준에 따라 건축해야 하는 건축물이 <u>아닌</u> 것은? (단, 「건축법」 제73조에 따른 적용 특례는 고려하지 않음)

① 교육연구시설 중 학교
② 제1종 근린생활시설 중 일용품을 판매하는 소매점
③ 제2종 근린생활시설 중 다중생활시설
④ 업무시설 중 오피스텔
⑤ 공동주택 중 기숙사

☆중요
10 건축법령상 승강기에 관한 규정이다. 다음 (   ) 안에 들어갈 내용으로 알맞게 짝지은 것은?

> • 건축주는 (㉠)층 이상으로서 연면적이 (㉡)m² 이상인 건축물(대통령령으로 정하는 건축물은 제외한다)을 건축하려면 승강기를 설치해야 한다.
> • 높이 (㉢)m를 초과하는 건축물에는 대통령령으로 정하는 바에 따라 승강기뿐만 아니라 비상용승강기를 추가로 설치해야 한다.

① ㉠: 5, ㉡: 1천, ㉢: 30   ② ㉠: 5, ㉡: 2천, ㉢: 31
③ ㉠: 6, ㉡: 1천, ㉢: 30   ④ ㉠: 6, ㉡: 2천, ㉢: 31
⑤ ㉠: 7, ㉡: 2천, ㉢: 50

제5장 지역 · 지구의 건축물

Point 47 면적 · 높이 등의 산정방법 ★★★★★

기본서 p.453~458

크기 제한	① 건폐율: 건축면적 / 대지면적 × 100 ② 용적률: 연면적 / 대지면적 × 100 🔍 건폐율 · 용적률의 최대한도는 「국토의 계획 및 이용에 관한 법률」에 따르되, 「건축법」에서 완화 또는 강화적용 가능 
대지 면적	대지의 수평투영면적. 다만, 대지에 건축선(소요너비 미달도로)이나 도시 · 군계획시설 (도로 · 공원 등)이 있는 경우 그 부분은 대지면적에서 제외
건축 면적	건축물의 외벽 또는 외곽기둥의 중심선의 수평투영면적. 다만, 지표면으로부터 1m 이하 의 부분, 지하주차장의 경사로 등은 제외
바닥 면적	건축물의 각 층 또는 그 일부로서 벽, 기둥의 중심선의 수평투영면적 ① 벽 · 기둥의 구획×: 지붕 끝부분으로부터 수평거리 1m를 후퇴한 선 ② 노대(발코니) 등: 노대 등의 면적에서 노대 등이 접한 가장 긴 외벽 길이에 1.5m를 곱한 값을 뺀 면적을 산입 ③ 필로티 구조: 공중의 통행, 차량의 통행, 주차에 전용, 공동주택은 제외 ④ 다락: 층고가 1.5m(경사진 지붕은 1.8m) 이하는 제외 ⑤ 공동주택의 지상층에 설치하는 기계실, 전기실, 놀이터, 조경시설, 생활폐기물 보관시설은 제외
연면적	각 층 바닥면적의 합계. 다만, 용적률 산정시에는 ① 지하층, ② 지상층의 주차용, ③ 초고 층 · 준초고층건축물의 피난안전구역, ④ 경사지붕 아래 대피공간의 면적은 제외
높이	지표면으로부터 건축물의 상단까지의 높이 ① 1층 전체에 필로티가 설치되어 있는 경우: 높이제한을 적용할 때 필로티의 층고는 제외 ② 승강기탑 · 계단탑 · 옥탑 등 건축물의 옥상부분(건축면적 8분의 1 이하)이 12m를 넘는 경우: 넘는 부분만 높이에 산입

| 층수 | ① 승강기탑·계단탑·옥탑 등 건축물의 옥상부분(건축면적 8분의 1 이하)과 지하층은 층수에서 제외
② 층의 구분이 명확하지 않은 건축물: 높이 4m마다 1층으로 산정
③ 건축물의 부분에 따라 층수가 다른 경우: 가장 많은 층수 |

Point 48 건축물의 높이제한 등 ★★★

기본서 p.458~461

(1) 가로구역에서 건축물의 높이제한: 허가권자의 높이 지정 ⇨ 건축위 심의

  🔍 같은 가로구역에서 건축물의 용도 및 형태에 따라 다르게 지정 가능

(2) 일조 등의 확보

① 전용·일반주거지역: 모든 건축물

  ㉠ 원칙: 정북방향 인접 대지경계선으로부터 이격 ⇨ 높이 9m 이하는 1.5m 이상, 높이 9m 초과 부분은 높이의 2분의 1 이상

  ㉡ 예외: 정남방향 – 택지개발지구, 도시개발구역, 정비구역 등

② 공동주택: 중심·일반상업지역은 제외

  ㉠ 채광거리: 공동주택 각 부분의 높이는 채광창이 있는 방향 인접 대지경계선까지 거리의 2배(근린상업, 준주거지역은 4배) 이하

  ㉡ 인동거리: 같은 대지에서 건축물 각 부분 사이의 거리(인동거리)는 채광창이 있는 방향 건축물 높이의 0.5배 이상

③ 적용제외: 2층 이하 + 높이 8m 이하인 건축물

☆중요 출제가능성이 높은 중요 문제 　✎고득점 고득점 목표를 위한 어려운 문제 　✒신유형 기존에 출제되지 않은 신유형 대비 문제

Point 47　면적 · 높이 등의 산정방법 ★★★★★　　　　정답 및 해설 p.58~59

💡 **Tip**
- 「건축법」의 적용기준, 건축물의 크기제한으로서 건폐율과 용적률의 개념을 정확하게 이해하고 정리한다. 또한 용적률 관련 계산문제도 연습한다.
- 면적(건축면적, 바닥면적, 연면적), 높이 및 층수의 산정방법은 매년 출제되는 부분으로 정확하게 비교해서 정리한다.

☆중요
01 건축법령상 지역 및 지구의 건축물에 관한 설명으로 옳은 것은? (단, 조례 및 특별건축구역에 대한 특례는 고려하지 않음)

① 하나의 건축물이 방화벽을 경계로 방화지구와 그 밖의 구역으로 구획되는 경우, 건축물 전부에 대하여 방화지구 안의 건축물에 관한 「건축법」의 규정을 적용한다.

② 대지가 지역 · 지구(녹지지역 및 방화지구는 제외) 또는 구역에 걸치는 경우에는 그 건축물 및 대지의 전부에 대하여 그 대지의 과반이 속하는 지역 · 지구 또는 구역 안의 건축물 및 대지에 관한 「건축법」의 규정을 적용한다.

③ 대지가 녹지지역과 관리지역에 걸치면서 녹지지역 안의 건축물이 취락지구에 걸치는 경우에는 건축물과 대지 전부에 대해 취락지구에 관한 「건축법」의 규정을 적용한다.

④ 시장 · 군수는 도시의 관리를 위하여 필요하면 가로구역별 건축물의 높이를 시 · 군의 조례로 정할 수 있다.

⑤ 상업지역에서 건축물을 건축하는 경우에는 일조의 확보를 위하여 건축물을 인접 대지 경계선으로부터 1.5m 이상 띄어 건축해야 한다.

02 건축법령상 건폐율 및 용적률에 관한 설명으로 옳은 것은?

① 건폐율은 건축면적에 대한 대지면적의 비율이다.

② 지하층의 면적은 용적률을 산정할 때에는 연면적에서 제외한다.

③ 「건축법」의 규정을 통하여 「국토의 계획 및 이용에 관한 법률」에 따른 건폐율의 최대 한도를 강화하여 적용할 수 있으나, 이를 완화하여 적용할 수는 없다.

④ 하나의 대지에 건축물이 둘 이상 있는 경우 용적률의 제한은 건축물별로 각각 적용한다.

⑤ 도시지역에서 건축물이 있는 대지를 분할하는 경우 건폐율 기준에 못 미치게 분할할 수 있다.

03 건축법령상 다음과 같은 조건에서 건축물을 건축하는 경우 용적률은 얼마인가?

- 대지면적: 1,000m^2
- 지하 2층: 주차장으로 쓰는 면적 600m^2
- 지하 1층: 상가로 쓰는 면적 600m^2
- 지상 1층: 주차장으로 쓰는 면적 300m^2, 소매점으로 쓰는 면적 300m^2
- 지상 2층, 3층: 각 층의 업무시설로 쓰는 면적 600m^2

① 100% ② 150%

③ 200% ④ 250%

⑤ 300%

04 건축법령상 대지면적이 200m^{2}인 대지에 건축되어 있고, 각 층의 바닥면적이 동일한 지하 1층 · 지상 3층인 하나의 평지붕 건축물로서 용적률이 150%라고 할 때, 이 건축물의 각 층의 바닥면적은 얼마인가? (단, 제시된 조건 이외의 다른 조건이나 제한은 고려하지 아니함)

① 60m^2 ② 70m^2

③ 80m^2 ④ 100m^2

⑤ 120m^2

05 건축법령상 대지 A의 건축선을 고려한 대지면적은? (단, 도로는 보행과 자동차 통행이 가능한 통과도로로서 법률상 도로이며, 대지 A는 도시지역임)

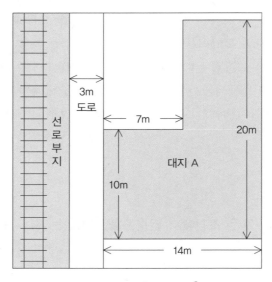

① 170m^2

② 180m^2

③ 200m^2

④ 205m^2

⑤ 210m^2

06 건축법령상 건축면적 산정에 포함되는 것은?

① 건축물 지상층에 일반인이나 차량이 통행할 수 있도록 설치한 보행통로

② 지하주차장의 경사로

③ 지표면으로부터 1m 이하에 있는 부분

④ 생활폐기물 보관시설

⑤ 태양열을 주된 에너지원으로 이용하는 주택

07 건축법령상 바닥면적의 산정방법에 관한 설명으로 **틀린** 것은?

① 벽·기둥의 구획이 없는 건축물은 그 지붕 끝부분으로부터 수평거리 1m를 후퇴한 선으로 둘러싸인 수평투영면적으로 한다.

② 승강기탑은 바닥면적에 산입하지 않는다.

③ 필로티 부분은 공동주택의 경우에는 바닥면적에 산입한다.

④ 건축물의 노대의 바닥은 난간 등의 설치 여부에 관계없이 노대의 면적에서 노대가 접한 가장 긴 외벽에 접한 길이에 1.5m를 곱한 값을 뺀 면적을 바닥면적에 산입한다.

⑤ 건축물을 리모델링하는 경우로서 열의 손실방지를 위하여 외벽에 부가하여 마감재를 설치하는 부분은 바닥면적에 산입하지 않는다.

08 건축법령상 용적률을 산정할 때 연면적에서 제외하는 면적이 **아닌** 것은?

① 지하층의 면적

② 지상층의 주차용(건축물의 부속용도인 경우)으로 쓰는 면적

③ 층고(層高)가 2m인 다락의 면적

④ 층수가 50층 이상인 건축물에 설치하는 피난안전구역의 면적

⑤ 건축물의 경사지붕 아래에 설치하는 대피공간의 면적

09 다음의 그림은 지상 3층과 다락의 구조를 가진 다세대주택인 건축물이다. 2~3층은 주거전용공간이며, 지붕이 경사진 형태인 다락의 높이는 1.7m, 처마길이는 50cm이다. 대지면적이 200m², 용적률 및 건폐율의 한도가 각각 200%, 50%라 할 때 건축법령상 증축 가능한 최대면적은 얼마인가? (단, 그 밖에 건축제한 및 인센티브는 없는 것으로 함)

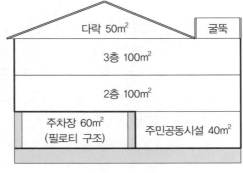

① 90m²　　② 110m²　　③ 140m²　　④ 160m²　　⑤ 200m²

10 건축법령상 건축물의 면적·높이 등의 산정방법으로 **틀린** 것은?

① 대지에 도시·군계획시설인 도로·공원 등이 있는 경우 그 도시·군계획시설에 포함되는 면적은 대지면적 산정에서 제외한다.

② 건축면적은 건축물의 외벽이나 외곽기둥의 중심선으로 둘러싸인 부분의 수평투영면적으로 산정한다.

③ 공동주택으로서 지상층에 설치한 조경시설 및 생활폐기물 보관시설의 면적은 바닥면적에 산입하지 않는다.

④ 지하층에 설치한 기계실, 전기실의 면적은 용적률을 산정할 때 연면적에 산입한다.

⑤ 「건축법」상 건축물의 높이제한 규정을 적용할 때, 건축물의 1층 전체에 필로티가 설치되어 있는 경우 건축물의 높이는 필로티의 층고를 제외하고 산정한다.

11 건축법령에 규정된 건축물 높이 등의 산정방법에 관한 설명으로 **틀린** 것은? (단, 「주택법」에 따른 사업계획승인대상인 공동주택이 아님)

① 건축물의 높이는 지표면으로부터 그 건축물의 상단까지로 한다.

② 층고란 방의 바닥구조체 윗면으로부터 위층 바닥구조체 윗면까지의 높이로 한다.

③ 승강기탑, 계단탑 등 건축물의 옥상부분으로서 그 수평투영면적의 합계가 해당 건축물 건축면적의 8분의 1 이하인 경우에는 층수에 산입하지 않는다.

④ 층의 구분이 명확하지 않은 건축물의 경우에는 건축물의 높이 4m마다 하나의 층으로 산정한다.

⑤ 건축물이 부분에 따라 그 층수가 다른 경우에는 그중 가장 많은 층수와 가장 적은 층수를 평균하여 반올림한 수를 그 건축물의 층수로 본다.

12 지하층이 2개 층이고 지상층은 전체가 층의 구분이 명확하지 아니한 건축물로서, 건축물의 바닥면적은 400m²이며 바닥면적의 200m²에 해당하는 부분은 그 높이가 12m이고 나머지 200m²에 해당하는 부분의 높이는 16m이다. 이러한 건축물의 건축법령상 층수는? (단, 건축물의 높이는 건축법령에 의하여 산정한 것이고, 지표면의 고저차는 없으며, 건축물의 옥상에는 별도의 설치물이 없음)

① 1층 ② 3층 ③ 4층

④ 5층 ⑤ 6층

> 💡 **Tip**
> 건축물의 높이제한, 일조 등의 확보를 위한 높이제한의 개념을 정확하게 이해하고 암기할 사항은 암기한다.

☆중요
13 건축법령상 건축물의 높이제한 등에 관한 설명으로 옳은 것은? (단, 「건축법」 제73조에 따른 적용특례 및 조례는 고려하지 않음)

① 허가권자는 같은 가로구역에서 건축물의 용도 및 형태에 따라 건축물의 높이를 다르게 정해서는 안 된다.

② 가로구역별 건축물의 높이를 지정하는 경우에는 지방건축위원회의 심의를 거치지 않는다.

③ 가로구역을 단위로 하여 건축물의 높이를 지정·공고함에 있어, 건축물의 높이는 지표면으로부터 그 건축물의 상단까지의 높이로 산정한다.

④ 가로구역별로 건축물의 높이를 지정·공고할 때에는 해당 가로구역의 상·하수도 등 간선시설의 수용능력을 고려해야 한다.

⑤ 일반상업지역에 건축하는 공동주택으로서 하나의 대지에 두 동(棟) 이상을 건축하는 경우에는 채광의 확보를 위한 높이제한이 적용된다.

☆중요
14 건축법령에 규정된 일조 등의 확보를 위한 높이제한에 관한 설명으로 **틀린** 것은?

① 전용주거지역과 일반주거지역에서 건축하는 건축물에 대하여는 일조 등의 확보를 위한 높이제한이 적용된다.

② ①의 경우 건축물의 높이 9m 이하인 부분은 정북방향으로의 인접 대지경계선으로부터 건축물 각 부분 높이의 2분의 1 이상을 띄어서 건축해야 한다.

③ 택지개발지구에서는 건축물의 높이를 정남방향의 인접 대지경계선으로부터 거리에 따라 대통령령으로 정하는 높이 이하로 할 수 있다.

④ 하나의 대지에 두 동(棟) 이상을 건축하는 공동주택(일반상업지역과 중심상업지역에 건축하는 것은 제외)은 채광 등의 확보를 위하여 대통령령이 정하는 높이 이하로 해야 한다.

⑤ 2층 이하로서 높이가 8m 이하인 건축물은 지방자치단체의 조례가 정하는 바에 따라 일조 등의 확보를 위한 높이제한을 적용하지 않을 수 있다.

15 건축법령상 공동주택의 높이제한에 관한 설명으로 (   ) 안에 알맞은 것은? (단, 일반상업지역과 중심상업지역에 건축하는 것이 아님)

> • 건축물(기숙사는 제외)의 높이는 그 부분으로부터 채광을 위한 창문 등이 있는 벽면에서 직각방향으로 인접 대지경계선까지 수평거리의 (㉠)배(근린상업지역 또는 준주거지역은 4배) 이하로 해야 한다.
> • 같은 대지에서 두 동 이상의 건축물이 마주보는 경우 채광을 위한 창문 등이 있는 벽면으로부터 직각방향으로 건축물 각 부분 높이의 (㉡)배(도시형 생활주택은 0.25배) 이상의 범위에서 조례가 정하는 거리 이상을 띄어서 건축해야 한다.

① ㉠: 1, ㉡: 0.5
② ㉠: 1, ㉡: 1
③ ㉠: 2, ㉡: 0.5
④ ㉠: 2, ㉡: 1
⑤ ㉠: 2, ㉡: 2

제6장 특별건축구역, 건축협정, 보칙 및 벌칙

Point 49 특별건축구역 ★★★

기본서 p.462~467

특별 건축 구역	① 지정권자 및 지정대상: 국토부장관 또는 시·도지사가 조화롭고 창의적인 건축물의 건축 　⇨ 도시개발구역, 정비구역 등 ② 지정제외 　㉠ 개발제한구역 　㉡ 자연공원 　㉢ 접도구역 　㉣ 보전산지 ③ 지정절차: 건축위 심의 ⇨ 지정 ④ 지정제안: 지정신청기관 외의 자(면적 3분의 2 이상 토지소유자 동의) ⇨ 시·도지사 　(45일 이내 지정 여부 결정 ⇨ 14일 이내 통보) ⑤ 지정해제: 5년 이내 착공 × ⑥ 특례적용 건축물: 국가·지자체, 공공기관이 건축하는 건축물 등 　㉠ 적용배제: 대지의 조경, 건축물의 건폐율·용적률, 대지 안의 공지, 건축물의 높이 　　제한 및 일조 등의 확보를 위한 높이제한 　㉡ 통합적용: 미술작품의 설치, 부설주차장의 설치, 공원의 설치

Point 50 건축협정 및 결합건축 ★★★★

기본서 p.468~474

건축 협정	① 체결: 토지 또는 건축물의 소유자, 지상권자 등 전원의 합의로 건축협정 체결 ⇨ 시·도 　지사 및 시장·군수·구청장의 인가. 변경 ○ ② 폐지: 협정체결자 과반수의 동의 ⇨ 인가. 특례적용시 20년 이내 × ③ 효력 및 승계: 건축협정구역에서 건축물의 건축·대수선 또는 리모델링하려는 토지소유 　자 등은 건축협정에 따름 ⇨ 토지나 건축물에 관한 권리를 이전받거나 설정받은 자도 　지위 승계 ④ 통합적용 　㉠ 대지의 조경 　㉡ 대지와 도로의 관계 　㉢ 지하층의 설치 　㉣ 건폐율 　㉤ 부설주차장의 설치 　㉥ 개인하수처리시설의 설치

결합 건축	용적률을 2개 이상의 대지를 대상으로 통합적용하여 건축물을 건축하는 것 ① 대상지: 대지간의 최단거리가 100m 이내에 있는 2개의 대지의 건축주가 서로 합의한 　경우 ⇨ 상업지역, 역세권개발구역, 주거환경개선사업을 위한 정비구역, 건축협정구역, 　특별건축구역, 리모델링 활성화 구역 등 ② 관리: 결합건축 협정체결 유지기간은 최소 30년 ⇨ 폐지하려는 경우 결합건축 협정체 　결자 전원이 동의 + 허가권자에게 신고

Point 51　**이행강제금** ★★★

기본서 p.476~478

이행 강제금	① 건축물이 건폐율이나 용적률을 초과하여 건축된 경우 또는 허가를 받지 않거나 신고를 하지 　않고 건축된 경우: 시가표준액의 100분의 50에 위반면적을 곱한 금액 이하에서 위반내 　용에 따라 다음의 비율을 곱한 금액 　　㉠ 건폐율 초과: 100분의 80　　　㉡ 용적률 초과: 100분의 90 　　㉢ 무허가: 100분의 100　　　　　㉣ 무신고: 100분의 70 ② 특례: $60m^2$ 이하인 주거용 건축물 - 부과금액 2분의 1의 범위 ③ 가중의무: 영리목적 위반, 상습적 위반 등 - 부과금액 100/100 범위(소유권 변경 ×) ④ 반복부과 · 징수: 1년에 2회 이내의 범위에서 조례로 정하는 횟수만큼 반복해서 부과 · 　징수 ⇨ 허가권자는 시정명령을 이행하면 새로운 이행강제금의 부과를 즉시 중지하되, 　이미 부과된 이행강제금은 징수해야 함 ⑤ 부과 절차: 계고(문서) ⇨ 부과처분(문서) ⇨ 강제징수(납부 ×)

Point 52　**건축분쟁의 조정 등** ★★★

기본서 p.478~481

건축 분쟁의 조정 등	① 분쟁조정 등의 대상 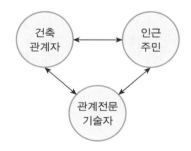 ② 조정 등의 신청 　㉠ 신청: 조정신청은 당사자 중 1명 이상, 재정신청은 당사자간의 합의 　㉡ 기간: 조정은 60일 이내, 재정은 120일 이내 　㉢ 위원회: 조정위원회는 3명, 재정위원회는 5명의 위원으로 구성 　㉣ 의결: 구성원 전원의 출석 + 과반수의 찬성으로 의결 　㉤ 효력: 당사자가 조정안을 수락하고 조정서에 기명날인 ⇨ 조정서의 내용은 재판상 　　화해와 동일한 효력

제**6**장 단원별 출제예상문제

출제가능성이 높은 중요 문제 　🔨 고득점 고득점 목표를 위한 어려운 문제 　✍️신유형 기존에 출제되지 않은 신유형 대비 문제

Point 49 　특별건축구역 ★★★

정답 및 해설 p.60

> 💡 **Tip**
>
> 특별건축구역의 지정권자 및 지정대상, 지정제외, 지정절차와 지정의 제안, 특례규정을 정리한다.

중요

01 건축법령상 특별건축구역에 관한 설명으로 틀린 것은?

① 국토교통부장관은 국가가 국제행사 등을 개최하는 도시 또는 지역의 사업구역에 특별
　건축구역을 지정할 수 있다.

② 중앙행정기관의 장 또는 시 · 도지사는 국토교통부장관에게 특별건축구역의 지정을
　신청할 수 있다.

③ 「도로법」에 따른 접도구역에서 특례적용이 필요하다고 인정하는 경우에는 특별건축
　구역으로 지정할 수 있다.

④ 국토교통부장관은 지정신청이 접수된 경우 지정 여부를 결정하기 위하여 신청을 받은
　날부터 30일 이내에 중앙건축위원회의 심의를 거쳐야 한다.

⑤ 시 · 도지사에게 특별건축구역 지정을 제안하려는 자는 사전에 대상 토지면적(국 · 공유
　지는 제외)의 3분의 2 이상에 해당하는 토지소유자의 서면 동의를 받아야 한다.

02 건축법령상 국토교통부장관이 특별건축구역으로 지정할 수 있는 것은?

① 「공공주택 특별법」에 따른 공공주택지구

② 「자연공원법」에 따른 자연공원

③ 「개발제한구역의 지정 및 관리에 관한 특별조치법」에 따른 개발제한구역

④ 「산지관리법」에 따른 보전산지

⑤ 「도로법」에 따른 접도구역

03 건축법령상 특별건축구역에 관한 설명으로 옳은 것은?

① 시장·군수·구청장은 특별시장·광역시장·도지사에게 특별건축구역의 지정을 신청할 수 없다.

② 특별건축구역을 지정하거나 변경한 경우 용도지역·지구·구역의 지정 또는 변경에 관한 도시·군관리계획의 결정이 있는 것으로 본다.

③ 특별건축구역의 지정일부터 5년 이내에 그 지정목적에 부합하는 건축물의 착공이 이루어지지 않는 경우 특별건축구역의 전부 또는 일부를 해제할 수 있다.

④ 특별건축구역에서의 건축기준의 특례사항은 지방자치단체가 건축하는 건축물에는 적용되지 않는다.

⑤ 특별건축구역에서 「주차장법」에 따른 부설주차장의 설치에 관한 규정은 개별 건축물마다 적용하여야 한다.

04 건축법령상 특별건축구역에서 국가가 건축하는 건축물에 적용하지 않을 수 있는 규정을 모두 고른 것은? (단, 건축법령상 특례 및 조례는 고려하지 않음)

> ㉠ 대지의 조경 ㉡ 대지와 도로의 관계
> ㉢ 건축물의 건폐율과 용적률 ㉣ 대지의 분할제한
> ㉤ 건축물의 높이제한

① ㉠, ㉡, ㉢　　　　② ㉠, ㉡, ㉣　　　　③ ㉠, ㉢, ㉤

④ ㉡, ㉢, ㉣　　　　⑤ ㉢, ㉣, ㉤

05 건축법령상 특별건축구역의 지정제안에 관한 내용으로 (   ) 안에 알맞은 것을 연결한 것은?

> • 시·도지사는 제안서류를 받은 날부터 (㉠)일 이내에 특별건축구역 지정의 필요성, 타당성, 공공성 등과 피난·방재 등의 사항을 검토하여 특별건축구역 지정 여부를 결정해야 한다.
> • 시·도지사는 지정 여부를 결정한 날부터 (㉡)일 이내에 특별건축구역 지정을 제안한 자에게 그 결과를 통보해야 한다.

① ㉠: 20, ㉡: 14　　② ㉠: 30, ㉡: 20　　③ ㉠: 30, ㉡: 45

④ ㉠: 45, ㉡: 14　　⑤ ㉠: 45, ㉡: 30

> **💡 Tip**
> 건축협정은 최근 자주 출제되는 부분으로 건축협정의 체결, 변경 및 폐지에 관한 동의요건, 건축협정인가의 효과, 특례규정, 결합건축의 의의 및 대상, 효과 등에 관한 내용을 정확하게 정리한다.

☆중요

06 건축법령상 건축협정에 관한 설명으로 틀린 것은?

① 건축물의 소유자 등은 과반수의 동의로 건축물의 리모델링에 관한 건축협정을 체결할 수 있다.

② 건축협정은 건축선, 건축물 및 건축설비의 위치에 관한 사항을 포함해야 한다.

③ 건축협정구역에서 건축물의 건축·대수선 또는 리모델링을 하려는 소유자 등은 인가된 건축협정에 따라야 한다.

④ 건축협정구역에 건축하는 건축물에 대하여는 건축물의 용적률에 관한 규정을 대통령령으로 정하는 바에 따라 완화하여 적용할 수 있다.

⑤ 건축협정에서 달리 정하지 않는 한, 건축협정이 공고된 후에 건축협정구역에 있는 토지나 건축물에 관한 권리를 협정체결자로부터 이전받은 자도 건축협정에 따라야 한다.

☆중요

07 건축법령상 건축협정에 관한 설명으로 옳은 것은? (단, 조례는 고려하지 않음)

① 해당 지역의 토지 또는 건축물의 소유자 전원이 합의하면 지상권자가 반대하는 경우에도 건축협정을 체결할 수 있다.

② 건축협정 체결대상 토지가 둘 이상의 시·군·구에 걸치는 경우에는 관할 시·도지사에게 건축협정의 인가를 받아야 한다.

③ 협정체결자는 인가받은 건축협정을 변경하려면 협정체결자 과반수의 동의를 받아 건축협정인가권자에게 신고하여야 한다.

④ 건축협정을 폐지하려면 협정체결자 전원의 동의를 받아 건축협정인가권자의 인가를 받아야 한다.

⑤ 건축협정에 따른 특례를 적용하여 착공신고를 한 경우에는 착공신고를 한 날부터 20년이 지난 후에 건축협정의 폐지인가를 신청할 수 있다.

08 건축법령상 건축협정의 인가를 받은 건축협정구역에서 연접한 대지에 대하여 관계 법령의 규정을 개별 건축물마다 적용하지 않고 건축협정구역을 대상으로 통합하여 적용할 수 있는 것만을 모두 고른 것은?

> ㉠ 건폐율
> ㉡ 계단의 설치
> ㉢ 지하층의 설치
> ㉣ 「주차장법」에 따른 부설주차장의 설치
> ㉤ 「하수도법」에 따른 개인하수처리시설의 설치

① ㉠, ㉡, ㉣   ② ㉠, ㉡, ㉢, ㉤

③ ㉠, ㉢, ㉣, ㉤   ④ ㉡, ㉢, ㉣, ㉤

⑤ ㉠, ㉡, ㉢, ㉣, ㉤

09 건축법령상 결합건축에 대한 설명으로 틀린 것은?

① 대지간의 최단거리가 100m 이내의 범위에서 2개의 대지의 건축주가 서로 합의한 경우 용적률을 개별 대지마다 적용하지 않고 통합적용하여 결합건축할 수 있다.
② 허가권자는 결합건축을 포함하여 건축허가를 하기 전에 건축위원회의 심의를 거쳐야 한다.
③ 허가권자는 결합건축을 허용한 경우 건축물대장에 결합건축에 관한 내용을 명시해야 한다.
④ 결합건축협정서에 따른 협정체결 유지기간은 원칙적으로 최소 20년으로 한다.
⑤ 결합건축협정서를 폐지하려는 경우에는 결합건축협정체결자 전원이 동의하여 허가권자에게 신고해야 한다.

10 건축법령상 결합건축을 할 수 있는 지역 등에 해당하지 <u>않는</u> 것은?

① 「국토의 계획 및 이용에 관한 법률」에 따라 지정된 상업지역
② 「역세권의 개발 및 이용에 관한 법률」에 따라 지정된 역세권개발구역
③ 「도시재생 활성화 및 지원에 관한 특별법」에 따른 도시재생활성화지역
④ 「도시 및 주거환경정비법」에 따른 정비구역 중 재건축사업의 시행을 위한 구역
⑤ 「한옥 등 건축자산의 진흥에 관한 법률」에 따른 건축자산 진흥구역

정답 및 해설 p.61

💡 **Tip**

건축법령에 위반한 건축물에 대한 조치로서 시정명령과 그에 따른 이행강제금에 관한 내용을 정확하게 정리한다.

11 건축법령상 위반 건축물 등에 대하여 허가권자가 취할 수 있는 조치가 <u>아닌</u> 것은?

① 허가나 승인의 취소
② 공사중지명령 또는 건축물해체명령
③ 건축물의 사용중지 · 사용제한
④ 건축물의 용도변경명령
⑤ 벌금의 부과

☆중요
12 건축법령상 이행강제금에 관한 설명으로 옳은 것은?

① 건축물이 용적률을 초과하여 건축된 경우 해당 건축물에 적용되는 시가표준액의 100분의 10에 해당하는 금액으로 이행강제금이 부과된다.
② 연면적 85m² 이하의 주거용 건축물인 경우에는 법정 이행강제금의 3분의 1의 범위에서 해당 지방자치단체의 조례로 정하는 금액을 부과한다.
③ 허가권자는 이행강제금을 부과하기 전에 이행강제금을 부과 · 징수한다는 뜻을 미리 구두로 계고(戒告)해야 한다.
④ 허가권자는 위반 건축물에 대한 시정명령을 받은 자가 이를 이행하면 이미 부과된 이행강제금의 징수를 즉시 중지해야 한다.
⑤ 허가권자는 이행강제금 부과처분을 받은 자가 납부기한까지 내지 않으면 「지방행정제재 · 부과금의 징수 등에 관한 법률」에 따라 징수한다.

13 건축법령에 규정된 이행강제금에 대한 설명으로 틀린 것은?

① 이행강제금은 건축허가대상 건축물뿐만 아니라 건축신고대상 건축물에 대해서도 부과할 수 있다.
② 허가권자는 최초의 시정명령이 있은 날을 기준으로 1년에 2회 이내의 범위에서 해당 지방자치단체의 조례로 정하는 횟수만큼 반복하여 이행강제금을 부과·징수할 수 있다.
③ 허가권자는 영리목적을 위한 위반이나 상습적 위반 등 대통령령으로 정하는 경우에는 부과금액을 100분의 50의 범위에서 가중할 수 있다.
④ 이행강제금의 부과 및 징수절차는 「국고금 관리법 시행규칙」을 준용한다.
⑤ 허가받지 않고 건축물을 건축하여 벌금이 부과된 자에게도 이행강제금을 부과할 수 있다.

14 건축법령상 건축물이 용적률이나 건폐율을 초과하여 건축된 경우 또는 허가를 받지 않거나 신고를 하지 않고 건축된 경우에는 「지방세법」에 따라 해당 건축물에 적용되는 1m²의 시가표준액의 100분의 50에 해당하는 금액에 위반면적을 곱한 금액 이하의 범위에서 위반내용에 따라 다음의 구분에 따른 비율을 곱한 금액의 이행강제금을 부과한다. (   )에 알맞은 내용을 순서대로 나열한 것은?

> ㉠ 용적률을 초과하여 건축한 경우: 100분의 (   )
> ㉡ 건폐율을 초과하여 건축한 경우: 100분의 (   )
> ㉢ 허가를 받지 않고 건축한 경우: 100분의 (   )
> ㉣ 신고를 하지 않고 건축한 경우: 100분의 (   )

① 70 − 80 − 90 − 100
② 80 − 70 − 100 − 90
③ 90 − 80 − 70 − 100
④ 90 − 80 − 100 − 70
⑤ 100 − 90 − 80 − 70

💡 **Tip**

건축분쟁의 조정 및 재정대상, 조정 및 재정의 효과에 관한 내용을 정확하게 정리한다.

☆중요

15 건축법령에 규정된 건축분쟁전문위원회에 관한 설명으로 <u>틀린</u> 것은?

① 분쟁의 조정신청은 해당 사건의 당사자 중 1명 이상이 하며, 재정신청은 해당 사건 당사자간의 합의로 한다.

② 조정은 3명의 위원으로 구성되는 조정위원회에서 하고, 재정은 5명의 위원으로 구성되는 재정위원회에서 한다.

③ 분쟁위원회는 당사자의 조정신청을 받으면 60일 이내에 절차를 마쳐야 한다.

④ 당사자가 조정안을 수락하고 조정서에 기명날인하면 당사자간에 조정서와 동일한 내용의 합의가 성립한 것으로 본다.

⑤ 분쟁의 조정 등을 위한 감정ㆍ진단ㆍ시험 등의 비용은 당사자간의 합의로 정하는 비율에 따라 당사자가 부담해야 한다.

☆중요

16 건축법령상 건축 등과 관련된 분쟁으로서 건축분쟁전문위원회의 조정 및 재정의 대상이 되는 것은? (단, 「건설산업기본법」 제69조에 따른 조정의 대상이 되는 분쟁은 고려하지 않음)

① '건축주'와 '건축신고수리자'간의 분쟁

② '공사시공자'와 '건축지도원'간의 분쟁

③ '건축허가권자'와 '공사감리자'간의 분쟁

④ '관계전문기술자'와 '해당 건축물의 건축 등으로 피해를 입은 인근주민'간의 분쟁

⑤ '건축허가권자'와 '해당 건축물의 건축 등으로 피해를 입은 인근주민'간의 분쟁

17 건축법령상 건축분쟁의 재정에 관한 설명으로 <u>틀린</u> 것은?

① 건축분쟁전문위원회는 재정신청이 된 사건을 조정에 회부하는 것이 적합하다고 인정하면 직권으로 직접 조정할 수 있다.

② 재정위원회의 회의는 구성원 전원의 출석으로 열고 과반수의 찬성으로 의결한다.

③ 재정은 문서로써 해야 한다.

④ 건축분쟁전문위원회는 당사자의 재정신청을 받으면 90일 이내에 절차를 마쳐야 한다.

⑤ 당사자가 재정에 불복하여 소송을 제기한 경우 시효의 중단과 제소기간의 산정에 있어서는 재정신청을 재판상의 청구로 본다.

land.Hackers.com

7개년 출제비중분석

제5편 출제비중

17.5%

7개년 평균
출제비중

장별 출제비중

장 제목	평균	제33회	제32회	제31회	제30회	제29회	제28회	제27회
제1장 총칙	1.4	1	2	1	1	2	1	2
제2장 주택의 건설	2.1	0	1	4	3	3	3	1
제3장 주택의 공급	1.6	1	3	0	2	2	2	1
제4장 리모델링	0.6	1	0	1	0	0	1	1
제5장 보칙 및 벌칙	1.1	4	1	1	1	0	0	1

*평균: 최근 7개년 동안 출제된 각 장별 평균 문제 수입니다.

제5편

주택법

제**1**장 총칙

Point 53 주택 ★★★★★

기본서 p.485~493

🔍 **주택**: 주거용 건축물의 전부 · 일부 + 부속토지

구분	단독 주택	단독주택, 다중주택, 다가구주택
	공동 주택	공용부분(벽 · 복도 등) + 전유부분 ⇨ 아파트, 연립주택, 다세대주택 🔍 **세대구분형 공동주택**: 주택 내부공간의 일부를 구분 ⇨ 구분소유 × ① 사업계획승인: 세대구분형 공동주택이 주택단지 전체 세대수의 3분의 1, 전체 주거 　　전용면적 합계의 3분의 1을 넘지 않을 것 ② 행위허가 · 신고: 2세대 이하(기존 세대 포함), 주택단지 전체 세대수의 10분의 1과 　　해당 동의 전체 세대수의 3분의 1을 각각 넘지 않을 것
공급 대상	국민 주택	다음에 해당하는 주택 + 국민주택규모 이하인 주택 ① 국가 · 지자체, 한국토지주택공사 또는 지방공사가 건설하는 주택 ② 국가 · 지자체의 재정 또는 주택도시기금으로부터 자금을 지원받아 건설 · 개량되 　　는 주택 🔍 **국민주택규모**: 주거전용면적이 1호 · 1세대당 85m²(수도권을 제외한 도시지역이 아닌 읍 · 　　면지역은 100m²) 이하
	민영 주택	국민주택을 제외한 주택
도시형 생활주택 (분양가 상한제 ×)		300세대 미만 + 국민주택규모 + 도시지역에 건설하는 주택 ① 소형 주택: 다음의 요건을 모두 갖춘 공동주택(지하층에 설치 ×) 　　㉠ 세대별 주거전용면적은 60m² 이하(세대별로 욕실 및 부엌을 설치) 　　㉡ 주거전용면적이 30m² 미만인 경우 욕실 및 보일러실을 제외한 부분을 하나의 　　　　공간으로 구성 　　㉢ 주거전용면적이 30m² 이상인 경우 세 개 이하의 침실(각각 7m² 이상)로 구성 　　　　가능 ⇨ 침실이 두 개 이상인 세대수는 소형 주택 전체 세대수의 3분의 1(그 　　　　3분의 1을 초과하는 세대 중 세대당 주차대수를 0.7대 이상이 되도록 주차장 　　　　을 설치하는 경우에는 해당 세대의 비율을 더하여 2분의 1까지로 함) 초과 × ② 단지형 연립주택(소형 주택 ×): 건축위 심의시 5개 층까지 건축 가능 ③ 단지형 다세대주택(소형 주택 ×): 건축위 심의시 5개 층까지 건축 가능 🔍 **건축제한**: 하나의 건축물에는 도시형 생활주택과 그 밖의 주택을 함께 건축할 수 없으며, 　　단지형 연립주택 또는 단지형 다세대주택과 소형 주택을 함께 건축할 수 없음. 다만, 다음의 　　경우는 예외 　　• 소형 주택과 주거전용면적 85m²를 초과하는 주택 1세대 　　• 준주거 · 상업지역에서 소형 주택과 도시형 생활주택 외의 주택

토지임대부 분양주택	① 의의: 토지의 소유권은 사업시행자가 가지고, 건축물에 대한 소유권은 주택을 분양받은 자가 가지는 주택
	② 토지 임대차기간: 40년 이내 + 소유자의 75% 이상이 계약갱신을 청구하는 경우 40년의 범위에서 갱신 가능

Point 54 **용어정의** ★★★★★

기본서 p.485~493

(1) 준주택: 주택 외의 건축물과 그 부속토지로서 주거시설로 이용 가능 ⇨ ① 기숙사, ② 다중생활시설, ③ 노인복지주택, ④ 오피스텔

(2) 주택단지: 철도 · 고속도로 · 자동차전용도로, 폭 20m 이상인 일반도로, 폭 8m 이상인 도시계획예정도로로 분리된 경우 각각 별개의 단지로 간주

    ① **부대시설:** 주차장, 관리사무소, 담장, 주택단지 안의 도로, 건축설비, 경비실, 방범설비

    ② **복리시설:** 어린이놀이터, 근린생활시설, 유치원, 주민운동시설, 경로당, 주민공동시설

(3) 리모델링: 건축물의 노후화 억제, 기능 향상 ⇨ 대수선 또는 다음에 해당하는 증축 행위

    ① 사용검사일부터 15년이 지난 공동주택

    ② 각 세대 주거전용면적의 30% 이내

    ③ 기존 세대수의 15% 이내로 세대수 증가 가능

    ④ 수직증축형은 최대 3개 층(15층 이상) 이하

제1장 단원별 출제예상문제

중요 출제가능성이 높은 중요 문제   고득점 고득점 목표를 위한 어려운 문제   신유형 기존에 출제되지 않은 신유형 대비 문제

Point 53   주택 ★★★★★

정답 및 해설 p.62~63

> 💡 **Tip**
> 「주택법」의 적용대상인 주택의 의의 및 종류, 단독주택과 공동주택, 세대구분형 공동주택, 국민주택과 민영주택, 도시형 생활주택 및 준주택의 개념을 정확하게 비교정리하고 암기할 사항은 암기한다.

01 주택법령상 용어의 정의에 따를 때 '주택'에 해당하지 <u>않는</u> 것을 모두 고른 것은?

㉠ 3층의 다중주택	㉡ 2층의 공관
㉢ 4층의 다세대주택	㉣ 3층의 기숙사
㉤ 10층의 오피스텔	

① ㉠, ㉡, ㉢
② ㉠, ㉣, ㉤
③ ㉡, ㉢, ㉣
④ ㉡, ㉣, ㉤
⑤ ㉢, ㉣, ㉤

✨중요
02 주택법령상 용어의 정의로서 옳은 것은?

① 「주택도시기금법」에 따른 주택도시기금으로부터 자금을 지원받아 건설되는 주택으로서 국민주택규모 이하인 주택은 국민주택에 해당한다.
② 수도권에 위치한 읍 또는 면 지역의 경우 국민주택규모란 1호(戶) 또는 1세대당 주거전용면적이 $100m^2$ 이하인 주택을 말한다.
③ 민영주택이란 등록사업자 등 민간사업주체가 건설하는 주택을 말한다.
④ 도시형 생활주택이란 300세대 이상의 국민주택규모에 해당하는 주택으로서 대통령령으로 정하는 주택을 말한다.
⑤ 공동주택의 주거전용면적이란 외벽의 중심선을 기준으로 산정한 면적을 말한다.

03 주택법령상 용어에 관한 설명으로 옳은 것은?

① 주택단지에 해당하는 토지가 폭 8m 이상인 도시계획예정도로로 분리된 경우, 분리된 토지를 각각 별개의 주택단지로 본다.

② 단독주택에는 「건축법 시행령」에 따른 다가구주택이 포함되지 않는다.

③ 공동주택에는 「건축법 시행령」에 따른 아파트, 연립주택, 기숙사 등이 포함된다.

④ 주택이란 세대원이 장기간 독립된 주거생활을 할 수 있는 구조로 된 건축물의 전부 또는 일부를 말하며, 그 부속토지는 제외한다.

⑤ 주택단지에 딸린 어린이놀이터, 근린생활시설, 유치원, 주민운동시설, 지역난방시설 등은 부대시설에 포함된다.

04 주택법령상 사업계획승인을 받아 건설하는 세대구분형 공동주택에 관한 설명으로 **틀린** 것은?

① 공동주택의 내부공간의 일부를 세대별로 구분하여 생활이 가능한 구조로 하되, 그 구분된 공간의 일부를 구분소유할 수 없는 주택이다.

② 세대별로 구분된 각각의 공간마다 별도의 욕실, 부엌과 현관을 설치해야 한다.

③ 세대구분형 공동주택의 세대수가 해당 주택단지 안의 공동주택 전체 세대수의 2분의 1을 넘지 않아야 한다.

④ 하나의 세대가 통합하여 사용할 수 있도록 세대간에 연결문 또는 경량구조의 경계벽 등을 설치해야 한다.

⑤ 주택건설기준 등을 적용하는 경우 세대구분형 공동주택의 세대수는 그 구분된 공간의 세대에 관계없이 하나의 세대로 산정한다.

05 주택법령상 국민주택 등에 관한 설명으로 옳은 것은?

① 민영주택이라도 국민주택규모 이하로 건설되는 경우 국민주택에 해당한다.

② 한국토지주택공사가 수도권에 건설한 주거전용면적이 1세대당 $80m^2$인 아파트는 국민주택에 해당한다.

③ 지방자치단체의 재정으로부터 자금을 지원받아 건설되는 주택이 국민주택에 해당하려면 자금의 75% 이상을 지방자치단체로부터 지원받아야 한다.

④ 다세대주택의 경우 주거전용면적은 건축물의 바닥면적에서 지하층 면적을 제외한 면적으로 한다.

⑤ 아파트의 경우 복도, 계단 등 아파트의 지상층에 있는 공용면적은 주거전용면적에 포함한다.

06 주택법령상 세대구분형 공동주택의 요건에 관한 내용으로 (　　)에 들어갈 내용을 바르게 연결한 것은?

「공동주택관리법」에 따른 행위의 허가를 받거나 신고를 하고 설치하는 공동주택의 경우: 다음의 요건을 모두 충족할 것

1. 구분된 공간의 세대수는 기존 세대를 포함하여 (　㉠　)세대 이하일 것
2. 세대별로 구분된 각각의 공간마다 별도의 욕실, 부엌과 구분 출입문을 설치할 것
3. 세대구분형 공동주택의 세대수가 해당 주택단지 안의 공동주택 전체 세대수의 (　㉡　)분의 1과 해당 동의 전체 세대수의 (　㉢　)분의 1을 각각 넘지 않을 것
4. 구조, 화재, 소방 및 피난안전 등 관계 법령에서 정하는 안전기준을 충족할 것

---

① ㉠: 2, ㉡: 10, ㉢: 2　　　　② ㉠: 2, ㉡: 10, ㉢: 3

③ ㉠: 2, ㉡: 30, ㉢: 3　　　　④ ㉠: 3, ㉡: 10, ㉢: 3

⑤ ㉠: 3, ㉡: 30, ㉢: 2

07 주택법령상 도시형 생활주택에 관한 설명으로 틀린 것은?

① 도시지역에 건설하는 세대별 주거전용면적이 85m²인 아파트는 도시형 생활주택에 해당하지 않는다.

② 건축위원회의 심의를 받은 경우 단지형 연립주택은 주택으로 쓰는 층수를 5개 층까지 건축할 수 있다.

③ 도시형 생활주택에는 분양가상한제가 적용되지 않는다.

④ 하나의 건축물에는 단지형 다세대주택과 소형 주택을 함께 건축할 수 없다.

⑤ 준주거지역에서 소형 주택과 주거전용면적이 85m²를 초과하는 주택 1세대는 하나의 건축물에 함께 건축할 수 없다.

08 주택법령상 도시형 생활주택인 소형 주택의 요건에 관한 설명으로 틀린 것은? (단, 세대별로 욕실 및 부엌을 설치하되, 지하층에는 세대를 설치하지 않음)

① 아파트, 연립주택 및 다세대주택이어야 한다.

② 세대별 주거전용면적은 60m² 이하이다.

③ 주거전용면적이 30m² 미만인 경우에는 욕실 및 보일러실을 제외한 부분을 하나의 공간으로 구성해야 한다.

④ 주거전용면적이 30m² 이상인 경우에는 욕실 및 보일러실을 제외한 부분을 두 개 이하의 침실(각각의 면적이 7m² 이상인 것을 말한다)과 그 밖의 공간으로 구성할 수 있다.

⑤ 침실이 두 개 이상인 세대수는 소형 주택 전체 세대수의 3분의 1을 초과하지 않아야 한다.

09 주택법령상 준주택에 해당하는 것은?

① 생활숙박시설(「공중위생관리법」에 따라 숙박업 신고를 하는 시설을 말한다)

② 제1종 근린생활시설에 해당하는 지역아동센터

③ 대학의 기숙사

④ 「영유아보육법」에 따른 어린이집

⑤ 「청소년활동진흥법」에 따른 유스호스텔

> 💡 **Tip**
> 주택단지의 구분, 주택단지 안의 시설로서 부대시설 · 복리시설 및 간선시설, 공구, 공공택지 및 리모델링의
> 개념을 정확하게 비교정리하고 암기할 사항은 암기한다.

☆ 중요
10 주택법령상 용어에 관한 설명으로 옳은 것은?

① 다중생활시설은 준주택에 해당하지 않는다.
② 국가의 재정으로부터 자금을 지원받아 건설되는 1세대당 주거전용면적 84m²인 주택은
   국민주택에 해당한다.
③ 간선시설이란 도로 · 상하수도 · 전기시설 · 가스시설 · 통신시설 · 지역난방시설 등을 말
   한다.
④ 주택에 딸린 「건축법」에 따른 건축설비는 복리시설에 해당한다.
⑤ 주민공동시설은 부대시설에 해당한다.

☆ 중요
11 주택법령상 주택단지가 일정한 시설로 분리된 토지는 각각 별개의 주택단지로 본다. 그
    시설에 해당하지 <u>않는</u> 것은?

① 폭 10m의 일반도로
② 폭 20m의 고속도로
③ 폭 10m의 도시계획예정도로
④ 폭 20m의 자동차전용도로
⑤ 철도

12 주택법령상 주택단지의 입주자 등의 생활복리를 위한 공동시설에 해당하는 것은 모두 몇 개인가?

㉠ 경로당	㉡ 공중화장실
㉢ 자전거보관소	㉣ 방범설비
㉤ 주차장	㉥ 어린이놀이터
㉦ 유치원	㉧ 주민운동시설
㉨ 관리사무소	

① 2개
② 3개
③ 4개
④ 5개
⑤ 6개

13 주택법령상 용어에 관한 설명으로 옳은 것은?

① 폭 15m인 일반도로로 분리된 토지는 각각 별개의 주택단지이다.
② 공구별 세대수는 200세대 이상으로 해야 한다.
③ 세대구분형 공동주택이란 공동주택의 주택 내부공간의 일부를 세대별로 구분하여 생활이 가능한 구조로 하되, 그 구분된 공간의 일부를 구분소유할 수 있는 주택이다.
④ 300세대인 국민주택규모의 단지형 다세대주택은 도시형 생활주택에 해당한다.
⑤ 「산업입지 및 개발에 관한 법률」에 따른 산업단지개발사업에 의하여 개발·조성되는 공동주택이 건설되는 용지는 공공택지에 해당한다.

14 주택법령상 공공택지는 일정한 '공공사업'에 의하여 개발·조성되는 공동주택이 건설되는 용지를 말하는데, 이러한 '공공사업'에 해당되지 <u>않는</u> 것은?

① 지방자치단체가 토지 등을 수용하여 시행하는 국민주택건설을 위한 대지조성사업
② 「택지개발촉진법」에 따른 택지개발사업(주택건설 등 사업자가 활용하는 택지는 제외)
③ 「혁신도시 조성 및 발전에 관한 특별법」에 따른 혁신도시개발사업
④ 「도시개발법」에 따른 토지소유자가 환지방식으로 시행하는 도시개발사업
⑤ 「공공주택 특별법」에 따른 공공주택지구조성사업

15 주택법령에 규정된 용어의 설명으로 옳은 것은?

① 주택단지 안의 기간시설인 가스시설·통신시설 및 지역난방시설은 간선시설에 포함되지 않는다.

② 주택조합의 종류에는 지역주택조합, 직장주택조합, 재건축주택조합이 있다.

③ 사업주체는 건축허가를 받아 주택건설사업을 시행하는 자이다.

④ 토지임대부 분양주택이란 임대를 목적으로 하는 주택으로서 공공임대주택과 민간임대주택으로 구분한다.

⑤ 공구란 하나의 주택단지에서 둘 이상으로 구분되는 일단의 구역으로, 착공신고 및 사용검사를 별도로 수행할 수 있는 구역을 말한다.

16 주택법령상 리모델링에 관한 설명으로 틀린 것은?

① 건축물의 노후화 억제 또는 기능 향상을 위하여 대수선 또는 증축하는 행위이다.

② 사용검사일 또는 「건축법」에 따른 사용승인일부터 15년이 지난 공동주택을 각 세대의 주거전용면적의 30% 이내에서 증축할 수 있다.

③ ②의 경우 세대의 주거전용면적이 85m^2 미만인 경우에는 40% 이내에서 증축할 수 있다.

④ 각 세대의 증축 가능 면적을 합산한 면적의 범위에서 기존 세대수의 15% 이내에서 세대수를 증가할 수 있다.

⑤ 수직증축형 리모델링은 최대 5개 층(기존 건축물의 층수가 14층 이하인 경우에는 3개 층) 이하에서 증축할 수 있다.

제2장 주택의 건설

Point 55 사업주체 ★★★★

기본서 p.494~497

🔍 **사업주체**: 주택건설·대지조성 사업계획승인을 받아 사업을 시행하는 자

등록 사업자	① 등록의무: 연간 20호·20세대 이상 주택건설사업 또는 연간 1만m² 이상 대지조성사업을 하려는 자 ⇨ 국토부장관에게 등록
	② 등록기준: 자본금 3억원(개인은 6억원) 이상, 토목·건축분야 기술인 1명 이상 　🔍 **시공권(= 건설사업자)**: 자본금 5억원(개인은 10억원) 이상, 기술인 3명 이상, 최근 5년간 건설실적 100세대 이상 ⇨ 5개 층 이하인 주택건설 가능(원칙)
	③ 결격사유: 제한능력자, 파산자, 등록말소 후 2년 ×
	④ 필수적 등록말소사유: ㉠ 거짓·부정한 방법으로 등록, ㉡ 등록증 대여
비등록 사업자	① 공공사업주체: 국가·지자체, 한국토지주택공사, 지방공사
	② 공익법인
	③ 공동사업주체: 주택조합(임의적), 고용자(필수적) + 등록사업자

Point 56 주택조합 ★★★★★

기본서 p.498~508

주택 조합	① 설립: 다수의 구성원이 주택을 마련하거나 공동주택을 리모델링하기 위하여 결성 ⇨ 시장·군수·구청장의 설립인가(원칙). 다만, 국민주택을 공급받기 위한 직장조합은 시장·군수·구청장에게 설립신고 　🔍 **지역·직장조합**: 80% 이상 토지사용권 + 15% 이상 토지소유권 확보 　　**리모델링조합**: 구분소유자와 의결권의 각 3분의 2 이상 결의
	② 조합원 모집신고: 지역·직장조합의 설립인가를 받기 위하여 조합원을 모집하려면 주택건설대지의 50% 이상 토지사용권 확보 + 시장·군수·구청장에게 신고 + 공개모집의 방법(원칙). 다만, 공개모집 이후 결원을 충원하거나 미달된 조합원을 재모집하는 경우 신고하지 않고 선착순
	③ 조합원: 주택건설 예정 세대수의 50% 이상(원칙) + 최소 20명 이상(설립인가일 ~ 사용검사일). 다만, 리모델링조합은 제외 　㉠ 지역조합: 무주택 or 85m² 이하 주택 1채 소유 세대주 + 6개월 이상 거주 + 본인 또는 배우자 중복가입 × 　㉡ 직장조합: 무주택 or 85m² 이하 주택 1채 소유 세대주 + 같은 직장에 근무 + 본인 또는 배우자 중복가입 ×. 다만, 설립신고는 무주택세대주에 한함 　　🔍 지역·직장조합은 설립인가 후 조합원의 교체, 신규가입 금지. 다만, 추가모집의 승인을 받은 경우와 결원[사망(자격요건 ×), 탈퇴(50% 미만), 자격상실 등]이 발생한 범위에서 충원하는 경우는 예외 ⇨ 자격요건 판정은 조합설립인가 신청일 기준 　㉢ 리모델링조합: 공동주택의 소유자, 복리시설의 소유자

④ 조합주택의 건설: 설립인가 후 2년 이내 사업계획승인 신청 ⇨ 건설한 조합주택은 조합원에게 우선 공급 가능

⑤ 해산 여부의 결정: ㉠ 조합원 모집신고 수리 후 2년 이내에 설립인가 × or ㉡ 조합설립인가 후 3년 이내에 사업계획승인 × ⇨ 총회의결

🔍 **총회의결**: 조합원 10% 이상 직접 출석. 다만, 필수적 의결사항(① 조합규약의 변경, ② 조합임원의 선임·해임, ③ 조합해산의 결의 등)은 20% 이상 직접 출석

Point 57 **사업계획승인** ★★★★★

기본서 p.510~517

| 사업계획승인 | →5년 | 착공 | → | 시공 | → | 사용검사 | → | 사용 |

사업계획 승인

① 대상: 다음의 주택건설사업 또는 면적 1만m² 이상 대지조성사업
  ㉠ 단독주택: 30호 이상. 다만, 한옥은 50호 이상
  ㉡ 공동주택: 30세대 이상. 다만, 단지형 연립주택·단지형 다세대주택(주거전용면적 30m² 이상, 진입도로의 폭이 6m 이상)과 주거환경개선사업(자율주택정비방법)은 50세대 이상
    🔍 **주상복합 건축물의 예외**: 준주거·상업(유통 ×)지역 + 300세대 미만의 주택과 이외의 시설을 동일한 건축물로 건축 + 주택 연면적이 90% 미만 ⇨ 건축허가

② 승인권자
  ㉠ 대지면적 10만㎡ 이상: 시·도지사, 대도시 시장
  ㉡ 대지면적 10만㎡ 미만: 특별시장·광역시장·시장 또는 군수
  ㉢ 국가·한국토지주택공사, 국토부장관이 지정·고시한 지역: 국토부장관
    🔍 **표본설계도서의 승인**: 국토부장관

③ 공구별 분할시행: 600세대 이상 주택단지 ⇨ 6m 이상 경계 설정, 공구별 세대수는 300세대 이상

④ 주택건설사업의 요건: 대지소유권 확보. 다만, 대지의 사용권 확보 등 다음의 경우는 예외
  ㉠ 지구단위계획결정 + 대지면적 80% 이상 사용권 확보 + 매도청구의 대상인 경우
  ㉡ 국가·지자체, 한국토지주택공사, 지방공사인 경우

⑤ 절차: 신청일부터 60일 이내 승인 여부 통보

⑥ 착공: 승인 후 5년(분할시행은 최초 5년 + 이외 2년) 이내 착수 × (1년 연장 가능) ⇨ 승인 취소 가능(임의적) - 대지소유권 상실, 사업주체의 부도·파산

⑦ 매도청구: 사업계획승인을 받은 사업주체 ⇨ 사용권을 확보하지 못한 대지소유자(건축물 포함) - 시가로 매도청구, 3개월 이상 사전협의
  ㉠ 95% 이상 사용권 확보: 모든 소유자에게 청구 가능
  ㉡ 이외의 경우: 10년 전부터 소유한 자를 제외한 대지소유자에게 청구 가능
    🔍 리모델링허가를 신청하기 위한 동의율(75%)을 확보한 리모델링조합은 그 리모델링 결의에 찬성하지 않는 자의 주택 및 토지에 대하여 매도청구 가능

Point 58 택지취득의 특례 ★★★

(1) 토지 등의 수용ㆍ사용: 공공사업주체 + 국민주택 건설, 공취법 준용

(2) 국ㆍ공유지의 우선 공급: 국민주택규모의 주택을 50% 이상, 조합주택을 건설하는 사업주체

    🔍 환매ㆍ임대계약의 취소(임의적): 2년 이내 건설 ×

(3) 체비지의 우선 매각: 국민주택용지로 사용하는 사업주체 + 체비지 총면적의 50% 이내 – 감정가 원칙, 경쟁입찰 원칙

Point 59 건설절차 ★★★

간선시설	100호ㆍ100세대 이상 주택건설, 16,500m² 이상 대지조성 ⇨ 사용검사일까지 설치 ① 도로ㆍ상하수도: 지자체 ② 전기ㆍ통신ㆍ가스ㆍ난방시설: 공급자 ③ 우체통: 국가

감리	① 감리자의 지정: 사업계획승인권자 ⇨ 주택건설사업계획을 승인했을 때와 시장ㆍ군수ㆍ구청장이 리모델링의 허가를 했을 때. 다만, 공공사업주체와 도시형 생활주택은 제외
	    ⊙ 300세대 미만의 주택건설공사: 건축사 또는 건설엔지니어링사업자
	    ⓛ 300세대 이상의 주택건설공사: 건설엔지니어링사업자
	② 감리자의 교체 등: ⊙ 감리자 지정에 관한 서류를 부정 또는 거짓으로 제출, ⓛ 업무수행 중 위반사항이 있음을 알고도 묵인하는 경우 등 ⇨ 감리자 교체, 1년의 범위에서 감리업무의 지정을 제한할 수 있음

사용검사	① 검사권자: 시장ㆍ군수ㆍ구청장(국토부장관) – 신청일부터 15일 이내, 동별검사, 분할검사 가능 ② 신청: 사업주체 × ⇨ 시공보증자 × ⇨ 입주예정자대표회의 ③ 임시사용승인: 건축물은 동별, 대지조성은 구획별, 공동주택은 세대별로 가능 ④ 사용검사 후 매도청구: 주택소유자 ⇨ 토지소유권을 회복한 실소유자(주택단지 전체면적의 5% 미만, 2년 이내 송달) 🔍 대표자 선정: 주택소유자 전체 4분의 3 이상의 동의 ⇨ 주택소유자 전체에게 소송 효과 ○

제2장 단원별 출제예상문제

꽃중요 출제가능성이 높은 중요 문제 고득점 고득점 목표를 위한 어려운 문제 신유형 기존에 출제되지 않은 신유형 대비 문제

Point 55 사업주체 ★★★★

정답 및 해설 p.64~65

💡 **Tip**
등록사업자와 비등록사업자의 구분, 등록대상, 등록기준 및 결격사유, 공동사업주체의 개념을 정확하게 정리한다.

꽃중요

01 주택법령상 주택건설사업의 등록과 관련하여 (   ) 안에 들어갈 내용으로 옳게 연결된 것은? (단, 사업등록이 필요한 경우를 전제로 함)

> 연간 단독주택의 경우에는 (㉠)호 이상, 공동주택의 경우에는 (㉡   )세대[도시형 생활주택의 경우와 소형 주택과 그 밖의 주택 1세대를 함께 건축하는 경우에는 (㉢   )세대] 이상의 주택건설사업을 시행하려는 자는 국토교통부장관에게 등록해야 한다.

① ㉠: 10, ㉡: 20, ㉢: 30 ② ㉠: 20, ㉡: 20, ㉢: 30
③ ㉠: 20, ㉡: 30, ㉢: 20 ④ ㉠: 30, ㉡: 20, ㉢: 30
⑤ ㉠: 30, ㉡: 30, ㉢: 50

꽃중요

02 주택법령상 주택건설사업의 등록사업자에 관한 설명으로 옳은 것은?

① 국토교통부장관은 등록사업자가 등록증을 대여한 때에는 등록을 말소해야 한다.
② 등록이 말소된 후 3년이 지나지 아니한 자는 주택건설사업의 등록을 할 수 없다.
③ 토지소유자가 등록사업자와 공동으로 주택건설사업을 시행하는 경우 토지소유자와 등록사업자는 공동사업주체로 추정된다.
④ 등록말소처분을 받은 등록사업자는 그 처분 전에 사업계획승인을 받은 사업이라도 계속 수행할 수 없다.
⑤ 한국토지주택공사는 국토교통부장관에게 등록을 해야 한다.

☆ 중요

03 주택법령상 등록사업자에 관한 설명이다. (   )에 들어갈 숫자로 알맞게 짝지은 것은?

> • 주택건설사업 또는 대지조성사업의 등록을 하려는 자는 법인인 경우 자본금 (㉠)억원 이상이어야 한다.
> • 법인인 등록사업자가 「건설산업기본법」에 따른 건설사업자로 보아 주택건설공사를 시공하려면 자본금 (㉡)억원 이상이어야 한다.

① ㉠: 2, ㉡: 3   ② ㉠: 2, ㉡: 6   ③ ㉠: 3, ㉡: 5

④ ㉠: 3, ㉡: 6   ⑤ ㉠: 5, ㉡: 10

↖ 고득점

04 주택법령상 주택건설사업자 등에 관한 설명으로 옳은 것을 모두 고른 것은?

> ㉠ 지방공사가 연간 1만m² 이상의 대지조성사업을 시행하려는 경우에는 국토교통부장관에게 등록을 해야 한다.
> ㉡ 주택조합(세대수를 증가하지 않는 리모델링주택조합은 제외)이 그 구성원의 주택을 건설하려는 경우에는 등록사업자와 공동으로 사업을 시행할 수 없다.
> ㉢ 주택건설공사를 시공할 수 있는 등록사업자가 최근 3년간 300세대 이상의 공동주택을 건설한 실적이 있는 경우에는 주택으로 쓰는 층수가 6개 층 이상인 주택을 건설할 수 있다.

① ㉠   ② ㉢   ③ ㉠, ㉡

④ ㉡, ㉢   ⑤ ㉠, ㉡, ㉢

☆ 중요

05 주택법령상 사업주체에 관한 설명으로 틀린 것은?

① '한국 사랑의 집짓기 운동연합회'와 같이 주택건설사업을 목적으로 하는 공익법인은 사업자등록 없이 사업을 시행할 수 있다.

② 주택건설사업의 등록을 하려는 자가 개인인 경우에는 자산평가액 6억원 이상이 되어야 한다.

③ 시공권이 있는 등록사업자가 건설할 수 있는 주택은 원칙적으로 주택으로 쓰는 층수가 5개 층 이하인 주택으로 한다.

④ 주택건설사업자가 거짓 그 밖의 부정한 방법으로 등록한 경우, 국토교통부장관이 그 등록을 말소하려는 때에는 청문을 실시해야 한다.

⑤ 등록사업자와 공동으로 주택건설사업을 하는 주택조합은 국토교통부장관에게 등록해야 한다.

06 주택법령상 공동사업주체에 관한 설명으로 옳은 것은?

① 토지소유자는 등록사업자와 공동으로 주택건설사업을 시행할 수 없다.

② 고용자가 그 근로자의 주택을 건설하는 경우에 등록사업자와 공동으로 사업을 시행할 수 있다.

③ 주택조합이 등록사업자와 공동으로 주택을 건설하려는 경우에는 주택조합이 주택건설대지의 소유권을 확보해야만 사업계획승인을 신청할 수 있다.

④ 토지소유자는 한국토지주택공사와 공동으로 주택건설사업을 시행할 수 있다.

⑤ 공동사업주체간의 구체적인 업무 · 비용 및 책임의 분담 등에 관하여는 당사자가 협약으로 정할 수 없다.

Point 56 주택조합 ★★★★★

정답 및 해설 p.65~66

💡 Tip
주택조합은 매년 출제되는 부분으로 주택조합의 종류, 설립인가 및 신고, 인가요건, 조합원(자격, 교체), 조합원의 모집절차, 사업시행 및 총회 · 임원, 사업종결 및 해산 등에 관한 전반적인 내용을 정확하게 이해하고 정리한다.

중요
07 주택법령상 주택조합에 관한 설명으로 옳은 것은?

① 주택을 마련하기 위하여 지역주택조합을 설립하려는 경우에는 관할 시 · 도지사의 인가를 받아야 한다.

② 주택조합의 발기인은 조합원 모집신고를 하는 날 주택조합에 가입한 것으로 본다.

③ 주택조합(리모델링주택조합은 제외)은 그 구성원을 위하여 건설하는 주택을 해당 조합원에게 우선 공급할 수 없다.

④ 주택조합(리모델링주택조합은 제외)은 임대주택으로 건설 · 공급해야 하는 세대수를 포함하여 주택건설 예정 세대수의 20% 이상의 조합원으로 구성해야 한다.

⑤ 지역주택조합의 경우 설립인가를 받은 날부터 3년 이내에 사업계획승인을 신청해야 한다.

08 주택법령상 주택을 마련하기 위하여 주택조합설립인가를 받으려는 자는 다음의 요건을 모두 갖추어야 한다. 다음의 ( ) 안에 알맞은 내용은?

> • 해당 주택건설대지의 (㉠)% 이상에 해당하는 토지의 사용권원을 확보할 것
> • 해당 주택건설대지의 (㉡)% 이상에 해당하는 토지의 소유권을 확보할 것

① ㉠: 80, ㉡: 15
② ㉠: 80, ㉡: 30
③ ㉠: 80, ㉡: 50
④ ㉠: 95, ㉡: 15
⑤ ㉠: 95, ㉡: 30

09 주택법령상 지역주택조합의 설립인가 신청을 위하여 제출해야 하는 서류에 해당하지 <u>않는</u> 것은?

① 조합장선출동의서
② 조합원의 동의를 받은 정산서
③ 조합원 전원이 자필로 연명한 조합규약
④ 조합원 자격이 있는 자임을 확인하는 서류
⑤ 해당 주택건설대지의 80% 이상 토지의 사용권원을 확보했음을 증명하는 서류

10 주택법령상 주택단지 전체를 대상으로 증축형 리모델링을 하기 위하여 리모델링주택조합을 설립하려는 경우 조합설립인가 신청시 제출해야 할 첨부서류가 <u>아닌</u> 것은?

① 창립총회의 회의록
② 조합원 전원이 자필로 연명(連名)한 조합규약
③ 주택단지 전체 구분소유자와 의결권의 각 과반수의 결의를 증명하는 서류
④ 해당 주택이 사용검사를 받은 후 15년이 지났음을 증명하는 서류
⑤ 조합원 명부

11 주택법령상 신고대상 행위인 것은?

    ① 지역주택조합의 설립

    ② 지역주택조합의 해산

    ③ 승인받은 조합원 추가모집에 따른 지역주택조합의 변경

    ④ 국민주택을 공급받기 위하여 설립한 직장주택조합의 해산

    ⑤ 리모델링주택조합의 설립

12 주택법령상 주택조합의 조합원에 관한 설명으로 **틀린** 것은?

    ① 조합설립인가 신청일부터 해당 조합주택의 입주가능일까지 주거전용면적 85m²인 주택 1채를 소유하고, 6개월 이상 같은 지역에 거주한 세대주인 사람은 지역주택조합의 조합원이 될 수 있다.

    ② 주거전용면적 60m²인 주택 1채를 소유하고 있는 세대주인 사람은 국민주택을 공급받기 위하여 설립하는 직장주택조합의 조합원이 될 수 없다.

    ③ 복리시설의 소유자는 리모델링주택조합의 조합원이 될 수 있다.

    ④ 지역주택조합의 조합원이 무자격자로 판명되어 자격을 상실함에 따라 결원의 범위에서 조합원을 충원하는 경우 충원되는 자의 조합원 자격요건 충족 여부의 판단은 해당 조합설립인가 신청일을 기준으로 한다.

    ⑤ 지역주택조합에서 조합원의 사망으로 인하여 조합원의 지위를 상속받으려는 자는 무주택자이어야 한다.

13 주택법령상 지역주택조합이 설립인가를 받은 후 조합원을 신규로 가입하게 할 수 있는 경우와 결원의 범위에서 충원할 수 있는 경우 중 어느 하나에도 해당하지 <u>않는</u> 것은?

    ① 조합원이 사망한 경우

    ② 조합원이 무자격자로 판명되어 자격을 상실하는 경우

    ③ 조합원 수가 주택건설 예정 세대수를 초과하지 않는 범위에서 조합원 추가모집의 승인을 받은 경우

    ④ 조합원의 탈퇴로 조합원 수가 주택건설 예정 세대수의 40%가 된 경우

    ⑤ 사업계획승인의 과정에서 주택건설 예정 세대수가 변경되어 조합원 수가 변경된 세대수의 60%가 된 경우

14 주택법령상 주택조합에 관한 설명으로 틀린 것은?

① 총회에서 의결을 하는 경우에는 원칙적으로 조합원의 10% 이상이 직접 출석해야 한다.

② 조합원이 근무로 인하여 세대주 자격을 일시적으로 상실한 경우로서 시장·군수·구청장이 인정하는 경우에는 조합원 자격이 있는 것으로 본다.

③ 지역주택조합 또는 직장주택조합은 그 설립인가를 받은 후에는 원칙적으로 해당 조합원을 교체하거나 신규로 가입하게 할 수 없다.

④ 조합설립인가 후에 조합원으로 추가모집되는 자가 조합원 자격요건을 갖추었는지를 판단할 때에는 추가모집공고일을 기준으로 한다.

⑤ 조합원 추가모집에 따른 주택조합의 변경인가 신청은 사업계획승인 신청일까지 해야 한다.

15 주택법령상 지역주택조합 총회의 필수적 의결사항에 해당하지 않는 것은?

① 조합임원의 선임 및 해임

② 사업비의 조합원별 분담내역

③ 주택상환사채의 발행방법의 변경

④ 자금의 차입과 그 방법·이자율 및 상환방법

⑤ 주택건설대지의 위치 및 면적에 관한 조합규약의 변경

16 주택법령상 주택조합에 관한 설명으로 옳은 것은?

① 조합과 등록사업자가 공동으로 사업을 시행하면서 시공하는 경우 등록사업자는 자신의 귀책사유로 발생한 손해에 대해서도 조합원에게 배상책임을 지지 않는다.

② 동(棟)을 리모델링하기 위하여 리모델링주택조합의 설립인가를 신청하려면 그 동의 구분소유자와 의결권의 각 5분의 4 이상의 동의를 받아야 한다.

③ 주택조합의 임원은 다른 주택조합의 발기인이 될 수 있다.

④ 주택조합은 공동사업주체인 등록사업자에게 조합원 가입알선 등 주택조합의 업무를 대행하게 할 수 없다.

⑤ 조합규약을 변경하는 사항을 의결하는 총회의 경우에는 조합원의 20% 이상이 직접 출석해야 한다.

17 주택법령상 주택조합에 관한 설명으로 틀린 것은?

① 지역주택조합을 해산하려는 경우에도 관할 시장·군수·구청장의 인가를 받아야 한다.

② 탈퇴한 조합원은 조합규약으로 정하는 바에 따라 부담한 비용의 환급을 청구할 수 있다.

③ 지역주택조합은 조합설립인가를 받는 날부터 사용검사를 받는 날까지 계속하여 주택건설 예정 세대수의 50% 이상의 조합원으로 구성하되, 조합원은 10명 이상이어야 한다.

④ 지역주택조합의 조합원을 모집하려는 자는 해당 주택건설대지의 50% 이상에 해당하는 토지의 사용권원을 확보하여 관할 시장·군수·구청장에게 신고하고, 공개모집의 방법으로 조합원을 모집해야 한다.

⑤ 조합원의 공개모집 이후 결원을 충원하거나 미달된 조합원을 재모집하는 경우에는 신고하지 않고 선착순의 방법으로 조합원을 모집할 수 있다.

18 주택법령상 리모델링주택조합에 관한 설명으로 옳은 것은?

① 세대별 주거전용면적이 85m² 미만인 12층의 기존 건축물을 리모델링주택조합을 설립하여 수직증축형 리모델링을 하는 경우, 3개 층까지 리모델링할 수 있다.

② 조합설립인가 신청일 현재 해당 리모델링주택에 6개월 이상 거주한 임차인 중 주택조합의 설립에 동의한 자는 리모델링주택조합의 조합원이 될 수 있다.

③ 국민주택을 리모델링하기 위하여 리모델링주택조합을 설립하려는 자는 관할 시장·군수·구청장에게 신고해야 한다.

④ 수직증축형 리모델링의 경우 리모델링주택조합의 설립인가 신청서에 해당 주택이 사용검사를 받은 후 10년의 기간이 지났음을 증명하는 서류를 첨부해야 한다.

⑤ 리모델링의 허가를 신청하기 위한 동의율을 확보한 경우 리모델링주택조합은 그 리모델링 결의에 찬성하지 않는 자의 주택 및 토지에 대하여 매도청구를 할 수 있다.

19 주택법령상 지역주택조합에 관한 설명으로 옳은 것은?

① 조합설립에 동의한 조합원은 조합설립인가가 있은 이후에는 자신의 의사에 의해 조합을 탈퇴할 수 없다.

② 총회의 의결로 제명된 조합원은 조합에 자신이 부담한 비용의 환급을 청구할 수 없다.

③ 조합임원의 선임을 의결하는 총회의 경우에는 조합원의 20% 이상이 직접 출석해야 한다.

④ 조합원을 공개모집한 이후 조합원의 자격상실로 인한 결원을 충원하려면 시장·군수·구청장에게 신고하고 공개모집의 방법으로 조합원을 충원해야 한다.

⑤ 조합의 임원이 금고 이상의 실형을 받아 당연퇴직을 하면 그가 퇴직 전에 관여한 행위는 그 효력을 상실한다.

20 주택법령상 주택조합의 해산 등에 관한 내용으로 다음의 (   ) 안에 들어갈 내용으로 옳은 것은?

> • 주택조합은 조합설립인가를 받은 날부터 (㉠)년이 되는 날까지 사업계획승인을 받지 못하는 경우 대통령령으로 정하는 바에 따라 총회의 의결을 거쳐 해산 여부를 결정해야 한다.
> • 주택조합의 발기인은 조합원 모집신고가 수리된 날부터 (㉡)년이 되는 날까지 조합설립인가를 받지 못하는 경우 대통령령으로 정하는 바에 따라 주택조합 가입 신청자 전원으로 구성되는 총회의결을 거쳐 주택조합 사업의 종결 여부를 결정하도록 해야 한다.

① ㉠: 1, ㉡: 1

② ㉠: 2, ㉡: 2

③ ㉠: 2, ㉡: 3

④ ㉠: 3, ㉡: 2

⑤ ㉠: 3, ㉡: 3

✿중요

21 주택법령상 사업계획승인을 받아야 하는 경우가 <u>아닌</u> 것은?

① 공공사업으로 조성된 일단(一團)의 토지를 공급받아 해당 토지에 50호 이상의 단독주택 건설사업을 시행하는 경우

② 공동주택 중 아파트 리모델링의 경우 증가하는 세대수가 30세대 이상인 경우

③ 준주거지역에서 300세대 미만의 주택과 주택 외의 시설을 동일 건축물로 건축하는 경우로서 해당 건축물의 연면적에서 주택의 연면적이 차지하는 비율이 90% 미만인 경우

④ 세대별 주거전용면적이 $30m^2$ 이상이고 해당 주택단지 진입도로의 폭이 6m 이상인 도시형 생활주택 중 단지형 연립주택 50세대 이상의 주택건설사업을 시행하는 경우

⑤ 1만m^2 이상의 대지조성사업을 시행하는 경우

✿중요

22 주택법령상 다음 (   ) 안에 들어갈 내용으로 옳게 연결된 것은? (단, 주택 외의 시설과 주택이 동일 건축물로 건축되지 않음을 전제로 함)

> • 한국토지주택공사가 서울특별시 A구에서 대지면적 10만m^2에 50호의 한옥 건설사업을 시행하려는 경우 (㉠)으로부터 사업계획승인을 받아야 한다.
> • B광역시 C구에서 지역균형개발이 필요하여 국토교통부장관이 지정·고시하는 지역에서 50호의 한옥 건설사업을 시행하는 경우 (㉡)으로부터 사업계획승인을 받아야 한다.

① ㉠: 국토교통부장관, ㉡: 국토교통부장관

② ㉠: 국토교통부장관, ㉡: B광역시장

③ ㉠: 서울특별시장, ㉡: C구청장

④ ㉠: 서울특별시장, ㉡: 국토교통부장관

⑤ ㉠: A구청장,   ㉡: C구청장

23 주택법령상 주택건설사업에 관한 설명으로 옳은 것은?

① 사업계획승인권자는 사업계획승인의 신청을 받았을 때에는 정당한 사유가 없으면 신청 받은 날부터 90일 이내에 사업주체에게 승인 여부를 통보해야 한다.

② 주택건설사업을 시행하려는 자는 전체 세대수가 500세대 이상인 주택단지를 공구별로 분할하여 주택을 건설·공급할 수 있다.

③ 등록사업자는 동일한 규모의 주택을 대량으로 건설하려는 경우에는 국토교통부장관에게 주택의 형별(型別)로 표본설계도서를 작성·제출하여 승인을 받을 수 있다.

④ 대지조성사업으로서 해당 대지면적이 10만m² 미만인 경우 국토교통부장관 또는 시·도지사에게 사업계획승인을 받아야 한다.

⑤ 사업주체가 소송 진행으로 인하여 공사착수가 지연되어 연장신청을 한 경우, 사업계획 승인권자는 그 분쟁이 종료된 날부터 2년의 범위에서 공사착수기간을 연장할 수 있다.

24 주택법령상 사업계획의 승인 등에 관한 설명으로 옳은 것을 모두 고른 것은?

> ㉠ 대지조성사업계획승인을 받으려는 자는 사업계획승인신청서에 조성한 대지의 공급계획서를 첨부하여 사업계획승인권자에게 제출해야 한다.
> ㉡ 한국토지주택공사는 동일한 규모의 주택을 대량으로 건설하려는 경우에는 시·도지사에게 주택의 형별로 표본설계도서를 작성·제출하여 승인을 받을 수 있다.
> ㉢ 지방공사가 사업주체인 경우 건축물이 아닌 부대시설 및 복리시설 설치기준 이상으로의 변경이며 위치변경이 없는 경우에는 사업계획변경승인을 받지 않아도 된다.

① ㉠

② ㉠, ㉡

③ ㉠, ㉢

④ ㉡, ㉢

⑤ ㉠, ㉡, ㉢

25 주택법령상 주택건설사업에 대한 사업계획의 승인에 관한 설명으로 **틀린** 것은?

① 사업주체는 공사의 착수기간이 연장되지 않는 한 사업계획의 승인을 받은 날부터 5년 이내에 공사를 시작해야 한다.

② 사업계획승인권자는 착공신고를 받은 날부터 20일 이내에 신고수리 여부를 신고인에게 통지해야 한다.

③ 사업계획승인권자는 사업주체가 경매로 인하여 대지소유권을 상실한 경우에는 그 사업계획의 승인을 취소해야 한다.

④ 사업주체가 주택건설대지를 사용할 수 있는 권원을 확보한 경우에는 그 대지의 소유권을 확보하지 못한 경우에도 사업계획의 승인을 받을 수 있다.

⑤ 주택조합이 승인받은 총사업비의 10%를 감액하는 변경을 하려면 변경승인을 받아야 한다.

26 주택법령상 사업계획승인을 취소할 수 있는 사유로 **틀린** 것은?

① 사업계획승인을 받은 후 그 승인받은 날부터 5년 이내에 공사를 시작하지 않는 경우

② 사업주체의 부도·파산 등으로 공사의 완료가 불가능한 경우

③ 공구별로 사업계획승인을 받은 경우에 최초로 공사를 진행하는 공구가 그 승인받은 날부터 5년 이내에 공사를 시작하지 않는 경우

④ 사업주체가 경매·공매 등으로 인하여 대지소유권을 상실한 경우

⑤ 공구별로 사업계획승인을 받은 경우에 최초로 공사를 진행하는 공구 외의 공구가 해당 주택단지에 대한 최초 착공신고일부터 2년 이내에 공사를 시작하지 않는 경우

27 주택법령상 주택건설사업계획의 승인에 관한 설명으로 **틀린** 것은?

① 사업계획에는 부대시설 및 복리시설의 설치에 관한 계획 등이 포함되어야 한다.

② 주택도시기금을 지원받은 사업주체가 사업주체를 변경하기 위하여 사업계획의 변경승인을 신청한 경우에는 기금수탁자의 사업주체 변경에 관한 동의서를 첨부해야 한다.

③ 사업계획승인권자는 사업계획을 승인할 때 사업주체가 제출하는 사업계획에 해당 주택건설사업과 직접적으로 관련이 없거나 과도한 기반시설의 기부채납을 요구해서는 안 된다.

④ 사업계획승인의 조건으로 부과된 사항을 이행함에 따라 공사착수가 지연되는 경우, 사업계획승인권자는 그 사유가 없어진 날부터 3년의 범위에서 착공기간을 연장할 수 있다.

⑤ 국토교통부장관은 사업주체가 건설하는 주택의 75%(주택조합이나 고용자가 건설하는 주택은 100%) 이하의 범위에서 일정 비율 이상을 국민주택규모로 건설하게 할 수 있다.

28 주택법령상 주택건설사업계획의 승인 등에 관한 설명으로 **틀린** 것은?

① 주택건설사업을 시행하려는 자는 전체 세대수가 600세대 이상의 주택단지를 공구별로 분할하여 주택을 건설·공급할 수 있다.

② 지역주택조합은 설립인가를 받은 날부터 2년 이내에 사업계획승인을 신청해야 한다.

③ 지방공사가 주택건설사업계획의 승인을 받으려면 해당 주택건설대지의 소유권을 확보해야 한다.

④ 지구단위계획의 결정이 필요한 주택건설사업에서 해당 대지면적의 80% 이상을 사용할 수 있는 권원(權原)을 확보하고, 확보하지 못한 대지가 매도청구 대상이 되는 대지에 해당하는 경우 주택건설사업계획승인을 받을 수 있다.

⑤ ④에 따라 승인을 받은 사업주체에게 인정되는 매도청구권은 국민주택규모를 초과하는 주택건설사업에 대해서도 인정된다.

29 주택법령상 주택건설사업계획의 승인을 받은 사업주체에게 인정되는 매도청구에 관한 설명으로 옳은 것은?

① 사업주체가 주택건설대지면적의 90%의 사용권원을 확보한 경우, 사용권원을 확보하지 못한 대지의 모든 소유자에게 매도청구를 할 수 있다.

② 사업주체가 매도청구권을 행사하는 경우 공시지가로 매도할 것을 청구할 수 있다.

③ 사업주체가 주택건설대지면적의 80%의 사용권원을 확보한 경우, 지구단위계획구역 결정·고시일 10년 이전에 해당 대지의 소유권을 취득하여 계속 보유하고 있는 자는 사업주체의 매도청구에 응할 의무가 없다.

④ 사업주체는 주택건설대지 중 사용권원을 확보하지 못한 대지만 매도청구할 수 있고, 건축물은 매도청구할 수 없다.

⑤ 사업주체는 매도청구일 전 60일부터 매도청구 대상이 되는 대지의 소유자와 협의를 해야 한다.

> **Tip**
> 국·공유지의 우선 공급, 체비지의 우선 매각, 토지 등의 수용·사용에 관한 내용을 정리한다.

30 주택법령상 사업주체의 택지의 취득에 관한 내용 중 틀린 것은?

① 사업주체가 국민주택용지로 사용하기 위하여 체비지의 매각을 요구한 경우 도시개발사업의 시행자는 체비지 총면적의 50%의 범위에서 우선적으로 사업주체에게 매각할 수 있다.

② 한국토지주택공사인 사업주체가 사업계획의 작성을 위한 조사 또는 측량을 하려는 경우에는 타인의 토지에 출입하는 행위 등을 할 수 있다.

③ 등록사업자인 사업주체가 국민주택을 건설하기 위한 대지를 조성하는 경우에는 토지 등을 수용 또는 사용할 수 있다.

④ 국가 또는 한국토지주택공사인 사업주체는 토지매수 업무와 손실보상 업무를 관할 지방자치단체의 장에게 위탁할 수 있다.

⑤ ④의 경우 사업주체는 그 토지매수 금액과 손실보상 금액의 2%의 범위에서 대통령령으로 정하는 요율의 위탁수수료를 해당 지방자치단체에 지급해야 한다.

☆중요
31 주택법령상 주택건설용지의 확보에 관한 설명으로 옳은 것은?

① 국민주택규모의 주택비율을 40%로 하는 주택의 건설을 위해 국·공유지의 매수를 원하는 자에게 국가 또는 지방자체단체는 해당 토지를 우선 매각할 수 있다.

② 조합주택의 건설을 위해 국·공유지의 임차를 원하는 자에게 국가 또는 지방자치단체는 해당 토지를 우선 임대할 수 없다.

③ 국·공유지를 임차한 자가 임차일부터 1년 이내에 국민주택규모의 주택을 건설하기 위한 대지조성사업을 시행하지 아니한 경우 국가 또는 지방단체는 임대계약을 취소해야 한다.

④ 사업주체가 국민주택용지로 사용하기 위하여 도시개발사업 시행자에게 체비지의 매각을 요구한 경우 그 양도가격은 감정가격을 기준으로 한다.

⑤ 체비지를 사업주체에게 국민주택용지로 매각하는 때에는 수의계약으로 해야 한다.

💡 Tip

간선시설의 설치, 주택건설공사의 감리자 지정, 사용검사 및 사용검사 후 매도청구에 관한 내용을 정리한다.

☆중요

32 주택법령상 사업주체가 100호·100세대 이상의 주택건설사업 또는 16,500m² 이상의 대지조성사업을 시행하는 경우 간선시설의 설치에 관한 설명으로 <u>틀린</u> 것은?

① 전기시설은 해당 지역에 전기를 공급하는 자가 설치해야 한다.

② 사업계획승인권자는 간선시설의 설치가 필요한 주택건설 또는 대지조성에 관한 사업계획을 승인한 때에는 지체 없이 간선시설 설치의무자에게 그 사실을 통지해야 한다.

③ 사업지역에 난방을 공급하는 자가 지역난방시설을 설치하지 못하는 경우 지방자치단체가 우선 자기부담으로 설치해야 한다.

④ 간선시설의 설치는 특별한 사유가 없으면 사용검사일까지 완료해야 한다.

⑤ 도로 및 상하수도시설의 설치비용은 그 비용의 50%의 범위에서 국가가 보조할 수 있다.

☆중요

33 주택법령상 사업계획승인권자가 주택건설사업계획을 승인할 때 지정하는 감리자에 관한 설명으로 <u>틀린</u> 것은?

① 300세대 이상의 주택건설공사에는 「건설기술 진흥법」에 따라 등록한 건설엔지니어링사업자를 감리자로 지정해야 한다.

② 사업주체가 국가·지방자치단체·한국토지주택공사 또는 지방공사인 경우에는 사업계획승인권자가 감리자를 지정하지 않는다.

③ 감리자는 업무를 수행하면서 위반사항을 발견하였을 때에는 지체 없이 시공자 및 사업주체에게 시정할 것을 통지하고, 7일 이내에 사업계획승인권자에게 보고해야 한다.

④ 사업주체는 사업주체와 감리자간에 체결된 계약에 따른 공사감리비를 사업계획승인권자에게 예치해야 한다.

⑤ 사업계획승인권자는 감리자가 업무수행 중 위반사항이 있음을 알고도 묵인한 경우 그 감리자에 대하여 2년의 범위에서 감리업무의 지정을 제한할 수 있다.

34 주택법령상 주택의 사용검사에 관한 설명으로 <u>틀린</u> 것은?

① 입주예정자는 사용검사 또는 임시사용승인을 받은 후가 아니면 주택을 사용할 수 없다.

② 사업주체는 사용검사를 받기 전에 입주예정자가 해당 주택을 방문하여 공사상태를 미리 점검할 수 있게 해야 한다.

③ 사업주체가 정당한 이유 없이 사용검사를 위한 절차를 이행하지 않는 경우에는 입주예 정자가 사용검사를 받을 수 있다.

④ 입주예정자는 사전방문 결과 하자가 있다고 판단하는 경우 사용검사 이전이라도 사업 주체에게 보수공사 등 적절한 조치를 요청할 수 있다.

⑤ 지방공사가 건설하는 300세대 이상인 공동주택의 경우 공동주택 품질점검단으로부터 시공품질에 대한 점검을 받아야 한다.

☆중요

35 주택법령상 사용검사에 관한 설명으로 <u>틀린</u> 것은?

① 주택건설사업계획승인의 조건이 이행되지 않은 경우에는 공사가 완료된 주택에 대하여 동별로 사용검사를 받을 수 없다.

② 사용검사는 신청일부터 15일 이내에 해야 한다.

③ 사업주체를 대신하여 사용검사를 받은 자의 구분에 따라 시공보증자 또는 세대별 입주 자의 명의로 건축물관리대장 등재 및 소유권보존등기를 할 수 있다.

④ 주택건설사업을 공구별로 분할하여 시행하는 내용으로 사업계획의 승인을 받은 경우 완공된 주택에 대하여 공구별로 사용검사를 받을 수 있다.

⑤ 공동주택이 동별로 공사가 완료되고, 임시사용승인 신청이 있는 경우 대상 주택이 사업 계획의 내용에 적합하고 사용에 지장이 없는 때에는 세대별로 임시사용승인을 할 수 있다.

36 주택건설사업이 완료되어 사용검사가 있은 후에 甲이 주택단지 일부의 토지에 대해 소유권이전등기 말소소송에 따라 해당 토지의 소유권을 회복하게 되었다. 주택법령상 이에 관한 설명으로 옳은 것은?

① 주택의 소유자들은 甲에게 해당 토지를 공시지가로 매도할 것을 청구할 수 있다.

② 대표자를 선정하여 매도청구에 관한 소송을 하는 경우 대표자는 복리시설을 포함하여 주택의 소유자 전체의 4분의 3 이상의 동의를 받아 선정한다.

③ 대표자를 선정하여 매도청구에 관한 소송을 하는 경우 그 판결은 대표자 선정에 동의하지 않은 주택의 소유자에게는 효력이 미치지 않는다.

④ 甲이 소유권을 회복한 토지의 면적이 주택단지 전체 대지면적의 5%를 넘는 경우에는 주택소유자 전원의 동의가 있어야 매도청구를 할 수 있다.

⑤ 甲이 해당 토지의 소유권을 회복한 날부터 1년이 경과한 이후에는 甲에게 매도청구를 할 수 없다.

37 「주택법」상 사용검사 후 매도청구 등에 관한 조문의 일부이다. 다음 (   )에 들어갈 숫자를 바르게 나열한 것은?

> • 매도청구를 하려는 경우에는 해당 토지의 면적이 주택단지 전체 대지면적의 (㉠)% 미만이어야 한다.
>
> • 매도청구의 의사표시는 실소유자가 해당 토지소유권을 회복한 날부터 (㉡)년 이내에 해당 실소유자에게 송달되어야 한다.

① ㉠: 5, ㉡: 1

② ㉠: 5, ㉡: 2

③ ㉠: 5, ㉡: 3

④ ㉠: 10, ㉡: 1

⑤ ㉠: 10, ㉡: 2

Point 60 공급규제 ★★★★

기본서 p.531~542

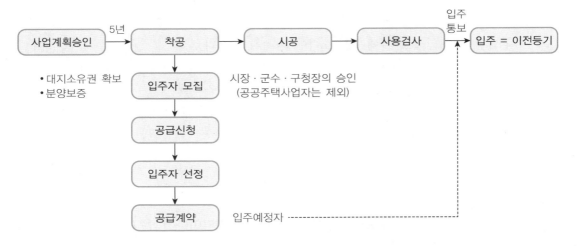

(1) 분양가상한제 – 분양가격은 택지비와 건축비로 구성

① **적용주택**: 사업주체가 일반공급하는 공동주택 + 공공택지(원칙), 공공택지 외의 택지(국토부장관이 지정하는 지역, 도심공공주택복합지구, 주거재생혁신지구)

② **적용제외**
  ㉠ 도시형 생활주택
  ㉡ 경제자유구역
  ㉢ 관광특구(50층 이상이거나 높이 150m 이상)
  ㉣ 한국토지주택공사나 지방공사가 시행하는 공공성 요건을 충족하는 소규모 정비사업(정비구역의 면적이 2만m² 미만 or 전체 세대수가 200세대 미만)
  ㉤ 공공재개발사업
  ㉥ 혁신지구재생사업(사업시행면적이 1만m² 미만 or 전체 세대수가 300세대 미만)

③ **분양가상한제 적용지역**: 국토부장관(시·도지사 의견청취) – 투기과열지구 중 1년간 아파트분양가상승률이 물가상승률의 2배 초과, 3개월간 주택매매량이 전년 동기 대비 20% 이상

④ 분양가상한제 적용주택의 입주자 거주의무(상속은 제외): 최초 입주가능일부터 5년 이내
⇨ 수도권 + 공공택지에서 분양가격이 인근지역 주택매매가격의 80% 미만 − 5년, 80%
이상 100% 미만 − 3년
다만, ㉠ 입주 준비기간이 필요(90일까지), ㉡ 해외에 체류, ㉢ 세대원의 근무·생업·취학
또는 질병치료로 세대원 전원이 다른 지역에 거주(수도권 안에서 이전 ×), ㉣ 전매제한이
적용되지 않는 경우(배우자 일부 증여, 경제적 어려움은 제외) 등은 예외

(2) 사업주체의 금지행위: 입주자모집공고 승인신청일 ∼ 이전등기신청 가능일(입주가능일) 이후
60일

① 금지행위: 주택과 대지에 ㉠ 저당권·가등기담보권 등 담보물권의 설정, ㉡ 지상권·전세
권·등기되는 부동산임차권의 설정, ㉢ 매매·증여 등 처분
② 예외: 주택구입자금의 융자, 사업주체의 파산 등으로 변경
③ 부기등기(공공사업주체 ×): 대지 − 입주자 모집공고 승인신청과 동시, 주택 − 소유권보존
등기와 동시 ⇨ 부기등기 이후에 처분행위 등은 무효

Point 61 투기규제 ★★★★

기본서 p.542∼553

(1) 투기과열지구: 국토부장관(시·도지사 의견청취), 시·도지사(국토부장관과 협의) ⇨ 반기마다
지정 유지 여부 재검토 ⇨ 해제의무

① 직전 2개월 + 월평균 청약경쟁률 5 : 1 또는 국민주택규모 10 : 1 초과
② 직전월 주택분양실적이 전달보다 30% 이상 감소
③ 주택보급률 또는 자가주택비율이 전국 평균 이하
　🔍 조정대상지역: 국토부장관(시·도지사 의견청취) − 과열지역, 위축지역

(2) 전매행위제한(상속은 제외)

① 대상: 해당 주택의 입주자로 선정된 날 ∼ 대통령령이 정하는 기간(10년 이내)
㉠ 투기과열지구에서 건설·공급되는 주택: 수도권 3년, 수도권 외의 지역 1년
㉡ 조정대상지역에서 건설·공급되는 주택: 과열지역 − 수도권 3년, 수도권 외의 지역 1년
㉢ 분양가상한제 적용주택: 공공택지 − 수도권 3년, 수도권 외의 지역 1년
㉣ 공공택지 외의 택지에서 건설·공급되는 주택
㉤ 공공재개발사업에서 건설·공급하는 주택(공공택지 외의 택지로서 분양가상한제를 적용
하는 지역에 한정)

② 예외: 한국토지주택공사의 동의 ⇨ 우선 매입
    ㉠ 근무 또는 생업상의 사정, 질병치료 · 취학 · 결혼으로 인하여 세대원 전원이 다른 행정구역으로 이전하는 경우(수도권 안에서 이전 ×)
    ㉡ 상속에 따라 취득한 주택으로 세대원 전원이 이전하는 경우
    ㉢ 세대원 전원이 해외로 이주하거나 2년 이상 해외에 체류하려는 경우
    ㉣ 국가 · 지자체, 금융기관의 채무를 이행하지 못하여 경매 · 공매가 시행되는 경우
    ㉤ 입주자로 선정된 지위 또는 주택의 일부를 배우자에게 증여하는 경우 등

(3) 공급질서 교란금지

① 금지행위
    ㉠ 주택을 공급받을 수 있는 조합원 지위
    ㉡ 입주자저축 증서
    ㉢ 주택상환사채 + 양도 · 양수(상속 · 저당은 제외), 알선 또는 광고
② **위반시 조치**: 지위의 무효 · 계약의 취소(필수적) ⇨ 환매, 퇴거명령 ⇨ 입주자자격 제한(10년 이내)

제3장 단원별 출제예상문제

※중요 출제가능성이 높은 중요 문제 ↘고득점 고득점 목표를 위한 어려운 문제 ✎신유형 기존에 출제되지 않은 신유형 대비 문제

Point 60 공급규제 ★★★★

정답 및 해설 p.68~69

💡 Tip

- 입주자모집의 승인 및 신고, 견본주택의 기준, 분양가상한제 적용주택 및 적용제외, 분양가공시 및 분양가 상한제 적용지역(지정권자, 지정대상, 지정절차)에 관한 내용을 정확하게 정리한다.
- 분양가상한제 적용주택의 거주의무에 관한 내용을 정확하게 이해하고 정리한다.
- 사업주체의 저당권설정 등의 제한 및 부기등기에 관한 내용을 정확하게 이해하고 정리한다.

01 주택법령상 주택의 공급에 관한 설명으로 틀린 것은?

① 사업주체는 견본주택에 사용되는 마감자재 목록표와 견본주택의 각 실의 내부를 촬영한 영상물 등을 제작하여 시장·군수·구청장에게 제출해야 한다.

② 사업주체가 부득이한 사유로 인하여 사업계획승인의 마감자재와 다르게 시공·설치하려는 경우에는 당초의 마감자재와 같은 질 이하의 자재로 설치할 수 있다.

③ 사업주체는 주택공급계약을 체결할 때 입주예정자에게 견본주택에 사용된 마감자재 목록표를 제공해야 한다.

④ 시장·군수·구청장은 마감자재 목록표와 영상물 등을 사용검사가 있은 날부터 2년 이상 보관해야 한다.

⑤ 사업주체가 부득이한 사유로 인하여 마감자재 목록표의 자재와 다른 마감자재를 시공·설치하려는 경우에는 그 사실을 입주예정자에게 알려야 한다.

제3장 주택의 공급 **313**

02 주택법령상 주택의 공급에 관한 설명으로 옳은 것은?

① 한국토지주택공사가 사업주체로서 입주자를 모집하려는 경우에는 시장·군수·구청장의 승인을 받아야 한다.

② 분양가상한제 적용주택의 분양가격은 택지비와 건축비로 구성(토지임대부 분양주택의 경우에는 건축비만 해당)된다.

③ 「관광진흥법」에 따라 지정된 관광특구에서 건설·공급하는 층수가 51층이고 높이가 140m인 아파트는 분양가상한제의 적용대상이다.

④ 사업주체는 분양가상한제 적용주택으로서 공공택지에서 공급하는 주택에 대하여 입주자 모집공고에 분양가격을 공시해야 하는데, 간접비는 공시해야 하는 분양가격에 포함되지 않는다.

⑤ 시·도지사는 사업계획승인 신청이 있는 날부터 40일 이내에 분양가심사위원회를 설치·운영해야 한다.

03 주택법령상 주택공급에 관한 설명으로 틀린 것을 모두 고른 것은?

> ㉠ 한국토지주택공사가 총지분의 전부를 출자하여 설립한 부동산투자회사가 사업주체로서 복리시설의 입주자를 모집하려는 경우 시장·군수·구청장에게 신고해야 한다.
>
> ㉡ 공공택지 외의 택지로서 「공공주택 특별법」에 따른 도심 공공주택 복합지구에서 공급하는 주택의 경우에는 분양가상한제를 적용한다.
>
> ㉢ 사업주체가 일반인에게 공급하는 공동주택 중 공공택지에서 공급하는 도시형 생활주택은 분양가상한제 적용주택에 해당한다.
>
> ㉣ 「도시 및 주거환경정비법」에 따른 공공재개발사업에서 건설·공급하는 주택은 분양가상한제를 적용하지 않는다.

① ㉠, ㉡
② ㉠, ㉢
③ ㉡, ㉢
④ ㉡, ㉣
⑤ ㉢, ㉣

04 주택법령상 한국토지주택공사 또는 지방공사가 「도시 및 주거환경정비법」에 따른 정비사업의 시행자로 참여해서 다음의 공공성 요건을 충족하는 사업으로 건설·공급하는 주택은 분양가상한제를 적용하지 않는다. (   ) 안에 알맞은 내용을 연결한 것은?

> • 건설·공급하는 주택의 전체 세대수의 (㉠)% 이상을 임대주택으로 건설·공급할 것
> • 정비구역의 면적이 (㉡)m² 미만인 사업
> • 해당 정비사업에서 건설·공급하는 주택의 전체 세대수가 (㉢)세대 미만인 사업

① 5 − 1만 − 100
② 10 − 2만 − 200
③ 15 − 3만 − 300
④ 20 − 5만 − 500
⑤ 25 − 10만 − 1천

05 주택법령상 사업주체가 「수도권정비계획법」에 따른 수도권에서 건설·공급하는 분양가상한제 적용주택의 입주자의 거주의무 등에 관한 설명으로 <u>틀린</u> 것은?

① 공공택지에서 분양가격이 인근지역주택매매가격의 80% 미만인 주택의 입주자는 해당 주택의 최초 입주가능일부터 3년 동안 계속하여 해당 주택에 거주해야 한다.

② 해당 주택에 입주하기 위하여 준비기간이 필요한 경우 그 기간은 해당 주택에 거주한 것으로 본다. 이 경우 해당 주택에 거주한 것으로 보는 기간은 최초 입주가능일부터 90일까지로 한다.

③ 한국토지주택공사는 거주의무자가 거주의무를 위반한 경우 위반사실에 대한 의견청취 등의 절차를 거쳐 해당 주택을 매입해야 한다.

④ 한국토지주택공사가 거주의무자에게 매입비용(납부한 입주금과 그 입주금에 「은행법」에 따른 은행의 1년 만기 정기예금의 평균이자율을 적용한 이자를 합산한 금액)을 지급한 때에는 그 지급한 날에 한국토지주택공사가 해당 주택을 취득한 것으로 본다.

⑤ 거주의무자는 거주의무를 주택의 소유권보존등기와 동시에 부기등기해야 한다.

06 주택법령상 분양가상한제 적용지역에 관한 설명으로 옳은 것은?

① 분양가상한제 적용지역은 공공택지 외의 택지에서 주택가격상승률이 물가상승률보다 현저히 높은 지역으로서 주택가격이 급등할 우려가 있는 지역에 주거정책심의위원회의 심의를 거쳐 지정할 수 있다.

② 국토교통부장관이 분양가상한제 적용지역을 지정하는 경우에는 미리 시·도지사와 협의해야 한다.

③ 투기과열지구 중 분양가상한제적용직전월부터 소급하여 12개월간의 아파트 분양가격 상승률이 물가상승률의 1.5배를 초과한 지역은 분양가상한제 적용지역의 지정대상이다.

④ 분양가상한제 적용지역 지정의 해제를 요청받은 국토교통부장관은 요청받은 날부터 10일 이내에 주거정책심의위원회의 심의를 거쳐 해제 여부를 결정해야 한다.

⑤ 국토교통부장관은 분양가상한제 적용지역으로 계속 지정할 필요가 없다고 인정하는 경우에는 그 지정을 해제할 수 있다.

07 주택법령상 사업주체의 저당권설정 등의 제한에 관한 설명으로 <u>틀린</u> 것은?

① 사업주체는 주택건설사업에 의하여 건설된 주택 및 대지에 대하여 일정 기간 동안 입주예정자의 동의 없이 해당 주택 및 대지에 저당권설정 등의 행위를 해서는 안 된다.

② 파산·합병 등의 사유로 사업을 시행할 수 없게 되어 사업주체가 변경되는 경우에는 입주예정자의 동의 없이 해당 주택 및 대지를 매매 등의 방법으로 처분할 수 있다.

③ 저당권설정 등이 제한되는 기간은 입주자 모집공고 승인신청일 이후부터 입주예정자가 그 주택 및 대지의 소유권이전등기를 신청할 수 있는 날 이후 60일까지의 기간이다.

④ 한국토지주택공사인 사업주체가 저당권설정 등 제한의 부기등기를 하는 경우 주택건설 대지에 대하여는 입주자 모집공고 승인신청과 동시에 해야 한다.

⑤ 부기등기일 이후에 해당 대지를 양수하거나 제한물권을 설정한 경우 또는 압류·가압류·가처분 등을 한 경우에는 그 효력을 무효로 한다.

08 주택법령상 사업주체가 입주예정자의 동의 없이 할 수 없는 행위에 관련된 내용이다. 이에 관한 설명으로 <u>틀린</u> 것은?

> 사업주체는 주택건설사업에 의하여 건설된 주택 및 대지에 대하여 (㉠) 이후부터 입주예정자가 그 주택 및 대지의 '소유권이전등기를 신청할 수 있는 날' 이후 (㉡)일까지의 기간 동안 입주예정자의 동의 없이 해당 주택 및 대지에 (㉢)을 설정하는 행위 등을 해서는 안 된다.

① 주택조합의 경우에는 ㉠에 해당하는 시기는 사업계획승인신청일을 말한다.
② ㉡에 들어갈 숫자는 60이다.
③ ㉢에는 저당권뿐만 아니라 등기되는 부동산임차권도 포함된다.
④ '소유권이전등기를 신청할 수 있는 날'이란 입주예정자가 실제로 입주한 날을 말한다.
⑤ 주택건설을 촉진하기 위하여 입주자에게 주택구입자금의 일부를 융자해 줄 목적으로 「은행법」에 따른 은행으로부터 주택건설자금의 융자를 받는 경우에는 저당권을 설정하는 행위가 허용된다.

> 💡 **Tip**
> • 투기과열지구와 조정대상지역의 지정권자, 지정대상, 지정 및 해제절차, 지정효과에 관한 내용을 정확하게 이해하고 비교정리한다.
> • 주택투기를 규제하기 위한 전매행위제한(제한대상, 제한기간, 전매제한의 예외)과 공급질서 교란금지(제한 대상 및 위반시 조치)를 정확하게 이해하고 비교정리한다.

☆☆중요
09 주택법령상 투기과열지구에 관한 설명으로 **틀린** 것은?

① 국토교통부장관 또는 시·도지사는 주택가격의 안정을 위하여 필요한 경우 주거정책심의위원회의 심의를 거쳐 투기과열지구를 지정할 수 있다.

② 국토교통부장관이 투기과열지구를 지정하거나 해제할 경우에는 미리 관할 시장·군수·구청장의 의견을 들어야 한다.

③ 국토교통부장관은 반기마다 주거정책심의위원회의 회의를 소집하여 투기과열지구 지정의 유지 여부를 재검토해야 한다.

④ 국토교통부장관 또는 시·도지사는 지정사유가 없어졌다고 인정하는 경우에는 지체 없이 투기과열지구 지정을 해제해야 한다.

⑤ 국토교통부장관이 투기과열지구를 지정하였을 때에는 지체 없이 이를 공고하고, 그 투기과열지구를 관할하는 시장·군수·구청장에게 공고내용을 통보해야 한다.

☆☆중요
10 「주택법 시행령」상 투기과열지구의 지정기준으로 **틀린** 것은?

① 투기과열지구지정직전월부터 소급하여 주택공급이 있었던 2개월 동안 해당 지역에서 공급되는 국민주택규모 주택의 월별 평균 청약경쟁률이 모두 10대 1을 초과한 곳

② 투기과열지구지정직전월의 주택분양실적이 전달보다 30% 이상 증가한 곳

③ 「건축법」에 따른 건축허가 건수(투기과열지구지정직전월부터 소급하여 6개월간의 건수를 말한다)가 직전 연도보다 급격하게 감소한 곳

④ 해당 지역이 속하는 시·도의 주택보급률이 전국 평균 이하인 곳

⑤ 해당 지역이 속하는 시·도의 자가주택비율이 전국 평균 이하인 곳

11 국토교통부장관은 A지역을 투기과열지구로 지정하였다. 주택법령상 A지역에 관한 설명으로 틀린 것은?

① A지역에서 주택건설사업이 시행되는 경우, 관할 시장·군수·구청장은 사업주체로 하여금 입주자 모집공고시 해당 주택건설 지역이 투기과열지구에 포함된 사실을 공고하게 해야 한다.

② A지역에서 주택을 소유하고 있던 사람은 투기과열지구의 지정 이후 일정 기간 해당 주택의 전매행위가 제한된다.

③ 사업주체가 A지역에서 분양가상한제 적용주택을 건설·공급하는 경우에는 그 주택의 소유권을 제3자에게 이전할 수 없음을 소유권에 관한 등기에 부기등기해야 한다.

④ A지역에서 건설·공급되는 주택을 공급받기 위하여 입주자저축 증서를 상속하는 것은 허용된다.

⑤ 생업상의 사정으로 세대원 전원이 수도권 밖의 B시로 이전하는 경우 A지역에서 건설·공급되는 주택의 입주자로 선정된 지위를 한국토지주택공사의 동의를 받아 전매하는 것은 허용된다.

12 주택법령상 투기과열지구 및 조정대상지역에 관한 설명으로 옳은 것은?

① 주택가격상승률이 물가상승률보다 현저히 높은 지역으로서 주택 투기가 성행할 우려가 있는 경우 관할 시장·군수·구청장은 투기과열지구를 지정할 수 있다.

② 투기과열지구는 그 지정목적을 달성할 수 있는 최대한의 범위에서 시·군·구 또는 읍·면·동의 지역 단위로 지정한다.

③ 투기과열지구에서 건설·공급되는 주택의 전매행위제한기간은 수도권의 경우 해당 주택의 입주자로 선정된 날부터 5년이다.

④ 국토교통부장관은 미리 시·도지사의 의견을 들어 과열지역 및 위축지역으로 구분하여 조정대상지역을 지정할 수 있다.

⑤ 조정대상지역으로 지정된 지역의 시장·군수·구청장은 조정대상지역으로 유지할 필요가 없다고 판단되는 경우에는 시·도지사에게 그 지정의 해제를 요청할 수 있다.

☆중요
13 주택법령상 투기과열지구 및 조정대상지역에 관한 설명으로 옳은 것은?

① 국토교통부장관은 투기과열지구의 해제를 요청받은 날부터 30일 이내에 주거정책심의 위원회의 심의를 거쳐 해제 여부를 결정해야 한다.

② 시·도지사는 주택의 분양·매매 등 거래가 위축될 우려가 있는 지역을 시·도 주거정 책심의위원회의 심의를 거쳐 조정대상지역으로 지정할 수 있다.

③ 투기과열지구의 지정기간은 3년으로 하되, 해당 지역 시장·군수·구청장의 의견을 들어 연장할 수 있다.

④ 투기과열지구로 지정되면 지구 내 주택은 전매행위가 제한된다.

⑤ 국토교통부장관은 반기마다 주거정책심의위원회의 회의를 소집하여 조정대상지역 지 정의 유지 여부를 재검토하여야 한다.

☆중요
14 주택법령상 전매행위제한에 관한 설명으로 옳은 것은?

① 제한되는 전매에는 매매·증여·상속이나 그 밖에 권리의 변동을 수반하는 모든 행위 가 포함된다.

② 분양가상한제 적용주택으로서 공공택지에서 건설·공급되는 주택의 전매행위제한기간은 수도권 외의 지역의 경우 3년이다.

③ 상속에 따라 취득한 주택으로 세대원 전원이 이전하면서 주택을 전매하는 경우 한국토 지주택공사가 우선 매입할 수 없다.

④ 사업주체가 전매행위제한의 대상인 주택을 공급하는 경우 그 주택의 소유권을 제3자에게 이전할 수 없음을 소유권 등기에 부기등기해야 한다.

⑤ 전매행위제한을 위반하여 주택의 입주자로 선정된 지위의 전매가 이루어진 경우, 사업 주체가 전매대금을 지급하고 해당 입주자로 선정된 지위를 매입해야 한다.

15 주택법령상 공공택지 외의 택지에서 건설·공급되는 주택의 전매행위제한기간에 관하여 다음 (   ) 안에 들어갈 알맞은 내용을 순서대로 나열한 것은?

구분		전매행위제한기간
수도권	과밀억제권역	(㉠)
	성장관리권역 및 자연보전권역	(㉡)
수도권 외의 지역	광역시 중 도시지역	(㉢)
	그 밖의 지역	–

	㉠	㉡	㉢
①	1년	6개월	6개월
②	1년	6개월	1년
③	2년	1년	6개월
④	2년	1년	1년
⑤	3년	2년	1년

☆중요
16 주택법령상 주택의 전매행위제한에 관한 설명으로 <u>틀린</u> 것은?

① 전매행위제한기간은 해당 주택의 입주자로 선정된 날부터 기산한다.

② 조정대상지역에서 건설·공급되는 주택의 전매행위제한기간은 과열지역으로서 수도권의 경우에는 3년으로 한다.

③ 세대원 전원이 2년 이상의 기간 해외에 체류하고자 하는 경우로서 한국토지주택공사의 동의를 받은 경우에는 전매제한 주택을 전매할 수 있다.

④ 주택에 대한 전매행위제한기간이 둘 이상에 해당하는 경우에는 그중 가장 긴 전매행위제한기간을 적용한다. 다만, 조정대상지역 중 위축지역의 경우에는 가장 짧은 전매행위제한기간을 적용한다.

⑤ 주택의 소유자가 국가에 대한 채무를 이행하지 못하여 공매가 시행되는 경우에는 한국토지주택공사의 동의 없이도 전매를 할 수 있다.

17 세대주인 甲이 취득한 주택은 주택법령에 따른 전매행위제한기간 중에 있다. 다음 중 甲이 이 주택을 전매할 수 있는 경우가 <u>아닌</u> 것은? (단, 甲의 주택은 경기도에 소재하고 있으며, 한국토지주택공사의 동의를 받은 경우임)

① 세대원인 甲의 딸의 취학으로 인하여 甲의 세대원 전원이 서울특별시로 이전하는 경우
② 甲의 이혼으로 인하여 주택을 그 배우자에게 이전하는 경우
③ 甲의 세대원 전원이 해외로 이주하려는 경우
④ 甲이 실직으로 경제적 어려움이 발생한 경우
⑤ 甲이 주택의 일부를 배우자에게 증여하는 경우

18 주택법령상 주택공급과 관련하여 금지되는 공급질서 교란행위에 해당하지 <u>않는</u> 것은?

① 주택을 공급받을 수 있는 주택조합원 지위의 매매
② 주택상환사채의 매입을 목적으로 하는 인터넷 광고
③ 공공사업의 시행으로 인한 이주대책에 따라 주택을 공급받을 수 있는 지위의 매매 알선
④ 주택을 공급받을 수 있는 증서로서 시장·군수·구청장이 발행한 무허가건물 확인서의 증여
⑤ 입주자저축 증서의 상속

19 주택법령상 공급질서의 교란금지에 관한 설명으로 <u>틀린</u> 것은?

① 양도 또는 양수에는 매매·증여·저당, 그 밖에 권리변동을 수반하는 모든 행위를 포함한다.
② 사업주체는 위반한 자에 대하여 이미 체결된 주택의 공급계약을 취소해야 한다.
③ 사업주체가 위반자에게 대통령령으로 정하는 바에 따라 산정한 주택가격에 해당하는 금액을 지급한 경우에는 그 지급한 날에 그 주택을 취득한 것으로 본다.
④ 사업주체가 매수인에게 주택가격을 지급하거나, 관할 법원에 공탁한 경우에는 그 주택에 입주한 자에 대하여 기간을 정하여 퇴거를 명할 수 있다.
⑤ 국토교통부장관은 위반한 자에 대하여 10년 이내의 범위에서 국토교통부령으로 정하는 바에 따라 주택의 입주자자격을 제한할 수 있다.

제4장 리모델링

Point 62   공동주택의 리모델링 ★★★★

기본서 p.556~561

(1) 리모델링 허가: 시장·군수·구청장의 허가

① 입주자 전체의 동의를 받은 입주자·사용자 또는 관리주체

② 소유자 전원의 동의를 받은 입주자대표회의

③ 다음의 동의를 받은 리모델링조합

ㄱ 주택단지 전체: 전체 구분소유자와 의결권 각 75% 이상 + 동별 각 50% 이상

ㄴ 동(棟): 동의 구분소유자와 의결권의 각 75% 이상

④ 리모델링은 주택단지별 또는 동별로 한다.

(2) 기타: 증축형 리모델링은 안전진단 요청, 세대수 증가형 리모델링은 권리변동계획(리모델링 전·후 권리변동 명세, 사업비 등) 수립

(3) 리모델링 기본계획: 특별시장·광역시장 및 대도시의 시장이 10년 단위로 수립 + 5년마다 검토

⇨ 대도시의 시장은 도지사의 승인

🔍 주민공람(14일 이상) ⇨ 지방의회 의견청취(30일 이내) ⇨ 협의·심의 ⇨ 수립

🌟중요 출제가능성이 높은 중요 문제   🔺고득점 고득점 목표를 위한 어려운 문제   📝신유형 기존에 출제되지 않은 신유형 대비 문제

Point 62   공동주택의 리모델링 ★★★★   정답 및 해설 p.71~72

> 💡 **Tip**
> 리모델링의 허가 및 동의요건, 안전진단, 권리변동계획, 리모델링 기본계획의 수립 등에 관한 내용을 정확하게 정리한다.

🌟중요
01 주택법령상 리모델링에 관한 설명으로 옳은 것은? (단, 조례는 고려하지 않음)

① 대수선은 리모델링에 포함되지 않는다.
② 공동주택의 리모델링은 주택단지별 또는 동별로 한다.
③ 동(棟)을 리모델링하고자 리모델링주택조합을 설립하기 위해서는 그 동의 구분소유자와 의결권의 각 과반수의 결의가 필요하다.
④ 공동주택 리모델링의 허가는 시·도지사가 한다.
⑤ 리모델링주택조합 설립에 동의한 자로부터 건축물을 취득하였더라도 리모델링주택조합 설립에 동의한 것으로 보지 않는다.

🌟중요
02 주택법령상 공동주택의 리모델링에 관한 설명으로 틀린 것은?

① 증축형 리모델링을 하려는 자는 시장·군수·구청장에게 안전진단을 요청해야 한다.
② 리모델링에 동의한 소유자는 입주자대표회의가 시장·군수·구청장에게 허가신청서를 제출한 이후에도 서면으로 동의를 철회할 수 있다.
③ 수직증축형 리모델링의 대상이 되는 기존 건축물의 층수가 14층인 경우에는 2개 층까지 증축할 수 있다.
④ 시장·군수·구청장이 50세대 이상으로 세대수가 증가하는 세대수 증가형 리모델링을 허가하려는 경우에는 시·군·구도시계획위원회의 심의를 거쳐야 한다.
⑤ 리모델링의 허가를 신청하기 위한 동의율을 확보한 경우 리모델링주택조합은 그 리모델링 결의에 찬성하지 않는 자의 주택 및 토지에 대하여 매도청구를 할 수 있다.

03 주택법령상 리모델링에 관한 설명으로 옳은 것은?

① 입주자대표회의가 리모델링하려는 경우에는 리모델링 설계개요, 공사비, 소유자의 비용 분담 명세가 적혀 있는 결의서에 주택단지 소유자 전원의 동의를 받아야 한다.

② 리모델링주택조합이 주택단지 전체를 리모델링하기 위하여 허가를 신청하려는 경우 주택 단지 전체 구분소유자 및 의결권의 각 80% 이상의 동의를 받아야 한다.

③ 수직증축형이 아닌 세대수 증가형 리모델링의 경우 건축물의 신축 당시 구조도를 보유 하고 있어야 한다.

④ 사업비에 관한 사항은 세대수가 증가되는 리모델링을 하는 경우 수립해야 하는 권리변 동계획에 포함되지 않는다.

⑤ 설립인가를 받은 리모델링주택조합은 총회에서 정관이 정하는 방법으로 건설사업자 또는 등록사업자를 시공자로 선정해야 한다.

04 주택법령상 세대수 증가형 리모델링을 하는 경우 수립해야 하는 권리변동계획의 내용에 포함되지 <u>않는</u> 것은?

① 안전진단 결과보고서

② 리모델링 전후의 대지 및 건축물의 권리변동 명세

③ 사업비

④ 조합원 외의 자에 대한 분양계획

⑤ 조합원의 비용분담

05 주택법령상 리모델링 기본계획에 관한 설명으로 <u>틀린</u> 것은?

① 특별시장·광역시장 및 대도시의 시장은 관할 구역에 대하여 리모델링 기본계획을 수립해야 한다.

② 리모델링 기본계획에는 리모델링대상 공동주택 현황 및 세대수 증가형 리모델링 수요 예측이 포함되어야 한다.

③ 리모델링 기본계획은 5년 단위로 수립해야 한다.

④ 리모델링 기본계획의 작성기준 및 작성방법 등은 국토교통부장관이 정한다.

⑤ 세대수 증가형 리모델링에 따른 도시과밀의 우려가 적은 경우 등 대통령령으로 정하는 경우에는 리모델링 기본계획을 수립하지 않을 수 있다.

☆중요
06 주택법령상 리모델링 기본계획의 수립에 관하여 <u>틀린</u> 내용은?

① 특별시장·광역시장 및 대도시의 시장은 리모델링 기본계획을 수립하려면 14일 이상 주민에게 공람하고, 지방의회의 의견을 들어야 한다.

② 지방의회는 의견제시를 요청받은 날부터 30일 이내에 의견을 제시해야 하며, 30일 이내에 의견을 제시하지 않는 경우에는 이의가 없는 것으로 본다.

③ 대도시가 아닌 시의 시장은 도지사가 리모델링 기본계획의 수립이 필요하다고 인정한 경우 수립해야 한다.

④ 대도시의 시장이 리모델링 기본계획을 수립하거나 변경하는 경우 도지사의 승인을 받지 않는다.

⑤ 특별시장·광역시장 및 대도시의 시장은 5년마다 리모델링 기본계획의 타당성 여부를 검토하여 그 결과를 리모델링 기본계획에 반영해야 한다.

제5장 보칙 · 벌칙

Point 63 주택상환사채 ★★★★

기본서 p.564~566

(1) 발행

한국토지주택공사와 등록사업자(① 자본금 5억원 이상 법인, ② 건설업 등록, ③ 최근 3년간 연평균 주택건설실적 300세대 이상 + 금융기관의 보증)가 발행 ⇨ 국토부장관의 승인

(2) 상환기간

3년 초과 금지(사채발행일 ~ 주택공급계약체결일)

(3) 양도 · 중도해약의 원칙적 금지. 다만, 해외이주 등 부득이한 사유가 있는 경우는 예외

(4) 기명 증권

명의변경은 취득자의 성명과 주소를 사채원부에 기록

(5) 기타

등록사업자의 등록말소는 사채의 효력에 영향 ×, 「상법」 중 사채발행 규정을 적용(보충적)

☆중요 출제가능성이 높은 중요 문제　↖고득점 고득점 목표를 위한 어려운 문제　✎신유형 기존에 출제되지 않은 신유형 대비 문제

Point 63　주택상환사채 ★★★★

정답 및 해설 p.72~73

💡 Tip

토지임대부 분양주택(의의 및 임대차기간), 주택상환사채(발행자, 발행승인, 발행방법 및 상환, 양도), 청문사유에 관한 내용을 정확하게 정리한다.

☆중요

01 주택법령상 토지임대부 분양주택에 관한 설명으로 <u>틀린</u> 것은?

① 토지임대부 분양주택의 토지에 대한 임대차기간은 40년 이내로 한다.

② 토지임대부 분양주택 소유자의 3분의 2 이상이 계약갱신을 청구하는 경우 40년의 범위에서 이를 갱신할 수 있다.

③ 토지임대료를 보증금으로 전환하여 납부하는 경우, 그 보증금을 산정할 때 적용되는 이자율은 「은행법」에 따른 은행의 3년 만기 정기예금 평균이자율 이상이어야 한다.

④ 토지임대부 분양주택을 공급받은 자가 토지임대부 분양주택을 양도하려는 경우에는 한국토지주택공사에 해당 주택의 매입을 신청해야 한다.

⑤ 토지임대료는 월별 임대료를 원칙으로 한다.

02 주택법령상 토지임대부 분양주택에 관한 설명으로 <u>틀린</u> 것은?

① 토지임대부 분양주택을 공급받은 자가 토지소유자와 임대차계약을 체결한 경우 해당 주택의 구분소유권을 목적으로 그 토지 위에 임대차기간 동안 지상권이 설정된 것으로 본다.

② 토지소유자와 토지임대주택을 분양받은 자가 토지임대료에 관한 약정을 체결한 경우, 토지소유자는 약정 체결 후 3년이 지나기 전에는 토지임대료의 증액을 청구할 수 없다.

③ 토지소유자와 주택을 공급받은 자가 합의한 경우 임대료를 보증금으로 전환하여 납부할 수 있다.

④ 토지임대부 분양주택을 양수한 자 또는 상속받은 자는 임대차계약을 승계한다.

⑤ 토지임대부 분양주택에 관하여 이 법에서 정하지 아니한 사항은 「집합건물의 소유 및 관리에 관한 법률」, 「민법」 순으로 적용한다.

03 주택법령상 주택상환사채에 관한 설명으로 옳은 것은?

① 한국토지주택공사는 금융기관 또는 주택도시보증공사의 보증을 받아 주택상환사채를 발행할 수 있다.

② 주택상환사채의 상환기간은 5년을 초과할 수 없다. 이 경우 상환기간은 사채발행일부터 주택의 공급계약체결일까지의 기간으로 한다.

③ 주택상환사채는 기명증권(記名證券)으로 하고, 사채권자의 명의변경은 취득자의 성명을 채권에 기록하는 방법으로 한다.

④ 등록사업자의 등록이 말소된 경우에는 등록사업자가 발행한 주택상환사채도 효력을 상실한다.

⑤ 세대원 전원이 2년 이상 해외에 체류하려는 경우에는 주택상환사채를 양도하거나 중도에 해약할 수 있다.

04 주택법령상 등록사업자가 주택상환사채를 발행하기 위한 요건으로 틀린 것은?

① 법인으로서 자본금이 5억원 이상일 것

② 「건설산업기본법」에 따라 건설업 등록을 한 자일 것

③ 최근 5년간 연평균 주택건설실적이 100호 또는 100세대 이상일 것

④ 국토교통부장관의 승인을 받을 것

⑤ 발행규모는 최근 3년간의 연평균 주택건설 호수 이내로 할 것

05 주택법령상 주택상환사채에 관한 설명으로 틀린 것은?

① 주택상환사채를 발행하려는 자는 국토교통부장관의 승인을 받아야 한다.

② 주택상환사채는 액면 또는 할인의 방법으로 발행한다.

③ 발행조건은 주택상환사채권에 적어야 하는 사항에 포함된다.

④ 주택상환사채의 발행에 관하여 「주택법」에 규정한 것을 제외하고는 「상법」 중 사채발행에 관한 규정을 적용한다.

⑤ 주택상환사채의 납입금은 국토교통부장관이 지정하는 금융기관에서 관리한다.

06 주택법령상 주택상환사채의 납입금이 사용될 수 있는 용도로 명시된 것을 모두 고른 것은?

> ㉠ 주택건설자재의 구입
> ㉡ 택지의 구입 및 조성
> ㉢ 주택조합 운영비에의 충당
> ㉣ 주택조합 가입 청약철회자의 가입비 반환

① ㉠, ㉡

② ㉠, ㉣

③ ㉢, ㉣

④ ㉠, ㉡, ㉢

⑤ ㉡, ㉢, ㉣

고득점

07 주택법령상 국토교통부장관이 시·도지사에게 위임한 권한이 <u>아닌</u> 것은?

① 주택건설사업의 등록

② 주택건설사업자의 등록말소

③ 대지조성사업자의 영업의 정지

④ 사용검사 및 임시사용승인

⑤ 대지조성사업자의 등록말소에 따른 청문

중요

08 「주택법」상 청문을 해야 하는 처분이 <u>아닌</u> 것은? (단, 다른 법령은 고려하지 않음)

① 공업화주택의 인정취소

② 주택조합의 설립인가취소

③ 주택건설 사업계획승인의 취소

④ 공동주택 리모델링허가의 취소

⑤ 주택건설사업의 등록말소

7개년 출제비중분석

제6편 출제비중
5%

7개년 평균 출제비중

장별 출제비중

장 제목	평균	제33회	제32회	제31회	제30회	제29회	제28회	제27회
제1장 총칙	0.4	0	0	0	1	0	1	1
제2장 농지의 소유	0.6	1	1	0	1	1	0	0
제3장 농지의 이용	0.6	0	1	1	0	0	1	1
제4장 농지의 보전 등	0.4	1	0	1	0	1	0	0

*평균: 최근 7개년 동안 출제된 각 장별 평균 문제 수입니다.

제6편

농지법

제1장 농지의 소유

Point 64 용어정의 ★★★★

기본서 p.579~580

총칙	① 농지(지목 불문)
	  ㉠ 농작물의 경작지
	  ㉡ 다년생식물의 재배지(조경목적은 제외)
	  ㉢ 개량시설(유지, 양수·배수시설, 농로·제방)의 부지
	  ㉣ 생산시설(온실·버섯재배사, 비닐하우스)의 부지
	  🔍 농지에서 제외
	    1. 지목이 전·답·과수원 × + 3년 미만
	    2. 지목이 임야 + 산지전용허가 × + 경작·재배
	    3. 초지
	② 농업인
	  ㉠ 1천m² 이상의 농지 or 1년 중 90일 이상 농업에 종사
	  ㉡ 연간 농산물 판매액 120만원 이상
	③ 농업법인: 영농조합법인, 농업인 3분의 1 이상인 농업회사법인
	④ 자경
	  ㉠ 농업인이 경작·재배에 상시 종사
	  ㉡ 농업인이 경작·재배에 농작업 2분의 1 이상 자기의 노동력 ≠ 위탁경영(농지소유자가 타인에게 보수를 지급하고 농작업의 전부 또는 일부를 위탁)
	⑤ 농지전용: 농지를 농업생산, 농지개량 이외의 목적으로 사용하는 것
	⑥ 주말·체험영농: 농업인이 아닌 개인이 주말 등을 이용하여 취미생활이나 여가활동으로 경작·재배하는 것

Point 65 농지소유규제 ★★★★

기본서 p.582~587

농지의
소유
	① 경자유전(耕者有田)의 원칙
	② 농지소유의 특례: 「농지법」에서만 규정
	  ㉠ 국가·지방자치단체
	  ㉡ 학교, 공공단체, 연구기관
	  ㉢ 주말·체험영농(농업진흥지역 외): 1천m² 미만(세대원 총면적 기준)
	  ㉣ 상속(농업경영 ×): 1만m²까지
	  ㉤ 8년 이상 농업경영 후 이농: 1만m²까지
	  ㉥ 농지전용허가·신고
	  ㉦ 농지전용협의 등
	  🔍 ㉠·㉣·㉤·㉥·㉦은 임대·사용대 가능

③ 농지취득자격증명: 시장·구청장·읍장·면장이 발급
　　㉠ 발급대상: 농지를 취득하려는 자
　　㉡ 예외
　　　ⓐ 국가·지자체
　　　ⓑ 농지전용협의
　　　ⓒ 상속·합병 등
　　㉢ 발급절차: 농업경영계획서 or 주말·체험영농계획서 작성 ⇨ 발급신청 ⇨ 발급(7일, 영농계획서 면제는 4일, 농지위원회 심의대상은 14일 이내) ⇨ 소유권이전등기시 첨부
　　㉣ 농업경영계획서 작성 면제: 학교, 농지전용허가·신고
　　　🔍 **영농계획서 보존기간**: 10년
　　㉤ 공유자(상속은 제외) 수 제한: 7인 이하의 범위에서 시·군·구의 조례 ⇨ 공유자 수를 초과하는 경우 농취증 발급제한 가능
④ 위탁경영의 예외적 허용
　　㉠ 징집·소집
　　㉡ 3개월 이상 국외여행
　　㉢ 질병·취학, 선거에 따른 공직취임
　　㉣ 부상으로 3개월 이상 치료
　　㉤ 임신 중이거나 분만 후 6개월 미만
　　㉥ 교도소·구치소에 수용
　　㉦ 농업인이 자기 노동력이 부족하여 농작업의 일부를 위탁하는 경우 등

Point 66 농지처분의무 ★★★★

농업경영 위반시의 조치

① 농지처분의무: 1년 이내 처분
　㉠ 농지소유자가 정당한 사유 없이 자경에 이용하지 않는다고 시장·군수·구청장이 인정하는 경우
　㉡ 농지소유상한을 초과하여 소유한 경우(소유상한 초과 면적에 한정)
　㉢ 농지전용허가·신고 후 2년 이내에 목적사업에 착수 ×
② 농지처분명령: 시장·군수·구청장 – 6개월 이내 처분
　㉠ 거짓 그 밖의 부정한 방법으로 농취증 발급
　㉡ 처분의무 기간에 처분 ×
　㉢ 농업법인이 부동산업 영위
③ 매수청구: 농지처분명령을 받은 농지소유자는 한국농어촌공사에게 매수청구 – 공시지가 기준으로 매수
④ 이행강제금: 시장·군수·구청장 – 감정가 or 개별공시지가 중 더 높은 가액의 100분의 25, 연 1회 반복 부과·징수 가능

제1장 단원별 출제예상문제

☆중요 출제가능성이 높은 중요 문제 🔖고득점 고득점 목표를 위한 어려운 문제 📝신유형 기존에 출제되지 않은 신유형 대비 문제

Point 64 용어정의 ★★★★

정답 및 해설 p.73

> 💡 Tip
> 농지의 의의 및 제외, 농업인의 요건, 농업경영으로서 자경과 위탁경영, 농지전용의 개념을 정확하게 정리한다.

중요
01 농지법령에 규정된 농지가 <u>아닌</u> 것은?

① 지목이 답(畓)인 토지로서 농작물의 경작에 실제로 이용되는 토지(「초지법」에 따라 조성된 초지가 아님)
② 지목이 전(田)인 토지로서 다년생식물 재배에 실제로 이용되는 토지
③ 농작물 경작지로 실제로 이용되는 토지의 개량시설에 해당하는 양·배수시설의 부지
④ 다년생식물의 재배에 이용되고 있는 토지에 설치한 비닐하우스와 그 부속시설의 부지
⑤ 관상용 수목의 묘목을 조경목적으로 식재한 재배지로 실제로 이용되는 토지

☆중요
02 농지법령상 농업에 종사하는 개인으로서 농업인에 해당하는 자를 모두 고른 것은?

> ㉠ 꿀벌 20군을 사육하는 자
> ㉡ 가금 800수를 사육하는 자
> ㉢ 1,200m²의 농지에서 다년생식물을 재배하면서 1년 중 100일을 농업에 종사하는 자
> ㉣ 농산물의 연간 판매액이 90만원인 자
> ㉤ 농지에 300m²의 비닐하우스를 설치하여 다년생식물을 재배하는 자

① ㉠, ㉢
② ㉠, ㉡, ㉣
③ ㉡, ㉢, ㉤
④ ㉢, ㉣, ㉤
⑤ ㉠, ㉡, ㉢, ㉣

03 농지법령에 규정된 용어로 틀린 것은?

① 2021년부터 계속하여 벼를 경작해 온 지목이 잡종지인 토지는 「농지법」상 농지에 해당한다.

② 「농어업경영체 육성 및 지원에 관한 법률」에 따라 설립되고 업무집행권을 가진 자 중 3분의 1 이상이 농업인인 농업회사법인은 농업법인이다.

③ 농업인이 그 소유농지에서 농작물의 경작 또는 다년생식물의 재배에 상시 종사하거나 농작업의 2분의 1 이상을 자기의 노동력으로 경작 또는 재배하는 것은 자경이다.

④ 농지소유자가 타인에게 보수를 지급하고 농작업의 일부를 위탁하는 것은 위탁경영에 해당한다.

⑤ 농지의 전용이란 농지를 농작물의 경작 또는 다년생식물의 재배 등 농업생산 또는 농지개량 이외의 목적에 사용하는 것을 말한다.

Point 65 **농지소유규제** ★★★★

정답 및 해설 p.73~74

💡 **Tip**
- 경자유전의 원칙 및 예외, 농지소유상한, 농지취득자격증명(발급관청, 발급예외, 농업경영계획서의 작성면제)에 관한 내용을 정확하게 정리한다.
- 위탁경영의 예외적 허용사유는 최근 자주 출제되는 부분으로 정확하게 정리하고 암기할 사항은 암기한다.

04 농지법령상 자기의 농업경영에 이용하지 않는 경우라도 농지를 소유할 수 있는 경우로 틀린 것은?

① 농지를 마을회관 등 농업인의 공동생활시설 부지로 농지전용신고를 한 자가 해당 농지를 소유하는 경우

② 주말·체험영농을 하려고 농업진흥지역 내의 농지를 소유하는 경우

③ 농림축산식품부장관과 협의를 마치고 「공익사업을 위한 토지 등의 취득 및 보상에 관한 법률」에 따라 농지를 취득하여 소유하는 경우

④ 「공유수면 관리 및 매립에 관한 법률」에 따라 매립농지를 취득하여 소유하는 경우

⑤ 8년 이상 농업경영을 하던 자로서 이농 당시 소유하고 있던 농지를 계속 소유하는 경우

05 농지법령상 농지의 소유에 관한 설명으로 틀린 것은?

① 농지소유에 관하여는 「농지법」에 정한 경우 외에는 특례를 정할 수 없다.

② 농업인은 농업경영목적으로 농업진흥지역 내의 농지를 제한 없이 소유할 수 있다.

③ 농지를 임대하거나 무상사용하게 하는 경우에는 자기의 농업경영에 이용하지 않는 농지라도 그 기간 중에는 계속하여 소유할 수 있다.

④ 농업인은 농업경영목적으로 농업진흥지역 외의 농지를 세대당 5만m^2까지 소유할 수 있다.

⑤ 주말·체험영농을 하려는 자는 세대당 1천m^2 미만의 농지를 소유할 수 있다.

✿중요

06 농지법령상 농지소유상한에 관한 설명으로 틀린 것은?

① 지방자치단체가 농지를 소유하는 경우에는 총 10만m^2까지 소유할 수 있다.

② 상속에 의하여 농지를 취득하여 소유하는 경우 자기의 농업경영에 이용하지 않는 농지라도 상속농지 중 1만m^2까지 소유할 수 있다.

③ 8년 이상 농업경영을 한 후 이농한 자는 이농 당시 소유농지 중에서 총 1만m^2까지만 소유할 수 있다.

④ 상속농지를 한국농어촌공사에게 위탁하여 임대하는 경우에는 소유상한을 초과할지라도 그 기간에는 농지를 계속 소유할 수 있다.

⑤ 농지소유상한을 위반하여 농지를 소유할 목적으로 부정한 방법으로 농지취득자격증명을 발급받은 자는 5년 이하의 징역 또는 해당 토지의 개별공시지가에 따른 토지가액에 해당하는 금액 이하의 벌금에 처한다.

✿중요

07 농지법령상 농지취득자격증명에 관한 설명 중 틀린 것은?

① 농지를 취득하려는 자는 농지소재지를 관할하는 시·구·읍·면의 장에게서 농지취득자격증명을 발급받아야 한다.

② 국가나 지방자치단체가 농지를 소유하려는 경우는 농지취득자격증명을 발급받지 않아도 된다.

③ 농지 투기가 성행할 우려가 있는 지역의 농지를 취득하려는 자가 농지취득자격증명 발급을 신청한 경우 농지위원회의 심의를 거쳐야 한다.

④ 시·구·읍·면의 장은 농업경영계획서를 10년간 보존해야 한다.

⑤ 농지취득자격증명의 발급신청을 받은 때에는 원칙적으로 5일 이내에 신청인에게 농지취득자격증명을 발급하여야 한다.

08 농지법령상 농지취득자격증명을 발급받아야 하는 것은?

① 농업법인의 합병으로 농지를 취득하는 경우
② 농지전용협의를 마친 농지를 소유하는 경우
③ 공유농지의 분할로 농지를 취득하는 경우
④ 농지를 농업인 주택의 부지로 전용하려고 농지전용신고를 한 자가 그 농지를 취득하는 경우
⑤ 시효의 완성으로 농지를 취득하는 경우

09 농지법령상 농지취득자격증명을 발급받으려는 자가 작성하는 농업경영계획서에 포함되어야 하는 사항이 <u>아닌</u> 것은?

① 취득대상 농지의 면적(공유로 취득하려는 경우 공유지분의 비율 및 각자가 취득하려는 농지의 위치도 함께 표시한다)
② 취득대상 농지에서 농업경영을 하는 데에 필요한 노동력 및 농업 기계 · 장비 · 시설의 확보 방안
③ 취득대상 농지의 거래가격 및 소유권이전시기
④ 농지취득자격증명을 발급받으려는 자의 직업 · 영농경력 · 영농거리
⑤ 소유농지의 이용실태(농지소유자에게만 해당한다)

10 농지법령상 농업경영계획서를 작성하지 않고 농지취득자격증명의 발급신청을 할 수 있는 경우가 <u>아닌</u> 것은?

① 학교, 공공단체 · 농업연구기관 · 농업생산자단체 등이 그 목적사업을 수행하기 위하여 필요한 시험지 · 연구지 · 실습지로 쓰기 위하여 농지를 취득하여 소유하는 경우
② 「한국농어촌공사 및 농지관리기금법」에 따른 농지의 개발사업지구에 있는 농지로서 대통령령으로 정하는 1,500m² 미만의 농지를 취득하여 소유하는 경우
③ 농지전용허가를 받은 자가 그 농지를 취득하여 소유하는 경우
④ 「은행법」에 따라 설립된 은행이 담보농지를 취득하여 소유하는 경우
⑤ 「공공토지의 비축에 관한 법률」에 따라 공공토지의 비축을 위하여 한국토지주택공사가 계획관리지역과 자연녹지지역 안의 농지를 취득하여 소유하는 경우

11 농지법령상 농지소유자가 소유농지를 위탁경영할 수 <u>없는</u> 경우는?

① 「병역법」에 따라 현역으로 징집된 경우

② 6개월간 미국을 여행 중인 경우

③ 선거에 따른 공직취임으로 자경할 수 없는 경우

④ 농업법인이 청산 중인 경우

⑤ 교통사고로 2개월간 치료가 필요한 경우

☆☆중요
12 농지법령상 주말·체험영농을 하려고 농업진흥지역 외의 농지를 소유하는 경우에 관한 설명으로 <u>틀린</u> 것은?

① 농업인이 아닌 개인도 농지를 소유할 수 있다.

② 세대원 전부가 소유한 면적을 합하여 총 1천m² 미만의 농지를 소유할 수 있다.

③ 농지를 취득하려면 주말·체험영농계획서를 작성하여 농지취득자격증명을 발급받아야 한다.

④ 소유농지를 농수산물 유통·가공시설의 부지로 전용하려면 농지전용신고를 해야 한다.

⑤ 농지를 취득한 자가 질병이나 취학으로 인하여 그 농지를 주말·체험영농에 이용하지 못하게 되면 1년 이내에 그 농지를 처분해야 한다.

☆☆중요
13 농지법령상 농지소유자가 소유농지를 위탁경영할 수 있는 경우는?

① 상속으로 농지를 취득하여 소유하는 경우

② 과수의 가지치기, 열매솎기 및 수확하는 농작업에 1년 중 3주간을 직접 종사하는 경우

③ 분만 후 200일인 경우

④ 구치소에 수용 중이어서 자경할 수 없는 경우

⑤ 1년간 대한민국 전역을 일주하는 여행 중인 경우

> 💡 **Tip**
> 농지처분의무사유, 처분명령과 이행강제금, 매수청구에 관한 내용을 정확하게 정리한다.

☆중요
14 농지법령상 농지의 처분의무에 대한 설명으로 **틀린** 것은?

① 농지의 소유자는 시장·군수 또는 구청장에게 농지처분의 통지를 받은 경우에는 그 사유가 발생한 날부터 1년 이내에 해당 농지를 세대원이 아닌 자에게 처분해야 한다.

② 시장·군수 또는 구청장은 처분의무 기간 내에 농지를 처분하지 아니한 농지소유자에 대하여 6개월 이내의 기간을 정하여 해당 농지를 처분할 것을 명할 수 있다.

③ 농지의 소유자는 처분명령을 받은 때에는 한국농어촌공사에게 해당 농지의 매수를 청구할 수 있다.

④ 시장·군수 또는 구청장은 정당한 사유 없이 처분명령을 이행하지 아니한 자에게 감정 가격 또는 개별공시지가 중 더 낮은 가액의 100분의 20에 해당하는 이행강제금을 매년 1회 부과·징수할 수 있다.

⑤ 시장·군수 또는 구청장은 농지소유자가 농지를 자기의 농업경영에 이용하는 경우 처분의무 기간이 지난 날부터 3년간 처분명령을 직권으로 유예할 수 있다.

☆중요
15 농지법령상 농업경영에 이용하지 않는 농지의 처분의무에 관한 설명으로 옳은 것은?

① 농지소유자가 선거에 따른 공직취임으로 휴경하는 경우에는 소유농지를 자기의 농업경 영에 이용하지 않더라도 처분의무가 면제된다.

② 농지소유상한을 초과하여 농지를 소유한 것이 판명된 경우에는 소유농지 전부를 처분 해야 한다.

③ 농지처분의무 기간은 처분사유가 발생한 날부터 6개월이다.

④ 농지전용신고를 하고 그 농지를 취득한 자가 질병으로 인하여 취득한 날부터 2년이 초 과하도록 그 목적사업에 착수하지 아니한 경우에는 농지처분의무가 면제된다.

⑤ 농지소유자가 시장·군수 또는 구청장으로부터 농지처분명령을 받은 경우 한국토지주 택공사에 그 농지의 매수를 청구할 수 있다.

제2장 농지의 이용

Point 67   농지이용규제 ★★★★

기본서 p.593~601

(1) 대리경작자의 지정: 시장 · 군수 · 구청장 ⇨ 직권 or 신청

① **지정대상:** 유휴농지(경작 · 재배 ×). 다만, 휴경농지나 농지전용허가 · 신고 · 협의 등은 제외

② **지정요건:** 농업인 · 농업법인 지정(원칙). 다만, 곤란한 경우 농업생산자단체, 학교

③ **지정절차:** 지정예고 ⇨ 이의신청(10일 이내) × ⇨ 지정

④ **대리경작기간:** 따로 정하지 않으면 3년

⑤ **토지사용료:** 수확량의 100분의 10을 수확일부터 2개월 이내에 농지소유자 · 임차권자에게 지급

⑥ **지정중지 신청:** 대리경작기간 만료 3개월 전까지

(2) 농지의 임대차: 원칙적 금지

① **예외적 허용**

    ㉠ 경자유전의 예외(학교 · 공공단체 · 연구기관, 주말 · 체험영농은 제외)

    ㉡ 위탁경영의 허용사유

    ㉢ 60세 이상 + 5년 초과 농업경영

    ㉣ 소유농지를 주말 · 체험영농을 하려는 자에게 임대(직접 · 간접)

    ㉤ 이모작을 위한 8개월 이내로 임대

② **서면계약:** 시 · 구 · 읍 · 면장의 확인 + 농지의 인도 ⇨ 다음 날부터 제3자에게 대항력 발생

③ **기간:** 3년 이상. 다만, 다년생식물 재배지나 온실 · 비닐하우스 등 재배시설을 설치한 경우에는 5년 이상 ⇨ 기간을 정하지 않거나 이 기간 미만으로 정한 경우 이 기간으로 간주(국 · 공유농지는 적용 ×)

④ **묵시의 갱신:** 만료 3개월 전까지 갱신거절이나 조건변경의 통지 × ⇨ 이전과 같은 조건으로 계약갱신

⑤ **강행규정:** 임차인에게 불리한 위반 약정은 무효

제2장 단원별 출제예상문제

⭐중요 출제가능성이 높은 중요 문제 🏹고득점 고득점 목표를 위한 어려운 문제 📖신유형 기존에 출제되지 않은 신유형 대비 문제

Point 67 농지이용규제 ★★★★

정답 및 해설 p.74~75

> 💡 **Tip**
> 대리경작제(대리경작대상 농지, 지정요건, 대리경작기간 및 토지사용료)와 농지의 임대차(허용사유, 대항력, 임대차기간, 강행규정)에 관한 내용을 정확하게 정리한다.

01 농지법령상 농지이용계획과 관련된 설명으로 틀린 것은?

① 시장·군수 또는 자치구구청장은 농지이용계획을 수립·시행해야 한다.

② 관할 구역 농지의 면적이 3천만m² 이하인 시 또는 자치구에서는 농지이용계획을 수립하지 않을 수 있다.

③ 농지이용계획의 수립에 관한 지역주민의 의견을 듣기 위하여 그 주요 내용을 공고하고 14일 이상 일반이 열람할 수 있도록 해야 한다.

④ 시장·군수 또는 자치구구청장은 시·군·구 농업·농촌 및 식품산업정책심의회의 심의를 거쳐 수립한다.

⑤ 농지이용계획에는 지대별·용도별 이용계획, 농지의 효율적 이용과 농업경영을 개선하기 위한 경영규모의 확대계획 등이 포함된다.

⭐중요

02 농지법령상 유휴농지에 대한 대리경작자의 지정에 관한 설명으로 옳은 것은?

① 지력의 증진이나 토양의 개량·보전을 위하여 필요한 기간 동안 휴경하는 농지에 대하여도 대리경작자를 지정할 수 있다.

② 대리경작자 지정은 유휴농지를 경작하려는 농업인 또는 농업법인의 신청이 있을 때에만 할 수 있고, 직권으로는 할 수 없다.

③ 시장·군수 또는 구청장은 대리경작자를 직권으로 지정하려는 경우에는 농업생산자단체 또는 학교로서 해당 농지를 경작하려는 자를 우선적으로 지정해야 한다.

④ 대리경작기간은 3년이고, 이와 다른 기간을 따로 정할 수 없다.

⑤ 대리경작농지의 소유자가 해당 농지를 스스로 경작하려는 경우 대리경작기간 만료 3개월 전까지 지정을 중지할 것을 시장·군수 또는 구청장에게 신청해야 한다.

03 농지법령상 농지의 대리경작 및 임대차에 관한 설명으로 틀린 것은?

① 대리경작자는 수확량의 100분의 10을 수확일부터 2개월 이내에 그 농지의 소유자에게 토지사용료로 지급해야 한다.
② 대리경작자가 경작을 게을리하는 경우에는 대리경작기간이 끝나기 전이라도 대리경작자 지정을 해지할 수 있다.
③ 농지의 소유자는 대리경작자 지정통지를 받은 날로부터 10일 이내에 시장·군수 또는 구청장에게 이의신청을 할 수 있다.
④ 농지의 소유자는 주말·체험영농을 하려는 자에게 임대하는 것을 업(業)으로 하는 자에게 자신의 농지를 임대할 수 있다.
⑤ 임대농지의 양수인은 「농지법」에 따른 임대인의 지위를 승계한 것으로 본다.

04 농지법령상 농지를 임대할 수 있는 사유가 아닌 것은?

① 소유하고 있는 농지를 주말·체험영농을 하려는 자에게 임대하는 경우
② 상속으로 농지를 취득하여 소유하는 경우
③ 농지전용허가를 받거나 농지전용신고를 한 자가 그 농지를 소유하는 경우
④ 60세 이상 농업인으로서 자신이 거주하는 시·군에 있는 소유농지 중에서 자기의 농업경영에 이용한 기간이 3년이 넘은 농지를 임대하는 경우
⑤ 농작업 중의 부상으로 3개월 이상의 치료가 필요한 경우

05 농지법령상 농지의 임대차에 관한 내용으로 틀린 것은?

① 농업경영을 하려는 자에게 농지를 임대하는 경우 서면계약을 원칙으로 한다.
② 다년생식물 재배지 등이 아닌 임대차기간은 2년 이상으로 하되, 임대차기간을 정하지 않거나 2년보다 짧은 경우 2년으로 약정된 것으로 본다.
③ 임대차계약의 당사자는 임대차기간, 임차료 등 계약에 관하여 협의가 이루어지지 아니한 경우 농지의 소재지 관할 시장·군수 또는 구청장에게 조정을 신청할 수 있다.
④ 임대인이 임대차기간이 끝나기 3개월 전까지 임차인에게 계약을 갱신하지 않는다는 뜻을 통지하지 아니하면 이전과 같은 조건으로 다시 임대차계약을 한 것으로 본다.
⑤ 「농지법」에 위반된 약정으로서 임차인에게 불리한 것은 그 효력이 없다.

06 농지법령상 농지의 임대차에 관한 설명으로 <u>틀린</u> 것은? (단, 농업경영을 하려는 자에게 임대하는 경우를 전제로 함)

① 자경농지를 농림축산식품부장관이 정하는 이모작을 위하여 8개월 이내로 임대할 수 있다.

② 농지의 임차인이 그 농지를 정당한 사유 없이 농업경영에 사용하지 아니할 때에는 시장·군수·구청장은 임대차의 종료를 명할 수 있다.

③ 임대차계약은 그 등기가 없는 경우에도 임차인이 농지소재지를 관할하는 시·구·읍·면의 장의 확인을 받고, 해당 농지를 인도받은 경우에는 그 다음 날부터 제3자에 대하여 효력이 생긴다.

④ 농지의 임차인이 농작물의 재배시설로서 고정식온실을 설치한 농지의 임대차기간은 10년 이상으로 해야 한다.

⑤ 농지임대차조정위원회에서 작성한 조정안을 임대차계약 당사자가 수락한 때에는 이를 당사자간에 체결된 계약의 내용으로 본다.

07 농지법령상 국·공유재산이 아닌 A농지와 국유재산인 B농지를 농업경영을 하려는 자에게 임대차하는 경우에 관한 설명으로 옳은 것은?

① A농지의 임대차계약은 등기가 있어야만 제3자에게 효력이 생긴다.

② 임대인이 취학을 이유로 A농지를 임대하는 경우 임대차기간은 3년 이상으로 해야 한다.

③ 임대인이 질병을 이유로 A농지를 임대하였다가 같은 이유로 임대차계약을 갱신하는 경우 임대차기간은 3년 이상으로 해야 한다.

④ A농지의 임차인이 그 농지를 정당한 사유 없이 농업경영에 사용하지 않을 경우 농지소재지의 읍·면장은 임대차의 종료를 명할 수 있다.

⑤ B농지의 임대차기간은 3년 미만으로 할 수 있다.

제3장 농지의 보전

Point 68 농업진흥지역 ★★★

기본서 p.602~606

(1) 지정: 시 · 도지사 ⇨ 농림부장관의 승인

   ① **농업진흥구역**: 집단화된 농지

   ② **농업보호구역**: 용수원 확보 등 농업환경 보호

(2) 대상: 녹지(특별시 ×), 관리 · 농림 · 자연환경보전지역

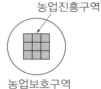

농업진흥구역

농업보호구역

(3) 행위제한

   ① **농업진흥구역**: 농업생산 · 농지개량과 직접 관련된 행위만 가능. 다만, 농업인 주택, 농업인의 공동생활시설, 농수산물 가공 · 처리시설의 설치 등은 허용

   ② **농업보호구역**: 농업진흥구역에서 가능한 행위, 농업인의 소득증대, 생활여건개선을 위한 시설의 설치 등은 가능

   ③ **1필지의 토지가 농업진흥구역과 농업보호구역에 걸치는 경우**: 농업진흥구역이 $330m^2$ 이하인 때에는 농업보호구역의 행위제한을 적용

(4) 매수청구: 농업진흥지역 안의 농지를 소유한 농업인 · 농업법인 ⇨ 한국농어촌공사에게 청구 - 감정가 기준으로 매수

Point 69 농지의 전용 ★★★

기본서 p.607~618

(1) 농지전용허가: 농지를 전용하려는 자 ⇨ 농림부장관의 허가

   ① **제외**: 농지전용협의 · 신고한 농지, 불법개간한 농지의 산림으로 복구, 하천관리청의 허가

   ② **필수적 취소**: 조치명령을 위반한 경우

(2) 농지전용신고: 시장 · 군수 · 구청장에게 신고

   ① **농업인 주택**: 농업진흥지역 밖 + 무주택세대주 + $660m^2$ 이하

   ② **농업인의 공동생활시설**: 농업진흥지역 밖 + 규모 불문

(3) 농지전용협의: 주무부장관 · 지자체의 장이 주거 · 상업 · 공업지역을 지정하거나 도시 · 군계획시설의 결정시 그 예정지에 농지가 포함되는 경우 ⇨ 농림부장관과 협의

(4) 타용도 일시사용허가: 시장·군수·구청장의 허가 — 간이 농수축산업용 시설은 7년 이내 +
5년 연장 가능

(5) 농지보전부담금: 농지전용허가·신고, 협의하고 농지를 전용하는 자 ⇨ 농림부장관에게 허가·
신고 전까지 납부

> ⊕ 1. 가산금: 체납금액의 100분의 3
> 2. 중가산금: 1개월마다 1,000분의 12(60개월 초과 ×)

(6) 농지대장: 시·구·읍·면장 ⇨ 모든 농지에 대해 필지별로 작성·비치

☆☆중요 **출제가능성이 높은 중요 문제**　🔍고득점 **고득점 목표를 위한 어려운 문제**　📝신유형 **기존에 출제되지 않은 신유형 대비 문제**

Point 68 　농업진흥지역 ★★★

정답 및 해설 p.75~76

> 💡 **Tip**
> 농업진흥지역(농업진흥구역과 농업보호구역)의 지정권자, 지정대상 및 행위제한에 관한 내용을 정리한다.

☆☆중요
01 농지법령상 농업진흥지역에 관한 설명으로 옳은 것은?

① 농림축산식품부장관은 농업진흥구역과 농업보호구역으로 구분하여 농업진흥지역을 지정할 수 있다.

② 농업진흥지역을 지정·변경 및 해제하려는 때에는 미리 해당 토지소유자에게 개별통지하고 해당 지역주민의 의견을 들어야 한다.

③ 농업보호구역의 용수원 확보, 수질보전 등 농업환경을 보호하기 위하여 필요한 지역을 농업진흥구역으로 지정할 수 있다.

④ 특별시의 녹지지역에서 농업진흥지역을 지정할 수 있다.

⑤ 녹지지역을 포함하는 농업진흥지역을 지정하려는 경우 국토교통부장관의 승인을 받아야 한다.

☆☆중요
02 농지법령상 농업진흥지역에 관하여 틀린 내용은?

① 육종연구를 위한 농수산업 관련 시험·연구시설로서 그 부지의 총면적이 3천m^2 미만인 시설은 농업진흥구역에서 설치할 수 있다.

② 농업보호구역에서는 매장문화재의 발굴행위를 할 수 있다.

③ 1필지의 토지 중 일부가 농업진흥지역에 걸쳐 있는 경우 그 토지면적이 330m^2 이하인 때에는 해당 부분에 대하여 농업진흥지역의 행위제한에 관한 규정을 적용한다.

④ 농업진흥지역의 농지를 소유하고 있는 농업인은 한국농어촌공사에게 그 농지의 매수를 청구할 수 있으며, 한국농어촌공사는 감정가격을 기준으로 해당 농지를 매수할 수 있다.

⑤ 농림축산식품부장관은 매년 농업진흥지역에 대한 실태조사를 해야 한다.

03 농지법령상 농업보호구역 안에서 농업인의 소득증대와 생활여건개선을 위해 설치할 수 있는 시설이 <u>아닌</u> 것은?

① 부지면적이 1천m² 미만인 단독주택

② 부지면적이 5천m² 미만인 제1종 근린생활시설 중 양수장·정수장

③ 부지면적이 2만m² 미만인 관광농원사업으로 설치하는 시설

④ 부지면적이 3천m² 미만인 주말농원사업으로 설치하는 시설

⑤ 부지면적이 1만m² 미만인 태양에너지 발전설비

Point 69　농지의 전용 ★★★

정답 및 해설 p.76

💡 **Tip**

농지전용허가, 농지전용협의, 농지전용신고, 타용도 일시사용허가의 권한자 및 대상·기간, 전용허가 등의 필수적 취소사유, 농지보전부담금에 관한 내용을 정리한다.

✿ 중요

04 농지법령에 규정된 농지의 전용에 대한 설명으로 옳은 것은?

① 고정식온실, 비닐하우스 등 농업생산에 필요한 시설을 농지에 설치하는 경우에도 농지 전용허가를 받아야 한다.

② 농지의 논밭간 전환을 위한 형질변경의 경우에는 농지전용허가를 받아야 한다.

③ 농지를 전용하려는 자는 원칙적으로 농림축산식품부장관의 허가를 받아야 한다.

④ 농업진흥지역 밖의 3만m² 이상 30만m² 미만의 농지의 전용은 시장·군수 또는 구청 장에게 위임할 수 있다.

⑤ 하천관리청으로부터 허가를 받아 농지를 형질변경하는 경우에는 농지전용의 허가를 받아야 한다.

05 농지법령상 농지의 전용에 관한 설명으로 옳은 것은?

① 과수원인 토지를 재해로 인한 농작물의 피해를 방지하기 위한 방풍림 부지로 사용하는 것은 농지의 전용에 해당하지 않는다.

② 전용허가를 받은 농지의 위치를 동일 필지 안에서 변경하는 경우에는 농지전용신고를 해야 한다.

③ 「산지관리법」에 따른 산지전용허가를 받지 않고 불법으로 개간한 농지라도 이를 다시 산림으로 복구하려면 농지전용허가를 받아야 한다.

④ 농지를 농업인 주택의 부지로 전용하려는 경우에는 농림축산식품부장관에게 농지전용신고를 해야 한다.

⑤ 농지전용허가를 받아 농지를 전용하는 경우에는 농지를 전 · 답 · 과수원 외의 지목으로 변경하지 못한다.

06 농지법령상 농지의 전용에 관한 설명으로 틀린 것은?

① 농지전용허가를 받아 목적사업에 사용되고 있는 토지를 5년 이내에 다른 목적으로 사용하려는 경우에는 시장 · 군수 또는 구청장의 승인을 받아야 한다.

② 농림축산식품부장관은 농지전용의 허가를 하려는 때에는 농지보전부담금의 전부 또는 일부를 미리 납부하게 해야 한다.

③ 도시지역에 있는 농지로서 주무부장관 또는 지방자치단체의 장이 농림축산식품부장관과 미리 전용협의를 거친 농지는 농지전용허가를 받지 않아도 된다.

④ 해당 농지의 전용에 따르는 토사의 유출 등으로 인근 농지를 손괴할 우려가 있는 경우 농지의 전용을 제한할 수 있다.

⑤ 농지전용허가를 받은 자가 관계 공사의 중지 등 조치명령을 위반한 경우에는 허가를 취소하거나 조업의 정지를 명할 수 있다.

07 농지법령상 농업진흥지역 밖에서 농지전용신고를 하고 설치할 수 있는 시설이 <u>아닌</u> 것은?

① 어린이놀이터 · 마을회관 등 농업인의 공동생활시설
② 경로당 · 보육시설 · 유치원 등 노유자시설
③ 농수산물 유통 · 가공시설
④ 1가구 1주택인 세대주가 설치하는 세대당 $660m^2$ 이하의 농업인 주택
⑤ 농업법인이 7천m^2 이하로 설치하는 농업용 시설

08 농지법령상 농지전용에 관한 설명으로 <u>틀린</u> 것은?

① 농지전용허가를 받은 후 대통령령이 정하는 정당한 사유 없이 2년 이상 농지전용목적 사업에 착수하지 않는 경우 전용허가를 취소할 수 있다.
② 농지전용신고를 해야 하는 경우에 이를 신고하지 않고 농지를 전용한 경우 일정한 기간을 정하여 원상회복을 명할 수 있다.
③ 해당 농지에서 허용되는 주목적사업을 위하여 현장사무소를 설치하는 용도로 농지를 일시사용하려는 자는 시장 · 군수 또는 자치구구청장의 허가를 받아야 한다.
④ 건축신고대상이 아닌 농수산물의 간이 처리시설의 설치를 위한 농지의 타용도 일시사용은 5년 이내로 하며, 연장할 수 없다.
⑤ 농업진흥지역 밖의 농지를 농지전용허가를 받지 않고 전용한 자는 3년 이하의 징역 또는 해당 토지가액의 100분의 50에 해당하는 금액 이하의 벌금에 처한다.

☆중요
09 농지법령상 농지보전부담금에 관한 설명으로 <u>틀린</u> 것은?

① 농지보전부담금의 m^2당 금액은 해당 농지의 개별공시지가의 100분의 30으로 한다.
② 농지보전부담금의 납부기한은 납부통지서 발행일부터 농지전용허가 또는 농지전용신고 전까지로 한다.
③ 농지의 전용신고를 하고 농지를 전용하려는 자도 농지보전부담금을 납부해야 한다.
④ 농지의 타용도 일시사용허가를 받은 자는 농지보전부담금을 납부해야 한다.
⑤ 농림축산식품부장관은 부담금을 내지 아니한 경우에는 납부기한이 지난 날부터 체납된 부담금의 100분의 3에 상당하는 금액을 가산금으로 부과한다.

10 농지법령상 농지보전부담금에 관한 설명으로 <u>틀린</u> 것은?

① 농림축산식품부장관은 체납된 부담금을 납부하지 아니한 때에는 납부기한이 지난 날부터 1개월이 지날 때마다 체납된 부담금의 1천분의 12에 상당하는 가산금을 가산금에 더하여 부과한다.

② 중가산금은 체납된 부담금의 금액이 100만원 미만인 경우에는 부과하지 않는다.

③ 농지보전부담금과 가산금 및 중가산금을 내지 아니하면 국세체납처분의 예에 따라 징수할 수 있다.

④ 국가 또는 지방자치단체가 공용 또는 공공용의 목적으로 농지전용을 하는 경우에는 농지보전부담금을 납부하지 않는다.

⑤ 농지전용허가가 취소되면 농지보전부담금을 환급받을 수 있다.

☆중요
11 농지법령상 농지대장(農地臺帳)에 관한 설명으로 <u>틀린</u> 것은?

① 시·구·읍·면의 장은 농지소유 실태와 농지이용 실태를 파악하여 이를 효율적으로 이용하고 관리하기 위하여 농지대장을 작성하여 갖추어 두어야 한다.

② 농지대장에는 농지의 소재지·지번·지목·면적·소유자·임대차 정보·농업진흥지역 여부 등을 포함해야 한다.

③ 농지대장은 모든 농지에 대해 필지별로 작성하는 것은 아니다.

④ 시·구·읍·면의 장은 관할 구역 안에 있는 농지가 농지전용허가로 농지에 해당하지 않게 된 경우에는 그 농지대장을 따로 편철하여 10년간 보존해야 한다.

⑤ 농지소유자 또는 임차인은 농지의 임대차계약이 체결·변경 또는 해제되는 경우 그 변경사유가 발생한 날부터 60일 이내에 농지대장의 변경을 신청하여야 한다.

저자 약력

한종민 교수

서울시립대학교 법학과 졸업 및 동대학원 수료

현 | 해커스 공인중개사학원 부동산공법 대표강사
　　해커스 공인중개사 부동산공법 동영상강의 대표강사
　　EBS 명품직업 공인중개사 부동산공법 전임강사

저서 | 부동산공법(기본서), 해커스패스, 2021~2023
　　　부동산공법(체계도), 해커스패스, 2021~2023
　　　부동산공법(한손노트), 해커스패스, 2023
　　　부동산공법(출제예상문제집), 해커스패스, 2021~2022
　　　공인중개사 2차(기초입문서), 해커스패스, 2021~2023
　　　공인중개사 2차(핵심요약집), 해커스패스, 2021~2023
　　　공인중개사 2차(단원별 기출문제집), 해커스패스, 2021~2023
　　　공인중개사 2차(회차별 기출문제집), 해커스패스, 2022~2023

출제예상문제집

2차 부동산공법

개정3판 1쇄 발행　2023년 5월 26일

지은이	한종민, 해커스 공인중개사시험 연구소 공편저
펴낸곳	해커스패스
펴낸이	해커스 공인중개사 출판팀

주소	서울시 강남구 강남대로 428 해커스 공인중개사
고객센터	1588-2332
교재 관련 문의	land@pass.com
	해커스 공인중개사 사이트(land.Hackers.com) 1:1 무료상담
	카카오톡 플러스 친구 [해커스 공인중개사]
학원 강의 및 동영상강의	land.Hackers.com

ISBN	979-11-6999-249-7 (13360)
Serial Number	03-01-01

공인중개사 시험 전문,
해커스 공인중개사 land.Hackers.com

해커스 공인중개사

- 해커스 공인중개사학원 및 인터넷강의
- 해커스 공인중개사 온라인 전국 실전모의고사
- 해커스 공인중개사 무료 학습자료 및 필수 학습정보 제공

해커스 공인중개사

검증된 베스트셀러 1위
해커스 교재 시리즈

쉽고 재미있게 시작하는
만화 입문서

쉽게 읽히는 만화 교재
스토리텔링으로 오래 기억되는 공부

초보 수험생을 위한
왕기초 입문서

기초 용어 완벽 정리
쉽고 빠른 기초이론 학습

합격을 위해 반드시 봐야 할
필수 기본서

공인중개사 합격 바이블
출제되는 모든 이론 정리

시험에 나오는 핵심만 담은
압축 요약집

최단 시간 최대 효과
필수 이론 7일 완성

흐름으로 쉽게 이해하는
공법체계도

한눈에 이해가능한
구조로 학습하는 공법

10개년 기출 완전정복
단원별 기출문제집

기출문제 단원별 학습
쉽게 이해되는 상세한 해설

출제유형 완전정복
실전모의고사 10회분

유형별 문제풀이
실전감각 완벽 익히기

2023 합격 최종 점검!
출제예상문제집

최신 출제경향 완벽 반영
꼼꼼하고 정확한 해설 수록

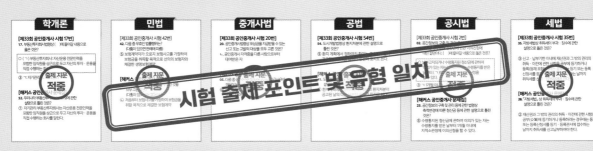

해커스 공인중개사
출제예상문제집

2차 부동산공법

해설집

빠른 정답확인 + 정답 및 해설 + 지문분석

해커스 공인중개사 출제예상문제집

출제예상문제집

2차 부동산공법

해설집

land.Hackers.com

Contents

빠른 정답확인

05	②
06	④
07	③
08	③
09	②
10	③
11	⑤
12	④
13	⑤
14	④
15	③
16	②
17	②
18	④
19	⑤
20	②
21	③
22	③
23	④
24	④
25	①

제7장 p.89~94

01	①
02	③
03	④
04	①
05	②
06	④
07	①

08	④
09	③
10	④
11	④
12	③
13	⑤

제8장 p.98~109

01	②
02	④
03	⑤
04	②
05	⑤
06	③
07	③
08	②
09	⑤
10	⑤
11	②
12	③
13	③
14	②
15	③
16	①
17	④
18	③
19	⑤
20	①
21	④
22	③

23	③
24	③
25	③
26	③
27	④
28	③
29	③

제9장 p.110~112

01	⑤
02	①
03	③
04	⑤
05	③
06	②
07	③

제2편 도시개발법

제1장 p.118~125

01	⑤
02	①
03	①
04	③
05	①
06	④
07	④
08	③
09	③
10	①
11	②
12	①
13	③
14	①
15	④
16	①
17	⑤

18	③
19	②

제2장 p.131~152

01	②
02	①
03	⑤
04	②
05	⑤
06	②
07	③
08	④
09	③
10	④
11	③
12	⑤
13	②
14	⑤

15	③
16	④
17	②
18	③
19	①
20	①
21	②
22	③
23	③
24	②
25	④
26	③
27	③
28	⑤
29	①
30	②
31	③
32	③
33	④
34	③
35	⑤

36	⑤
37	③
38	③
39	⑤
40	⑤
41	②
42	①
43	④
44	①
45	②
46	③
47	①
48	③

제3장　p.154~156

01	⑤
02	②
03	⑤
04	①
05	②
06	③

제3편 도시 및 주거환경정비법

제1장　p.162~165

01	⑤
02	⑤
03	③
04	①

05	②
06	⑤
07	③
08	④

09	①

제2장　p.169~177

01	②
02	⑤
03	③
04	④
05	②
06	②
07	④
08	④
09	⑤
10	①
11	①
12	②
13	②
14	③
15	⑤
16	①
17	④
18	③
19	③

제3장　p.183~208

01	②
02	③
03	③
04	②
05	③
06	③
07	④

08	③
09	③
10	②
11	③
12	⑤
13	④
14	①
15	④
16	③
17	④
18	③
19	③
20	③
21	③
22	⑤
23	②
24	②
25	②
26	⑤
27	①
28	④
29	③
30	②
31	⑤
32	③
33	③
34	③
35	④
36	②
37	⑤

38	⑤		53	⑤
39	②		54	①
40	④		55	④
41	③		56	④
42	③		57	⑤
43	③		58	④
44	⑤			
45	⑤		**제4장** p.210~213	
46	⑤		01	④
47	④		02	④
48	⑤		03	⑤
49	④		04	②
50	⑤		05	⑤
51	④		06	⑤
52	①		07	④

제4편 건축법

제1장 p.220~232

01	④		10	⑤
02	①		11	①
03	④		12	⑤
04	④		13	④
05	②		14	②
06	②		15	④
07	①		16	⑤
08	②		17	④
09	①		18	④
			19	④

20	①		17	①
21	⑤		18	③
22	⑤		19	③
23	②		20	①
24	②		21	①
25	①		22	④
26	②		23	⑤
27	②		24	④
28	③		25	①
29	④		26	⑤
30	③		27	②
31	③			

제2장 p.235~245   **제3장** p.248~254

01	④		01	⑤
02	⑤		02	④
03	⑤		03	④
04	③		04	④
05	⑤		05	⑤
06	④		06	①
07	②		07	③
08	③		08	①
09	②		09	⑤
10	①		10	②
11	②		11	④
12	②		12	②
13	②		13	④
14	④		14	④
15	③		15	⑤
16	③		16	②

제4장 p.256~259

01	①
02	④
03	③
04	①
05	③
06	①
07	①
08	⑤
09	⑤
10	④

제5장 p.262~268

01	②
02	②
03	②
04	④
05	③
06	⑤
07	③
08	③
09	④
10	④
11	⑤

12	③
13	④
14	②
15	③

제6장 p.271~278

01	③
02	①
03	③
04	③
05	④
06	①
07	⑤
08	③
09	④
10	④
11	⑤
12	⑤
13	③
14	④
15	④
16	④
17	④

06	②
07	⑤
08	④
09	③
10	②
11	①
12	③
13	③
14	④
15	⑤
16	⑤

제2장 p.294~309

01	②
02	①
03	③
04	②
05	⑤
06	③
07	②
08	①
09	②
10	③
11	④
12	⑤
13	⑤
14	④
15	③
16	⑤
17	③

18	⑤
19	③
20	④
21	③
22	①
23	③
24	③
25	③
26	⑤
27	④
28	③
29	③
30	③
31	④
32	③
33	⑤
34	⑤
35	①
36	②
37	②

제3장 p.313~322

01	②
02	②
03	②
04	②
05	①
06	①
07	④
08	④

제5편 주택법

제1장 p.284~290

01	④
02	①

03	①
04	③
05	②

09	②
10	②
11	②
12	④
13	⑤
14	④
15	①
16	⑤
17	①
18	⑤
19	①

제4장 p.324~326

01	②
02	②

03	①
04	①
05	③
06	④

제5장 p.328~330

01	②
02	②
03	⑤
04	③
05	⑤
06	①
07	①
08	①

07	⑤

제3장 p.348~352

01	②
02	③
03	②
04	③
05	①

06	⑤
07	④
08	④
09	④
10	④
11	③

제6편 농지법

제1장 p.336~341

01	⑤
02	①
03	①
04	②
05	④
06	①
07	⑤
08	④
09	③
10	④
11	⑤

12	⑤
13	④
14	④
15	①

제2장 p.343~345

01	③
02	⑤
03	③
04	④
05	②
06	④

정답 및 해설

제1장 총칙							p.22~25	
01	④	02	⑤	03	④	04	③	05	③
06	③	07	②	08	①	09	⑤		

Point 01 용어정의

01 ④

지문분석

① 도시·군계획은 특별시·광역시·특별자치시·특별자치도·시 또는 군(광역시 관할 구역 안의 군은 제외한다)의 관할 구역에 대하여 수립하는 공간구조와 발전방향에 대한 계획으로서 도시·군기본계획과 도시·군관리계획으로 구분한다.

② 도시·군기본계획은 특별시·광역시·특별자치시·특별자치도·시 또는 군의 관할 구역에 대하여 기본적인 공간구조와 장기발전방향을 제시하는 종합계획으로서 도시·군관리계획 수립의 지침이 되는 계획을 말한다.

③ 도시·군계획시설이란 기반시설 중 도시·군관리계획으로 결정된 시설을 말한다.

⑤ 용도구역이란 토지의 이용 및 건축물의 용도·건폐율·용적률·높이 등에 대한 용도지역 및 용도지구의 제한을 강화하거나 완화하여 따로 정함으로써 시가지의 무질서한 확산방지, 계획적이고 단계적인 토지이용의 도모, 토지이용의 종합적 조정·관리 등을 위하여 도시·군관리계획으로 결정하는 지역을 말한다.

02 ⑤

기반시설부담구역은 개발밀도관리구역 외의 지역으로서 개발로 인하여 도로, 공원, 녹지 등 대통령령으로 정하는 기반시설의 설치가 필요한 지역을 대상으로 기반시설을 설치하거나 그에 필요한 용지를 확보하게 하기 위하여 지정·고시하는 구역을 말하는 것으로서, 기반시설부담구역이 개발밀도관리구역으로 지정 의제되는 것은 아니다.

03 ④

지문분석

①③⑤ 폐차장·하수도·폐기물처리 및 재활용시설은 환경기초시설이다.

② 청소년수련시설은 공공·문화체육시설이다.

04 ③

해당하는 것은 ㉠㉢㉤㉥ 4개이다.

공공·문화체육시설에는 학교, 공공청사·문화시설·공공 필요성이 인정되는 체육시설·연구시설·사회복지시설·공공직업훈련시설·청소년수련시설이 해당한다.

05 ③

자동차정류장은 여객자동차터미널, 물류터미널, 공영차고지, 공동차고지, 화물자동차 휴게소, 복합환승센터로 세분할 수 있다.

06 ③

해당하는 것은 ㉠㉢㉣ 3개이다.

 도시·군계획사업

도시·군계획사업이란 도시·군관리계획을 시행하기 위한 다음의 사업을 말한다.

> 1. 도시·군계획시설사업
> 2. 「도시개발법」에 따른 도시개발사업
> 3. 「도시 및 주거환경정비법」에 따른 정비사업

07 ②

녹지지역·관리지역·농림지역 및 자연환경보전지역에 설치하는 「농수산물 유통 및 가격안정에 관한 법률」에 따라 개설하는 농수산물공판장이다.

08 ①

지문분석

② 도시·군계획시설사업이란 도시·군계획시설을 설치·정비 또는 개량하는 사업을 말한다.

③ 지구단위계획이란 도시·군계획 수립대상 지역의 일부에 대하여 토지이용을 합리화하고 그 기능을 증진시키며 미관을 개선하고 양호한 환경을 확보하며, 해당 지역을 체계적·계획적으로 관리하기 위하여 수립하는 도시·군관리계획을 말한다.
④ 국가계획이란 중앙행정기관이 법률에 따라 수립하거나 국가의 정책적인 목적달성을 위하여 수립하는 계획 중 도시·군기본계획의 내용이나 도시·군관리계획으로 결정해야 할 사항이 포함된 계획을 말한다.
⑤ 국토교통부장관은 도시의 지속가능성 및 생활인프라 수준을 평가할 수 있다.

09 ⑤

특별시장·광역시장·특별자치시장·특별자치도지사·시장 또는 군수가 관할 구역에 대하여 다른 법률에 따른 환경·교통·수도·하수도·주택 등에 관한 부문별 계획을 수립할 때에는 도시·군기본계획의 내용에 부합되게 해야 한다.

제2장 광역도시계획									p.27~30
01	①	02	④	03	②	04	③	05	②
06	③	07	③	08	②				

Point 02 광역도시계획

01 ①

지문분석 ●

② 광역도시계획의 수립단위는 별도로 규정되어 있지 않다.
③ 광역도시계획은 일반 사인에 대하여는 구속력을 가지지 않는다.
④ 광역도시계획은 타당성 검토에 관한 규정이 없다.
⑤ 광역도시계획의 수립기준은 국토교통부장관이 정한다.

02 ④

지문분석 ●

① 광역계획권이 둘 이상의 도의 관할 구역에 걸쳐 있는 경우 국토교통부장관이 광역계획권을 지정한다.
② 광역계획권은 광역시장이 지정할 수 없다.

③ 도지사가 광역계획권을 지정하거나 변경하려면 관계 중앙행정기관의 장, 관계 시·도지사, 시장 또는 군수의 의견을 들은 후 지방도시계획위원회의 심의를 거쳐야 한다.
⑤ 광역도시계획의 내용이 우선한다.

03 ②

지문분석 ●

① 국토교통부장관은 광역계획권을 지정하거나 변경하려면 관계 시·도지사, 시장 또는 군수의 의견을 들은 후 중앙도시계획위원회의 심의를 거쳐야 한다.
③ 국토교통부장관은 시·도지사가 요청하는 경우에는 관할 시·도지사와 공동으로 광역도시계획을 수립할 수 있다.
④ 시장 또는 군수는 광역도시계획을 수립하거나 변경하려면 도지사의 승인을 받아야 한다.
⑤ 인접한 둘 이상의 특별시·광역시·특별자치시·특별자치도·시 또는 군의 관할 구역 전부 또는 일부를 대통령령으로 정하는 바에 따라 광역계획권으로 지정할 수 있다.

04 ③

광역계획권은 지정이 해제되는 경우가 없다. 광역계획권을 지정한 날부터 3년이 지날 때까지 관할 시장 또는 군수로부터 광역도시계획의 승인신청이 없는 경우에는 관할 도지사가, 광역계획권을 지정한 날부터 3년이 지날 때까지 관할 시·도지사로부터 광역도시계획의 승인신청이 없는 경우에는 국토교통부장관이 수립한다.

05 ②

광역계획권을 지정한 날부터 3년이 지날 때까지 관할 시장 또는 군수로부터 광역도시계획의 승인신청이 없는 경우에는 도지사가 수립한다.

06 ③

공청회의 개최에 관하여 필요한 사항은 그 공청회를 개최하는 주체에 따라 국토교통부장관이 정하거나 시·도, 시 또는 군의 도시·군계획조례로 정할 수 있다.

07 ③

지문분석 ●

① 광역계획권이 같은 도의 관할 구역에 속해 있는 경우 도지사가 광역계획권을 지정한다.
② 광역도시계획을 공동으로 수립하는 시장 또는 군수는 그 내용에 관하여 서로 협의가 되지 않으면 공동이나 단독으로 도지사에게 조정을 신청할 수 있다.

④ 국토교통부장관은 직접 광역도시계획을 수립 또는 변경하거나 승인했을 때에는 시·도지사에게 관계 서류를 송부해야 하며, 관계 서류를 받은 시·도지사는 그 내용을 해당 시·도의 공보에 게재하여 공고하고 일반이 30일 이상 열람할 수 있도록 해야 한다.

⑤ 도지사가 단독으로 광역도시계획을 수립하는 경우 국토교통부장관의 승인을 받지 않는다.

08 ②

지문분석

① 국토교통부장관은 광역도시계획을 승인하거나 직접 광역도시계획을 수립 또는 변경하려면 관계 중앙행정기관과 협의한 후 중앙도시계획위원회의 심의를 거쳐야 한다.

③ 국토교통부장관, 시·도지사, 시장 또는 군수는 광역도시계획을 공동으로 수립할 때에는 광역도시계획의 수립에 관한 협의 및 조정이나 자문 등을 위하여 광역도시계획협의회를 구성하여 운영할 수 있다.

④ 광역계획권의 지정 또는 변경은 도시·군관리계획으로 결정하는 사항이 아니다.

⑤ 국토교통부장관은 단독으로 조정신청을 받은 경우에는 기한을 정하여 당사자간에 다시 협의를 하도록 권고할 수 있다.

---

1. 지역적 특성 및 계획의 방향·목표에 관한 사항
2. 공간구조, 생활권의 설정 및 인구의 배분에 관한 사항
3. 토지의 이용 및 개발에 관한 사항
4. 토지의 용도별 수요 및 공급에 관한 사항
5. 환경의 보전 및 관리에 관한 사항
6. 기반시설에 관한 사항
7. 공원·녹지에 관한 사항
8. 경관에 관한 사항
9. 기후변화 대응 및 에너지 절약에 관한 사항
10. 방재·방범 등 안전에 관한 사항
11. 위 2.부터 10.에 규정된 사항의 단계별 추진에 관한 사항
12. 그 밖에 대통령령으로 정하는 사항

03 ②

지문분석

① 공청회 개최예정일 14일 전까지 1회 이상 공고해야 한다.

③ 공청회를 생략하는 경우는 없다. 도시·군기본계획을 수립하거나 변경하려면 미리 공청회를 열어 주민과 관계 전문가 등으로부터 의견을 들어야 한다.

④ 시장 또는 군수는 도시·군기본계획을 수립하거나 변경하려면 도지사의 승인을 받아야 한다.

⑤ 다른 법률에 따른 지역·지구 등의 지정으로 인하여 도시·군기본계획의 변경이 필요한 경우에는 토지적성평가를 하지 않을 수 있다.

04 ⑤

특별시장·광역시장이 도시·군기본계획을 수립하거나 변경하려면 관계 행정기관의 장(국토교통부장관을 포함)과 협의하고 지방도시계획위원회의 심의를 거쳐야 한다.

05 ⑤

시장 또는 군수는 도시·군기본계획의 승인을 받으려면 도시·군기본계획안에 다음의 서류를 첨부하여 도지사에게 제출해야 한다.

1. 기초조사 결과
2. 공청회개최 결과
3. 해당 시·군의 의회의 의견청취 결과
4. 해당 시·군에 설치된 지방도시계획위원회의 자문을 거친 경우에는 그 결과
5. 관계 행정기관의 장과의 협의 및 도의 지방도시계획위원회의 심의에 필요한 서류

제3장 도시·군기본계획									p.32~35
01	②	02	⑤	03	②	04	⑤	05	⑤
06	②	07	③						

Point 03 도시·군기본계획

01 ②

도시·군기본계획이란 특별시·광역시·특별자치시·특별자치도·시 또는 군의 관할 구역에 대하여 기본적인 공간구조와 장기발전방향을 제시하는 종합계획으로서 도시·군관리계획 수립의 지침이 되는 계획을 말한다.

02 ⑤

옳은 것은 ㉠㉡㉢㉣ 모두이다.

도시·군기본계획에는 다음의 사항에 대한 정책방향이 포함되어야 한다.

06 ②

옳은 것은 ②⑩ 2개이다.

⑦ 도시 · 군기본계획의 수립기준은 <u>국토교통부장관</u>이 정한다.

ⓛ 도시 · 군기본계획은 <u>특별시장 · 광역시장 · 특별자치시장 · 특별자치도지사 · 시장 또는 군수</u>가 수립한다. 국토교통부장관이나 도지사는 수립할 수 없다.

ⓒ 특별시장 · 광역시장은 도시 · 군기본계획에 대하여 <u>국토교통부장관의 승인을 받지 않는다.</u>

07 ③

시장 또는 군수는 도시 · 군기본계획을 수립하거나 변경하려면 <u>도지사의 승인을 받아야</u> 한다. 도지사는 도시 · 군기본계획을 승인하려면 관계 행정기관의 장과 협의한 후 지방도시계획위원회의 심의를 거쳐야 한다.

Point 04 도시 · 군관리계획의 입안

01 ⑤

개발밀도관리구역과 기반시설부담구역의 지정 또는 변경은 도시 · 군관리계획의 내용에 해당하지 않는다.

02 ①

도시 · 군관리계획에는 용도지역 안에서의 건축제한에 관한 사항은 포함되지 않는다.

03 ④

도시자연공원구역에서의 행위제한 등 도시자연공원구역의 관리에 필요한 사항은 따로 법률로 정한다.

04 ④

공동입안에 대한 협의가 성립되지 않는 경우에는 관할 도지사(같은 도에 속하는 경우)나 국토교통부장관(둘 이상 시 · 도에 걸치는 경우)이 <u>입안할 자를 지정 · 고시</u>한다.

05 ③

<u>지문분석</u>

① 개발제한구역의 변경은 입안을 제안할 수 있는 사항이 아니다.

② 토지면적의 <u>5분의 4 이상</u> 토지소유자의 동의를 받아야 한다.

④ 도시계획위원회의 <u>자문을 거칠 수 있다.</u>

⑤ 입안 및 결정에 필요한 비용의 <u>전부 또는 일부</u>를 제안자에게 <u>부담시킬 수 있다.</u>

06 ⑤

입지규제최소구역의 지정에 관한 사항에서 토지소유자의 동의요건은 4분의 3이 아니라 <u>3분의 2 이상</u>이다.

07 ②

지정대상 지역은 자연녹지지역 · 계획관리지역 또는 <u>생산관리지역</u>이어야 한다.

08 ⑤

국토교통부장관(수산자원보호구역은 해양수산부장관), 시 · 도지사, 시장 또는 군수는 용도지역 · 용도지구 또는 용도구역의 지정 또는 변경지정에 관하여 도시 · 군관리계획을 입안하려는 때에는 <u>해당 지방의회의 의견을 들어야</u> 한다.

09 ②

도시지역의 <u>축소</u>에 따른 용도지역 · 용도지구 · 용도구역 또는 지구단위계획구역의 변경인 경우이다.

10 ③

<u>보전용도의 용도지역</u>(주거지역 · 상업지역 · 공업지역 및 계획관리지역 외의 지역) 상호간의 변경(다만, 자연녹지지역으로 변경하는 경우는 제외)에 관한 도시 · 군관리계획을 입안하는 경우 토지적성평가를 생략할 수 있다.

11 ⑤

<u>지문분석</u>

① 주민의견청취는 <u>입안권자</u>가 도시 · 군관리계획을 입안할 때에 거치는 절차이다.

② 특별시장 · 광역시장 · 특별자치시장 · 특별자치도지사 · 시장 또는 군수는 도시 · 군관리계획의 입안에 관하여 주민의 의견을 청취하려는 때에는 도시 · 군관리계획안의 주요내용을 해당 지방자치단체의 공보와 둘 이상의 일간신문에 게재하고, 해당 지방자치단체의 인터넷 홈페이지 등에 공고해야 하고, 도시 · 군관리계획안을 <u>14일 이상</u> 일반이 열람할 수 있도록 해야 한다.

③ 도시 · 군관리계획안의 내용에 대하여 의견이 있는 자는 <u>열람기간</u> 내에 특별시장 · 광역시장 · 특별자치시장 · 특별자치도지사 · 시장 또는 군수에게 의견서를 제출할 수 있다.

④ 국토교통부장관, 시 · 도지사, 시장 또는 군수는 다음의 어느 하나에 해당하는 경우로서 그 내용이 해당 지방자치단체의 조례로 정하는 중요한 사항인 경우에는 그 내용을 다시 공고 · <u>열람</u>하게 하여 주민의 의견을 들어야 한다.

> 1. 청취한 <u>주민의견을</u> 도시 · 군관리계획안에 반영하고자 하는 경우
> 2. 관계 행정기관의 장과의 협의 및 중앙도시계획위원회의 심의, 시 · 도도시계획위원회의 심의 또는 시 · 도에 두는 건축위원회와 도시계획위원회의 공동심의에서 제시된 의견을 반영하여 도시 · 군관리계획을 결정하고자 하는 경우

Point 05 도시 · 군관리계획의 결정

12 ②

아닌 것은 ⓒⓒ 2개이다.
ⓒ 도시자연공원구역은 <u>시 · 도지사 또는 대도시의 시장</u>이 결정한다.
ⓒ 수산자원보호구역은 <u>해양수산부장관</u>이 결정한다.

13 ②

시장 또는 군수가 입안한 지구단위계획구역의 지정 · 변경에 관한 도시 · 군관리계획은 <u>시장 또는 군수가 직접</u> 결정한다.

14 ③

지문분석

① 도시 · 군관리계획 결정의 효력은 <u>지형도면을 고시한 날</u>부터 발생한다.

② 시 · 도지사는 국토교통부장관이 입안하여 결정한 도시 · 군관리계획을 변경하려면 미리 국토교통부장관과 협의해야 한다. 즉, 협의하여 변경할 수 있다.

④ 국토교통부장관이나 시 · 도지사는 국방상 또는 국가안전보장상 기밀을 지켜야 할 필요가 있다고 인정되면(관계 중앙행정기관의 장이 요청할 때만 해당된다) 그 도시 · 군관리계획의 전부 또는 일부에 대하여 협의와 심의 절차를 생략할 수 있다.

⑤ 도지사는 도시 · 군관리계획을 직접 입안한 경우에는 관계 시장 또는 군수의 의견을 들어 직접 지형도면을 작성할 수 있다.

15 ④

지문분석

① 도시 · 군관리계획결정의 효력은 지형도면을 <u>고시한 날</u>부터 발생한다.

② 도시 · 군관리계획결정 당시 이미 사업 또는 공사에 착수한 자는 해당 도시 · 군관리계획결정에 관계없이 그 사업 또는 공사를 계속할 수 있다.

③ 시가화조정구역의 지정에 관한 도시 · 군관리계획의 결정 당시 이미 사업 또는 공사에 착수한 자는 그 사업 또는 공사를 계속하고자 하는 때에는 시가화조정구역의 지정에 관한 도시 · 군관리계획결정의 고시일부터 3개월 이내에 그 사업 또는 공사의 내용을 관할 특별시장 · 광역시장 · 특별자치시장 · 특별자치도지사 · 시장 또는 군수에게 <u>신고해야</u> 한다.

⑤ 특별시장 · 광역시장 · 특별자치시장 · 특별자치도지사 · 시장 또는 군수는 10년이 아니라 <u>5년</u>마다 관할 구역의 도시 · 군관리계획에 대하여 그 타당성 여부를 전반적으로 재검토하여 정비해야 한다.

16 ⑤

도시 · 군관리계획결정이 고시되면 지형도면을 작성 · 고시해야 한다.

Point 06 용도지역 지정절차의 특례

17 ④

공유수면(바다에 한한다)의 매립목적이 해당 매립구역과 이웃하고 있는 용도지역(농림지역)의 내용과 동일한 때에는 도시 · 군관리계획의 입안 및 결정 절차 없이 해당 매립준공구역은 그 매립의 준공인가일부터 이와 이웃하고 있는 용도지역(농림지역)으로 지정된 것으로 본다. 이 경우 관계 특별시장 · 광역시장 · 특별자치시장 · 특별자치도지사 · 시장 또는 군수는 그 사실을 지체 없이 고시해야 한다.

18 ④

다음의 구역 등은 도시지역으로 결정 · 고시된 것으로 본다.

> 1. 「항만법」에 따른 항만구역으로서 <u>도시지역에 연접된</u> 공유수면
> 2. 「어촌 · 어항법」에 따른 어항구역으로서 <u>도시지역에 연접된</u> 공유수면
> 3. 「산업입지 및 개발에 관한 법률」에 따른 국가산업단지, 일반산업단지 및 도시첨단산업단지(<u>농공단지는 제외</u>)
> 4. <u>「택지개발촉진법」</u>에 따른 택지개발지구

5. 「전원개발촉진법」에 따른 전원개발사업구역 및 예정구역(수력발전소 또는 송·변전설비만을 설치하기 위한 경우는 제외)

19 ②
용도지역 지정특례에 관한 설명으로 틀린 것은 ⓒⓜ 2개이다.
ⓒ 개발사업의 완료로 해제되는 경우는 지정하기 이전의 용도지역으로 환원되지 않는다.
ⓜ 관리지역의 산림 중 「산지관리법」에 따라 보전산지로 지정·고시된 지역은 해당 고시에서 구분하는 바에 따라 농림지역 또는 자연환경보전지역으로 결정·고시된 것으로 본다.

제5장 용도지역·용도지구·용도구역   p.53~70

01	⑤	02	④	03	⑤	04	⑤	05	①
06	①	07	②	08	①	09	④	10	①
11	⑤	12	④	13	②	14	②	15	⑤
16	④	17	①	18	③	19	②	20	④
21	⑤	22	⑤	23	②	24	②	25	③
26	⑤	27	③	28	①	29	③	30	⑤
31	②	32	③	33	⑤	34	②	35	③
36	②	37	③	38	④	39	④	40	③
41	②	42	③	43	③						

Point 07 용도지역

01 ⑤
도시·군관리계획이 결정되지 않아 용도지역이 지정되지 않은 토지도 있을 수 있다. 이 경우 자연환경보전지역의 행위제한을 적용한다.

02 ④
공유수면의 매립목적이 해당 매립구역과 이웃하고 있는 용도지역의 내용과 다른 경우 및 그 매립구역이 둘 이상의 용도지역에 걸쳐 있거나 이웃하고 있는 경우 그 매립구역이 속할 용도지역은 도시·군관리계획결정으로 지정해야 한다.

03 ⑤
지문분석
① 단독주택 중심의 양호한 주거환경을 보호하기 위하여 필요한 지역이다.
② 중고층주택 중심의 편리한 주거환경조성을 위하여 필요한 지역이다.
③ 경공업이나 그 밖의 공업을 수용하되, 주거·상업·업무기능의 보완이 필요한 지역이다.
④ 도시의 자연환경·경관·산림 및 녹지공간을 보전할 필요가 있는 지역이다.

04 ⑤
관리지역에서 「농지법」에 따른 농업진흥지역으로 지정·고시된 지역은 농림지역으로 결정·고시된 것으로 본다.

Point 08 용도지역 안에서의 행위제한

05 ①
동물병원(제2종 근린생활시설)은 제1종 일반주거지역에서 건축할 수 없다.

06 ①
아파트는 제2종 전용주거지역, 제2종 일반주거지역, 제3종 일반주거지역, 준주거지역, 중심상업지역, 일반상업지역, 근린상업지역 및 준공업지역에서 건축할 수 있다.

07 ②
단독주택을 건축할 수 없는 지역은 유통상업지역과 전용공업지역(기숙사는 조례로 가능)이다. 농림지역과 자연환경보전지역에서는 단독주택으로서 현저한 자연훼손을 가져오지 않는 범위 안에서 농어가주택을 건축할 수 있다.

08 ①
농공단지인 경우 「산업입지 및 개발에 관한 법률」에서 정하는 바에 따른다.

09 ④
계획관리지역 건폐율의 최대한도는 40% 이하이다.
지문분석
①②③⑤ 건폐율의 최대한도가 20% 이하이다.

제1편 국토의 계획 및 이용에 관한 법률   15

10 ①
옳은 것은 ㉠㉡이다.
㉢ 중심상업지역: 90% 이하
㉣ 준공업지역: 70% 이하
㉤ 계획관리지역: 40% 이하

11 ⑤
생산녹지지역(20%) – 근린상업지역(70%) – 유통상업지역(80%)

12 ④
① 주거지역: 건폐율 최대한도 70% – 용적률 최대한도 500%
② 상업지역: 건폐율 최대한도 90% – 용적률 최대한도 1,500%
③ 녹지지역: 건폐율 최대한도 20% – 용적률 최대한도 100%
⑤ 농림지역: 건폐율 최대한도 20% – 용적률 최대한도 80%

13 ②
「산업입지 및 개발에 관한 법률」에 따른 농공단지가 70% 이하로 건폐율의 최대한도가 가장 크다.

핵심 **건폐율의 조정**

다음의 어느 하나에 해당하는 지역에서의 건폐율에 관한 기준은 80% 이하의 범위에서 대통령령으로 정하는 기준에 따라 특별시·광역시·특별자치시·특별자치도·시 또는 군의 조례로 정하는 비율 이하로 한다.

1. **취락지구**: 60% 이하(집단취락지구에 대하여는 개발제한구역의 지정 및 관리에 관한 특별조치법령이 정하는 바에 따른다)
2. **개발진흥지구**(도시지역 외의 지역 또는 자연녹지지역만 해당한다)
   • 도시지역 외의 지역에 지정된 경우: 40% 이하
   • 자연녹지지역에 지정된 경우: 30% 이하
3. **수산자원보호구역**: 40% 이하
4. **「자연공원법」에 따른 자연공원**: 60% 이하
5. **「산업입지 및 개발에 관한 법률」에 따른 농공단지**: 70% 이하
6. **공업지역에 있는 「산업입지 및 개발에 관한 법률」에 따른 국가산업단지·일반산업단지·도시첨단산업단지 및 준산업단지**: 80% 이하

14 ③
• 제1종 일반주거지역: 100% 이상 200% 이하
• 제2종 일반주거지역: 100% 이상 250% 이하
• 제3종 일반주거지역: 100% 이상 300% 이하

15 ②
㉠ 근린상업지역(900%) – ㉢ 준주거지역(500%) – ㉡ 준공업지역(400%) – ㉤ 계획관리지역(100%) – ㉣ 보전녹지지역(80%)

16 ④
제1종 전용주거지역, 자연녹지지역, 생산녹지지역의 용적률의 최대한도는 50% 이상 100% 이하로 같다.

17 ①
도시지역 외의 지역에 지정된 개발진흥지구에서는 100% 이하의 범위에서 조례로 정한다.

18 ③
도시지역 또는 관리지역이 세부 용도지역으로 지정되지 않은 경우에는 용도지역에서의 건축물의 건축제한, 건폐율 및 용적률을 적용할 때에 해당 용도지역이 도시지역인 경우에는 보전녹지지역에 관한 규정을 적용하고, 관리지역인 경우에는 보전관리지역에 관한 규정을 적용한다.

19 ②
세분되지 않은 관리지역은 보전관리지역의 건축제한을 적용하기 때문에 보전관리지역에서 허용되는 건축물은 건축할 수 있다.

Point 09 용도지구

20 ④
① 용도지구란 토지의 이용 및 건축물의 용도·건폐율·용적률·높이 등에 대한 용도지역의 제한을 강화하거나 완화하여 적용함으로써 용도지역의 기능을 증진시키고 경관·안전 등을 도모하기 위하여 도시·군관리계획으로 결정하는 지역을 말한다.
② 중심상업지역에 방화지구를 지정할 수 있다.
③ 시·도지사 또는 대도시 시장은 지역여건상 필요한 때에는 해당 시·도 또는 대도시의 도시·군계획조례로 정하는 바에 따라 경관지구를 추가적으로 세분(특화경관지구의 세분을 포함한다)하거나 중요시설물보호지구 및 특정용도제한지구를 세분하여 지정할 수 있다.

⑤ 용도지역 또는 용도구역의 행위제한을 완화하는 용도지구는 신설할 수 없다.

21 ⑤
지문분석 ●

① 경관지구, ② 방화지구, ③ 보호지구, ④ 복합용도지구의 내용이다.

22 ⑤
지문분석 ●

① 경관지구 – 자연경관지구, 시가지경관지구, 특화경관지구
② 방재지구 – 시가지방재지구, 자연방재지구
③ 보호지구 – 역사문화환경보호지구, 중요시설물보호지구, 생태계보호지구
④ 고도지구는 세분이 없다.

23 ①
학교시설은 해당하지 않는다. 중요시설물보호지구란 중요시설물(항만, 공항, 공용시설, 교정시설·군사시설)의 보호와 기능의 유지 및 증진 등을 위하여 필요한 지구를 말한다.

24 ②
세분된 용도지구의 지정목적을 설명한 것으로 옳은 것은 ㉠㉢ 2개이다.
㉡ 자연방재지구: 토지이용도가 낮은 해안변, 하천변, 급경사지 주변 등의 지역으로서 건축제한 등을 통하여 재해예방이 필요한 지구
㉢ 역사문화환경보호지구: 문화재·전통사찰 등 역사·문화적으로 보존가치가 큰 시설 및 지역의 보호와 보존을 위하여 필요한 지구
㉣ 집단취락지구: 개발제한구역 안의 취락을 정비하기 위하여 필요한 지구

25 ③
특정개발진흥지구는 주거기능, 공업기능, 유통·물류기능 및 관광·휴양기능 외의 기능을 중심으로 특정한 목적을 위하여 개발·정비할 필요가 있는 지구를 말한다.

26 ④
지문분석 ●

① 용도지구에서의 건축물이나 그 밖의 시설의 용도·종류 및 규모 등의 제한에 관한 사항은 이 법 또는 다른 법률에 특별한 규정이 있는 경우 외에는 대통령령으로 정하

는 기준에 따라 특별시·광역시·특별자치시·특별자치도·시 또는 군의 조례로 정할 수 있다.
② 경관지구 안에서의 건축물의 건폐율·용적률·높이·최대너비·색채 및 대지 안의 조경 등에 관하여는 그 지구의 경관의 보전·관리·형성에 필요한 범위에서 도시·군계획조례로 정한다.
③ 고도지구 안에서는 도시·군관리계획으로 정하는 높이를 초과하는 건축물을 건축할 수 없다.
⑤ 자연취락지구에서 건축할 수 있는 건축물은 4층 이하에 한한다.

27 ⑤
일반주거지역에 지정된 복합용도지구에서는 해당 용도지역에서 허용되는 건축물 외에 준주거지역에서 허용되는 건축물 중 도시·군계획조례가 정하는 건축물을 건축할 수 있다. 다만, 다음의 건축물은 제외한다.

1. 제2종 근린생활시설 중 안마시술소
2. 관람장
3. 공장
4. 위험물저장 및 처리시설
5. 동물 및 식물 관련 시설
6. 장례시설

28 ①
동물 전용의 장례식장은 장례시설로서, 자연취락지구 안에서 건축할 수 있는 건축물에 해당하지 않는다.

지문분석 ●

④⑤ 마을회관은 제1종 근린생활시설, 도축장은 동물 및 식물 관련 시설이다.

핵심 **자연취락지구 안에서 건축할 수 있는 건축물**

1. 단독주택
2. 제1종 근린생활시설
3. 제2종 근린생활시설(휴게음식점·제과점, 일반음식점, 제조업소·수리점, 단란주점 및 안마시술소는 제외한다)
4. 운동시설
5. 창고(농업·임업·축산업·수산업용만 해당한다)
6. 동물 및 식물 관련 시설
7. 교정 및 국방·군사시설
8. 방송통신시설
9. 발전시설

29 ③

계획관리지역에 지정된 복합용도지구에서는 해당 용도지역에서 허용되는 건축물 외에 다음에 따른 건축물 중 도시·군계획조례가 정하는 건축물을 건축할 수 있다.

> 1. 제2종 근린생활시설 중 일반음식점·휴게음식점·제과점
> 2. 판매시설
> 3. 숙박시설
> 4. 위락시설 중 유원시설업의 시설, 그 밖에 이와 비슷한 시설

30 ③

시·도지사 또는 대도시 시장은 지역여건상 필요하면 대통령령으로 정하는 기준에 따라 그 시·도 또는 대도시의 조례로 용도지구의 명칭 및 지정목적, 건축이나 그 밖의 행위의 금지 및 제한에 관한 사항 등을 정하여 법령에서 정한 용도지구 외의 용도지구의 지정 또는 변경을 <u>도시·군관리계획으로 결정할 수 있다.</u>

31 ②

시·도지사 또는 대도시 시장은 재해의 반복 발생이 우려되는 지역에 대해서는 방재지구의 지정 또는 변경을 도시·군관리계획으로 결정해야 한다.

지문분석

① 시·도지사 또는 대도시 시장은 <u>일반주거지역·일반공업지역 및 계획관리지역</u>에 복합용도지구를 지정할 수 있다.
③ 도시·군계획시설에 대하여는 용도지역·용도지구 안에서의 건축제한의 규정을 <u>적용하지 않는다.</u>
④ 공유수면의 매립목적이 그 매립구역과 이웃하고 있는 용도지역의 내용과 다른 경우 그 <u>매립구역이 속할 용도지역은 도시·군관리계획결정으로 지정해야 한다.</u>
⑤ 도시개발구역이 지정·고시된 경우 해당 도시개발구역은 도시지역과 지구단위계획구역으로 결정되어 고시된 것으로 본다. 다만, 취락지구로 지정된 지역인 경우에는 그러하지 않다.

Point 10 용도구역

32 ③

시·도지사가 지정할 수 있는 용도구역은 ⓒⓔⓜ 3개이다.
㉠㉣ 개발제한구역은 국토교통부장관, 수산자원보호구역은 해양수산부장관이 지정한다.

33 ⑤

지문분석

①③ <u>시·도지사 또는 대도시 시장</u>은 도시의 자연환경 및 경관을 보호하고 도시민에게 건전한 여가·휴식공간을 제공하기 위하여 도시지역 안에서 식생(植生)이 양호한 산지(山地)의 개발을 제한할 필요가 있다고 인정하면 <u>도시자연공원구역의 지정 또는 변경을 도시·군관리계획으로 결정할 수 있다.</u>
② 국토교통부장관은 도시의 무질서한 확산을 방지하고 도시주변의 자연환경을 보전하여 도시민의 건전한 생활환경을 확보하기 위하여 도시의 개발을 제한할 필요가 있거나 국방부장관의 요청이 있어 보안상 도시의 개발을 제한할 필요가 있다고 인정되면 개발제한구역의 지정 또는 변경을 <u>도시·군관리계획으로 결정할 수 있다.</u>
④ 도시자연공원구역의 지정목적과 지정권자는 이 법에서 직접 규정하나, 행위제한 및 관리에 관하여는 <u>따로 법률</u>로 정하도록 규정하고 있다.

34 ②

지문분석

① 시가화조정구역의 지정 또는 변경은 <u>도시·군관리계획</u>으로 결정한다.
③ 시가화조정구역의 지정에 관한 도시·군관리계획의 결정은 <u>시가화유보기간이 끝난 날의 다음 날부터</u> 그 효력을 잃는다.
④ 시가화조정구역에서의 도시·군계획사업은 대통령령으로 정하는 사업(국방상 또는 공익상 시가화조정구역 안에서의 사업시행이 불가피한 것으로서 <u>관계 중앙행정기관의 장의 요청</u>에 의하여 국토교통부장관이 시가화조정구역의 지정목적 달성에 지장이 없다고 인정하는 도시·군계획사업)만 시행할 수 있다.
⑤ 시가화조정구역에서 공익시설·공공시설의 설치는 <u>허가를 받아</u> 할 수 있다.

35 ③

시가화조정구역에서는 <u>신고하고 할 수 있는 행위가 없다.</u>
「건축법」에 따른 건축신고로서 건축허가에 갈음하는 행위는 특별한 사유가 없는 한 특별시장·광역시장·특별자치시장·특별자치도지사·시장 또는 군수가 허가를 거부할 수 없다.

36 ②

주택의 <u>신축은 해당하지 않는다.</u> 주택의 증축(기존 주택의 면적을 포함하여 $100m^2$ 이하)을 허가받아 할 수 있다.

37 ②

세 개 이상의 노선이 교차하는 대중교통 결절지로부터 1km 이내에 위치한 지역이다.

38 ④

입지규제최소구역에서 「도시공원 및 녹지 등에 관한 법률」에 따른 공원의 설치에 관한 규정은 적용배제되지 않는다.

> **보충 입지규제최소구역에서의 다른 법률의 적용배제**
>
> 입지규제최소구역에서는 다음의 법률규정을 적용하지 않을 수 있다.
>
> 1. 「주택법」에 따른 주택의 배치, 부대·복리시설의 설치기준 및 대지조성기준
> 2. 「주차장법」에 따른 부설주차장의 설치
> 3. 「문화예술진흥법」에 따른 건축물에 대한 미술작품의 설치
> 4. 「건축법」에 따른 공개공지 등의 확보

39 ④

입지규제최소구역에 관한 설명으로 옳은 것은 ㉠㉡㉢이다.
㉢ 다른 법률에서 도시·군관리계획의 결정을 의제하고 있는 경우에도 「국토의 계획 및 이용에 관한 법률」에 따르지 않고 입지규제최소구역의 지정과 입지규제최소구역계획을 결정할 수 없다.

Point 11 용도지역 등의 행위제한 특례

40 ③

경관지구가 아니라 고도지구이다.

41 ②

1,000m²의 대지가 800m²는 제1종 전용주거지역에 걸쳐있고, 나머지 200m²는 제2종 전용주거지역에 걸쳐있는 경우로서 가장 작은 부분의 규모가 330m² 이하인 경우에는 전체 대지의 용적률은 각 부분이 전체 대지면적에서 차지하는 비율을 고려하여 각 용도지역별 용적률을 가중평균한 값을 적용한다. 따라서 예문의 경우 가중평균한 용적률은 (800m² × 100%) + (200m² × 150%) / 1,000m² = 110%이다.

42 ③

하나의 대지가 둘 이상의 용도지역 등에 걸치는 경우로서 가장 작은 부분의 규모가 330m² 이하인 경우 전체 대지의 용적률은 각 용도지역별로 가중평균한 값을 적용한다. 甲이 건축할 수 있는 최대 연면적이 800m²인 경우 이 대지 전체에 적용되는 용적률을 가중평균한 값은 160%(800m² / 500m² × 100)이다. 따라서 160% = (400m² × X) + (100m² × 200%) / 500m²이므로 X = 150%가 된다.

43 ④

하나의 대지가 녹지지역과 그 밖의 용도지역 등에 걸쳐 있는 경우에는 각각의 용도지역의 규정을 적용한다. 사례의 경우 제1종 전용주거지역에 걸쳐 있는 부분(A)의 면적은 500m² × 40% = 200m²이다. 또한 자연녹지지역에 걸치는 부분(B)의 면적은 500m² × 60% = 300m²가 된다. 따라서 A부분에서 건축할 수 있는 최대 연면적은 200m² × 80% = 160m², B부분에서 건축할 수 있는 최대 연면적은 300m² × 50% = 150m²이다. 양 면적을 더하면 이 대지에서 건축할 수 있는 최대 연면적은 310m²가 된다.

제6장 도시·군계획시설				p.74~86
01 ①	02 ⑤	03 ①	04 ④	05 ②
06 ④	07 ③	08 ③	09 ②	10 ③
11 ⑤	12 ④	13 ⑤	14 ④	15 ③
16 ②	17 ②	18 ④	19 ⑤	20 ②
21 ③	22 ④	23 ④	24 ④	25 ①

Point 12 도시·군계획시설

01 ①

사회복지시설은 도시·군관리계획으로 결정하지 않고 설치할 수 있는 기반시설이다.

도시·군관리계획으로 결정하지 않고 설치할 수 있는 기반시설

도시지역 또는 지구단위계획구역에서 다음의 기반시설을 설치하려는 경우

1. 주차장, 차량 검사 및 면허시설, 공공공지, 열공급설비, 방송·통신시설, 시장·공공청사·문화시설·공공필요성이 인정되는 체육시설·연구시설·사회복지시설·공공직업 훈련시설·청소년수련시설·저수지·방화설비·방풍설비·방수설비·사방설비·방조설비·장사시설·종합의료시설·빗물저장 및 이용시설·폐차장
2. 「도시공원 및 녹지 등에 관한 법률」의 규정에 의하여 점용허가대상이 되는 공원 안의 기반시설
3. 그 밖에 국토교통부령으로 정하는 시설
   (1) 도심공항터미널, 전세버스운송사업용 여객자동차터미널
   (2) 건축물부설광장
   (3) 전기공급설비(발전시설, 옥외에 설치하는 변전시설 및 지상에 설치하는 전압 15만4천볼트 이상의 송전선로는 제외한다)
   (4) 액화석유가스 충전시설, 수소연료공급시설
   (5) 유치원, 특수학교, 대안학교, 방송대학·통신대학 및 방송통신대학
   (6) 대지면적이 500m² 미만이거나 산업단지 내에 설치하는 도축장
   (7) 마을상수도, 재활용시설 … [이하 (12)까지 생략]

---

02 ⑤

해당하는 것은 ㉠㉡㉢㉣㉤ 모두이다.

03 ①

도시첨단산업단지는 해당하지 않는다. 다음에 해당하는 지역 등이 200만m²를 초과하는 경우에는 해당 지역 등에서 개발사업을 시행하는 자는 공동구를 설치해야 한다.

---
1. 「도시개발법」에 따른 도시개발구역
2. 「택지개발촉진법」에 따른 택지개발지구
3. 「경제자유구역의 지정 및 운영에 관한 특별법」에 따른 경제자유구역
4. 「도시 및 주거환경정비법」에 따른 정비구역
5. 그 밖에 대통령령으로 정하는 지역
   • 「공공주택 특별법」에 따른 공공주택지구
   • 「도청이전을 위한 도시건설 및 지원에 관한 특별법」에 따른 도청이전신도시
---

04 ④

공동구관리자는 대통령령으로 정하는 바에 따라 1년에 1회 이상 공동구의 안전점검을 실시해야 한다.

05 ②

광역시설의 설치 및 관리는 도시·군계획시설의 설치·관리에 관한 규정에 따른다.

06 ④

지문분석 ◆

① 「도시공원 및 녹지 등에 관한 법률」에 따라 점용허가대상이 되는 공원 안의 기반시설은 도시·군관리계획으로 결정하지 않는다.
② 도시·군계획시설의 부지로 되어 있는 토지 중 지목(地目)이 대(垈)인 토지(그 토지에 있는 건축물 및 정착물을 포함한다)의 소유자는 대통령령으로 정하는 바에 따라 특별시장·광역시장·특별자치시장·특별자치도지사·시장 또는 군수에게 그 토지의 매수를 청구할 수 있다.
③ 용도지역·용도지구 안에서의 도시·군계획시설에 대하여는 건축제한의 규정을 적용하지 않는다.
⑤ 도시·군계획시설사업 시행자의 처분에 대하여는 「행정심판법」에 따라 행정심판을 제기할 수 있다. 이 경우 행정청이 아닌 시행자의 처분에 대하여는 그 시행자를 지정한 자에게 행정심판을 제기해야 한다.

07 ③

지문분석 ◆

① 도시·군계획시설결정의 고시일부터 10년 이내에 도시·군계획시설사업이 시행되지 않는 경우 그 도시·군계획시설의 부지 중 지목이 대(垈)인 토지의 소유자는 그 토지의 매수를 청구할 수 있다.
② 도시개발구역이 200만m²를 초과하는 경우 사업시행자는 공동구를 설치해야 한다.
④ 공동구관리자는 5년마다 해당 공동구의 안전 및 유지관리계획을 대통령령으로 정하는 바에 따라 수립·시행해야 한다.
⑤ 도시·군계획시설결정이 고시된 도시·군계획시설에 대하여 그 고시일부터 20년이 지날 때까지 그 시설의 설치에 관한 도시·군계획시설사업이 시행되지 않는 경우 그 도시·군계획시설결정은 그 고시일부터 20년이 되는 날의 다음 날에 그 효력을 잃는다.

08 ③

지문분석 ●

① 공동구가 설치된 경우 전선로, 통신선로 및 수도관은 공동구에 수용해야 한다.
② 공동구의 설치(개량하는 경우를 포함한다)에 필요한 비용은 이 법 또는 다른 법률에 특별한 규정이 있는 경우를 제외하고는 공동구 점용예정자와 사업시행자가 부담한다.
④ 매수청구를 한 토지의 소유자는 다음의 어느 하나에 해당하는 경우 개발행위허가를 받아 대통령령으로 정하는 건축물 또는 공작물을 설치할 수 있다.

> 1. 매수하지 않기로 결정한 경우
> 2. 매수결정을 알린 날부터 2년이 지날 때까지 해당 토지를 매수하지 않는 경우

⑤ 도시·군계획시설결정의 고시일부터 10년 이내에 그 도시·군계획시설의 설치에 관한 도시·군계획시설사업이 시행되지 않은 경우로서 단계별 집행계획상 해당 도시·군계획시설의 실효시까지 집행계획이 없는 경우에는 그 도시·군계획시설 부지로 되어 있는 토지의 소유자는 대통령령으로 정하는 바에 따라 해당 도시·군계획시설에 대한 도시·군관리계획 입안권자에게 그 토지의 도시·군계획시설결정 해제를 위한 도시·군관리계획입안을 신청할 수 있다.

Point 13 도시·군계획시설사업

09 ②

지문분석 ●

① 단계별 집행계획은 재원조달계획·보상계획 등을 포함하여 수립하는 계획이다.
③ 단계별 집행계획을 수립하는 때에는 미리 관계 행정기관의 장과 협의해야 하며, 해당 지방의회의 의견을 들어야 한다. 도시계획위원회의 심의는 거치지 않는다.
④ 단계별 집행계획은 도지사의 승인이 필요 없다.
⑤ 3년 이내에 시행하는 도시·군계획시설사업은 제1단계 집행계획에, 3년 후에 시행하는 도시·군계획시설사업은 제2단계 집행계획에 포함되도록 해야 한다.

10 ③

같은 도(道)에 있는 둘 이상의 시 또는 군의 관할 구역에 걸치는 경우 시장 또는 군수의 협의가 성립되지 않는 때에는 도지사가 시행자를 지정한다.

11 ⑤

지문분석 ●

① 군수가 실시계획을 작성한 때에는 도지사의 인가를 받아야 한다.
② 14일 이상 일반이 열람할 수 있도록 해야 한다.
③ 인가받은 실시계획을 변경하거나 폐지하는 경우에도 인가를 받아야 한다. 다만, 국토교통부령으로 정하는 다음의 경미한 사항을 변경하는 경우에는 그러하지 않다.

> 1. 사업명칭을 변경하는 경우
> 2. 구역경계의 변경이 없는 범위에서 행하는 건축물 또는 공작물의 연면적 10% 미만의 변경과 「학교시설사업 촉진법」에 의한 학교시설의 변경인 경우
> 3. 다음의 공작물을 설치하는 경우
>   • 도시지역 또는 지구단위계획구역에 설치되는 공작물로서 무게는 50t, 부피는 50m³, 수평투영면적은 50m²를 각각 넘지 않는 공작물
>   • 도시지역·자연환경보전지역 및 지구단위계획구역 외의 지역에 설치되는 공작물로서 무게는 150t, 부피는 150m³, 수평투영면적은 150m²를 각각 넘지 않는 공작물
> 4. 기존 시설의 일부 또는 전부에 대한 용도변경을 수반하지 않는 대수선·재축 및 개축인 경우
> 5. 도로의 포장 등 기존 도로의 면적·위치 및 규모의 변경을 수반하지 않는 도로의 개량인 경우

④ 특별시장·광역시장·특별자치시장·특별자치도지사·시장 또는 군수는 기반시설의 설치나 그에 필요한 용지의 확보, 위해방지, 환경오염방지, 경관조성, 조경 등을 위하여 필요하다고 인정되는 경우로서 대통령령으로 정하는 경우에는 그 이행을 담보하기 위하여 도시·군계획시설사업의 시행자에게 이행보증금을 예치하게 할 수 있다. 다만, 다음에 해당하는 자에 대하여는 그러하지 않다.

> 1. 국가 또는 지방자치단체
> 2. 대통령령으로 정하는 공공기관
> 3. 그 밖에 대통령령으로 정하는 자

12 ④

도시·군계획시설결정의 고시일부터 10년 이후에 실시계획을 작성하거나 인가(다른 법률에 따라 의제된 경우는 제외한다)받은 도시·군계획시설사업의 시행자(이하 '장기미집행 도시·군계획시설사업의 시행자'라 한다)가 실시계획고시일부터 5년 이내에 「공익사업을 위한 토지 등의 취득 및 보상에 관한 법률」에 따른 재결신청을 하지 아니한 경우에는 실시계획고시일부터 5년이 지난 다음 날에 그 실시계획은 효력을 잃는다.

13 ⑤

재결신청은 「공익사업을 위한 토지 등의 취득 및 보상에 관한 법률」의 규정에도 불구하고 실시계획에서 정한 도시·군계획시설사업의 시행기간에 해야 한다.

14 ④

토지 또는 장애물의 소유자·점유자 또는 관리인이 현장에 없거나 주소 또는 거소의 불명으로 그 동의를 얻을 수 없는 때에는 행정청인 도시·군계획시설사업의 시행자는 관할 특별시장·광역시장·특별자치시장·특별자치도지사·시장 또는 군수에게 그 사실을 통지해야 하며, 행정청이 아닌 도시·군계획시설사업의 시행자는 미리 관할 특별시장·광역시장·특별자치시장·특별자치도지사·시장 또는 군수의 허가를 받아야 한다.

15 ③

지문분석

① 행정청인 시행자가 타인토지에 출입하려는 경우에는 허가를 받지 않는다.
② 타인토지의 출입 등의 행위로 인하여 손실을 입은 자가 있으면 그 행위자가 속한 행정청이나 도시·군계획시설사업의 시행자가 그 손실을 보상해야 한다.
④ 일출 전이나 일몰 후에는 그 토지점유자의 승낙 없이 택지나 담장 또는 울타리로 둘러싸인 타인의 토지에 출입할 수 없다.
⑤ 토지의 소유자가 아니라 점유자에게 수인의무가 있다.

16 ②

실시계획에는 다음의 사항이 포함되어야 한다.

> 1. 사업의 종류 및 명칭
> 2. 사업의 면적 또는 규모
> 3. 사업시행자의 성명 및 주소(법인인 경우에는 법인의 명칭 및 소재지와 대표자의 성명 및 주소)
> 4. 사업의 착수예정일 및 준공예정일

17 ②

다음에 해당하지 않는 자가 도시·군계획시설사업의 시행자로 지정을 받으려면 도시·군계획시설사업의 대상인 토지(국공유지는 제외한다)면적의 3분의 2 이상에 해당하는 토지를 소유하고, 토지소유자 총수의 2분의 1 이상에 해당하는 자의 동의를 받아야 한다.

> 1. 국가 또는 지방자치단체
> 2. 대통령령으로 정하는 공공기관
> 3. 「지방공기업법」에 의한 지방공사 및 지방공단 등

18 ④

시·도지사는 그 시·도에 속하지 않는 특별시·광역시·특별자치시·특별자치도·시 또는 군에 비용을 부담시키려면 해당 지방자치단체의 장과 협의하되, 협의가 성립되지 않는 경우에는 행정안전부장관이 결정하는 바에 따른다.

Point 14 장기미집행 시설부지의 매수청구

19 ⑤

지문분석

① 10년 이내에 사업이 시행되지 않은 경우이다.
② 매수청구의 상대방(매수의무자)은 다음과 같다.

> 1. 특별시장·광역시장·특별자치시장·특별자치도지사·시장 또는 군수(원칙)
> 2. 해당 도시·군계획시설사업의 시행자가 정해진 경우에는 그 시행자
> 3. 이 법 또는 다른 법률에 의하여 도시·군계획시설을 설치하거나 관리해야 할 의무가 있는 자가 있는 경우에는 그 의무가 있는 자(서로 다른 경우에는 설치의무자)

③ 6개월 이내에 매수 여부를 결정하여 토지소유자에게 알려야 한다.
④ 매수의무자가 지방자치단체인 경우 도시·군계획시설채권을 발행하여 지급할 수 있다.

20 ②

지문분석

① 실시계획의 인가 또는 그에 상당하는 절차가 행해진 경우에는 매수청구할 수 없다.
③ 단독주택으로서 3층 이하인 것을 설치할 수 있다.
④ 도시·군계획시설을 설치하거나 관리해야 할 의무가 있는 자가 서로 다른 경우에는 설치해야 할 의무가 있는 자에게 매수청구해야 한다.
⑤ 비업무용 토지로서 매수대금이 3천만원을 초과하는 경우 그 초과하는 금액에 대하여 도시·군계획시설채권을 발행하여 지급할 수 있다.

21 ③

지문분석

① 매수청구할 수 있는 토지는 그 도시·군계획시설의 부지로 되어 있는 토지 중 지목이 대(垈)인 토지(건축물 및 정착물을 포함한다)에 한한다.

② 매수가격, 매수절차 등에 대하여는 「공익사업을 위한 토지 등의 취득 및 보상에 관한 법률」을 준용한다.
④ 도시·군계획시설채권의 상환기간은 10년 이내로 하며, 구체적인 상환기간은 특별시·광역시·특별자치시·특별자치도·시 또는 군의 조례로 정한다.
⑤ 개발행위허가를 받아 공작물을 설치할 수 있다.

22 ③
3층의 동물미용실은 제2종 근린생활시설로서 3층 이하인 것에 해당하여 개발행위허가를 받아 건축할 수 있다.

> **핵심** 장기미집행 도시·군계획시설부지의 매수청구 – 건축제한의 완화
>
> 매수청구를 한 토지의 소유자는 매수의무자가 매수하지 않기로 결정한 경우 또는 매수결정을 알린 날부터 2년이 지날 때까지 해당 토지를 매수하지 않는 경우 개발행위허가를 받아 다음의 건축물 또는 공작물을 설치할 수 있다.
>
> 1. 단독주택으로서 3층 이하인 것
> 2. 제1종 근린생활시설로서 3층 이하인 것
> 3. 제2종 근린생활시설(다중생활시설, 단란주점, 안마시술소 및 노래연습장은 제외한다)로서 3층 이하인 것
> 4. 공작물

23 ④

지문분석

① 사업시행자인 A광역시장이 매수의무자이다.
② 토지에 있는 건축물 및 정착물을 포함하여 매수청구할 수 있다.
③ 매수의무자가 지방자치단체인 경우에는 도시·군계획시설채권을 발행하여 지급할 수 있다.
⑤ 단독주택으로서 3층 이하인 것을 설치할 수 있다.

24 ④

지문분석

① 도시·군계획시설결정의 고시일부터 20년이 지날 때까지 그 시설의 설치에 관한 도시·군계획시설사업이 시행되지 않는 경우 그 도시·군계획시설결정은 그 고시일부터 20년이 되는 날의 다음 날에 그 효력을 잃는다.

② 특별시장·광역시장·특별자치시장·특별자치도지사·시장 또는 군수는 도시·군계획시설결정이 고시된 도시·군계획시설(국토교통부장관이 결정·고시한 도시·군계획시설 중 관계 중앙행정기관의 장이 직접 설치하기로 한 시설은 제외한다)을 설치할 필요성이 없어진 경우 또는 그 고시일부터 10년이 지날 때까지 해당 시설의 설치에 관한 도시·군계획시설사업이 시행되지 않는 경우에는 그 현황과 단계별 집행계획을 해당 지방의회에 보고해야 한다.
③ 시장 또는 군수는 도지사가 결정한 도시·군관리계획의 해제가 필요한 경우에는 도지사에게 그 결정을 신청해야 한다.
⑤ 시·도지사 또는 대도시 시장은 도시·군계획시설결정이 효력을 잃으면 대통령령으로 정하는 바에 따라 지체 없이 그 사실을 고시해야 한다.

25 ①
도시·군계획시설결정의 고시일부터 10년 이내에 그 도시·군계획시설의 설치에 관한 도시·군계획시설사업이 시행되지 않은 경우로서 단계별 집행계획상 해당 도시·군계획시설의 실효시까지 집행계획이 없는 경우에는 그 도시·군계획시설부지로 되어 있는 토지의 소유자는 대통령령으로 정하는 바에 따라 해당 도시·군계획시설에 대한 도시·군관리계획 입안권자에게 그 토지의 도시·군계획시설결정 해제를 위한 도시·군관리계획입안을 신청할 수 있다.

제7장 지구단위계획				p.89~94
01 ①	02 ③	03 ④	04 ①	05 ②
06 ④	07 ④	08 ④	09 ③	10 ④
11 ④	12 ③	13 ⑤		

Point 15 지구단위계획

01 ①
지구단위계획은 도시·군계획 수립대상 지역의 일부에 대하여 수립한다.

02 ③

다음에 해당하는 지역에 대하여는 지구단위계획구역으로
지정해야 한다.

> 1. 정비구역, 택지개발지구에서 시행되는 사업이 끝난
>   후 10년이 지난 지역
> 2. 체계적·계획적인 개발 또는 관리가 필요한 지역으로
>   서 면적이 30만㎡ 이상인 다음의 지역
>   - 시가화조정구역 또는 공원이 해제되는 지역. 다만,
>   녹지지역으로 지정 또는 존치되거나 법 또는 다른
>   법령에 의하여 도시·군계획사업 등 개발계획이 수
>   립되지 않는 경우는 제외한다.
>   - 녹지지역에서 주거지역·상업지역 또는 공업지역으
>   로 변경되는 지역

03 ④

계획관리지역 외에 지구단위계획구역으로 포함할 수 있는
나머지 용도지역은 생산관리지역 또는 보전관리지역이어야
한다.

04 ①

지구단위계획의 내용 중 용도지역의 변경은 대통령령에
의하여 세분되는 용도지역 안에서 변경하는 것으로 한다.
따라서 주거지역을 상업지역으로 변경하는 것은 해당하지
않는다.

05 ②

지구단위계획에 포함되어야 하는 사항은 ㉠㉢이다.
지구단위계획에 반드시 포함되어야 하는 사항은 다음과
같다.

> 1. 대통령령이 정하는 기반시설의 배치와 규모
> 2. 건축물의 용도제한, 건축물의 건폐율 또는 용적률, 건
>   축물의 높이의 최고한도 또는 최저한도

06 ④

지구단위계획구역에서는 다음의 각 법률의 규정을 대통령령
으로 정하는 범위에서 지구단위계획으로 정하는 바에 따라
완화하여 적용할 수 있다.

「국토의 계획 및 이용에 관한 법률」	1. 용도지역 및 용도지구에서의 건축물의 건축제한 등 2. 용도지역의 건폐율 3. 용도지역에서의 용적률
「건축법」	1. 대지의 조경 2. 공개공지 등의 확보 3. 대지와 도로의 관계 4. 건축물의 높이제한 5. 일조 등의 확보를 위한 높이제한
「주차장법」	1. 부설주차장의 설치·지정 2. 부설주차장의 설치계획서

07 ①

세 개 이상의 노선이 교차하는 대중교통 결절지(結節地)로
부터 1km 이내에 위치한 지역에 대하여 지구단위계획구역
으로 지정할 수 있다.

08 ④

완화할 수 있는 건폐율 = 해당 용도지역에 적용되는 건폐율
× [1 + (공공시설 등의 부지로 제공하는 면적 ÷ 원래의 대
지면적)] 이내이다. 공식에 대입하여 계산하면 완화할 수 있
는 건폐율의 최대한도는 60% × [1 + (100㎡ ÷ 400㎡)] =
75%가 된다.

09 ③

도시지역 외의 지구단위계획구역에서는 건축물의 높이제한
은 완화적용할 수 없다.

10 ④

주차장 설치기준을 100%까지 완화하여 적용할 수 있다.

11 ④

- 역세권 복합용도개발형 지구단위계획구역 내 준주거지역
  에서 건축물을 건축하려는 자가 그 대지의 일부를 공공시
  설 등의 부지로 제공하거나 공공시설 등을 설치하여 제공
  하는 경우에는 지구단위계획으로 용적률의 140% 이내의
  범위에서 용적률을 완화하여 적용할 수 있다.
- 역세권 복합용도개발형 지구단위계획구역 내 준주거지역
  에서는 지구단위계획으로 「건축법」에 따른 채광(採光) 등
  의 확보를 위한 건축물의 높이제한을 200% 이내의 범위
  에서 완화하여 적용할 수 있다.

12 ③

지구단위계획구역에서 건축물을 건축 또는 용도변경하거나 공작물을 설치하려면 그 지구단위계획에 맞게 해야 한다. 다만, 일정 기간 내 철거가 예상되는 경우 등 대통령령으로 정하는 다음의 어느 하나에 해당하는 <u>가설건축물은 제외한다.</u>

1. 존치기간이 3년의 범위에서 해당 특별시·광역시·특별자치시·특별자치도·시 또는 군의 도시·군계획조례로 정한 존치기간 이내인 가설건축물
2. 재해복구기간 중 이용하는 재해복구용 가설건축물
3. <u>공사기간 중 이용하는 공사용 가설건축물</u>

13 ⑤

지구단위계획(주민이 입안을 제안한 것에 한정한다)에 관한 <u>도시·군관리계획결정의 고시일부터 5년</u> 이내에 이 법 또는 다른 법률에 따라 허가·인가·승인 등을 받아 사업이나 공사에 착수하지 않으면 그 <u>5년</u>이 된 날의 다음 날에 그 지구단위계획에 관한 <u>도시·군관리계획결정은</u> 효력을 잃는다.

제8장 개발행위허가 등									p.98~109
01	②	02	④	03	⑤	04	②	05	⑤
06	③	07	③	08	②	09	⑤	10	⑤
11	②	12	③	13	③	14	②	15	③
16	①	17	④	18	③	19	⑤	20	①
21	④	22	③	23	④	24	③	25	③
26	③	27	④	28	③	29	③		

Point 16 개발행위허가

01 ②

개발행위허가의 대상이 아닌 것은 ㉠㉤ 2개이다.
㉠ 도시·군계획사업, ㉤ 죽목의 벌채는 개발행위허가의 대상이 아니다.

02 ④

녹지지역·관리지역 또는 농림지역 안에서의 농림어업용 비닐하우스의 설치는 개발행위허가를 받지 않고 할 수 있다. 다만, <u>비닐하우스 안에 설치하는 양식장은</u> 제외한다.

03 ⑤

관계 법령에 따른 인·허가 등을 받지 않고 하는 너비 5m 이하로의 토지의 분할은 개발행위허가를 받아야 한다.

04 ②

지문분석 ◆

① 개발행위허가는 전 국토에 적용하는 제도로서 용도지역이 지정되지 않은 지역이라도 <u>개발행위허가를 받아야 한다.</u>
③ 부지면적 또는 건축물 연면적을 <u>5% 범위에서 축소</u>(공작물의 무게, 부피, 수평투영면적 또는 토석채취량을 5% 범위에서 축소하는 경우를 포함한다)하는 경우이다.
④ 지방자치단체는 <u>이행보증금을 예치하지 않는다.</u>
⑤ 개발행위허가의 대상인 토지가 둘 이상의 용도지역에 걸치는 경우에는 각각의 용도지역에 위치하는 토지부분에 대하여 <u>각각의 용도지역의 개발행위의 규모에 관한 규정</u>을 적용한다. 다만, 개발행위허가의 대상인 토지의 총면적이 해당 토지가 걸쳐 있는 용도지역 중 개발행위의 규모가 가장 큰 용도지역의 개발행위의 규모를 초과해서는 안 된다.

05 ⑤

허가권자는 허가를 받지 않고 개발행위를 하는 자에 대하여는 그 토지의 원상회복을 명할 수 있고, <u>이를 이행하지 않는</u> 때에는 이행보증금을 사용하여 대집행할 수 있다.

06 ③

자연녹지지역과 생산녹지지역은 <u>1만m² 미만</u>, 보전녹지지역은 <u>5천m² 미만</u>의 개발행위에 대하여 허가를 할 수 있다.

07 ③

자금조달계획은 개발행위허가의 기준에 해당하지 않는다.

08 ②

용도지역별 특성을 고려하여 다음에 해당하는 개발행위의 규모(토지의 형질변경면적을 말한다)에 적합해야 한다.

1. 도시지역
   • 주거지역·상업지역·자연녹지지역·생산녹지지역: <u>1만m² 미만</u>
   • 공업지역: 3만m² 미만
   • 보전녹지지역: <u>5천m² 미만</u>
2. 관리지역 및 농림지역: 3만m² 미만
3. 자연환경보전지역: <u>5천m² 미만</u>

09 ⑤

지문분석 ●

① 개발행위허가를 받은 경우 건축허가는 의제되지 않는다.
② 토지의 일부가 도시·군계획시설로 지형도면고시가 된 해당 토지의 분할은 개발행위허가를 받지 않고 할 수 있다.
③ 생산녹지지역이 아니라 자연녹지지역이다.
④ 지목의 변경(전·답 사이의 변경은 제외한다)을 수반하는 경작을 위한 토지의 형질변경은 허가를 받아야 한다.

10 ⑤

해당하는 것은 ⓐⓑⓒⓓ 모두이다.
다음의 어느 하나에 해당하는 개발행위는 중앙도시계획위원회와 지방도시계획위원회의 심의를 거치지 않는다.

1. 이 법 또는 다른 법률에 따라 도시계획위원회의 심의를 받는 구역에서 하는 개발행위
2. 지구단위계획 또는 성장관리계획을 수립한 지역에서 하는 개발행위
3. 주거지역·상업지역·공업지역에서 시행하는 개발행위 중 특별시·광역시·특별자치시·특별자치도·시 또는 군의 조례로 정하는 규모·위치 등에 해당하지 않는 개발행위
4. 「환경영향평가법」에 따라 환경영향평가를 받은 개발행위
5. 「도시교통정비 촉진법」에 따라 교통영향평가에 대한 검토를 받은 개발행위
6. 「농어촌정비법」에 따른 농어촌정비사업 중 대통령령으로 정하는 사업을 위한 개발행위
7. 「산림자원의 조성 및 관리에 관한 법률」에 따른 산림사업 및 「사방사업법」에 따른 사방사업을 위한 개발행위

11 ②

지구단위계획구역으로 지정된 지역에 대해서는 중앙도시계획위원회나 지방도시계획위원회의 심의를 거쳐 한 차례만 3년 이내의 기간 동안 개발행위허가를 제한할 수 있다. 다만, 중앙도시계획위원회나 지방도시계획위원회의 심의를 거치지 않고 한 차례만 2년 이내의 기간 동안 개발행위허가의 제한을 연장할 수 있다.

12 ③

토지분할은 준공검사 대상에 해당하지 않는다.

 보충 **준공검사 대상**

다음의 행위에 대한 개발행위허가를 받은 자는 그 개발행위를 마치면 특별시장·광역시장·특별자치시장·특별자치도지사·시장 또는 군수의 준공검사를 받아야 한다.

1. 건축물의 건축
2. 공작물의 설치
3. 토지의 형질변경
4. 토석의 채취

13 ③

개발행위허가를 받은 자가 행정청이 아닌 경우 개발행위로 용도가 폐지되는 공공시설은 「국유재산법」과 「공유재산 및 물품 관리법」에도 불구하고 새로 설치한 공공시설의 설치비용에 상당하는 범위에서 개발행위허가를 받은 자에게 무상으로 양도할 수 있다.

14 ②

지문분석 ●

① 이행보증금의 예치금액은 총공사비의 20% 이내(산지에서의 개발행위의 경우 「산지관리법」에 따른 복구비를 합하여 총공사비의 20% 이내)가 되도록 한다.
③ 특별시장·광역시장·특별자치시장·특별자치도지사·시장 또는 군수는 원상회복의 명령을 받은 자가 원상회복을 하지 않으면 개발행위허가를 받은 자가 예치한 이행보증금을 사용하여 「행정대집행법」에 따른 행정대집행에 따라 원상회복을 할 수 있다.
④ B가 준공검사를 받은 때에는 A군수는 즉시 이행보증금을 반환해야 한다.
⑤ 국가나 지방자치단체가 시행하는 개발행위는 이행보증금을 예치하지 않는다.

Point 17 **성장관리계획**

15 ③

성장관리계획구역안을 14일 이상 일반이 열람할 수 있도록 해야 한다.

16 ①
주거지역은 성장관리계획구역의 지정대상에 해당하지 않는다.

 핵심 성장관리계획구역의 지정대상

특별시장 · 광역시장 · 특별자치시장 · 특별자치도지사 · 시장 또는 군수는 녹지지역, 관리지역, 농림지역 및 자연환경보전지역 중 다음의 어느 하나에 해당하는 지역의 전부 또는 일부에 대하여 성장관리계획구역을 지정할 수 있다.

1. 개발수요가 많아 무질서한 개발이 진행되고 있거나 진행될 것으로 예상되는 지역
2. 주변의 토지이용이나 교통여건 변화 등으로 향후 시가화가 예상되는 지역
3. 주변지역과 연계하여 체계적인 관리가 필요한 지역
4. 「토지이용규제 기본법」에 따른 지역 · 지구 등의 변경으로 토지이용에 대한 행위제한이 완화되는 지역
5. 그 밖에 난개발의 방지와 체계적인 관리가 필요한 지역으로서 대통령령으로 정하는 지역

17 ④
성장관리계획에 관한 설명으로 옳은 것은 ⓒⓒ이다.
㉠ 성장관리계획구역의 지정은 도시 · 군관리계획으로 결정하는 사항이 아니다.

18 ③
• 계획관리지역: 50% 이하
• 자연녹지지역 및 생산녹지지역: 30% 이하

Point 18 기반시설연동제

19 ⑤
개발밀도관리구역을 지정하려는 경우에는 주민의견청취가 명시되어 있지 않다.

20 ①
지문분석 ●
② 개발밀도관리구역 안의 기반시설의 변화를 <u>주기적으로</u> 검토하여 용적률을 강화 또는 완화하거나 개발밀도관리구역을 해제하는 등 필요한 조치를 취해야 한다.

③ 개발밀도관리구역을 지정하거나 변경하려는 경우에는 개발밀도관리구역의 명칭 · 범위 등에 대하여 지방도시계획위원회의 <u>심의를 거쳐야</u> 한다.
④ 특별시장 · 광역시장 · 특별자치시장 · 특별자치도지사 · 시장 <u>또는 군수</u>는 주거 · 상업 또는 공업지역에서 개발밀도관리구역을 지정할 수 있다.
⑤ 향후 <u>2년 이내</u>에 해당 지역의 학생수가 학교수용능력을 <u>20% 이상</u> 초과할 것으로 예상되는 지역이다.

21 ④
지문분석 ●
① 개발밀도관리구역에서는 대통령령으로 정하는 범위에서 건폐율 또는 용적률을 <u>강화하여</u> 적용한다.
② 개발밀도관리구역을 지정하려는 경우에는 지방도시계획위원회의 심의를 거쳐야 한다. <u>주민의견청취와 도지사의 승인은 필요 없다.</u>
③ 주거 · 상업 또는 공업지역에서의 개발행위로 기반시설의 처리 · 공급 또는 수용능력이 부족할 것으로 예상되는 지역 중 기반시설의 설치가 곤란한 지역은 <u>개발밀도관리구역으로 지정할 수 있다.</u>
⑤ 기반시설부담구역에서 기반시설설치비용의 부과대상인 건축행위는 200㎡(기존 건축물의 연면적을 포함한다)를 초과하는 <u>건축물의 신축 · 증축 행위</u>로 한다.

22 ③
주거지역에서 자연환경보전지역으로의 변경과 같이 용도지역이 변경되어 행위제한이 강화되는 지역은 기반시설부담구역의 <u>지정대상이 아니다.</u>

23 ③
지문분석 ●
① 기반시설부담구역은 <u>개발밀도관리구역 외의 지역</u>에서 지정한다.
② 대학은 기반시설부담구역에 설치가 필요한 기반시설에 <u>해당하지 않는다.</u>
④ 기반시설부담구역의 지정기준 등에 관하여 필요한 사항은 <u>국토교통부장관</u>이 정한다.
⑤ 2년이 아니라 <u>1년</u>이 되는 날의 다음 날에 구역의 지정은 해제된 것으로 본다.

24 ③
「고등교육법」에 따른 학교는 <u>제외한다.</u>

25 ③
행위제한이 완화되는 지역에 대하여는 기반시설부담구역으로 <u>지정해야 한다.</u>

26 ③
특별시장·광역시장·특별자치시장·특별자치도지사·시장 또는 군수는 납부의무자가 국가 또는 지방자치단체로부터 건축허가를 받은 날부터 2개월 이내에 기반시설설치비용을 부과해야 하고, 납부의무자는 <u>사용승인신청시까지</u> 이를 내야 한다.

27 ④
의료시설은 0.9, 교육연구시설은 0.7로 기반시설유발계수가 서로 다르다.

28 ③
건축물별 기반시설유발계수는 다음과 같다. 따라서 높은 순으로 나열하면 ⓔ－ⓒ－ⓛ－ⓒ이 된다.
ⓒ 제2종 근린생활시설: 1.6
ⓛ 종교시설: 1.4
ⓒ 판매시설: 1.3
ⓔ 위락시설: 2.1

29 ③
관광휴게시설(1.9) > 제1종 근린생활시설(1.3) = 비금속 광물제품 제조공장(1.3) > 단독주택(0.7) = 장례시설(0.7)

핵심 건축물별 기반시설유발계수

① 단독주택: 0.7
② 공동주택: 0.7
③ 제1종 근린생활시설: 1.3
④ 제2종 근린생활시설: 1.6
⑤ 문화 및 집회시설: 1.4
⑥ 종교시설: 1.4
⑦ 판매시설: 1.3
⑧ 운수시설: 1.4
⑨ 의료시설: 0.9
⑩ 교육연구시설: 0.7
⑪ 노유자시설: 0.7
⑫ 수련시설: 0.7
⑬ 운동시설: 0.7
⑭ 업무시설: 0.7
⑮ 숙박시설: 1.0
⑯ 위락시설: 2.1
⑰ 공장(생략)
⑱ 창고시설: 0.5
⑲ 위험물저장 및 처리시설: 0.7
⑳ 자동차 관련 시설: 0.7
㉑ 동물 및 식물 관련 시설: 0.7
㉒ 자원순환 관련 시설: 1.4
㉓ 교정 및 군사시설: 0.7
㉔ 방송통신시설: 0.8
㉕ 발전시설: 0.7
㉖ 묘지 관련 시설: 0.7
㉗ 관광휴게시설: 1.9
㉘ 장례시설: 0.7
㉙ 야영장시설: 0.7

제9장 보칙·벌칙　　　　　p.110~112

01	⑤	02	①	03	③	04	⑤	05	③
06	②	07	③						

Point 19 보칙 및 벌칙

01 ⑤
해당하는 것은 ⓒⓛ ⓒ 모두이다.

02 ①

지문분석

② <u>20년이 지날 때까지</u> 그 시설의 설치에 관한 도시·군계획시설사업이 시행되지 않은 경우이다.
③ <u>3년 이내에</u> 그 지구단위계획구역에 관한 지구단위계획이 결정·고시되지 않은 경우이다.
④ 시가화조정구역의 지정에 관한 도시·군관리계획의 결정은 <u>시가화유보기간이 끝난 날의 다음 날부터</u> 그 효력을 잃는다.
⑤ 광역계획권은 해제와 관계없다.

03 ③

① 시·도도시계획위원회는 위원장 및 부위원장 각 1명을 포함한 25명 이상 30명 이하의 위원으로 구성한다.

② 시·도도시계획위원회의 위원장은 위원 중에서 해당 시·도지사가 임명 또는 위촉하며, 부위원장은 위원 중에서 호선한다.

④ 시·군(광역시의 관할 구역에 있는 군을 포함한다) 또는 구에 각각 시·군·구도시계획위원회를 둔다.

⑤ 중앙도시계획위원회 및 지방도시계획위원회의 심의 일시·장소·안건·내용·결과 등이 기록된 회의록은 1년의 범위에서 대통령령으로 정하는 기간이 지난 후에는 공개 요청이 있는 경우 열람 또는 사본을 제공하는 방법에 따라 공개해야 한다.

04 ⑤

국토교통부장관은 도시·군기본계획과 도시·군관리계획이 국가계획 및 광역도시계획의 취지에 부합하지 않거나 도시·군관리계획이 도시·군기본계획의 취지에 부합하지 않는다고 판단하는 경우에는 특별시장·광역시장·특별자치시장·특별자치도지사·시장 또는 군수에게 기한을 정하여 도시·군기본계획과 도시·군관리계획의 조정을 요구할 수 있다.

05 ③

이 법에 따른 시·도지사의 권한은 시·도의 조례로 정하는 바에 따라 시장·군수 또는 구청장에게 위임할 수 있다. 이 경우 시·도지사는 권한의 위임사실을 국토교통부장관에게 보고해야 한다.

06 ②

① 국토교통부장관은 도시의 경제·사회·문화적인 특성을 살려 개성 있고 지속가능한 발전을 촉진하기 위하여 필요하면 직접 또는 관계 중앙행정기관의 장이나 시·도지사의 요청에 의하여 경관, 생태, 정보통신, 과학, 문화, 관광, 그 밖에 대통령령으로 정하는 분야별로 시범도시(시범지구나 시범단지를 포함한다)를 지정할 수 있다.

③ 공모에 응모할 수 있는 자는 특별시장·광역시장·특별자치시장·특별자치도지사·시장·군수 또는 구청장으로 한다. 주민은 해당하지 않는다.

④ 관계 중앙행정기관의 장 또는 시·도지사는 국토교통부장관에게 시범도시의 지정을 요청하고자 하는 때에는 미리 설문조사·열람 등을 통하여 주민의 의견을 들은 후 관계 지방자치단체의 장의 의견을 들어야 한다.

⑤ 국토교통부장관, 관계 중앙행정기관의 장은 시범도시에 대하여 다음의 범위에서 보조 또는 융자를 할 수 있다.

> 1. 시범도시사업계획의 수립에 소요되는 비용의 80% 이하
> 2. 시범도시사업의 시행에 소요되는 비용(보상비를 제외한다)의 50% 이하

07 ③

청문을 실시해야 하는 경우는 ⓒⓔⓘ 3개이다.

청문

국토교통부장관, 시·도지사, 시장·군수 또는 구청장이 다음에 해당하는 처분을 하려는 때에는 청문을 실시해야 한다.

> 1. 개발행위허가의 취소
> 2. 도시·군계획시설사업의 시행자 지정의 취소
> 3. 실시계획인가의 취소

Point 20 개발계획의 수립

01 ⑤

해당 도시개발구역에 포함되는 주거지역·상업지역·공업지역의 면적의 합계가 전체 도시개발구역 지정면적의 <u>100분의 30 이하</u>인 지역은 도시개발구역을 지정한 후에 개발계획을 수립할 수 있다.

02 ①

도시개발구역은 도시·군관리계획결정으로 지정하는 것이 아니라 「도시개발법」의 절차에 따라 지정한다.

03 ①

지문분석

② 개발계획의 작성기준 및 방법은 <u>국토교통부장관</u>이 정한다.
③ 보건의료시설, 어린이집 및 노인복지시설의 설치계획도 개발계획에 <u>포함된다</u>.
④ 지정권자는 도시개발사업을 환지방식으로 시행하려고 개발계획을 수립하거나 변경할 때에 도시개발사업의 시행자가 국가나 지방자치단체이면 토지소유자의 <u>동의</u>를 받을 필요가 없다.
⑤ 지구단위계획은 개발계획에 <u>포함되지 않는다.</u>

04 ③

지문분석

① 국공유지를 <u>포함</u>하여 산정한다.
② 토지소유권을 여러 명이 공유하는 경우 다른 공유자의 동의를 받은 <u>대표공유자 1명</u>만을 해당 토지소유자로 본다. 다만, 「집합건물의 소유 및 관리에 관한 법률」에 따른 구분소유자는 <u>각각</u>을 토지소유자 1명으로 본다.
④ 개발계획 변경시 개발계획의 변경을 요청받기 전에 동의를 철회하는 사람이 있는 경우 그 사람은 동의자 수에서 <u>제외</u>한다.

⑤ 도시개발구역의 지정이 제안된 후부터 개발계획이 수립되기 전까지의 사이에 토지소유자가 변경된 경우 또는 개발계획의 변경을 요청받은 후부터 개발계획이 변경되기 전까지의 사이에 토지소유자가 변경된 경우에는 <u>기존 토지소유자의 동의서를 기준</u>으로 한다.

05 ①

너비가 <u>12m 미만</u>인 도로의 변경은 경미한 사항의 변경으로 토지소유자의 동의가 필요 없다.

06 ④

재원조달계획은 도시개발구역을 지정한 후에 개발계획에 포함시킬 수 있는 사항이 아니다.

07 ④

선정된 개발계획안의 응모자가 법령에 정한 요건을 갖춘 자인 경우에는 해당 응모자를 우선하여 시행자로 <u>지정할 수 있다.</u>

Point 21 도시개발구역의 지정

08 ③

자치구의 구청장은 도시개발구역의 지정권자가 아니다.

09 ③

국토교통부장관이 도시개발구역을 지정할 수 있는 경우는 ㉠㉣㉤ 3개이다.
㉡ 시장(대도시 시장은 제외)·군수 또는 구청장은 시·도지사에게 도시개발구역의 지정을 요청할 수 있고, <u>국토교통부장관에게는 요청할 수 없다.</u>
㉢ 공공기관의 장 또는 정부출연기관의 장이 <u>30만㎡ 이상</u>으로서 국가계획과 밀접한 관련이 있는 도시개발구역의 지정을 제안하는 경우이다.
㉥ 도시개발사업이 필요하다고 인정되는 지역이 둘 이상의 시·도 또는 대도시에 걸치는 경우에는 관계 시·도지사 또는 대도시 시장이 협의하여 도시개발구역을 지정할 자를 정한다. 다만, <u>협의가 성립되지 않는 경우에는 국토교통부장관</u>이 도시개발구역을 지정한다.

10 ①

국가·지방자치단체 및 <u>도시개발조합을 제외</u>한 사업시행자는 특별자치도지사, 시장·군수 또는 구청장에게 도시개발구역의 지정을 제안할 수 있다.

11 ②
- 주거지역 및 상업지역: 1만㎡ 이상
- 공업지역: 3만㎡ 이상
- 도시개발구역 지정면적의 100분의 30 이하인 생산녹지지역: 1만㎡ 이상
- 계획관리지역: 30만㎡ 이상

12 ①
광역도시계획 및 도시·군기본계획의 수립과 관계없이 1만㎡ 이상의 주거지역은 도시개발구역으로 지정 가능하다.

 도시개발구역의 지정대상 지역 및 규모

도시개발구역으로 지정할 수 있는 면적은 다음과 같다.

도시지역	1. 주거지역 및 상업지역: 1만㎡ 이상 2. 공업지역: 3만㎡ 이상 3. 자연녹지지역: 1만㎡ 이상 4. 생산녹지지역(생산녹지지역이 도시개발구역 지정면적의 100분의 30 이하인 경우에 한함): 1만㎡ 이상
도시지역 외의 지역	30만㎡ 이상. 단, 공동주택 중 아파트 또는 연립주택의 건설계획이 포함되는 경우로서 다음 요건을 모두 갖춘 경우에는 10만㎡ 이상 1. 도시개발구역에 초등학교용지를 확보하여 관할 교육청과 협의한 경우 2. 도시개발구역에서 「도로법」 또는 국토교통부령으로 정하는 도로와 연결되거나 4차로 이상의 도로를 설치하는 경우

13 ③

지문분석 ●

① 「국토의 계획 및 이용에 관한 법률」에 따른 취락지구 또는 개발진흥지구로 지정된 지역은 도시개발구역의 지정규모에 관한 규정을 적용하지 않는다.
② 도시개발사업이 필요하다고 인정되는 지역이 둘 이상의 도의 행정구역에 걸치는 경우에는 관계 도지사가 협의하여 도시개발구역을 지정할 자를 정한다.
④ 도시개발구역을 둘 이상의 사업시행지구로 분할할 수 있는 경우는 분할 후 각 사업시행지구의 면적이 각각 1만㎡ 이상인 경우로 한다.
⑤ 자연녹지지역은 도시개발구역을 지정한 후에 개발계획을 수립할 수 있다.

14 ①
토지, 건축물, 공작물 기타 필요한 사항을 조사하거나 측량을 할 수 있다.

15 ④
토지의 합병은 허가대상에 해당하지 않는다. 도시개발구역에서 다음의 행위를 하려는 자는 특별시장·광역시장·특별자치도지사·시장 또는 군수의 허가를 받아야 한다. 허가받은 사항을 변경하려는 경우에도 또한 같다.

1. 건축물의 건축 등: 「건축법」에 따른 건축물(가설건축물을 포함한다)의 건축, 대수선(大修繕) 또는 용도변경
2. 공작물의 설치: 인공을 가하여 제작한 시설물(「건축법」에 따른 건축물은 제외한다)의 설치
3. 토지의 형질변경: 절토(땅깎기)·성토(흙쌓기)·정지(땅고르기)·포장 등의 방법으로 토지의 형상을 변경하는 행위, 토지의 굴착 또는 공유수면의 매립
4. 토석의 채취: 흙·모래·자갈·바위 등의 토석을 채취하는 행위. 다만, 토지의 형질변경을 목적으로 하는 것은 3.에 따른다.
5. 토지분할
6. 물건을 쌓아놓는 행위: 옮기기 쉽지 않은 물건을 1개월 이상 쌓아놓는 행위
7. 죽목(竹木)의 벌채 및 식재(植栽)

16 ①
취락지구로 지정된 지역은 도시지역과 지구단위계획구역으로 의제되지 않는다.

17 ⑤
도시개발구역에서 죽목의 벌채 및 식재는 허가를 받아야 한다. 다만, 다음에 해당하는 행위는 허가를 받지 않고 할 수 있다.

1. 재해복구 또는 재난수습에 필요한 응급조치를 위하여 하는 행위
2. 그 밖에 대통령령으로 정하는 행위: 다음의 어느 하나에 해당하는 행위로서 「국토의 계획 및 이용에 관한 법률」에 따른 개발행위허가의 대상이 아닌 것
   - 농림수산물의 생산에 직접 이용되는 것으로서 국토교통부령으로 정하는 간이공작물의 설치
   - 경작을 위한 토지의 형질변경
   - 도시개발구역의 개발에 지장을 주지 않고 자연경관을 훼손하지 않는 범위에서의 토석채취
   - 도시개발구역에 남겨두기로 결정된 대지에서 물건을 쌓아놓는 행위
   - 관상용 죽목의 임시식재(경작지에서의 임시식재는 제외한다)

18 ③

① 3년이 되는 날까지 실시계획의 인가신청이 없는 경우 3년이 되는 날의 다음 날에 해당 구역이 해제된 것으로 본다.

② 도시개발사업의 공사완료(환지방식에 따른 사업인 경우에는 그 환지처분)의 공고일의 다음 날에 해제된 것으로 본다.

④ 2년이 되는 날까지 개발계획을 수립·고시하지 않는 경우 그 2년이 되는 날의 다음 날에 구역이 해제된 것으로 본다.

⑤ 개발계획을 수립·고시한 날부터 3년이 되는 날까지 실시계획인가를 신청하지 않는 경우에는 그 3년이 되는 날의 다음 날에 해당 구역은 해제된 것으로 본다.

19 ②

도시개발구역을 지정한 후 개발계획을 수립하는 경우에는 다음의 어느 하나에 규정된 날의 다음 날에 도시개발구역의 지정이 해제된 것으로 본다.

> 1. 도시개발구역이 지정·고시된 날부터 2년이 되는 날까지 개발계획을 수립·고시하지 않는 경우에는 그 2년이 되는 날. 다만, 도시개발구역의 면적이 330만㎡ 이상인 경우에는 5년으로 한다.
> 2. 개발계획을 수립·고시한 날부터 3년이 되는 날까지 실시계획인가를 신청하지 않는 경우에는 그 3년이 되는 날. 다만, 도시개발구역의 면적이 330만㎡ 이상인 경우에는 5년으로 한다.

제2장 도시개발사업의 시행								p.131~152	
01	②	02	①	03	⑤	04	②	05	⑤
06	②	07	③	08	④	09	③	10	④
11	③	12	⑤	13	②	14	⑤	15	③
16	④	17	②	18	③	19	①	20	①
21	②	22	③	23	③	24	②	25	④
26	③	27	③	28	⑤	29	①	30	②
31	③	32	③	33	④	34	③	35	⑤
36	⑤	37	③	38	③	39	⑤	40	⑤
41	②	42	①	43	④	44	①	45	②
46	③	47	①	48	③				

Point 22 도시개발사업의 시행자

01 ②
지정권자는 도시개발구역의 전부를 환지방식으로 시행하는 경우에는 토지소유자나 조합을 시행자로 지정한다.

02 ①
국가는 해당하지 않는다.

03 ⑤
행정청이 아닌 시행자가 한 처분에 관하여는 다른 법률에 특별한 규정을 제외하고 지정권자에게 행정심판을 제기해야 한다.

04 ②
해당하는 것은 ㉠㉡이다.
㉠㉡ 공공시행자는 도시개발사업을 효율적으로 시행하기 위하여 필요한 경우에는 대통령령으로 정하는 바에 따라 설계·분양 등 도시개발사업의 일부를 「주택법」에 따른 주택건설사업자 등으로 하여금 대행하게 할 수 있다.
㉢㉣ 공공시행자에 해당하지 않는다.

05 ⑤
주된 사무소의 소재지는 환지방식이 아닌 경우에도 규약에 포함되어야 할 사항이다.

06 ②
시행자 변경 사유로 틀린 것은 ㉢㉤ 2개이다.
㉢ 도시개발구역의 전부를 환지방식으로 시행하는 경우로서 시행자로 지정된 자가 도시개발구역 지정의 고시일부터 1년 이내에 도시개발사업에 관한 실시계획의 인가를 신청하지 않는 경우이다.
㉤ 천재지변, 그 밖의 사유로 인하여 도시개발사업을 긴급하게 할 필요가 있는 경우에는 국토교통부장관이 도시개발구역을 지정할 수 있다.

07 ③

① 국가는 도시개발사업의 시행자가 될 수 있다.
② 국가철도공단은 「역세권의 개발 및 이용에 관한 법률」에 따른 역세권개발사업을 시행하는 경우에만 도시개발사업의 시행자가 된다.
④ 토지소유자가 도시개발구역의 지정을 제안하려는 경우에는 대상 구역 토지면적의 3분의 2 이상에 해당하는 토지소유자의 동의를 받아야 한다.
⑤ 지정권자는 시행자가 실시계획의 인가를 받은 후 2년 이내에 사업을 착수하지 않는 경우 시행자를 변경할 수 있다.

08 ④

민간시행자(부동산개발업자와 부동산투자회사는 제외한다)는 지정권자의 승인을 받아 「자본시장과 금융투자업에 관한 법률」에 따른 신탁업자와 신탁계약을 체결하여 도시개발사업을 시행할 수 있다. 조합은 민간시행자에 해당한다.

Point 23 도시개발조합

09 ③

① 지정권자에게 조합설립의 인가를 받아야 한다.
② 국공유지를 포함하여 산정한다.
④ 조합이 인가를 받은 사항을 변경하려는 때에는 지정권자로부터 변경인가를 받아야 한다. 다만, 다음에 해당하는 경미한 사항을 변경하려는 때에는 이를 신고해야 한다.

> 1. 주된 사무소의 소재지의 변경
> 2. 공고방법을 변경하는 경우

⑤ 조합에 관하여 이 법으로 규정한 것 외에는 「민법」 중 사단법인에 관한 규정을 준용한다.

10 ④

조합설립인가의 동의요건은 면적 3분의 2 이상 토지소유자와 토지소유자 총수 2분의 1 이상이다. '면적' 조건을 충족하기 위하여 13,334㎡(= 20,000㎡ × 3분의 2) 이상의 동의가 필요하므로 최소 8명[면적 2,000㎡를 소유한 6명(김, 이, 박, 최, 정, 한)과 면적 1,000㎡를 소유한 2명]의 동의가 필요하다. 또한 '토지소유자 총수' 조건을 충족하기 위하여 7명(= 14명 × 2분의 1) 이상의 동의를 받아야 하므로 설립인가를 신청하기 위하여는 최소한 8명의 동의를 받아야 한다.

11 ③

① 조합은 도시개발사업의 전부를 환지방식으로 시행하는 경우 사업시행자가 될 수 있다.
② 조합설립의 인가를 신청하려면 해당 도시개발구역의 토지면적의 3분의 2 이상에 해당하는 토지소유자와 그 구역의 토지소유자 총수의 2분의 1 이상의 동의를 받아야 한다.
④ 조합설립인가에 동의한 자로부터 토지를 취득한 자는 조합의 설립에 동의한 것으로 본다. 다만, 토지를 취득한 자가 조합설립인가 신청 전에 동의를 철회한 경우에는 그러하지 않다.
⑤ 설립인가를 받은 날부터 30일 이내에 설립등기를 해야 한다.

12 ⑤

① 조합의 조합원은 도시개발구역의 토지소유자(동의 여부 불문)로 한다.
② 미성년자도 조합원이 될 수 있다.
③ 조합의 임원으로 선임된 자가 결격사유에 해당하게 된 경우에는 그 다음 날부터 임원의 자격을 상실한다.
④ 공유토지는 공유자의 동의를 받은 대표공유자 1명만 의결권이 있다.

13 ②

① 임원은 정관이 정하는 바에 따라 조합원 중에서 총회에서 이를 선임한다.
③ 그 다음 날부터 임원자격을 상실한다.
④ 조합장 또는 이사의 자기를 위한 조합과의 계약이나 소송에 관하여는 감사가 조합을 대표한다.
⑤ 조합의 임원은 그 조합의 다른 임원이나 직원을 겸할 수 없다.

14 ⑤

대의원회는 다음의 사항을 제외한 총회의 권한을 대행할 수 있다.

> 1. 정관의 변경
> 2. 개발계획의 수립 및 변경(경미한 변경 및 실시계획의 수립·변경은 제외한다)
> 3. 환지계획의 작성(경미한 변경은 제외한다)
> 4. 조합임원의 선임
> 5. 조합의 합병 또는 해산에 관한 사항(청산금의 징수·교부를 완료한 후에 조합을 해산하는 경우는 제외한다)

15 ③
대의원회는 조합임원(이사)의 선임을 대행할 수 없다.

Point 24 실시계획

16 ④
종전에 도시·군관리계획으로 결정된 사항 중 고시된 실시계획의 내용에 저촉되는 사항은 고시된 내용으로 변경된 것으로 본다.

17 ②
사업시행면적의 100분의 10의 범위에서 면적의 감소 등 경미한 사항을 변경하는 경우에는 지정권자의 변경인가를 받지 않는다.

18 ③

지문분석 ▶

① 지정권자가 실시계획을 작성하거나 인가하는 경우 국토교통부장관이 지정권자이면 시·도지사 또는 대도시 시장의 의견을, 시·도지사가 지정권자이면 시장(대도시 시장을 제외한다)·군수 또는 구청장의 의견을 미리 들어야 한다.

② 지정권자는 도시개발사업을 환지방식으로 시행하는 구역에 대하여는 실시계획의 고시내용과 토지조서를 관할 등기소에 통보·제출해야 한다.

④ 사업시행면적의 100분의 10의 범위에서의 면적의 감소 등 경미한 사항을 변경하는 경우에는 변경인가를 받지 않는다.

⑤ 도시개발구역의 전부를 환지방식으로 시행하는 경우 시행자로 지정된 토지소유자나 조합이 도시개발구역 지정의 고시일부터 1년 이내에 도시개발사업에 관한 실시계획의 인가를 신청하지 않는 경우이다.

19 ①

지문분석 ▶

② 계획적이고 체계적인 도시개발 등 집단적인 조성과 공급이 필요한 경우에는 수용 또는 사용방식으로 정한다.

③ 공공시행자는 도시개발사업의 시행방식을 혼용방식에서 전부 환지방식으로 변경할 수 있다.

④ 국토교통부장관의 허가를 받지 않는다.

⑤ 지방자치단체 등이 도시개발사업의 전부를 환지방식으로 시행하려고 할 때에는 대통령령으로 정하는 바에 따라 시행규정을 작성해야 한다.

20 ①
도시개발사업의 시행방식은 개발계획으로 정하는 내용이다.

Point 25 수용·사용방식에 의한 사업시행

21 ②

지문분석 ▶

① 시행자는 도시개발사업에 필요한 토지 등을 수용하거나 사용할 수 있다.

③ 시행자는 토지소유자가 원하면 토지 등의 매수대금의 일부를 지급하기 위하여 토지상환채권을 발행할 수 있다.

④ 공급될 수 있는 원형지의 면적은 도시개발구역 전체 토지면적의 3분의 1 이내로 한정한다.

⑤ 토지상환채권의 발행규모는 그 토지상환채권으로 상환할 토지·건축물이 해당 도시개발사업으로 조성되는 분양토지 또는 분양건축물 면적의 2분의 1을 초과하지 않도록 해야 한다.

22 ③

지문분석 ▶

① 기명식 증권으로 발행한다.

② 지방공사인 시행자는 지급보증을 받지 않는다.

④ 토지가격의 추산방법은 토지상환채권의 발행계획에 포함되어야 한다.

⑤ 토지상환채권은 이전할 수 있다. 토지상환채권을 이전하는 경우 취득자는 그 성명과 주소를 토지상환채권원부에 기재하여 줄 것을 요청해야 하며, 취득자의 성명과 주소가 토지상환채권에 기재되지 않으면 취득자는 발행자 및 그 밖의 제3자에게 대항하지 못한다.

23 ③
재결신청은 「공익사업을 위한 토지 등의 취득 및 보상에 관한 법률」의 규정에도 불구하고 도시개발사업의 시행기간 종료일까지 행해야 한다.

24 ②
수용 또는 사용방식에 의한 사업시행과 관련한 설명으로 틀린 것은 ㉠㉢ 2개이다.

㉠ 지방공사인 시행자는 토지소유자의 동의 없이 토지 등을 수용하거나 사용할 수 있다.

㉢ 토지상환채권은 질권의 목적으로 할 수 있다. 이 경우 질권자의 성명과 주소가 토지상환채권원부에 기재되지 않으면 질권자는 발행자 및 그 밖의 제3자에게 대항하지 못한다.

25 ④
원형지 공급가격은 개발계획이 반영된 원형지의 감정가격에 <u>시행자가 원형지에 설치한 기반시설 등의 공사비를 더한 금액</u>을 기준으로 시행자와 원형지개발자가 협의하여 결정한다.

26 ③
원형지개발자는 10년의 범위에서 대통령령으로 정하는 기간 안에는 원형지를 매각할 수 없다. 다만, <u>국가 및 지방자치단체는 제외</u>한다.

27 ③
지문분석

① 시행자(지정권자가 시행자인 경우는 제외한다)는 조성토지 등을 공급하려고 할 때에는 조성토지 등의 공급계획을 작성하거나 변경하여 지정권자의 <u>승인</u>을 받아야 한다.
②「주택법」에 따른 공공택지는 <u>추첨</u>의 방법으로 분양할 수 있다.
④ 학교용지, 공공청사용지 등 일반에게 분양할 수 없는 공공용지를 국가, 지방자치단체, 그 밖의 법령에 따라 해당 시설을 설치할 수 있는 자에게 공급하는 경우 수의계약의 방법으로 조성토지 등을 공급할 수 <u>있</u>다.
⑤ 수의계약의 방법으로 조성토지를 공급하기로 하였으나 조성토지의 공급 신청량이 지정권자에게 제출한 조성토지 등의 공급계획에서 계획된 면적을 초과하는 경우에는 <u>추첨</u>의 방법에 따른다.

28 ⑤
시행자는 학교, 폐기물처리시설 그 밖에 대통령령으로 정하는 시설을 설치하기 위한 조성토지 등과 이주단지의 조성을 위한 토지를 공급하는 경우에는 해당 토지의 가격을 「감정평가 및 감정평가사에 관한 법률」에 따른 감정평가법인 등이 <u>감정평가한 가격 이하</u>로 정할 수 있다.

29 ①
지문분석

② 정부출연기관은 <u>공공시행자이므로 수용요건이 필요 없다.</u> 민간시행자(도시개발조합은 제외한다)는 사업대상 토지 면적의 3분의 2 이상에 해당하는 토지를 소유하고 토지소유자 총수의 2분의 1 이상에 해당하는 자의 동의를 받아야 한다.
③ 시행자는 조성토지 등과 원형지를 공급받거나 이용하려는 자로부터 대통령령으로 정하는 바에 따라 해당 대금의 <u>전부 또는 일부를 미리 받을 수 있다.</u>
④ 조성토지 등의 공급은 <u>경쟁입찰</u>의 방법에 따른다.

⑤ 원형지개발자의 선정은 수의계약의 방법으로 한다. 다만, 원형지를 학교나 공장 등의 부지로 직접 사용하는 자의 선정은 경쟁입찰의 방식으로 하며, 경쟁입찰이 2회 이상 유찰된 경우에는 수의계약의 방법으로 할 수 있다.

<u>Point 26</u> **환지계획**

30 ②
청산금의 결정은 환지계획에 포함되어야 할 사항이 아니다.

31 ③
토지소유자의 신청 또는 동의에 따라 환지를 정하지 않는 경우 해당 토지의 <u>임차권자 등의 동의를 받아야 한다.</u>

32 ③
시행자는 토지면적의 규모를 조정할 특별한 필요가 있으면 면적이 작은 토지는 과소(過小)토지가 되지 않도록 면적을 늘려 환지를 정하거나 환지대상에서 제외할 수 있고, 면적이 넓은 토지는 <u>그 면적을 줄여서 환지를 정할 수 있다.</u>

33 ④
비례율은 다음의 계산식에 따른다. 따라서 비례율은 [(200억원 – 40억원) / 80억원] × 100 = 200%가 된다.

> 비례율
> = [(도시개발사업으로 조성되는 토지·건축물의 평가액 합계 – 총사업비) / 환지 전 토지·건축물의 평가액 합계] × 100

34 ③
평균 토지부담률은 다음의 계산식에 따른다. 따라서 평균 토지부담률은 (60만㎡ – 20만㎡) / (100만㎡ – 20만㎡) × 100 = 50%가 된다.

> 평균 토지부담률
> = [(보류지 면적 – 시행자에게 무상으로 귀속되는 토지와 시행자가 소유하는 토지면적) / (환지계획구역 면적 – 시행자에게 무상으로 귀속되는 토지와 시행자가 소유하는 토지면적)] × 100

35 ⑤
과밀억제권역에 위치하지 않는 도시개발구역의 토지소유자에 대하여는 <u>소유한 주택의 수만큼</u> 공급할 수 있다.

36 ⑤

① 시행자는 지정권자에게 준공검사를 받은 경우(지정권자가 시행자인 경우에는 공사완료 공고가 있는 때)에는 60일 이내에 환지처분을 해야 한다.

② 도시개발구역이 2 이상의 환지계획구역으로 구분되는 경우에는 환지계획구역별로 사업비 및 보류지를 책정해야 한다.

③ 시행자는 환지방식이 적용되는 도시개발구역에 있는 조성 토지 등의 가격을 평가할 때에는 토지평가협의회의 심의를 거쳐 결정하되, 그에 앞서 대통령령으로 정하는 공인 평가기관(감정평가법인 등)이 평가하게 해야 한다.

④ 환지예정지가 지정되면 종전의 토지의 소유자와 임차권자 등은 환지예정지 지정의 효력발생일부터 환지처분이 공고되는 날까지 환지예정지나 해당 부분에 대하여 종전과 같은 내용의 권리를 행사할 수 있으며, 종전의 토지는 사용하거나 수익할 수 없다.

37 ③

① 행정청이 아닌 시행자가 환지계획을 작성한 경우에는 특별 자치도지사 · 시장 · 군수 또는 구청장의 인가를 받아야 한다.

② 환지로 지정된 토지나 건축물을 금전으로 청산하는 경우 등 경미한 사항을 변경하는 경우에는 변경인가를 받지 않는다.

④ 종전의 토지에 대한 임차권자는 환지예정지에 대하여 종전과 동일한 내용의 권리를 행사할 수 있다.

⑤ 환지계획에서 환지를 정하지 않은 종전의 토지에 있던 권리는 그 환지처분이 공고된 날이 끝나는 때에 소멸한다.

38 ③

시행자는 체비지의 용도로 환지예정지가 지정된 경우에는 도시개발사업에 드는 비용을 충당하기 위하여 이를 사용 또는 수익하게 하거나 처분할 수 있다.

39 ⑤

환지예정지의 지정으로 사용 또는 수익할 자가 없게 된 토지는 그날로부터 환지처분의 공고가 있는 날까지 시행자가 관리한다.

Point 27 환지처분

40 ⑤

종전 토지의 합필 또는 분필로 환지명세가 변경되는 경우 등 경미한 사항을 변경하는 경우에는 변경인가를 받지 않는다.

41 ②

환지처분은 행정상 처분이나 재판상의 처분으로서 종전의 토지에 전속(專屬)하는 것에 관하여는 영향을 미치지 않는다.

42 ①

환지등기는 시행자가 일괄하여 촉탁 또는 신청한다.

43 ④

청산금을 받을 권리나 징수할 권리를 5년간 행사하지 않으면 시효로 소멸한다.

44 ①

② 환지설계시 적용되는 토지 · 건축물의 평가액은 최초 환지계획인가시를 기준으로 하여 정하고 변경할 수 없으며, 환지 후 토지 · 건축물의 평가액은 실시계획의 변경으로 평가요인이 변경된 경우에만 환지계획의 변경인가를 받아 변경할 수 있다.

③ 환지는 환지처분 공고일의 다음 날부터 종전 토지로 본다.

④ 환지를 정하지 않는 토지에 대하여는 환지처분 전이라도 청산금을 교부할 수 있다.

⑤ 도시개발사업의 시행으로 행사할 이익이 없어진 지역권은 환지처분이 공고된 날이 끝나는 때에 소멸한다.

45 ②

환지처분의 공고가 있는 날부터 60일이 지난 때에는 임대료 · 지료 기타 사용료 등의 증감을 청구할 수 없다.

46 ③

행정청인 시행자는 도시개발사업의 시행으로 사업시행 후의 토지가액의 총액이 사업시행 전의 토지가액의 총액보다 감소한 때에는 그 차액에 상당하는 감가보상금을 대통령령이 정하는 기준에 따라 종전의 토지소유자 또는 임차권자 등에게 지급해야 한다.

47 ①

준공검사 전 또는 공사완료 공고 전에는 조성토지 등(체비지는 제외한다)을 사용할 수 없다.

48 ③

이미 처분된 체비지는 그 체비지를 매입한 자가 <u>소유권이전 등기를 마친 때</u>에 소유권을 취득한다.

제3장 비용부담 · 보칙				p.154~156
01 ⑤	02 ②	03 ⑤	04 ①	05 ②
06 ③				

Point 28 비용부담

01 ⑤

시 · 도지사간 또는 대도시 시장과 시 · 도지사간의 협의가 성립되지 않는 경우에는 <u>행정안전부장관</u>의 결정에 따른다.

02 ②

지정권자인 시행자는 그가 시행한 도시개발사업으로 이익을 얻는 시 · 도가 있으면 그 도시개발사업에 든 비용의 <u>일부</u>를 그 이익을 얻는 시 · 도에 부담시킬 수 있다.

03 ⑤

> **지문분석 ●**

① <u>시 · 도지사</u>는 도시개발사업 또는 도시 · 군계획시설사업에 필요한 자금을 조달하기 위하여 도시개발채권을 발행할 수 있다.
② 도시개발채권의 이율은 채권의 발행 당시의 국채 · 공채 등의 금리와 특별회계의 상황 등을 고려하여 <u>해당 시 · 도의 조례</u>로 정한다.
③ 원금은 <u>5년</u>, 이자는 <u>2년</u>으로 한다.
④ 도시개발채권의 상환은 5년부터 10년까지의 범위에서 <u>지방자치단체의 조례</u>로 정한다.

04 ①

다음에 해당하는 자는 도시개발채권을 매입해야 한다.

> 1. 수용 또는 사용방식으로 시행하는 도시개발사업의 경우 공공시행자와 공사의 도급계약을 체결하는 자
> 2. 공공시행자 외에 <u>도시개발사업을 시행하는 자</u>
> 3. 「국토의 계획 및 이용에 관한 법률」에 따른 개발행위 허가 중 토지의 형질변경허가를 받은 자

05 ②

시 · 도지사는 도시개발채권을 발행하려는 경우에는 채권의 발행총액 등에 대하여 <u>행정안전부장관의 승인</u>을 받아야 한다.

06 ③

「도시개발법」 제10조의2 제2항 또는 제3항을 위반하여 그 위반행위로 얻은 재산상 이익의 5배에 해당하는 금액이 <u>10억 원 이하</u>인 경우에는 벌금의 상한액을 <u>10억원</u>으로 한다.

제1장 총칙 p.162~165

01	⑤	02	⑤	03	③	04	①	05	②
06	⑤	07	③	08	④	09	①		

Point 29 용어정의

01 ⑤

지문분석 ●

①④ 주거환경개선사업은 도시저소득 주민이 집단거주하는 지역으로서 정비기반시설이 극히 열악하고 노후·불량건축물이 과도하게 밀집한 지역의 주거환경을 개선하거나 단독주택 및 다세대주택이 밀집한 지역에서 정비기반시설과 공동이용시설의 확충을 통하여 주거환경을 보전·정비·개량하기 위한 사업이다.

② 재개발사업은 정비기반시설이 열악하고 노후·불량건축물이 밀집한 지역에서 주거환경을 개선하거나 상업지역·공업지역 등에서 도시기능의 회복 및 상권활성화 등을 위하여 도시환경을 개선하기 위한 사업이다.

③ 재건축사업은 정비기반시설은 양호하나 노후·불량건축물에 해당하는 공동주택이 밀집한 지역에서 주거환경을 개선하기 위한 사업이다.

02 ⑤

• 건설·공급되는 주택의 전체 세대수 또는 전체 연면적 중 토지등소유자 대상 분양분(지분형주택은 제외한다)을 제외한 나머지 주택의 세대수 또는 연면적의 100분의 50 이상을 지분형주택, 공공임대주택 또는 공공지원민간임대주택으로 건설·공급할 것

• 공공임대주택의 건설비율은 건설·공급되는 주택의 전체 세대수의 100분의 20 이하에서 국토교통부장관이 정하여 고시하는 비율 이상으로 한다.

03 ③

준공된 후 20년 이상 30년 이하의 범위에서 시·도조례로 정하는 기간이 지난 건축물이다.

04 ①

지문분석 ●

② 토지주택공사 등이란 「한국토지주택공사법」에 따라 설립된 한국토지주택공사 또는 「지방공기업법」에 따라 주택사업을 수행하기 위하여 설립된 지방공사를 말한다.

③ 「건축법」에 따라 건축허가를 받아 아파트 또는 연립주택을 건설한 일단의 토지는 주택단지에 해당한다.

④ 공원, 공용주차장은 정비기반시설에 해당한다.

⑤ 대지란 정비사업으로 조성된 토지를 말한다.

05 ②

마을회관은 정비기반시설이 아니라 공동이용시설에 해당한다.

> **핵심**
>
> **정비기반시설**
>
> 정비기반시설이란 도로·상하수도·구거(溝渠: 도랑)·공원·공용주차장·공동구(「국토의 계획 및 이용에 관한 법률」에 따른 공동구를 말한다) 그 밖에 주민의 생활에 필요한 열·가스 등의 공급시설로서 대통령령으로 정하는 다음의 시설을 말한다.
>
> 1. 녹지, 하천, 공공공지, 광장
> 2. 소방용수시설, 비상대피시설, 가스공급시설, 지역난방시설
> 3. 주거환경개선사업을 위하여 지정·고시된 정비구역에 설치하는 공동이용시설로서 사업시행계획서에 해당 시장·군수 등이 관리하는 것으로 포함된 시설

06 ⑤

공동작업장은 공동이용시설에 해당한다. 정비기반시설이란 도로·상하수도·구거(溝渠: 도랑)·공원·공용주차장·공동구 그 밖에 주민의 생활에 필요한 열·가스 등의 공급시설로서 다음의 시설을 말한다.

> 1. 녹지, 하천, 공공공지, 광장
> 2. 소방용수시설, 비상대피시설, 가스공급시설, 지역난방시설
> 3. 주거환경개선사업을 위하여 지정·고시된 정비구역에 설치하는 공동이용시설로서 사업시행계획서에 해당 시장·군수 등이 관리하는 것으로 포함된 시설

07 ③

유치원은 공동이용시설에 해당하지 않는다.

> **핵심** 공동이용시설
>
> 공동이용시설이란 주민이 공동으로 사용하는 놀이터·마을회관·공동작업장, 그 밖에 대통령령으로 정하는 다음의 시설을 말한다.
>
> > 1. 공동으로 사용하는 구판장·세탁장·화장실 및 수도
> > 2. 탁아소·어린이집·경로당 등 노유자시설 등

08 ④

재건축사업의 경우 지상권자는 토지등소유자에 해당하지 않는다.

> **보충** 토지등소유자
>
> 토지등소유자란 다음에 해당하는 자를 말한다. 다만, 「자본시장과 금융투자업에 관한 법률」에 따른 신탁업자가 사업시행자로 지정된 경우 토지등소유자가 정비사업을 목적으로 신탁업자에게 신탁한 토지 또는 건축물에 대하여는 위탁자를 토지등소유자로 본다.
>
> > 1. 주거환경개선사업 및 재개발사업의 경우: 정비구역에 위치한 토지 또는 건축물의 소유자 또는 그 지상권자
> > 2. 재건축사업의 경우: 정비구역에 위치한 건축물 및 그 부속토지의 소유자

09 ①

㉠ 도시·주거환경정비기본계획 수립 ⇨ ㉡ 정비계획 입안 및 정비구역 지정 ⇨ ㉢ 사업시행계획인가 ⇨ ㉣ 관리처분계획인가 ⇨ ㉤ 이전·고시의 순으로 시행한다.

> **제2장** 기본계획의 수립 및 정비구역의 지정
> p.169~177
>
> | | | | | | | | | | |
> |---|---|---|---|---|---|---|---|---|---|
> | 01 | ② | 02 | ⑤ | 03 | ③ | 04 | ④ | 05 | ② |
> | 06 | ② | 07 | ④ | 08 | ④ | 09 | ⑤ | 10 | ① |
> | 11 | ① | 12 | ② | 13 | ② | 14 | ③ | 15 | ⑤ |
> | 16 | ① | 17 | ④ | 18 | ③ | 19 | ③ | | |

Point 30 도시 및 주거환경정비기본계획

01 ②

특별시장·광역시장·특별자치시장·특별자치도지사 또는 시장은 관할 구역에 대하여 기본계획을 10년 단위로 수립해야 한다. 군수는 기본계획의 수립권자가 되지 않는다.

02 ⑤

특별시장·광역시장·특별자치시장·특별자치도지사 또는 시장은 기본계획에 대하여 5년마다 타당성 여부를 검토하여 그 결과를 기본계획에 반영해야 한다.

03 ③

지구단위계획은 정비계획에 포함되어야 하는 사항이다.

04 ④

구체적으로 명시된 정비예정구역의 면적을 20% 미만의 범위에서 변경하는 경우

Point 31 정비계획의 입안

05 ②

철거민이 50세대 이상 규모로 정착한 지역은 주거환경개선사업의 정비계획 입안대상 지역이다.

06 ②

노후·불량건축물로서 기존 세대수가 200세대 이상이거나 그 부지면적이 1만m² 이상인 지역

07 ④

건폐율·용적률 등에 관한 건축물의 밀도계획은 기본계획의 내용이고, 건축물의 주용도·건폐율·용적률·높이에 관한 계획은 정비계획의 내용이다.

08 ④

① 자치구의 구청장 또는 광역시의 군수(구청장 등)는 정비계획을 입안하여 특별시장·광역시장에게 정비구역 지정을 신청해야 한다.

② 정비계획의 입안권자는 정비계획을 입안하거나 변경하려면 주민에게 서면으로 통보한 후 주민설명회 및 30일 이상 주민에게 공람하여 의견을 들어야 한다.

③ 60일 이내에 의견을 제시해야 한다.

⑤ 60일 이내에 정비계획에의 반영 여부를 제안자에게 통보해야 한다.

09 ⑤

건축물의 건폐율 또는 용적률을 축소하거나 10% 미만의 범위에서 확대하는 경우에는 주민에 대한 서면통보, 주민설명회, 주민공람 및 지방의회의 의견청취 절차를 거치지 않을 수 있다.

10 ①

② 정비계획의 입안을 제안하려는 자가 입안을 제안하기 전에 안전진단의 실시를 요청하는 경우 해당 정비예정구역에 위치한 건축물 및 그 부속토지의 소유자 10분의 1 이상의 동의를 받아야 한다.

③ 30일 이내에 통보해야 한다.

④ 주택의 구조안전상 사용금지가 필요하다고 정비계획의 입안권자가 인정하는 것은 안전진단대상에서 제외할 수 있다.

⑤ 정비계획의 입안권자는 안전진단에 드는 비용을 해당 안전진단의 실시를 요청하는 자에게 부담하게 할 수 있다.

11 ①

② 정비계획의 입안권자는 현지조사 등을 통하여 해당 건축물의 구조안전성, 건축마감, 설비노후도 및 주거환경 적합성 등을 심사하여 안전진단 실시 여부를 결정해야 한다.

③ 정비계획의 입안권자(특별자치시장 및 특별자치도지사는 제외한다)는 정비계획의 입안 여부를 결정한 경우에는 지체 없이 특별시장·광역시장·도지사에게 결정내용과 해당 안전진단 결과보고서를 제출해야 한다.

④ 시·도지사는 적정성 여부의 검토결과에 따라 정비계획의 입안권자에게 정비계획 입안결정의 취소 등 필요한 조치를 요청할 수 있으며, 정비계획의 입안권자는 특별한 사유가 없으면 그 요청에 따라야 한다.

⑤ 시장·군수 등은 정비구역이 지정·고시된 날부터 10년이 되는 날까지 사업시행계획인가를 받지 않은 경우에는 안전진단을 다시 실시해야 한다.

Point 32 정비구역의 지정

12 ②

도지사는 정비구역의 지정권자가 아니다. 특별시장·광역시장·특별자치시장·특별자치도지사·시장 또는 군수(광역시의 군수는 제외한다)는 정비계획을 결정하여 정비구역을 지정(변경지정을 포함한다)할 수 있다.

13 ②

정비구역의 지정권자는 정비사업의 효율적인 추진 또는 도시의 경관보호를 위하여 필요하다고 인정하는 경우에는 다음의 방법에 따라 정비구역을 지정할 수 있다.

1. 하나의 정비구역을 둘 이상의 정비구역으로 분할
2. 서로 연접한 정비구역을 하나의 정비구역으로 통합
3. 서로 연접하지 않은 둘 이상의 구역(대통령령으로 정하는 요건에 해당하는 구역으로 한정한다) 또는 정비구역을 하나의 정비구역으로 결합

14 ③

정비구역에서 시장·군수 등의 허가를 받아야 하는 행위에 해당하는 것은 ㉠㉡㉢이다.

정비구역에서 다음에 해당하는 행위를 하려는 자는 시장·군수 등의 허가를 받아야 한다. 허가받은 사항을 변경하려는 때에도 또한 같다.

1. 건축물의 건축 등: 「건축법」에 따른 건축물(가설건축물을 포함한다)의 건축, 용도변경
2. 공작물의 설치: 인공을 가하여 제작한 시설물(「건축법」에 따른 건축물을 제외한다)의 설치
3. 토지의 형질변경: 절토·성토·정지·포장 등의 방법으로 토지의 형상을 변경하는 행위, 토지의 굴착 또는 공유수면의 매립
4. 토석의 채취: 흙·모래·자갈·바위 등의 토석을 채취하는 행위. 다만, 토지의 형질변경을 목적으로 하는 것은 3.에 따른다.
5. 토지분할
6. 물건을 쌓아놓는 행위: 이동이 쉽지 않은 물건을 1개월 이상 쌓아놓는 행위
7. 죽목의 벌채 및 식재

15 ⑤

경작지에서의 임시식재는 허가를 받아야 한다.

지문분석 ●

①②③④ 다음의 어느 하나에 해당하는 행위는 허가를 받지 않고 할 수 있다.

1. 재해복구 또는 재난수습에 필요한 응급조치를 위한 행위
2. 기존 건축물의 붕괴 등 안전사고의 우려가 있는 경우 해당 건축물에 대한 안전조치를 위한 행위
3. 그 밖에 대통령령으로 정하는 행위: 다음에 해당하는 행위로서 「국토의 계획 및 이용에 관한 법률」에 따른 개발행위허가의 대상이 아닌 것
   - 농림수산물의 생산에 직접 이용되는 것으로서 국토교통부령이 정하는 간이공작물의 설치
   - 경작을 위한 토지의 형질변경
   - 정비구역의 개발에 지장을 주지 않고 자연경관을 손상하지 않는 범위에서의 토석의 채취
   - 정비구역에 존치하기로 결정된 대지에 물건을 쌓아놓는 행위
   - 관상용 죽목의 임시식재(경작지에서의 임시식재는 제외한다)

16 ①

건축물의 건축과 토지의 분할 행위를 제한할 수 있다.

17 ④

지문분석 ●

①②③ 정비구역의 지정권자는 재개발사업·재건축사업(조합이 시행하는 경우로 한정한다)이 다음의 어느 하나에 해당하는 경우에는 정비구역 등을 해제해야 한다.

1. 토지등소유자가 정비구역으로 지정·고시된 날부터 2년이 되는 날까지 조합설립추진위원회(이하 '추진위원회'라 한다)의 승인을 신청하지 않는 경우
2. 토지등소유자가 정비구역으로 지정·고시된 날부터 3년이 되는 날까지 조합설립인가를 신청하지 않는 경우(추진위원회를 구성하지 않는 경우로 한정한다)
3. 추진위원회가 추진위원회 승인일부터 2년이 되는 날까지 조합설립인가를 신청하지 않는 경우
4. 조합이 조합설립인가를 받은 날부터 3년이 되는 날까지 사업시행계획인가를 신청하지 않는 경우

⑤ 정비구역의 지정권자는 추진위원회가 구성되거나 조합이 설립된 정비구역에서 토지등소유자 과반수의 동의로 정비구역의 해제를 요청하는 경우(사업시행계획인가를 신청하지 않는 경우로 한정한다) 지방도시계획위원회의 심의를 거쳐 정비구역 등을 해제할 수 있다.

18 ③

정비구역의 지정권자는 지방도시계획위원회의 심의를 거쳐 정비구역을 해제할 수 있다.

19 ③

사업시행자가 정비구역에서 정비기반시설 및 공동이용시설을 새로 설치하거나 확대하고 토지등소유자가 스스로 주택을 보전·정비하거나 개량하는 방법으로 시행 중인 주거환경개선사업의 정비구역이 지정·고시된 날부터 10년 이상 경과하고, 추진상황으로 보아 지정목적을 달성할 수 없다고 인정되는 경우로서 토지등소유자의 과반수가 정비구역의 해제에 동의하는 경우

제3장 정비사업의 시행				p.183~208
01 ②	02 ③	03 ③	04 ②	05 ③
06 ③	07 ④	08 ③	09 ③	10 ②
11 ③	12 ⑤	13 ④	14 ①	15 ④
16 ③	17 ④	18 ③	19 ③	20 ③
21 ③	22 ⑤	23 ②	24 ③	25 ②
26 ⑤	27 ①	28 ④	29 ③	30 ②
31 ⑤	32 ③	33 ③	34 ③	35 ④
36 ②	37 ⑤	38 ⑤	39 ②	40 ④
41 ③	42 ③	43 ③	44 ⑤	45 ⑤
46 ⑤	47 ⑤	48 ⑤	49 ⑤	50 ⑤
51 ④	52 ①	53 ⑤	54 ①	55 ④
56 ④	57 ⑤	58 ④		

Point 33 정비사업의 시행방법과 시행자

01 ②
재건축사업은 환지로 공급하는 방법이 없다.

02 ③

지문분석

① 정비예정구역의 토지 또는 건축물의 소유자 또는 지상권자의 3분의 2 이상의 동의와 세입자 세대수 과반수의 동의를 각각 받아야 한다.
② 토지주택공사 등과 건설사업자 또는 등록사업자를 공동 시행자로 지정할 수 있다.
④ 재개발사업은 토지등소유자가 20인 미만인 경우에는 토지등소유자가 시행하거나 토지등소유자가 토지등소유자의 과반수의 동의를 받아 시장·군수 등, 토지주택공사 등, 건설사업자, 등록사업자 또는 대통령령으로 정하는 요건을 갖춘 자와 공동으로 시행할 수 있다.
⑤ 추진위원회가 시장·군수 등의 구성승인을 받은 날부터 3년 이내에 조합설립인가를 신청하지 않은 때이다.

03 ③
주거환경개선사업은 조합이 시행할 수 없다.

04 ②
정비계획에서 정한 정비사업시행 예정일부터 2년 이내에 사업시행계획인가를 신청하지 않거나 사업시행계획인가를 신청한 내용이 위법 또는 부당하다고 인정하는 때(재건축사업의 경우는 제외한다)이다.

05 ③
사업대행자는 정비사업을 대행하는 경우 사업대행개시결정의 고시를 한 날의 다음 날부터 사업대행완료를 고시하는 날까지 자기의 이름 및 사업시행자의 계산으로 사업시행자의 업무를 집행하고 재산을 관리한다.

06 ③
토지등소유자가 재개발사업을 시행하는 경우에는 사업시행계획인가를 받은 후 규약에 따라 건설사업자 또는 등록사업자를 시공자로 선정해야 한다.

07 ④
주거환경개선사업에 관한 설명으로 옳은 것은 ⓛⓒ이다.
㉠ 세입자의 세대수가 토지등소유자의 2분의 1 이하인 경우에는 세입자의 동의절차를 거치지 않을 수 있다.

Point 34 정비사업조합

08 ③
추진위원회의 구성에 동의한 토지등소유자는 조합의 설립에 동의한 것으로 본다. 다만, 조합설립인가를 신청하기 전에 시장·군수 등 및 추진위원회의 조합설립에 대한 반대의 의사표시를 한 추진위원회 동의자의 경우에는 그러하지 않다.

09 ③
조합설립추진위원회가 수행할 수 있는 업무가 아닌 것은 ㉠ⓗ 2개이다.
㉠ 조합이 정관을 변경하려는 경우에는 총회를 개최하여 조합원 과반수의 찬성으로 시장·군수 등의 인가를 받아야 한다.
ⓗ 정비사업비의 조합원별 분담내역은 관리처분계획에 포함되어야 할 사항이다.

 핵심 **추진위원회의 업무**

추진위원회는 다음의 업무를 수행할 수 있다.

1. 정비사업전문관리업자의 선정 및 변경
2. 설계자의 선정 및 변경
3. 개략적인 정비사업 시행계획서의 작성
4. 조합설립인가를 받기 위한 준비업무
5. 그 밖에 조합설립을 추진하기 위하여 대통령령으로 정하는 업무
   • 추진위원회 운영규정의 작성
   • 토지등소유자의 동의서의 접수
   • 조합의 설립을 위한 창립총회의 개최
   • 조합정관의 초안 작성
   • 그 밖에 추진위원회 운영규정으로 정하는 업무

10 ②
시공자의 선정에 관한 사항은 해당하지 않는다.

지문분석

①③④⑤ 추진위원회는 다음의 사항을 조합설립인가 신청일 60일 전까지 추진위원회 구성에 동의한 토지등소유자에게 등기우편으로 통지해야 한다.

1. 조합설립에 대한 동의철회(반대의 의사표시를 포함한다) 및 방법
2. 조합설립 동의서에 포함되는 사항
   • 건설되는 건축물의 설계의 개요
   • 공사비 등 정비사업비용에 드는 비용(정비사업비)

- 정비사업비의 분담기준
- 사업완료 후 소유권의 귀속에 관한 사항
- 조합정관

11 ③
- 재건축사업의 추진위원회가 조합을 설립하려는 때에는 주택단지의 공동주택의 각 동별 구분소유자의 과반수의 동의(공동주택의 각 동별 구분소유자가 5인 이하인 경우는 제외)와 주택단지의 전체 구분소유자의 4분의 3 이상 및 토지면적의 4분의 3 이상의 토지소유자의 동의를 받아 시장·군수 등의 인가를 받아야 한다.
- 재개발사업의 추진위원회가 조합을 설립하려면 토지등소유자의 4분의 3 이상 및 토지면적의 2분의 1 이상의 토지소유자의 동의를 받아 시장·군수 등의 인가를 받아야 한다.
- 재건축사업의 추진위원회가 조합을 설립하려는 경우 주택단지가 아닌 지역의 토지 또는 건축물소유자의 4분의 3 이상 및 토지면적의 3분의 2 이상의 토지소유자의 동의를 받아야 한다.

12 ⑤

지문분석

① 재개발사업의 경우 정비구역에 위치한 토지의 지상권자는 토지등소유자이므로 조합원이 될 수 있다.
② 재개발사업은 정비구역에서 인가받은 관리처분계획에 따라 건축물을 건설하여 공급하거나 환지로 공급하는 방법으로 한다.
③ 재개발사업은 토지등소유자가 20인 미만인 경우에는 조합을 설립하지 않고, 토지등소유자가 시행할 수 있다.
④ 재개발사업은 안전진단을 실시하지 않는다.

13 ④
추진위원회의 구성 또는 조합의 설립에 동의한 자로부터 토지 또는 건축물을 취득한 자는 추진위원회의 구성 또는 조합의 설립에 동의한 것으로 본다.

14 ①
1번 토지와 건축물 및 2번 토지의 소유자 A 1명, 3번 토지에서 B·C·D를 대표하는 1명, 4번 토지의 공유자 E·F를 대표하는 1명, 4번 토지에서 건축물의 소유자 G 1명, 그리고 5번 토지와 6번 토지의 공유자 H, I, J를 대표하는 1명, 총 5명으로 산정된다.

핵심 토지등소유자의 동의자 수 산정방법

재개발사업의 경우 토지등소유자의 동의는 다음의 기준에 따라 산정한다.

1. 1필지의 토지 또는 하나의 건축물을 여럿이서 공유할 때에는 그 여럿을 대표하는 1인을 토지등소유자로 산정할 것
2. 토지에 지상권이 설정되어 있는 경우 토지의 소유자와 해당 토지의 지상권자를 대표하는 1인을 토지등소유자로 산정할 것
3. 1인이 다수 필지의 토지 또는 다수의 건축물을 소유하고 있는 경우에는 필지나 건축물의 수에 관계없이 토지등소유자를 1인으로 산정할 것
4. 둘 이상의 토지 또는 건축물을 소유한 공유자가 동일한 경우에는 그 공유자 여럿을 대표하는 1인을 토지등소유자로 산정할 것

15 ④
조합은 조합설립의 인가를 받은 날부터 30일 이내에 주된 사무소의 소재지에서 대통령령으로 정하는 사항을 등기하는 때에 성립한다.

16 ③
조합설립에 대한 동의(동의서의 내용이 변경되지 않은 경우)는 최초로 동의한 날부터 30일이 지나지 않은 경우에도 창립총회 후에는 철회할 수 없다.

17 ④
「주택법」에 따른 투기과열지구로 지정된 지역에서 재건축사업을 시행하는 경우에는 조합설립인가 후, 재개발사업을 시행하는 경우에는 관리처분계획인가 후 해당 정비사업의 건축물 또는 토지를 양수(매매·증여, 그 밖의 권리의 변동을 수반하는 일체의 행위를 포함하되, 상속·이혼은 제외한다)한 자는 조합원이 될 수 없다.

18 ③
1세대(여러 명의 토지등소유자가 1세대에 속하는 때를 말한다) 1주택자로서 양도하는 주택에 대한 소유기간이 10년 이상 및 거주기간이 5년 이상인 경우이다. 이 경우 소유자가 피상속인으로부터 주택을 상속받아 소유권을 취득한 경우에는 피상속인의 주택의 소유기간 및 거주기간을 합산한다.

19 ③

대의원회는 재적대의원 과반수의 출석과 출석대의원 과반수의 찬성으로 의결한다. 다만, 그 이상의 범위에서 정관이 달리 정하는 경우에는 그에 따른다. 따라서 의결정족수의 완화는 정관으로 정할 수 없다.

20 ③

지문분석

① 재건축사업은 토지등소유자가 시행할 수 없다.
② 재건축사업의 조합원은 토지등소유자로서 재건축사업에 동의한 자만 해당한다.
④ 소유권 또는 구분소유권이 여러 명의 공유에 속하는 때에는 그 여러 명을 대표하는 1명을 조합원으로 본다.
⑤ 조합이 정관을 변경하려는 경우에는 총회를 개최하여 원칙적으로 조합원 과반수의 찬성으로 시장·군수 등의 인가를 받아야 한다.

21 ③

지문분석

① 시장·군수 등의 인가를 받아야 한다.
② 조합설립인가 후 양도·증여·판결 등으로 인하여 조합원의 권리가 이전된 때에는 조합원의 권리를 취득한 자를 조합원으로 본다.
④ 조합임원의 선임 및 해임은 대의원회가 대행할 수 없다.
⑤ 조합에 두는 이사의 수는 3명 이상으로 한다. 다만, 토지등소유자가 100인을 초과하는 경우에는 이사의 수를 5명 이상으로 한다.

22 ⑤

조합원 3분의 2 이상의 찬성을 받아야 하는 것에 해당하는 것은 ㉡㉢㉣㉤이다.
조합이 정관을 변경하려는 경우에는 총회를 개최하여 조합원 과반수의 찬성으로 시장·군수 등의 인가를 받아야 한다. 다만, 다음의 경우에는 조합원 3분의 2 이상의 찬성으로 한다.

1. 조합원의 자격
2. 조합원의 제명·탈퇴 및 교체
3. 정비구역의 위치 및 면적
4. 조합의 비용부담 및 조합의 회계
5. 정비사업비의 부담시기 및 절차
6. 시공자·설계자의 선정 및 계약서에 포함될 내용

23 ②

지문분석

① 조합장은 선임일부터 관리처분계획인가를 받을 때까지는 해당 정비구역에서 거주해야 한다.
③ 조합임원은 같은 목적의 정비사업을 하는 다른 조합의 임원 또는 직원을 겸할 수 없다.
④ 퇴임된 임원이 퇴임 전에 관여한 행위는 그 효력을 잃지 않는다.
⑤ 조합장이 아닌 조합임원(이사와 감사)은 대의원이 될 수 없다.

24 ②

• 정비구역에서 거주하고 있는 자로서 선임일 직전 3년 동안 정비구역 내 거주기간이 1년 이상일 것
• 정비구역에 위치한 건축물 또는 토지(재건축사업의 경우에는 건축물과 그 부속토지를 말한다)를 5년 이상 소유하고 있을 것

25 ②

지문분석

① 조합임원이 결격사유에 해당하게 된 때에는 당연퇴임한다.
③ 조합장 또는 이사가 자기를 위하여 조합과 계약이나 소송을 할 때에는 감사가 조합을 대표한다.
④ 조합임원의 임기는 3년 이하의 범위에서 정관으로 정하되, 연임할 수 있다.
⑤ 임원의 업무의 분담 및 대행 등에 관한 사항은 조합의 정관에 포함되어야 한다.

26 ⑤

벌금 100만원 이상의 형을 선고받고 10년이 지나지 않은 자이다.

27 ①

지문분석

② 관리처분계획의 수립 및 변경(경미한 변경은 제외한다)의 경우에는 조합원 과반수의 찬성으로 의결한다. 다만, 정비사업비가 100분의 10(생산자물가상승률분, 분양신청을 하지 않은 자 등에 대한 손실보상 금액은 제외한다) 이상 늘어나는 경우에는 조합원 3분의 2 이상의 찬성으로 의결해야 한다.
③ 조합원의 수가 100명 이상인 조합은 대의원회를 두어야 한다.

④ 조합원의 10분의 1이 100명을 넘는 경우에는 조합원의 10분의 1의 범위에서 100명 이상으로 구성할 수 있다.
⑤ 조합의 합병 또는 해산에 관한 사항은 대의원회가 대행할 수 없다.

28 ④
- 정관의 기재사항 중 조합임원의 권리·의무·보수·선임방법·변경 및 해임에 관한 사항을 변경하기 위한 총회의 경우는 조합원 10분의 1 이상의 요구로 조합장이 소집한다.
- 총회를 소집하려는 자는 총회가 개최되기 7일 전까지 회의목적·안건·일시 및 장소를 정하여 조합원에게 통지해야 한다.

29 ③
정비사업전문관리업자의 선정 및 변경을 위하여 개최하는 총회는 해당하지 않는다.

30 ②
조합총회의 의결사항 중 대의원회가 대행할 수 없는 사항은 ㉠㉡㉣이다.
㉢ 대의원회는 총회의 의결사항 중 대통령령으로 정하는 다음의 사항 외에는 총회의 권한을 대행할 수 있다.

1. 정관의 변경에 관한 사항(경미한 사항의 변경은 법 또는 정관에서 총회의결사항으로 정한 경우로 한정한다), 자금의 차입과 그 방법·이자율 및 상환방법에 관한 사항, 예산으로 정한 사항 외에 조합원에게 부담이 되는 계약에 관한 사항, 시공자·설계자, 감정평가법인 등 및 정비사업전문관리업자의 선정 및 변경에 관한 사항
2. 조합임원의 선임 및 해임과 대의원의 선임 및 해임에 관한 사항. 다만, 정관으로 정하는 바에 따라 임기 중 궐위된 자(조합장은 제외한다)를 보궐선임하는 경우를 제외한다.
3. 사업시행계획서의 작성 및 변경에 관한 사항(정비사업의 중지 또는 폐지에 관한 사항을 포함하며, 경미한 변경은 제외한다), 관리처분계획의 수립 및 변경에 관한 사항(경미한 변경은 제외한다)
4. 총회에 상정해야 하는 사항
5. 조합의 합병 또는 해산에 관한 사항. 다만, 사업완료로 인한 해산의 경우는 제외한다.
6. 건축물의 설계개요의 변경에 관한 사항, 정비사업비의 변경에 관한 사항

31 ⑤

① 시·도지사는 표준정관을 작성하여 보급할 수 있다.
② 재건축사업의 경우에는 재건축사업에 동의한 토지등소유자만 조합원이 된다.
③ 주택단지가 아닌 지역이 정비구역에 포함된 때에는 주택단지가 아닌 지역의 토지 또는 건축물소유자의 4분의 3 이상 및 토지면적의 3분의 2 이상의 토지소유자의 동의를 받아야 한다.
④ 정비사업비가 100분의 10(생산자물가상승률분, 분양신청을 하지 않은 자 등에 대한 손실보상 금액은 제외) 이상 늘어나는 경우에는 조합원 3분의 2 이상의 찬성으로 의결해야 한다.

32 ③
주민대표회의를 구성하려면 시장·군수 등의 승인을 받아야 한다.

Point 35 사업시행계획인가

33 ③
경미한 사항을 변경하는 때에는 시장·군수 등에게 신고해야 한다.

34 ③
재건축사업의 경우 임대주택의 건설계획은 제외한다.

35 ④
시장·군수 등은 재개발사업의 사업시행계획인가를 하는 경우 해당 정비사업의 사업시행자가 지정개발자(지정개발자가 토지등소유자인 경우로 한정한다)인 때에는 정비사업비의 100분의 20의 범위에서 시·도조례로 정하는 금액을 예치하게 할 수 있다.

36 ②
제1종 일반주거지역으로는 의제되지 않는다.

보충 **주거환경개선구역의 용도지역 의제**

주거환경개선구역은 해당 정비구역의 지정·고시가 있는 날부터 다음의 구분에 따른 용도지역으로 결정·고시된 것으로 본다.

1. 주거환경개선사업이 주택보전·개량방법 또는 환지방법으로 시행되는 경우: 제2종 일반주거지역

2. 주거환경개선사업이 수용방법 또는 관리처분방법으로 시행되는 경우: 제3종 일반주거지역. 다만, 공공지원민간임대주택 또는 「공공주택 특별법」에 따른 공공건설임대주택을 200세대 이상 공급하려는 경우로서 해당 임대주택의 건설지역을 포함하여 정비계획에서 따로 정하는 구역은 준주거지역으로 한다.

---

37 ⑤

조합이 재개발임대주택의 인수를 요청하는 경우 <u>시·도지사 또는 시장, 군수, 구청장</u>이 우선하여 인수해야 한다.

38 ⑤

시·도지사 및 시장·군수·구청장이 국민주택규모 주택을 인수할 수 없는 경우에는 <u>시·도지사는 국토교통부장관에게 인수자 지정을 요청</u>해야 한다.

39 ②

<u>사업시행계획인가 고시</u>가 있은 때에는 「공익사업을 위한 토지 등의 취득 및 보상에 관한 법률」에 따른 사업인정 및 그 고시가 있은 것으로 본다.

40 ④

사업시행자는 회답기간이 <u>만료된 때부터 2개월 이내</u>에 조합설립에 동의하지 않겠다는 뜻을 회답한 토지등소유자에게 건축물 또는 토지의 소유권과 그 밖의 권리를 매도할 것을 청구할 수 있다.

Point 36 관리처분계획인가

41 ③

> 지문분석 ●

① 60일이 아니라 <u>120일</u>이다.
② <u>통지한 날부터</u> 30일 이상 60일 이내로 해야 한다.
④ 재개발사업의 경우이다.
⑤ 투기과열지구의 정비사업에서 관리처분계획에 따라 분양대상자 또는 일반 분양대상자 및 그 세대에 속한 자는 분양대상자 선정일(조합원 분양분의 분양대상자는 최초 관리처분계획인가일을 말한다)부터 5년 이내에는 투기과열지구에서 분양신청을 할 수 없다. 다만, <u>상속, 결혼, 이혼</u>으로 조합원 자격을 취득한 경우에는 분양신청을 할 수 있다.

42 ③

• 사업시행자는 관리처분계획이 인가·고시된 다음 날부터 <u>90일</u> 이내에 분양신청을 하지 않은 자와 토지, 건축물 또는 그 밖의 권리의 손실보상에 관한 협의를 해야 한다.
• 사업시행자는 손실보상의 협의가 성립되지 않으면 그 기간의 만료일 다음 날부터 <u>60일</u> 이내에 수용재결을 신청하거나 매도청구소송을 제기해야 한다.

43 ③

정비사업비의 추산액(재건축사업의 경우에는 「재건축초과이익 환수에 관한 법률」에 따른 재건축부담금에 관한 사항을 <u>포함한다</u>) 및 그에 따른 조합원 분담규모 및 분담시기

44 ⑤

2명 이상이 1주택이 아니라 1토지를 공유한 경우이다.

45 ⑤

옳은 것은 ㉠㉡㉢ 모두이다.
재개발사업에서 관리처분계획의 내용 중 종전의 토지 또는 건축물의 가격은 사업시행계획인가 고시가 있는 날을 기준으로 시장·군수 등이 선정·계약한 2인 이상의 감정평가법인 등이 평가한 금액을 산술평균하여 산정한다.

46 ⑤

> 지문분석 ●

① 재개발사업의 경우 관리처분은 정비구역의 토지등소유자(<u>지상권자를 제외한다</u>)에게 분양한다.
② 너무 좁은 토지 또는 건축물이나 정비구역 지정 후 분할된 토지를 취득한 자에게는 <u>현금으로 청산할 수 있다.</u>
③ 과밀억제권역에 위치하지 않은 재건축사업의 토지등소유자에게는 소유한 주택 수만큼 공급할 수 있다. 다만, <u>투기과열지구</u> 또는 「주택법」에 따라 지정된 조정대상지역에서 사업시행계획인가(<u>최초 사업시행계획인가를 말한다</u>)를 신청하는 재건축사업의 <u>토지등소유자는 제외</u>한다.
④ 분양대상자별 종전의 토지 또는 건축물의 가격 또는 종전 주택의 주거전용면적의 범위에서 <u>2주택</u>을 공급할 수 있고, 이 중 1주택은 주거전용면적을 $60m^2$ 이하로 한다.

47 ④

여러 개의 필지가 1필지의 토지로 합병되어 토지등소유자의 수가 감소하는 경우는 투기(지분쪼개기) 행위에 해당하지 않는다.

48 ⑤

관리처분계획을 중지 또는 폐지하려는 경우에도 <u>인가를 받아야</u> 한다.

49 ④

계산착오·오기·누락 등에 따른 조서의 단순정정인 경우 <u>(불이익을 받는 자가 없는 경우에만 해당한다)</u>이다.

50 ⑤

지문분석

① 재건축사업의 경우 관리처분은 조합이 조합원 전원의 동의를 받아 그 기준을 따로 정하는 경우에는 그에 따른다.

② 1개의 건축물의 대지는 1필지의 토지가 되도록 정한다. 다만, <u>주택단지의 경우에는 그러하지 않다</u>.

③ 같은 세대에 속하지 않는 2명 이상이 1주택 또는 1토지를 공유한 경우에는 <u>1주택만 공급</u>한다.

④ 지방자치단체인 토지등소유자는 하나 이상의 주택 또는 토지를 소유한 경우 <u>소유한 주택 수만큼</u> 공급할 수 있다.

51 ④

지문분석

① 인가된 <u>관리처분계획</u>에 따라 토지등소유자에게 공급해야 한다.

② 사업시행자가 <u>토지주택공사 등</u>인 경우에는 분양대상자와 사업시행자가 공동소유하는 방식의 지분형주택을 공급할 수 있다.

③ 국토교통부장관, 시·도지사, 시장, 군수, 구청장 또는 토지주택공사 등은 정비구역에 세입자와 다음의 면적 이하의 토지 또는 주택을 소유한 자의 요청이 있는 경우에는 인수한 재개발임대주택의 일부를 「주택법」에 따른 토지임대부 분양주택으로 전환하여 공급해야 한다.

> 1. 면적이 <u>90m²</u> 미만의 토지를 소유한 자로서 건축물을 소유하지 않은 자
> 2. 바닥면적이 <u>40m²</u> 미만의 사실상 주거를 위하여 사용하는 건축물을 소유한 자로서 토지를 소유하지 않은 자

⑤ 조합이 재개발사업의 시행으로 건설된 재개발임대주택의 인수를 요청하는 경우 <u>시·도지사 또는 시장·군수 등</u>이 우선하여 인수해야 한다.

52 ①

종전의 토지 또는 건축물의 소유자·지상권자·전세권자·임차권자 등 권리자는 관리처분계획인가의 고시가 있은 때에는 이전고시가 있는 날까지 종전의 토지 또는 건축물을 사

용하거나 수익할 수 없다. 다만, 다음의 어느 하나에 해당하는 경우에는 그러하지 않다.

> 1. <u>사업시행자의 동의를 받은 경우</u>
> 2. 「공익사업을 위한 토지 등의 취득 및 보상에 관한 법률」에 따른 손실보상이 완료되지 않은 경우

53 ⑤

관리처분계획의 인가를 받은 경우 지상권·전세권설정계약 또는 임대차계약의 계약기간은 「민법」 제280조·제281조 및 제312조 제2항, 「주택임대차보호법」 제4조 제1항, 「상가건물 임대차보호법」 제9조 제1항을 적용하지 않는다.

Point 37 이전·고시(분양처분)

54 ①

사업시행자는 ㉠ <u>준공인가</u>를 받고 공사완료의 고시가 있은 때에는 지체 없이 ㉡ <u>대지확정측량</u>을 하고 <u>토지의 분할절차</u>를 거쳐 ㉢ <u>관리처분계획</u>에서 정한 사항을 분양받을 자에게 통지하고 ㉣ <u>대지 또는 건축물의 소유권을 이전</u>해야 한다.

55 ④

정비구역의 해제는 조합의 존속에 영향을 주지 않는다.

56 ④

지문분석

① <u>시장·군수 등이 아닌 사업시행자</u>가 정비사업 공사를 완료한 때에는 대통령령으로 정하는 방법 및 절차에 따라 <u>시장·군수 등의 준공인가</u>를 받아야 한다.

② 시장·군수 등은 준공인가를 하기 전이라도 입주예정자가 완공된 건축물을 사용할 수 있도록 사업시행자에게 <u>허가할 수 있다</u>.

③ 토지주택공사 등인 사업시행자(공동시행자인 경우를 포함한다)가 다른 법률에 의하여 자체적으로 준공인가를 처리한 경우에는 <u>준공인가를 받은 것으로 보며</u>, 이 경우 토지주택공사 등인 사업시행자는 그 내용을 지체 없이 시장·군수 등에게 통보해야 한다.

⑤ 대지 또는 건축물을 분양받을 자는 <u>이전고시가 있은 날의 다음 날</u>에 그 대지 또는 건축물의 소유권을 취득한다.

57 ⑤

정비사업에 관하여 이전고시가 있은 날부터 등기가 있을 때까지는 저당권 등의 다른 등기를 하지 못한다.

58 ④

①③ 사업시행자는 정관 등에서 분할징수 및 분할지급을 정하고 있거나 총회의 의결을 거쳐 따로 정한 경우에는 <u>관리처분계획인가 후부터 이전고시가 있은 날까지</u> 일정 기간별로 분할징수하거나 <u>분할지급할 수 있다.</u>

② 청산금을 지급(분할지급을 포함한다)받을 권리 또는 이를 징수할 권리는 소유권 이전의 고시일 <u>다음 날부터</u> 5년간 이를 행사하지 않으면 소멸한다.

⑤ 시장 · 군수 등인 사업시행자는 청산금을 납부할 자가 이를 납부하지 않는 경우 지방세 체납처분의 예에 따라 징수(분할징수를 포함한다)할 수 있다.

제4장 비용부담 등								p.210~213	
01	④	02	④	03	⑤	04	②	05	⑤
06	⑤	07	④						

Point 38 비용부담

01 ④

국가 또는 지방자치단체는 시장 · 군수 등이 아닌 사업시행자가 시행하는 정비사업에 드는 비용의 일부를 <u>보조</u> 또는 융자하거나 융자를 알선할 수 있다.

02 ④

① 사업시행자는 토지등소유자로부터 사업비용과 정비사업의 시행과정에서 발생한 수입의 <u>차액</u>을 부과금으로 부과 · 징수할 수 있다.

② 부과금 및 연체료의 부과 · 징수에 필요한 사항은 <u>정관</u> 등으로 정한다.

③ 시장 · 군수 등은 자신이 시행하는 정비사업으로 현저한 이익을 받는 정비기반시설의 관리자가 있는 경우에는 해당 정비사업비의 일부를 그 정비기반시설의 관리자와 협의하여 그 관리자에게 <u>부담시킬 수 있다.</u>

⑤ <u>100분의 4</u>에 해당하는 금액을 해당 시장 · 군수 등에게 교부해야 한다.

03 ⑤

해당하는 시설은 ㉠㉡㉢㉣ 모두이다.

시장 · 군수 등은 시장 · 군수 등이 아닌 사업시행자가 시행하는 정비사업의 정비계획에 따라 설치되는 다음의 시설에 대하여는 그 건설에 드는 비용의 전부 또는 일부를 부담할 수 있다.

1. 도시 · 군계획시설 중 다음의 주요 정비기반시설 및 공동이용시설: 도로, 상 · 하수도, <u>공원</u>, <u>공용주차장</u>, <u>공동구</u>, 녹지, 하천, <u>공공공지</u> 및 광장
2. 임시거주시설

04 ②

정비기반시설 관리자가 부담하는 비용의 총액은 해당 정비사업에 소요된 비용(정비사업의 조사 · 측량 · 설계 및 감리에 소요된 비용을 제외한다)의 <u>3분의 1</u>을 초과해서는 안 된다.

05 ⑤

정비구역의 지정권자는 공공재개발사업 예정구역이 지정 · 고시된 날부터 <u>2년</u>이 되는 날까지 공공재개발사업 예정구역이 공공재개발사업을 위한 정비구역으로 지정되지 않거나, 공공재개발사업 시행자가 지정되지 않으면 그 <u>2년</u>이 되는 날의 다음 날에 공공재개발사업 예정구역 지정을 해제해야 한다. 다만, 정비구역의 지정권자는 1회에 한하여 1년의 범위에서 공공재개발사업 예정구역의 지정을 연장할 수 있다.

06 ⑤

공공재개발사업에 관한 설명으로 옳은 내용은 ㉠㉡㉢ 모두이다.

07 ④

도시 · 주거환경정비기본계획 승인의 취소는 청문사유에 해당하지 않는다.

제1장 총칙　　　　　　　　　　　p.220~232

01	④	02	①	03	④	04	④	05	②
06	②	07	①	08	②	09	①	10	⑤
11	①	12	⑤	13	④	14	②	15	④
16	⑤	17	④	18	④	19	④	20	①
21	⑤	22	⑤	23	②	24	②	25	①
26	⑤	27	②	28	②	29	④	30	⑤
31	③								

Point 39 용어정의

01 ④
보행 및 자동차 통행이 가능한 <u>너비 4m 이상</u>의 도로이다.

02 ①
주요구조부에 해당하는 것은 ㉢ 1개이다.
'주요구조부'란 내력벽(耐力壁), 기둥, 바닥, 보, <u>지붕틀</u> 및 주계단(主階段)을 말한다. 다만, 사이 기둥, 최하층 바닥, 작은 보, 차양, 옥외 계단, 그 밖에 이와 유사한 것으로 건축물의 구조상 중요하지 않은 부분은 제외한다.

03 ④
> **지문분석**
① 건축이란 건축물을 신축 · 증축 · 개축 · 재축 또는 <u>이전</u>하는 것을 말한다.
② 고층건축물이란 층수가 <u>30층 이상</u>이거나 높이가 <u>120m 이상</u>인 건축물을 말한다.
③ 지하층이란 건축물의 바닥이 지표면 아래에 있는 층으로서 바닥에서 지표면까지의 평균높이가 해당 층 높이의 <u>2분의 1 이상</u>인 것을 말한다.
⑤ 리모델링이란 건축물의 노후화를 억제하거나 기능 향상 등을 위하여 <u>대수선</u>하거나 건축물의 일부를 증축 또는 개축하는 행위를 말한다.

04 ④
다중이용 건축물이란 다음에 해당하는 건축물을 말한다.

> 1. 다음에 해당하는 용도로 쓰는 바닥면적의 합계가 5천㎡ 이상인 건축물
>   • 문화 및 집회시설(<u>동물원 및 식물원은 제외</u>한다)
>   • 종교시설
>   • 판매시설
>   • 운수시설 중 여객용 시설
>   • 의료시설 중 종합병원
>   • 숙박시설 중 관광숙박시설
> 2. 16층 이상인 건축물

05 ②
> **지문분석**
① 건축주란 건축물의 건축 · 대수선 · 용도변경, 건축설비의 설치 또는 공작물의 축조에 관한 공사를 발주하거나 <u>현장 관리인을 두어 스스로 그 공사를 하는 자</u>를 말한다.
③ 건축물의 옥상에 설치하는 피뢰침은 <u>건축설비</u>에 해당한다.
④ 부속건축물이란 같은 대지에서 <u>주된 건축물과 분리된 부속용도의 건축물</u>로서 주된 건축물을 이용 또는 관리하는 데에 필요한 건축물을 말한다.
⑤ 공사감리자란 자기의 책임(보조자의 도움을 받는 경우를 포함한다)으로 건축물, 건축설비 또는 공작물이 설계도서의 내용대로 시공되는지를 <u>확인</u>하고, 품질관리 · 공사관리 · 안전관리 등에 대하여 <u>지도 · 감독하는 자</u>를 말한다.

06 ②
지하의 공작물에 설치하는 점포는 건축물에 <u>해당한다</u>.

07 ①
> **지문분석**
② 기둥과 기둥 사이의 거리가 <u>20m 이상</u>인 건축물이다.
③④ 건축 공사현장 안전관리 예치금과 대지의 조경에 관한 규정은 강화 또는 변경하여 적용할 수 있는 규정에 <u>해당하지 않는다</u>.
⑤ 특수구조 건축물을 건축하거나 대수선하려는 건축주는 <u>착공신고</u>를 하기 전에 허가권자에게 해당 건축물의 구조안전에 관하여 지방건축위원회의 심의를 신청해야 한다.

Point 40 적용대상물

08 ②

건축물이란 토지에 정착하는 공작물 중 지붕과 기둥 또는 벽이 있는 것과 이에 딸린 시설물, 지하나 고가의 공작물에 설치하는 사무소·공연장·점포·차고·창고 그 밖에 대통령령으로 정하는 시설을 말한다.

09 ①

대지에 정착된 컨테이너를 이용한 주택은 「건축법」의 적용을 받는다.

10 ⑤

「건축법」이 적용되지 않는 건축물은 없다.
㉠㉡㉢㉣㉤㉥ 모두 「건축법」이 적용된다.

 핵심 「건축법」의 적용제외

다음에 해당하는 건축물에는 「건축법」을 적용하지 않는다.

1. 「문화재보호법」에 따른 지정문화재나 임시지정 문화재
2. 철도나 궤도의 선로부지(敷地)에 있는 다음의 시설
   - 운전보안시설
   - 철도선로의 위나 아래를 가로지르는 보행시설
   - 플랫폼
   - 해당 철도 또는 궤도사업용 급수(給水)·급탄 (給炭) 및 급유(給油)시설
3. 고속도로 통행료 징수시설
4. 컨테이너를 이용한 간이창고(「산업집적활성화 및 공장설립에 관한 법률」에 따른 공장의 용도로만 사용되는 건축물의 대지에 설치하는 것으로서 이동이 쉬운 것만 해당된다)
5. 「하천법」에 따른 하천구역 내의 수문조작실

11 ①

다중주택이란 다음의 요건을 모두 갖춘 주택을 말한다.

1. 학생 또는 직장인 등 여러 사람이 장기간 거주할 수 있는 구조로 되어 있는 것
2. 독립된 주거의 형태를 갖추지 않은 것(각 실별로 욕실은 설치할 수 있으나, 취사시설은 설치하지 않은 것을 말한다)

3. 1개 동의 주택으로 쓰이는 바닥면적(부설주차장 면적은 제외한다)의 합계가 660m² 이하이고 주택으로 쓰는 층수(지하층은 제외한다)가 3개 층 이하일 것. 다만, 1층의 전부 또는 일부를 필로티 구조로 하여 주차장으로 사용하고 나머지 부분을 주택 외의 용도로 쓰는 경우에는 해당 층을 주택의 층수에서 제외한다.
4. 적정한 주거환경을 조성하기 위하여 건축조례로 정하는 실별 최소면적, 창문의 설치 및 크기 등의 기준에 적합할 것

12 ⑤

산후조리원은 제1종 근린생활시설에 해당한다.

지문분석

①②③④ 영화관은 문화 및 집회시설, 서점은 제2종 근린생활시설, 체육도장은 운동시설, 우체국은 업무시설에 해당한다.

13 ④

지문분석

① 소매점으로 쓰는 바닥면적의 합계가 1천m² 미만인 경우 제1종 근린생활시설에 해당한다.
② 의원은 제1종 근린생활시설, 안마시술소는 제2종 근린생활시설에 해당한다.
③ 자동차학원은 자동차 관련 시설, 무도학원은 위락시설에 해당한다.
⑤ 카지노는 위락시설, 유스호스텔은 수련시설에 해당한다.

14 ②

지문분석

① 휴게음식점으로 쓰는 바닥면적의 합계가 300m² 미만인 것은 제1종 근린생활시설에 해당한다.
③ 문화 및 집회시설에 해당한다.
④ 동·식물원은 문화 및 집회시설에 해당한다.
⑤ 관광휴게시설에 해당한다.

15 ④

토지의 소유자가 서로 다르거나 소유권 이외의 권리관계가 다른 경우로서 합병이 불가능한 경우에는 둘 이상의 필지를 하나의 대지로 할 수 없다.

16 ⑤

사용승인을 신청할 때 필지를 나눌 것을 조건으로 건축허가를 하는 경우 그 필지가 나누어지는 토지이다.

17 ④

높이 8m 이하인 기계식 주차장으로서 외벽이 없는 것에 「건축법」이 적용된다.

18 ④

① 높이 <u>6m를 넘는</u> 굴뚝
② 높이 <u>8m를 넘는</u> 고가수조
③ 높이 <u>4m를 넘는</u> 광고탑
⑤ 바닥면적 <u>30m²를 넘는</u> 지하대피호

Point 41 적용대상행위

19 ④

재축이란 건축물이 천재지변이나 그 밖의 재해(災害)로 멸실된 경우 그 대지에 다음의 요건을 모두 갖추어 다시 축조하는 것을 말한다.

> 1. <u>연면적 합계는 종전 규모 이하로 할 것</u>
> 2. 동(棟)수, 층수 및 높이는 다음의 어느 하나에 해당할 것
>   • 동수, 층수 및 높이가 모두 종전 규모 이하일 것
>   • 동수, 층수 또는 높이의 어느 하나가 종전 규모를 초과하는 경우에는 해당 동수, 층수 및 높이가 건축법령 또는 건축조례에 모두 적합할 것

20 ①

② 고층건축물이란 층수가 30층 이상<u>이거나</u> 높이가 120m 이상인 건축물을 말한다.
③ 연면적의 합계를 늘려 다시 축조하는 것은 재축에 해당하지 않는다.
④ 이전이란 건축물의 <u>주요구조부를</u> 해체하지 않고 같은 대지의 다른 위치로 옮기는 것을 말한다.
⑤ 기존 건축물이 있는 대지에서 건축물의 내력벽을 증설하여 건축면적을 늘리는 것은 <u>증축</u>에 해당한다.

21 ⑤

건축물의 피난계단을 증설하는 것은 <u>대수선</u>에 해당한다.

22 ⑤

건축물의 <u>외벽</u>에 사용하는 마감재료를 증설 또는 해체하거나 벽면적을 30m² 이상 수선 또는 변경하는 것이다.

23 ②

① 자동차 관련 시설군 − 자동차 관련 시설
③ 전기통신시설군 − 방송통신시설, 발전시설
④ 주거업무시설군 − 단독주택, 공동주택, 업무시설, 교정시설, 국방·군사시설
⑤ 그 밖의 시설군 − 동물 및 식물 관련 시설

24 ②

㉠ 운수시설, ㉡ 위락시설, ㉢ 숙박시설, ㉣ 교육연구시설

25 ①

② 사용승인을 받은 건축물의 용도를 변경하려는 자는 <u>특별자치시장·특별자치도지사, 시장·군수·구청장의 허가</u>를 받거나 신고를 해야 한다.
③ 같은 시설군 안에서 용도를 변경하려는 자는 특별자치시장·특별자치도지사 또는 시장·군수·구청장에게 건축물대장 기재내용의 <u>변경을 신청</u>해야 한다.
④ 허가나 신고대상인 경우로서 용도변경하려는 부분의 바닥면적의 합계가 100m² 이상인 경우 <u>사용승인을 받아야</u> 한다.
⑤ 용도변경 <u>허가대상인 경우</u>로서 바닥면적의 합계가 500m² 이상인 경우에는 건축사가 설계해야 한다.

26 ②

주거업무시설군에서 근린생활시설군으로의 용도변경은 상위시설군으로 변경하는 경우로서 허가대상이다.

27 ②

건축물의 용도변경으로서 허가대상인 것은 ㉠㉢㉣이다.
㉠㉢ 영업시설군 ⇨ 문화집회시설군
㉣ 교육 및 복지시설군 ⇨ 산업 등 시설군

28 ③

용도변경 신고대상으로서 용도변경하려는 부분의 바닥면적의 합계가 100m² 이상인 경우에는 <u>사용승인을 받아야</u> 한다.

Point 42 적용대상 지역

29 ④
건축물의 높이제한은 해당하지 않는다.

지문분석

①②③⑤ 「국토의 계획 및 이용에 관한 법률」에 따른 도시지역 및 도시지역 외의 지역에 지정된 지구단위계획구역 외의 지역으로서 동이나 읍(동이나 읍에 속하는 섬의 경우에는 인구가 500명 이상인 경우만 해당한다)이 아닌 지역은 다음의 규정을 적용하지 않는다.

> 1. 법 제44조(대지와 도로의 관계)
> 2. 법 제45조(도로의 지정·폐지 또는 변경)
> 3. 법 제46조(건축선의 지정)
> 4. 법 제47조(건축선에 의한 건축제한)
> 5. 법 제51조(방화지구 안의 건축물)
> 6. 법 제57조(대지의 분할제한)

30 ③
도시지역 및 도시지역 외의 지역에 지정된 지구단위계획구역 외의 지역으로서 동이나 읍이 아닌 지역에서도 건폐율, 용적률 규정은 <u>적용된다</u>.

31 ③
표준설계도서의 인정에 관한 사항은 <u>중앙건축위원회의 심의</u>사항에 해당한다.

제2장 건축물의 건축				p.235~245	
01 ④	02 ⑤	03 ⑤	04 ③	05 ⑤
06 ④	07 ②	08 ③	09 ②	10 ①
11 ②	12 ⑤	13 ②	14 ④	15 ③
16 ③	17 ①	18 ③	19 ③	20 ①
21 ①	22 ④	23 ⑤	24 ④	25 ①
26 ⑤	27 ②			

Point 43 건축허가

01 ④
도시지역 외의 지역에서 보전산지에 대한 산지전용허가는 의제되지 않는다. 보전산지인 경우에는 도시지역만 해당된다.

02 ⑤
사전결정신청자는 사전결정을 통지받은 날부터 2년 이내에 <u>건축허가를 신청해야</u> 하며, 이 기간에 <u>건축허가를 신청하지 않으면 사전결정의 효력이 상실</u>된다.

03 ⑤
「도로법」에 따른 도로점용허가는 의제되지 않는다. 사전결정 통지를 받은 경우에는 다음의 허가를 받거나 신고 또는 협의를 한 것으로 본다.

> 1. 「국토의 계획 및 이용에 관한 법률」에 따른 개발행위 허가
> 2. 「산지관리법」에 따른 산지전용허가와 산지전용신고, 산지일시사용허가·신고. 다만, 보전산지인 경우에는 도시지역만 해당된다.
> 3. 「농지법」에 따른 농지전용허가·신고 및 협의
> 4. 「하천법」에 따른 하천점용허가

04 ③
허가권자는 허가를 받은 자가 다음에 해당하면 허가를 취소해야 한다.

> 1. 허가를 받은 날부터 2년(「산업집적활성화 및 공장설립에 관한 법률」에 따라 공장의 신설·증설 또는 업종변경의 승인을 받은 공장은 3년) 이내에 공사에 착수하지 않은 경우. 다만, 정당한 사유가 있다고 인정되면 1년의 범위에서 공사의 착수기간을 연장할 수 있다.
> 2. 1.의 기간 이내에 공사에 착수하였으나 공사의 완료가 불가능하다고 인정되는 경우
> 3. 착공신고 전에 경매 또는 공매 등으로 건축주가 대지의 소유권을 상실한 때부터 6개월이 경과한 이후 공사의 착수가 불가능하다고 판단되는 경우

05 ⑤
시장·군수는 다음에 해당하는 건축물의 건축을 허가하려면 미리 건축계획서와 국토교통부령으로 정하는 건축물의 용도, 규모 및 형태가 표시된 기본설계도서를 첨부하여 도지사의 승인을 받아야 한다.

1. 층수가 21층 이상이거나 연면적의 합계가 10만㎡ 이상인 건축물(공장, 창고 및 지방건축위원회의 심의를 거친 건축물은 제외한다)의 건축(연면적의 10분의 3 이상을 증축하여 층수가 21층 이상으로 되거나 연면적의 합계가 10만㎡ 이상으로 되는 경우를 포함한다)
2. 자연환경이나 수질을 보호하기 위하여 도지사가 지정·공고한 구역에 건축하는 3층 이상 또는 연면적의 합계가 1천㎡ 이상인 공동주택, 제2종 근린생활시설(일반음식점만 해당한다), 업무시설(일반업무시설만 해당한다), 숙박시설, 위락시설
3. 주거환경이나 교육환경 등 주변환경을 보호하기 위하여 필요하다고 인정하여 도지사가 지정·공고한 구역에 건축하는 위락시설 및 숙박시설에 해당하는 건축물

06 ④

허가권자는 다음의 어느 하나에 해당하는 주요 건축물에 대하여 건축허가를 하기 전에 안전영향평가를 안전영향평가기관에 의뢰하여 실시해야 한다.

1. 초고층 건축물
2. 다음의 요건을 모두 충족하는 건축물
   • 연면적(하나의 대지에 둘 이상의 건축물을 건축하는 경우에는 각각의 건축물의 연면적을 말한다)이 10만㎡ 이상일 것
   • 16층 이상일 것

07 ②

건축주가 대지를 사용할 수 있는 권원을 확보한 경우 건축허가를 받을 수 있다. 다만, 분양을 목적으로 하는 공동주택은 제외한다.

08 ③

지문분석

① 도지사의 승인이 아니라 건축위원회의 심의를 거쳐 허가를 거부할 수 있다.
② 국가 또는 지방자치단체가 건축물의 건축 등을 하려는 경우 미리 건축물의 소재지를 관할하는 허가권자와 협의해야 하며, 협의한 경우 건축허가를 받았거나 신고한 것으로 본다.
④ 도지사는 건축허가권자가 아니다. 시장은 21층 이상인 건축물의 건축을 허가하려면 미리 도지사의 승인을 받아야 한다.

⑤ 건축위원회의 심의를 받은 자가 심의결과를 통지받은 날부터 2년 이내에 건축허가를 신청하지 않으면 건축위원회 심의의 효력이 상실된다.

09 ②

특별시장 또는 광역시장의 허가를 받아야 하는 건축물의 건축은 층수가 21층 이상이거나 연면적의 합계가 10만㎡ 이상인 건축물의 건축(연면적의 10분의 3 이상을 증축하여 층수가 21층 이상으로 되거나 연면적의 합계가 10만㎡ 이상으로 되는 경우를 포함한다)을 말한다. 다만, 공장, 창고 등에 해당하는 건축물의 건축은 제외한다.

10 ①

바닥면적의 합계가 85㎡ 이내의 증축·개축 또는 재축이다.

11 ②

건축신고대상으로 옳은 내용은 ⓒⓒ이다.
⊙ 연면적이 200㎡ 미만이고 3층 미만인 건축물의 대수선이다.
ⓔ 연면적의 합계가 100㎡ 이하인 건축물의 건축이다.
ⓜ 높이를 3m 이하의 범위에서 증축하는 건축물이다.

12 ②

건축허가를 받으면 공작물의 축조신고를 한 것으로 본다.

13 ②

건축신고를 하면 「농지법」에 따른 농지전용허가를 받은 것으로 본다.

14 ④

지문분석

① 국토교통부장관이나 시·도지사는 건축허가나 건축허가를 받은 건축물의 착공을 제한하려는 경우에는 「토지이용규제 기본법」에 따라 주민의견을 청취한 후 건축위원회의 심의를 거쳐야 한다.
② 특별시장·광역시장·도지사는 지역계획이나 도시·군계획에 특히 필요하다고 인정하면 시장·군수·구청장의 건축허가나 허가를 받은 건축물의 착공을 제한할 수 있다.
③ 국토교통부장관은 국토관리상 특히 필요하다고 인정하거나 주무부장관이 국방·문화재보존·환경보전 또는 국민경제상 특히 필요하다고 인정하여 요청하는 경우에는 허가권자의 건축허가나 허가를 받은 건축물의 착공을 제한할 수 있다.

⑤ 특별시장 · 광역시장 · 도지사가 건축허가를 제한한 경우
에는 즉시 **국토교통부장관에게 보고**해야 하며, 보고를
받은 국토교통부장관은 제한의 내용이 지나치다고 인정
하는 경우에는 그 해제를 명할 수 있다.

15 ③
건축허가나 착공을 제한하는 경우 제한기간은 **2년** 이내로
하되, 1회에 한하여 **1년** 이내의 범위에서 제한기간을 연장할
수 있다.

16 ③
「폐기물처리법」에 따른 폐기물처리업허가는 해당하지 않는다.

17 ①
층수는 **4층** 이상이 아니어야 한다.

18 ③
조립식 구조로 된 **경비용으로** 쓰는 가설건축물로서 연면적
이 10㎡ 이하인 것이다.

19 ③
신고해야 하는 가설건축물의 존치기간은 **3년** 이내로 한다.

20 ①
가설건축물을 신고하고 축조하는 경우에 관한 설명으로 옳은
것은 ㉠이다.
ⓛ 신고해야 하는 가설건축물의 존치기간은 **3년** 이내로 한다.
ⓒ 가설건축물을 건축하거나 축조할 때에는 건축물의 **공사
감리에 관한 규정을 적용하지 않는다.**

Point 44 건축절차

21 ①
허가권자는 연면적이 **1천㎡** 이상인 건축물로서 해당 지방자
치단체의 조례로 정하는 건축물에 대하여는 착공신고를 하
는 건축주에게 장기간 건축물의 공사현장이 방치되는 것에
대비하여 미리 미관개선과 안전관리에 필요한 비용을 건축
공사비의 **1%**의 범위에서 예치하게 할 수 있다.

22 ④
건축주는 건축허가를 받아야 하는 건축물(건축신고대상
건축물은 제외한다), 리모델링하는 건축물을 건축하는 경우
건축사 등을 공사감리자로 지정하여 공사감리를 하게 해야
한다.

23 ⑤
건축주가 개선명령을 이행하지 않는 경우 허가권자는 예치
금을 사용하여 대집행을 할 수 있다.

24 ④

지문분석 ●

① 건축주가 허가권자에게 사용승인을 신청해야 한다.
② 가설건축물의 건축허가를 받은 경우에는 **사용승인을 받
아야 한다.**
③ 건축주는 임시사용의 승인을 받으려는 경우에는 허가권
자에게 신청을 해야 한다. 허가권자는 공사가 완료된 부
분이 법정 기준에 적합한 경우에만 임시사용을 승인할
수 있고, 그 기간은 **2년** 이내로 한다. 다만, 허가권자는
대형 건축물 또는 암반공사 등으로 인하여 공사기간이
긴 건축물에 대하여는 그 기간을 연장할 수 있다.
⑤ 특별시장 또는 광역시장의 동의는 필요 없다.

25 ①
연면적이 200㎡ 미만이고 3층 미만인 건축물을 대수선하려는
경우에는 미리 특별자치시장 · 특별자치도지사 또는 시장 ·
군수 · 구청장에게 신고를 하면 건축허가를 받은 것으로 본다.

지문분석 ●

② 건축주 · 설계자 · 공사시공자 또는 공사감리자를 변경하
는 경우에는 **신고해야** 한다.
③ 허가권자는 다음의 어느 하나에 해당하는 주요 건축물에
대하여 **건축허가를 하기 전에** 건축물 안전영향평가를 실
시해야 한다.

> 1. 초고층 건축물
> 2. 연면적이 10만㎡ 이상이고 16층 이상인 건축물

④ 신고를 한 자가 신고일부터 **1년** 이내에 공사에 착수하지
않으면 그 신고의 효력은 없어진다.
⑤ 건축주가 제11조(건축허가) · 제14조(건축신고) 또는 제
20조 제1항(가설건축물의 건축허가)에 따라 허가를 받았
거나 신고를 한 건축물의 건축공사를 완료한 후 그 건축
물을 사용하려면 공사감리자가 작성한 감리완료보고서
(공사감리자를 지정한 경우만 해당된다)와 국토교통부령
으로 정하는 공사완료도서를 첨부하여 허가권자에게 **사
용승인을 신청해야 한다.**

26 ⑤
건축물대장을 작성해야 하는 경우는 ㉠㉡㉢ 모두이다.
특별자치시장·특별자치도지사 또는 시장·군수·구청장은
건축물의 소유·이용 및 유지·관리 상태를 확인하거나 건
축정책의 기초 자료로 활용하기 위하여 다음의 어느 하나에
해당하면 건축물대장에 건축물과 그 대지의 현황 및 국토교
통부령으로 정하는 건축물의 구조내력(構造耐力)에 관한
정보를 적어서 보관하고 이를 지속적으로 정비해야 한다.

1. 사용승인서를 내준 경우
2. 건축허가대상 건축물(건축신고대상 건축물을 포함한다)
   외의 건축물의 공사를 끝낸 후 기재를 요청한 경우
3. 그 밖에 대통령령으로 정하는 경우: 「집합건물의 소유
   및 관리에 관한 법률」에 따른 건축물대장의 신규등록
   및 변경등록의 신청이 있는 경우 등

27 ②
신규등록은 등기촉탁사유에 해당하지 않는다.

제3장 대지와 도로   p.248~254

01	⑤	02	④	03	④	04	④	05	⑤
06	①	07	③	08	①	09	⑤	10	②
11	④	12	②	13	④	14	④	15	⑤
16	②								

Point 45 대지관련기준

01 ⑤
옹벽의 외벽면에는 이의 지지 또는 배수를 위한 시설 외의
구조물이 밖으로 튀어나오지 않도록 해야 한다.

02 ④
대지면적이 2천㎡인 대지에 건축하는 경우 조경 등의 조치
를 하지 않아도 되는 건축물에 해당하는 것은 ㉠㉡㉢㉣이다.
㉤ 주거지역 또는 상업지역에 건축하는 연면적의 합계가
1,500㎡ 미만인 물류시설은 조경 등의 조치를 하여야
한다.

03 ④
1. 면적 5,000㎡ 미만인 대지에 건축하는 공장
2. 연면적의 합계가 1,500㎡ 미만인 공장
3. 「산업집적활성화 및 공장설립에 관한 법률」에 따른 산업
   단지의 공장

04 ④

▶지문분석◀

① 면적 200㎡ 이상인 대지이다.
② 옥상부분 조경면적의 3분의 2에 해당하는 면적(600㎡
   × 2/3 = 400㎡)을 대지의 조경면적으로 산정할 수 있
   되, 대지의 조경면적 100분의 50(500㎡ × 1/2 = 250㎡)
   을 초과할 수 없다.
③ 공개공지 등의 면적은 대지면적의 100분의 10 이하의 범
   위에서 건축조례로 정한다.
⑤ 건축물에 공개공지 등을 설치하는 경우에는 다음의 범위
   에서 대지면적에 대한 공개공지 등 면적비율에 따라 용
   적률 및 건축물의 높이제한을 완화하여 적용한다. 다만,
   다음의 범위에서 건축조례로 정한 기준이 완화비율보다
   큰 경우에는 해당 건축조례로 정하는 바에 따른다.

1. 용적률은 해당 지역에 적용하는 용적률의 1.2배 이하
2. 건축물의 높이제한은 해당 건축물에 적용하는 높
   이기준의 1.2배 이하

05 ⑤
다음의 어느 하나에 해당하는 지역의 환경을 쾌적하게 조성
하기 위하여 대통령령으로 정하는 용도와 규모의 건축물은
일반이 사용할 수 있도록 소규모 휴식시설 등의 공개공지 등
을 설치해야 한다.

설치대상 지역
1. 일반주거지역, 준주거지역
2. 상업지역
3. 준공업지역
4. 특별자치시장·특별자치도지사 또는 시장·군수·구청 　장이 도시화의 가능성이 크다고 인정하여 지정·공고 　하는 지역

설치대상 건축물
1. 문화 및 집회시설, 종교시설, 판매시설(농수산물유통시설 　은 제외), 운수시설(여객용 시설만 해당), 업무시설 및 숙 　박시설로서 해당 용도로 쓰는 바닥면적의 합계가 5천㎡ 　이상인 건축물
2. 그 밖에 다중이 이용하는 시설로서 건축조례로 정하는 　건축물

06 ①
농수산물유통시설은 공개공지 등을 확보해야 하는 건축물에 해당하지 않는다.

07 ③
건축물이 있는 대지는 다음의 범위에서 해당 지방자치단체의 조례로 정하는 면적에 못 미치게 분할할 수 없다.

1. 주거지역: 60㎡ 이상
2. 상업지역·공업지역: 150㎡ 이상
3. 녹지지역: 200㎡ 이상
4. 이외의 지역: 60㎡ 이상

08 ①
건축물이 있는 대지는 다음의 규정에 따른 기준에 못 미치게 분할할 수 없다.

1. 제44조(대지와 도로의 관계)
2. 제55조(건폐율)
3. 제56조(용적률)
4. 제58조(대지 안의 공지)
5. 제60조(건축물의 높이제한)
6. 제61조(일조 등의 확보를 위한 높이제한)

09 ⑤
특별자치시장·특별자치도지사 또는 시장·군수·구청장이 지형적 조건으로 인하여 차량 통행을 위한 도로의 설치가 곤란하다고 인정하여 그 위치를 지정·공고하는 구간의 너비 3m 이상인 도로도 건축법령상의 도로가 된다.

10 ②

지문분석 ●

① 소요너비는 6m 이상이어야 한다.
③ 주민이 오랫동안 통행로로 이용하고 있는 사실상의 통로로서 해당 지방자치단체의 조례로 정하는 것인 경우에는 이해관계인의 동의를 받지 않고 건축위원회의 심의를 거쳐 도로를 지정할 수 있다
④ 건축물의 주변에 광장, 공원, 유원지 그 밖에 관계 법령에 따라 건축이 금지되고 공중의 통행에 지장이 없는 것으로 허가권자가 인정한 공지가 있는 경우 도로에 2m 이상 접하지 않아도 된다.
⑤ 연면적의 합계가 2천㎡ 이상(공장은 3천㎡ 이상)인 건축물의 대지는 너비가 6m 이상인 도로에 4m 이상 접해야 한다.

11 ④
소요너비에 못 미치는 너비의 도로와 모퉁이 대지에서 건축선이 후퇴한 경우 도로와 건축선 사이의 부분은 대지면적 산정시 이를 제외한다.

12 ②
양쪽이 대지에 접하고 있는 경우 소요너비 미달도로의 중심선으로부터 그 소요너비의 2분의 1의 수평거리만큼 물러난 선을 건축선으로 하며, 이때 도로와 건축선 사이의 부분은 대지면적 산정에서 제외한다. 따라서 대지 안쪽으로 1m가 후퇴한 선이 건축선이 되므로 대지면적은 10m × 19m = 190㎡가 된다. 용적률이 200%이므로 최대 연면적은 190㎡ × 200% = 380㎡가 된다.

13 ④
교차하는 두 도로의 폭이 각각 5m, 5m이고 교차각이 90°인 경우 도로모퉁이에서 각각 2m를 후퇴하여 연결한 선이 건축선이 된다. 이 경우 건축선이 후퇴한 면적은 대지면적에서 제외하므로 대지면적은 (10m × 10m) − (2m × 2m ÷ 2) = 98㎡가 된다.

14 ④
건축물과 담장은 건축선의 수직면을 넘어서는 안 된다. 다만, 지표 아래 부분은 그러하지 않다.

15 ⑤
도로면으로부터 높이 4.5m 이하에 있는 출입구, 창문, 그 밖에 이와 유사한 구조물은 열고 닫을 때 건축선의 수직면을 넘지 않는 구조로 해야 한다. 건축물의 높이가 4m이므로 창문을 열고 닫을 때 건축선의 수직면을 넘어서는 안 된다.

16 ②

지문분석 ●

① 건축물의 주변에 광장, 공원, 유원지, 그 밖에 관계 법령에 따라 건축이 금지되고 공중의 통행에 지장이 없는 공지로서 허가권자가 인정한 공지가 있는 경우 건축물의 대지는 도로에 2m 이상 접하지 않아도 된다.
③ 도로면으로부터 높이 4.5m 이하에 있는 출입구, 창문, 그 밖에 이와 유사한 구조물은 열고 닫을 때 건축선의 수직면을 넘지 않는 구조로 해야 한다.
④ 연면적의 합계가 2천㎡(공장인 경우에는 3천㎡) 이상인 건축물(축사, 작물 재배사, 그 밖에 이와 비슷한 건축물로서 건축조례로 정하는 규모의 건축물은 제외한다)의 대지는 너비 6m 이상의 도로에 4m 이상 접해야 한다.

⑤ 건축물과 담장은 건축선의 수직면(垂直面)을 넘어서는 안 된다. 다만, 지표(地表) 아래 부분은 그러하지 않다.

제4장 구조 · 재료 및 건축설비   p.256~259

| 01 | ① | 02 | ④ | 03 | ③ | 04 | ① | 05 | ③ |
| 06 | ① | 07 | ① | 08 | ⑤ | 09 | ⑤ | 10 | ④ |

Point 46 구조 · 재료 및 건축설비

01 ①
층수가 2층(목구조 건축물의 경우에는 3층) 이상인 건축물이다.

02 ④
목구조 건축물의 경우 층수가 3층 이상 또는 연면적이 500㎡ 이상이면 구조안전 확인서류를 제출해야 한다.

03 ③
• 건축물의 피난층 외의 층에서는 피난층 또는 지상으로 통하는 직통계단(경사로를 포함한다)을 거실 각 부분으로부터 계단(거실로부터 가장 가까운 거리에 있는 1개소의 계단을 말한다)에 이르는 보행거리가 30m 이하가 되도록 설치해야 한다.
• 초고층건축물에는 피난층 또는 지상으로 통하는 직통계단과 직접 연결되는 피난안전구역을 지상층으로부터 최대 30개 층마다 1개소 이상 설치해야 한다.

04 ①
층수가 11층 이상인 건축물로서 11층 이상인 층의 바닥면적의 합계가 1만㎡ 이상인 건축물(지붕을 평지붕으로 하는 경우만 해당한다)의 옥상에는 헬리포트를 설치하거나 헬리콥터를 통하여 인명 등을 구조할 수 있는 공간을 확보해야 한다.

05 ③
다음에 해당하는 건축물의 경계벽은 국토교통부령으로 정하는 기준에 따라 설치해야 한다.

1. 단독주택 중 다가구주택의 각 가구간 또는 공동주택(기숙사는 제외한다)의 각 세대간 경계벽(거실 · 침실 등의 용도로 쓰지 않는 발코니 부분은 제외한다)

2. 공동주택 중 기숙사의 침실, 의료시설의 병실, 교육연구시설 중 학교의 교실 또는 숙박시설의 객실간 경계벽
3. 제1종 근린생활시설 중 산후조리원의 다음의 어느 하나에 해당하는 경계벽
   • 임산부실간 경계벽
   • 신생아실간 경계벽
   • 임산부실과 신생아실간 경계벽
4. 제2종 근린생활시설 중 다중생활시설의 호실간 경계벽
5. 노유자시설 중 「노인복지법」에 따른 노인복지주택의 각 세대간 경계벽
6. 노유자시설 중 노인요양시설의 호실간 경계벽

06 ①
다중주택이 아니라 다가구주택이다. 다음의 어느 하나에 해당하는 건축물의 층간바닥(화장실의 바닥은 제외한다)은 국토교통부령으로 정하는 기준에 따라 설치해야 한다.

1. 단독주택 중 다가구주택
2. 공동주택(「주택법」에 따른 주택건설사업계획 승인대상은 제외한다)
3. 업무시설 중 오피스텔
4. 제2종 근린생활시설 중 다중생활시설
5. 숙박시설 중 다중생활시설

07 ①

지문분석

② 방화지구 안의 공작물로서 간판, 광고탑, 그 밖에 대통령령으로 정하는 공작물 중 건축물의 지붕 위에 설치하는 공작물이나 높이 3m 이상의 공작물은 주요부를 불연(不燃)재료로 해야 한다.
③ 인접 대지경계선으로부터 직선거리 2m 이내에 이웃 주택의 내부가 보이는 창문 등을 설치하는 경우에는 차면시설(遮面施設)을 설치해야 한다.
④ 옥상광장 또는 2층 이상인 층에 있는 노대(露臺)나 그 밖에 이와 비슷한 것의 주위에는 높이 1.2m 이상의 난간을 설치해야 한다. 다만, 그 노대 등에 출입할 수 없는 구조인 경우에는 그러하지 않다.
⑤ 5층 이상인 층이 제2종 근린생활시설 중 공연장 · 종교집회장 · 인터넷컴퓨터게임시설제공업소(해당 용도로 쓰는 바닥면적의 합계가 각각 300㎡ 이상인 경우만 해당한다), 문화 및 집회시설(전시장 및 동 · 식물원은 제외한다), 종교시설, 판매시설, 위락시설 중 주점영업 또는 장례시설의 용도로 쓰는 경우에는 피난용도로 쓸 수 있는 광장을 옥상에 설치해야 한다.

08 ⑤

지하층의 바닥면적은 연면적에 포함하는 것이 원칙이지만, 용적률의 산정에 있어서는 연면적에서 제외한다.

09 ⑤

공동주택 중 기숙사는 해당하지 않는다. 다음에 해당하는 건축물은 범죄예방기준에 따라 건축해야 한다.

1. 다가구주택, 아파트, 연립주택 및 다세대주택
2. 제1종 근린생활시설 중 일용품을 판매하는 소매점
3. 제2종 근린생활시설 중 다중생활시설
4. 문화 및 집회시설(동·식물원은 제외한다)
5. 교육연구시설(연구소 및 도서관은 제외한다)
6. 노유자시설
7. 수련시설
8. 업무시설 중 오피스텔
9. 숙박시설 중 다중생활시설

10 ④

- 건축주는 6층 이상으로서 연면적이 2천m² 이상인 건축물 (대통령령으로 정하는 건축물은 제외한다)을 건축하려면 승강기를 설치해야 한다.
- 높이 31m를 초과하는 건축물에는 대통령령으로 정하는 바에 따라 승강기뿐만 아니라 비상용승강기를 추가로 설치해야 한다.

제5장 지역·지구의 건축물   p.262~268

01	②	02	②	03	②	04	④	05	③
06	⑤	07	③	08	③	09	④	10	④
11	⑤	12	③	13	④	14	②	15	③

Point 47 면적·높이 등의 산정방법

01 ②

지문분석 ●

① 하나의 건축물이 방화지구와 그 밖의 구역에 걸치는 경우에는 그 전부에 대하여 방화지구 안의 건축물에 관한 「건축법」의 규정을 적용한다. 다만, 건축물의 방화지구에 속한 부분과 그 밖의 구역에 속한 부분의 경계가 방화벽으로 구획되는 경우 그 밖의 구역에 있는 부분에 대하여는 그러하지 않다.

③ 취락지구에 관한 특례규정은 없다.

④ 특별시장이나 광역시장은 도시의 관리를 위하여 필요하면 가로구역별 건축물의 높이를 특별시나 광역시의 조례로 정할 수 있다.

⑤ 전용주거지역이나 일반주거지역에서 건축물을 건축하는 경우에는 일조(日照) 등의 확보를 위하여 건축물의 각 부분을 정북방향(正北方向)으로의 인접 대지경계선으로부터 대통령령으로 정하는 범위에서 건축조례로 정하는 거리 이상을 띄어 건축해야 한다.

02 ②

지문분석 ●

① 건폐율은 대지면적에 대한 건축면적(대지에 건축물이 둘 이상 있는 경우에는 이들 건축면적의 합계로 한다)의 비율이다.

③ 건폐율의 최대한도는 「국토의 계획 및 이용에 관한 법률」 제77조에 따른 건폐율의 기준에 따른다. 다만, 「건축법」에서 기준을 완화하거나 강화하여 적용하도록 규정한 경우에는 그에 따른다.

④ 대지에 건축물이 둘 이상 있는 경우에는 이들 연면적의 합계로 한다.

⑤ 건축물이 있는 대지는 법 제44조(대지와 도로의 관계), 제55조(건축물의 건폐율), 제56조(건축물의 용적률), 제58조(대지 안의 공지), 제60조(건축물의 높이제한) 및 제61조(일조 등의 확보를 위한 건축물의 높이제한)에 따른 기준에 못 미치게 분할할 수 없다.

03 ②

지하층의 면적과 지상층의 주차용으로 쓰는 면적은 용적률 산정시 연면적에서 제외한다. 따라서 예시의 건축물의 용적률 산정을 위한 연면적은 1,500m²로 산정된다. 용적률 = (연면적 / 대지면적) × 100이므로 (1,500m² / 1,000m²) × 100 = 150%가 된다.

04 ④

용적률 150% = 연면적(X) / 대지면적 200m² × 100이다. 따라서 연면적(X) = 300m²가 된다. 연면적은 각 층의 바닥면적의 합계를 말하고, 용적률을 계산할 때에는 연면적에 지하층의 면적은 포함하지 않으므로 연면적 300m² / 지상 3층 = 100m², 즉 각 층의 바닥면적은 100m²가 된다.

05 ③

사례는 소요너비에 미달하는 도로에서의 건축선과 관련하여 대지면적을 구하는 문제이다. 소요너비에 못 미치는 너비의 도로인 경우 그 도로의 반대쪽에 경사지, 하천, 철도, 선로부지 그 밖에 이와 유사한 것이 있는 경우에는 그 경사지 등이 있는 쪽의 도로경계선에서 소요너비에 해당하는 수평거리의 선을 건축선으로 한다. 이 경우 도로와 건축선 사이의 면적은 해당 대지의 대지면적을 산정하는 경우에 이를 제외한다. 사례에서 너비 3m인 도로의 반대쪽에 선로부지가 있으므로 선로부지가 있는 쪽의 도로경계선에서 소요너비(4m)만큼 후퇴한 선이 건축선이 되고, 이 경우 대지면적에 산입되지 않는다. 대지 A의 윗부분과 아랫부분의 대지면적을 각각 산정하여 더해보면, 윗부분은 가로 7m와 세로 10m이므로 70m²가 된다. 아랫부분은 가로 13m와 세로 10m이므로 130m²가 된다. 합산하면 대지 A의 면적은 200m²가 된다.

06 ⑤

태양열을 주된 에너지원으로 이용하는 주택은 건축면적 산정에 포함된다. 태양열을 주된 에너지원으로 이용하는 주택의 건축면적은 건축물의 외벽 중 내측 내력벽의 중심선을 기준으로 산정한다.

07 ③

필로티나 그 밖에 이와 비슷한 구조의 부분은 그 부분이 공중의 통행이나 차량의 통행 또는 주차에 전용되는 경우와 공동주택의 경우에는 바닥면적에 산입하지 않는다.

08 ③

다락의 층고가 1.5m(경사진 형태의 지붕인 경우에는 1.8m) 이하인 경우에는 바닥면적에 산입하지 않는다. 층고가 2m인 다락은 바닥면적에 산입하므로 연면적에도 포함한다.

09 ④

대지면적이 200m²이고 용적률이 200%인 경우 연면적(용적률 × 대지면적 / 100)은 400m²까지 건축할 수 있다. 예문의 다세대주택 1층의 주차장(60m²)으로 사용하는 부분은 용적률 산정에서는 연면적에 포함되지 않는다. 또한 지붕이 경사진 형태로서 다락의 층고가 1.7m인 경우에는 바닥면적에 산입하지 않으므로 바닥면적의 합계인 연면적에도 포함되지 않는다. 따라서 연면적은 1층의 주민공동시설(40m²), 2층(100m²)과 3층(100m²)의 면적을 합하여 240m²를 사용하고 있다. 연면적을 최대 400m²까지 건축할 수 있으므로 400m² − 240m² = 160m²를 증축할 수 있다.

10 ④

지하층의 면적은 용적률을 산정할 때에는 연면적에서 제외한다.

11 ⑤

건축물이 부분에 따라 그 층수가 다른 경우에는 그중 가장 많은 층수를 그 건축물의 층수로 본다.

12 ③

지하층은 건축물의 층수에 산입하지 않고, 층의 구분이 명확하지 않은 건축물은 그 건축물의 높이 4m마다 하나의 층으로 보고 그 층수를 산정하며, 건축물이 부분에 따라 그 층수가 다른 경우에는 그중 가장 많은 층수를 그 건축물의 층수로 본다. 사례의 건축물의 지상층의 바닥면적의 2분의 1은 그 높이가 12m(3층)이고, 나머지 2분의 1은 16m(4층)이다. 따라서 층수는 4층이 된다.

Point 48 건축물의 높이제한 등

13 ④

지문분석 ●

① 허가권자는 같은 가로구역에서 건축물의 용도 및 형태에 따라 건축물의 높이를 다르게 정할 수 있다.
② 지방건축위원회의 심의를 거쳐야 한다.
③ 건축물의 높이는 전면도로의 중심선으로부터의 높이로 산정한다.
⑤ 공동주택(일반상업지역과 중심상업지역에 건축하는 것은 제외한다)은 채광(採光) 등의 확보를 위하여 대통령령으로 정하는 높이 이하로 해야 한다.

14 ②

높이 9m 이하인 부분은 정북방향으로의 인접 대지경계선으로부터 1.5m 이상을 띄어서 건축해야 한다.

15 ③

• 건축물(기숙사는 제외)의 높이는 그 부분으로부터 채광을 위한 창문 등이 있는 벽면에서 직각방향으로 인접 대지경계선까지 수평거리의 2배(근린상업지역 또는 준주거지역은 4배) 이하로 해야 한다.
• 같은 대지에서 두 동 이상의 건축물이 마주보는 경우 채광을 위한 창문 등이 있는 벽면으로부터 직각방향으로 건축물 각 부분 높이의 0.5배(도시형 생활주택은 0.25배) 이상의 범위에서 조례가 정하는 거리 이상을 띄어서 건축해야 한다.

01	③	02	①	03	③	04	③	05	④
06	①	07	⑤	08	③	09	④	10	④
11	⑤	12	⑤	13	③	14	④	15	④
16	④	17	④						

Point 49 특별건축구역

01 ③
「도로법」에 따른 접도구역에 대하여는 특별건축구역으로 지정할 수 없다.

02 ①
「공공주택 특별법」에 따른 공공주택지구는 국토교통부장관이 특별건축구역으로 지정할 수 있다.

보충 특별건축구역 지정제외

다음의 어느 하나에 해당하는 지역·구역 등에 대하여는 특별건축구역으로 지정할 수 없다.

1. 「개발제한구역의 지정 및 관리에 관한 특별조치법」에 따른 개발제한구역
2. 「자연공원법」에 따른 자연공원
3. 「도로법」에 따른 접도구역
4. 「산지관리법」에 따른 보전산지

03 ③

지문분석

① 시장·군수·구청장은 특별시장·광역시장·도지사에게 특별건축구역의 지정을 신청할 수 있다.
② 특별건축구역을 지정하거나 변경한 경우 도시·군관리계획의 결정(용도지역·지구·구역의 지정 또는 변경은 제외)이 있는 것으로 본다.
④ 국가 또는 지방자치단체가 건축하는 건축물은 특별건축구역에서 건축기준 등의 특례사항을 적용하여 건축할 수 있다.
⑤ 특별건축구역에서는 다음의 관계 법령의 규정에 대하여는 개별 건축물마다 적용하지 않고 특별건축구역 전부 또는 일부를 대상으로 통합하여 적용할 수 있다.

1. 「문화예술진흥법」에 따른 건축물에 대한 미술작품의 설치
2. 「주차장법」에 따른 부설주차장의 설치
3. 「도시공원 및 녹지 등에 관한 법률」에 따른 공원의 설치

04 ③
해당하는 것은 ㉠㉢㉣이다.
특별건축구역에 건축하는 건축물에 대하여는 다음의 규정을 적용하지 않을 수 있다.

1. 대지의 조경(제42조), 건축물의 건폐율(제55조), 건축물의 용적률(제56조), 대지 안의 공지(제58조), 건축물의 높이제한(제60조) 및 일조 등의 확보를 위한 건축물의 높이제한(제61조)
2. 「주택법」 제35조(주택건설기준 등) 중 대통령령으로 정하는 규정

05 ④
• 시·도지사는 제안서류를 받은 날부터 45일 이내에 특별건축구역 지정의 필요성, 타당성, 공공성 등과 피난·방재 등의 사항을 검토하여 특별건축구역 지정 여부를 결정해야 한다.
• 시·도지사는 지정 여부를 결정한 날부터 14일 이내에 특별건축구역 지정을 제안한 자에게 그 결과를 통보해야 한다.

Point 50 건축협정 및 결합건축

06 ①
토지 또는 건축물의 소유자, 지상권자 등 대통령령으로 정하는 자(이하 '소유자 등'이라 한다)는 전원의 합의로 건축물의 건축·대수선 또는 리모델링에 관한 협정(이하 '건축협정이라 한다)을 체결할 수 있다.

07 ⑤

지문분석

① 토지 또는 건축물의 소유자, 지상권자는 전원의 합의로 건축물의 건축·대수선 또는 리모델링에 관한 건축협정을 체결할 수 있다.
② 건축협정 체결대상 토지가 둘 이상의 특별자치시 또는 시·군·구에 걸치는 경우 건축협정 체결대상 토지면적의 과반(過半)이 속하는 건축협정인가권자에게 인가를 신청할 수 있다.

③ 협정체결자는 인가받은 사항을 변경하려면 국토교통부령으로 정하는 바에 따라 변경인가를 받아야 한다.
④ 협정체결자는 건축협정을 폐지하려는 경우에는 협정체결자 과반수의 동의를 받아 국토교통부령으로 정하는 바에 따라 건축협정인가권자의 인가를 받아야 한다.

08 ③
건축협정구역을 대상으로 통합하여 적용할 수 있는 것은 ㉠㉢㉣㉤이다.
건축협정의 인가를 받은 건축협정구역에서 연접한 대지에 대하여는 다음의 관계 법령의 규정을 개별 건축물마다 적용하지 않고 건축협정구역의 전부 또는 일부를 대상으로 통합하여 적용할 수 있다.

1. 대지의 조경
2. 대지와 도로와의 관계
3. 지하층의 설치
4. 건폐율
5. 「주차장법」에 따른 부설주차장의 설치
6. 「하수도법」에 따른 개인하수처리시설의 설치

09 ④
결합건축협정서에 따른 협정체결 유지기간은 최소 30년으로 한다. 다만, 결합건축협정서의 용적률 기준을 종전대로 환원하여 신축·개축·재축하는 경우에는 그러하지 않다.

10 ④
「도시 및 주거환경정비법」에 따른 정비구역 중 주거환경개선사업의 시행을 위한 구역이다.

지문분석
①②③⑤ 다음의 어느 하나에 해당하는 지역에서 대지간의 최단거리가 100m 이내의 범위에서 대통령령으로 정하는 범위에 있는 2개의 대지의 건축주가 서로 합의한 경우 2개의 대지를 대상으로 결합건축을 할 수 있다.

1. 「국토의 계획 및 이용에 관한 법률」에 따라 지정된 상업지역
2. 「역세권의 개발 및 이용에 관한 법률」에 따라 지정된 역세권개발구역
3. 「도시 및 주거환경정비법」에 따른 정비구역 중 주거환경개선사업의 시행을 위한 구역
4. 그 밖에 도시 및 주거환경 개선과 효율적인 토지이용이 필요하다고 대통령령으로 정하는 다음의 지역
   • 건축협정구역, 특별건축구역, 리모델링 활성화 구역

• 「도시재생 활성화 및 지원에 관한 특별법」에 따른 도시재생활성화지역
• 「한옥 등 건축자산의 진흥에 관한 법률」에 따른 건축자산 진흥구역

Point 51 이행강제금

11 ⑤
벌금은 법관이 재판에 의하여 부과하므로, 허가권자는 부과할 수 없다.

12 ⑤

지문분석
① 건축물이 용적률을 초과하여 건축된 경우에는 「지방세법」에 따라 해당 건축물에 적용되는 $1m^2$의 시가표준액의 100분의 50에 해당하는 금액에 위반면적을 곱한 금액 이하의 범위에서 대통령령으로 정하는 비율(100분의 90)을 곱한 금액의 이행강제금을 부과한다.
② 연면적(공동주택의 경우에는 세대면적 기준)이 $60m^2$ 이하인 주거용 건축물의 경우에는 부과금액의 2분의 1의 범위에서 해당 지방자치단체의 조례로 정하는 금액을 부과한다.
③ 문서로써 계고해야 한다.
④ 허가권자는 시정명령을 받은 자가 이를 이행하면 새로운 이행강제금의 부과를 즉시 중지하되, 이미 부과된 이행강제금은 징수해야 한다.

13 ③
허가권자는 영리목적을 위한 위반이나 상습적 위반 등 대통령령으로 정하는 경우에는 부과금액을 100분의 100의 범위에서 해당 지방자치단체의 조례로 정하는 바에 따라 가중하여야 한다.

14 ④
㉠ 용적률을 초과하여 건축한 경우: 100분의 90
㉢ 건폐율을 초과하여 건축한 경우: 100분의 80
㉣ 허가를 받지 않고 건축한 경우: 100분의 100
㉤ 신고를 하지 않고 건축한 경우: 100분의 70

Point 52 건축분쟁의 조정 등

15 ④
당사자가 조정안을 수락하고 조정서에 기명날인하면 조정서의 내용은 <u>재판상 화해와 동일한 효력</u>을 갖는다. 다만, 당사자가 임의로 처분할 수 없는 사항에 관한 것은 그러하지 않다.

16 ④
건축 등과 관련된 다음의 분쟁의 조정(調停) 및 재정(裁定)을 하기 위하여 국토교통부에 건축분쟁전문위원회(분쟁위원회)를 둔다.

1. 건축관계자와 해당 건축물의 건축 등으로 피해를 입은 인근주민(이하 '인근주민'이라 한다)간의 분쟁
2. 관계전문기술자와 인근주민간의 분쟁
3. 건축관계자와 관계전문기술자간의 분쟁
4. 건축관계자간의 분쟁
5. 인근주민간의 분쟁
6. 관계전문기술자간의 분쟁
7. 그 밖에 대통령령으로 정하는 사항

17 ④
분쟁위원회는 당사자의 조정신청을 받으면 60일 이내에, 재정신청을 받으면 <u>120일 이내</u>에 절차를 마쳐야 한다.

제5편 주택법

제1장 총칙　　　　　　　　　　p.284~290

01 ④	02 ①	03 ①	04 ③	05 ②
06 ②	07 ⑤	08 ④	09 ③	10 ②
11 ①	12 ③	13 ⑤	14 ④	15 ⑤
16 ⑤				

Point 53 주택

01 ④
'주택'에 해당하지 않는 것은 ⓒⓔⓜ이다.
ⓒ 공관은 주택법령상 단독주택에 해당하지 않는다.
ⓔⓜ 기숙사와 오피스텔은 준주택이고, 주택이 아니다.

02 ①

지문분석
② 국민주택규모란 주거전용면적이 1호 또는 1세대당 85m² 이하인 주택(「수도권정비계획법」에 따른 수도권을 제외한 도시지역이 아닌 읍 또는 면 지역은 1호 또는 1세대당 주거전용면적이 100m² 이하인 주택)을 말한다.
③ 민영주택이란 <u>국민주택을 제외한 주택</u>을 말한다.
④ 도시형 생활주택이란 300세대 미만의 국민주택규모에 해당하는 주택으로서 대통령령으로 정하는 주택을 말한다.
⑤ 공동주택의 경우 주거전용면적이란 외벽의 <u>내부선</u>을 기준으로 산정한 면적을 말한다. 다만, 2세대 이상이 공동으로 사용하는 부분으로서 다음의 어느 하나에 해당하는 공용면적은 제외하며, 이 경우 바닥면적에서 주거전용면적을 제외하고 남는 외벽면적은 공용면적에 가산한다.

1. 복도, 계단, 현관 등 공동주택의 지상층에 있는 공용면적
2. 지하층, 관리사무소 등 그 밖의 공용면적

03 ①

지문분석
② 주택법령상 단독주택이란 단독주택, 다중주택 및 <u>다가구주택</u>을 말한다.
③ 주택법령상 공동주택이란 아파트, 연립주택 및 <u>다세대주택</u>을 말한다.

④ 주택이란 세대의 구성원이 장기간 독립된 주거생활을 할 수 있는 구조로 된 건축물의 전부 또는 일부 및 <u>그 부속토지</u>를 말한다.

⑤ 어린이놀이터, 근린생활시설, 유치원, 주민운동시설은 <u>복리시설</u>에 해당한다. 지역난방시설은 <u>간선시설</u>에 포함된다.

04 ③

전체 세대수의 <u>3분의 1</u>을 넘지 않아야 한다.

05 ②

지문분석

① 민영주택이란 <u>국민주택을 제외한 주택</u>을 말한다.

③ 국가 또는 지방자치단체의 재정 지원 비율에 관한 규정은 따로 없다.

④ 공동주택의 경우 주거전용면적은 <u>외벽의 내부선을 기준으로 산정한 면적</u>으로 한다.

⑤ 복도, 계단, 현관 등 공동주택의 지상층에 있는 공용면적은 주거전용면적에서 제외한다.

06 ②

「공동주택관리법」에 따른 행위의 허가를 받거나 신고를 하고 설치하는 공동주택의 경우: 다음의 요건을 모두 충족할 것

1. 구분된 공간의 세대수는 기존 세대를 포함하여 <u>2세대 이하일 것</u>

2. 세대별로 구분된 각각의 공간마다 별도의 욕실, 부엌과 구분 출입문을 설치할 것

3. 세대구분형 공동주택의 세대수가 해당 주택단지 안의 공동주택 전체 세대수의 <u>10분의 1</u>과 해당 동의 전체 세대수의 <u>3분의 1</u>을 각각 넘지 않을 것

4. 구조, 화재, 소방 및 피난안전 등 관계 법령에서 정하는 안전기준을 충족할 것

07 ⑤

하나의 건축물에는 도시형 생활주택과 그 밖의 주택을 함께 건축할 수 없다. 다만, <u>다음에 해당하는 경우는 예외로 한다.</u>

1. 소형 주택과 주거전용면적이 85m²를 초과하는 주택 1세대를 함께 건축하는 경우

2. 준주거지역 또는 상업지역에서 소형 주택과 도시형 생활주택 외의 주택을 함께 건축하는 경우

08 ④

주거전용면적이 30m² 이상인 경우에는 욕실 및 보일러실을 제외한 부분을 <u>세 개 이하의 침실</u>(각각의 면적이 7m² 이상인 것을 말한다)과 그 밖의 공간으로 구성할 수 있다.

09 ③

준주택이란 주택 외의 건축물과 그 부속토지로서 주거시설로 이용 가능한 시설 등을 말하며, 그 범위와 종류는 다음과 같다.

1. 기숙사
2. 다중생활시설
3. 노인복지시설 중 「노인복지법」에 따른 노인복지주택
4. 오피스텔

Point 54 용어정의

10 ②

지문분석

① 다중생활시설은 준주택에 <u>해당한다.</u>

③ 간선시설(幹線施設)이란 도로 · 상하수도 · 전기시설 · 가스시설 · 통신시설 및 지역난방시설 등 주택단지 안의 기간시설을 그 주택단지 밖에 있는 같은 종류의 기간시설에 <u>연결시키는 시설</u>을 말한다.

④ 주택에 딸린 「건축법」에 따른 건축설비는 <u>부대시설</u>에 해당한다.

⑤ 주민공동시설은 <u>복리시설</u>에 해당한다.

11 ①

주택단지란 주택건설사업계획 또는 대지조성사업계획의 승인을 받아 주택과 그 부대시설 및 복리시설(福利施設)을 건설거나 대지를 조성하는 데 사용되는 일단(一團)의 토지를 말한다. 다만, 다음의 시설로 분리된 토지는 각각 별개의 주택단지로 본다.

1. 철도 · 고속도로 · 자동차전용도로
2. 폭 20m 이상인 일반도로
3. 폭 8m 이상인 도시계획예정도로 등

12 ③

주택단지의 입주자 등의 생활복리를 위한 공동시설에 해당하는 것은 ㉠㉥㉦㉪ 4개이다. 나머지는 모두 부대시설이다.

13 ⑤

① 폭 20m 이상의 일반도로로 분리된 토지는 각각 별개의 주택단지이다.
② 공구별 세대수는 300세대 이상이어야 한다.
③ 세대구분형 공동주택은 그 구분된 공간의 일부를 구분소유할 수 없는 주택이다.
④ 도시형 생활주택이란 300세대 미만의 국민주택규모에 해당하는 주택으로서 도시지역에 건설하는 소형 주택, 단지형 연립주택 및 단지형 다세대주택을 말한다.

14 ④

「도시개발법」에 따른 도시개발사업은 공공시행자가 수용 또는 사용의 방식으로 시행하는 사업과 혼용방식 중 수용 또는 사용의 방식이 적용되는 구역에서 시행하는 사업만 해당한다.

15 ⑤

① 주택단지 안의 기간시설인 가스시설·통신시설 및 지역난방시설은 간선시설에 포함된다.
② 주택조합의 종류에는 지역주택조합, 직장주택조합, 리모델링주택조합이 있다.
③ 사업주체란 주택건설사업계획 또는 대지조성사업계획의 승인을 받아 그 사업을 시행하는 자를 말한다.
④ 토지임대부 분양주택이란 토지의 소유권은 사업계획의 승인을 받아 토지임대부 분양주택 건설사업을 시행하는 자가 가지고, 건축물 및 복리시설(福利施設) 등에 대한 소유권은 주택을 분양받은 자가 가지는 주택을 말한다.

16 ⑤

수직증축형 리모델링은 최대 3개 층(기존 건축물의 층수가 14층 이하인 경우에는 2개 층) 이하에서 증축할 수 있다.

제2장 주택의 건설				p.294~309
01 ②	02 ①	03 ③	04 ②	05 ⑤
06 ③	07 ②	08 ①	09 ②	10 ③
11 ④	12 ⑤	13 ⑤	14 ④	15 ③
16 ⑤	17 ③	18 ⑤	19 ③	20 ④
21 ③	22 ①	23 ③	24 ③	25 ③
26 ⑤	27 ④	28 ③	29 ③	30 ③
31 ④	32 ③	33 ⑤	34 ⑤	35 ①
36 ②	37 ②			

Point 55 사업주체

01 ②

연간 단독주택의 경우에는 20호, 공동주택의 경우에는 20세대(도시형 생활주택의 경우와 소형 주택과 그 밖의 주택 1세대를 함께 건축하는 경우에는 30세대) 이상의 주택건설사업을 시행하려는 자 또는 연간 1만m² 이상의 대지조성사업을 시행하려는 자는 국토교통부장관에게 등록해야 한다. 다만, 다음의 사업주체의 경우에는 그러하지 않다.

1. 국가·지방자치단체
2. 한국토지주택공사
3. 지방공사
4. 「공익법인의 설립·운영에 관한 법률」에 따라 주택건설사업을 목적으로 설립된 공익법인
5. 주택조합(등록사업자와 공동으로 주택건설사업을 하는 경우에 한한다)
6. 근로자를 고용하는 자(등록사업자와 공동으로 주택건설사업을 시행하는 경우에 한한다)

02 ①

② 등록이 말소된 후 2년이 지나지 않은 자는 주택건설사업의 등록을 할 수 없다.
③ 토지소유자가 등록사업자와 공동으로 주택건설사업을 시행하는 경우에는 토지소유자와 등록사업자를 공동사업주체로 본다.
④ 등록말소 또는 영업정지처분을 받은 등록사업자는 그 처분 전에 사업계획승인을 받은 사업은 계속 수행할 수 있다.
⑤ 한국토지주택공사는 국토교통부장관에게 등록하지 않는다.

03 ③
- 주택건설사업 또는 대지조성사업의 등록을 하려는 자는 법인인 경우 자본금 <u>3억원</u> 이상이어야 한다.
- 법인인 등록사업자가 「건설산업기본법」에 따른 건설사업자로 보아 주택건설공사를 시공하려면 자본금 <u>5억원</u> 이상이어야 한다.

04 ②
주택건설사업자 등에 관한 설명으로 옳은 것은 ⓒ이다.
ⓐ 지방공사는 국토교통부장관에게 <u>등록하지 않는다.</u>
ⓑ 주택조합(세대수를 증가하지 않는 리모델링주택조합은 제외한다)이 그 구성원의 주택을 건설하는 경우에는 등록사업자(지방자치단체·한국토지주택공사 및 지방공사를 포함한다)와 공동으로 사업을 <u>시행할 수 있다.</u> 이 경우 주택조합과 등록사업자를 공동사업주체로 본다.

05 ⑤
등록사업자와 공동으로 주택건설사업을 하는 주택조합은 국토교통부장관에게 <u>등록하지 않는다.</u>

06 ③

<u>지문분석 ▸</u>

① 토지소유자가 주택을 건설하는 경우에는 등록사업자와 <u>공동으로 사업을 시행할 수 있다.</u> 이 경우 토지소유자와 등록사업자를 공동사업주체로 본다.
② 고용자가 그 근로자의 주택을 건설하는 경우에 등록사업자와 <u>공동으로 사업을 시행해야 한다.</u> 이 경우 고용자와 등록사업자를 공동사업주체로 본다.
④ 토지소유자는 한국토지주택공사와 <u>공동으로 사업을 시행할 수 없다.</u>
⑤ 공동사업주체간의 구체적인 업무·비용 및 책임의 분담 등에 관하여는 대통령령이 정하는 범위에서 <u>당사자간의 협약에 따른다.</u>

Point 56 주택조합

07 ②

<u>지문분석 ▸</u>

① <u>시장·군수·구청장의 인가를 받아야 한다.</u>
③ 조합원에게 우선 공급할 수 <u>있다.</u>
④ 주택조합(리모델링주택조합은 제외한다)은 조합설립인가를 받는 날부터 사용검사를 받는 날까지 계속하여 주택건설 예정 세대수(설립인가 당시의 사업계획서상 주택건설 예정 세대수를 말하되, 임대주택으로 건설·공급하

는 세대수는 제외한다)의 <u>50% 이상</u>의 조합원으로 구성하되, 조합원은 20명 이상이어야 한다.
⑤ 2년 이내에 사업계획승인(사업계획승인대상이 아닌 리모델링의 경우에는 허가)을 신청해야 한다.

08 ①
- 해당 주택건설대지의 <u>80%</u> 이상에 해당하는 토지의 사용권원을 확보할 것
- 해당 주택건설대지의 <u>15%</u> 이상에 해당하는 토지의 소유권을 확보할 것

09 ②
조합해산의 결의를 위한 총회의 의결정족수에 해당하는 조합원의 동의를 받은 정산서는 <u>해산인가 신청</u>을 위하여 제출해야 하는 서류이다.

10 ③
주택단지 전체를 리모델링하려는 경우에는 <u>주택단지 전체의 구분소유자와 의결권의 각 3분의 2 이상의 결의</u> 및 각 동의 구분소유자와 의결권의 각 과반수의 결의가 있어야 한다.

11 ④
국민주택을 공급받기 위하여 직장주택조합을 설립하려는 자는 관할 시장·군수·구청장에게 신고해야 한다. 신고한 내용을 변경하거나 직장주택조합을 해산하려는 경우에도 또한 같다.

12 ⑤
조합원의 지위를 상속받는 자는 조합원 자격요건을 갖출 필요가 없다.

13 ⑤
사업계획승인 등의 과정에서 주택건설 예정 세대수가 변경되어 조합원 수가 변경된 세대수의 <u>50% 미만</u>이 되는 경우 결원이 발생한 범위에서 충원할 수 있다.

14 ④
조합원으로 추가모집되거나 충원되는 자가 조합원 자격요건을 갖추었는지를 판단할 때에는 해당 <u>조합설립인가 신청일</u>을 기준으로 한다.

15 ③
주택상환사채의 발행방법의 변경은 총회의결사항에 해당하지 않는다.

16 ⑤

① 주택조합과 등록사업자가 공동으로 사업을 시행하면서 시공할 경우 등록사업자는 시공자로서의 책임뿐만 아니라 자신의 귀책사유로 사업추진이 불가능하게 되거나 지연됨으로 인하여 조합원에게 입힌 손해를 배상할 책임이 있다.

② 각 3분의 2 이상의 동의를 받아야 한다.

③ 주택조합의 임원은 다른 주택조합의 임원, 직원 또는 발기인을 겸할 수 없다.

④ 주택조합(리모델링주택조합은 제외한다)은 공동사업주체인 등록사업자에게 조합원 가입알선 등 주택조합의 업무를 대행하도록 할 수 있다.

17 ③

지역주택조합의 조합원은 10명이 아니라 20명 이상이어야 한다.

18 ⑤

① 기존 건축물의 층수가 14층 이하인 경우 2개 층까지 수직 증축할 수 있다.

② 리모델링주택조합의 조합원이 될 수 있는 사람은 다음과 같다.

> 1. 사업계획승인을 받아 건설한 공동주택의 소유자
> 2. 복리시설을 함께 리모델링하는 경우에는 해당 복리시설의 소유자
> 3. 「건축법」에 따른 건축허가를 받아 분양을 목적으로 건설한 공동주택의 소유자(해당 건축물에 공동주택 외의 시설이 있는 경우에는 해당 시설의 소유자를 포함한다)

③ 리모델링주택조합을 설립하려는 경우에는 관할 시장·군수·구청장의 인가를 받아야 한다.

④ 증축에 해당하는 경우에는 15년(15년 이상 20년 미만의 연수 중 시·도조례가 정하는 경우 그 연수)의 기간이 지났음을 증명하는 서류를 첨부해야 한다.

19 ③

① 조합원은 조합규약으로 정하는 바에 따라 조합에 탈퇴의사를 알리고 탈퇴할 수 있다.

② 탈퇴한 조합원(제명된 조합원을 포함한다)은 조합규약으로 정하는 바에 따라 부담한 비용의 환급을 청구할 수 있다.

④ 공개모집 이후 조합원의 사망·자격상실·탈퇴 등으로 인한 결원을 충원하거나 미달된 조합원을 재모집하는 경우에는 신고하지 않고 선착순의 방법으로 조합원을 모집할 수 있다.

⑤ 퇴직된 임원이 퇴직 전에 관여한 행위는 그 효력을 상실하지 않는다.

20 ④

- 주택조합은 조합설립인가를 받은 날부터 3년이 되는 날까지 사업계획승인을 받지 못하는 경우 대통령령으로 정하는 바에 따라 총회의 의결을 거쳐 해산 여부를 결정해야 한다.
- 주택조합의 발기인은 조합원 모집신고가 수리된 날부터 2년이 되는 날까지 조합설립인가를 받지 못하는 경우 대통령령으로 정하는 바에 따라 주택조합 가입 신청자 전원으로 구성되는 총회의결을 거쳐 주택조합 사업의 종결 여부를 결정하도록 해야 한다.

Point 57 사업계획승인

21 ③

「국토의 계획 및 이용에 관한 법률」에 따른 도시지역 중 상업지역(유통상업지역은 제외한다) 또는 준주거지역에서 300세대 미만의 주택과 주택 외의 시설을 동일 건축물로 건축하는 경우로서 해당 건축물의 연면적에서 주택의 연면적이 차지하는 비율이 90% 미만인 경우는 이를 사업계획승인대상에서 제외한다.

22 ①

- 한국토지주택공사가 서울특별시 A구에서 대지면적 10만㎡에 50호의 한옥 건설사업을 시행하려는 경우 국토교통부장관으로부터 사업계획승인을 받아야 한다.
- B광역시 C구에서 지역균형개발이 필요하여 국토교통부장관이 지정·고시하는 지역에서 50호의 한옥 건설사업을 시행하는 경우 국토교통부장관으로부터 사업계획승인을 받아야 한다.

> **핵심** 사업계획승인권자가 국토교통부장관인 경우
>
> 다음에 해당하는 경우에는 국토교통부장관에게 사업계획승인을 받아야 한다.
>
> 1. 국가 및 한국토지주택공사가 시행하는 경우
> 2. 330만㎡ 이상의 규모로 「택지개발촉진법」에 의한 택지개발사업 또는 「도시개발법」에 의한 도시개

발사업을 추진하는 지역 중 국토교통부장관이 지정·고시하는 지역에서 주택건설사업을 시행하는 경우

3. 수도권 또는 광역시 지역의 긴급한 주택난 해소가 필요하거나 지역균형개발 또는 광역적 차원의 조정이 필요하여 국토교통부장관이 지정·고시하는 지역에서 주택건설사업을 시행하는 경우

4. 국가·지방자치단체, 한국토지주택공사 및 지방공사에 해당하는 자가 단독 또는 공동으로 총지분의 50%를 초과하여 출자한 위탁관리 부동산투자회사(해당 부동산투자회사의 자산관리회사가 한국토지주택공사인 경우만 해당한다)가 주택건설사업을 시행하는 경우

23 ③

지문분석 ▶

① 사업계획승인의 신청을 받은 날부터 60일 이내에 승인 여부를 통보해야 한다.
② 전체 세대수가 600세대 이상이다.
④ 주택건설사업 또는 대지조성사업으로서 해당 대지면적이 10만m² 미만인 경우 특별시장·광역시장·특별자치시장·특별자치도지사·시장 또는 군수에게 사업계획승인을 받아야 한다.
⑤ 분쟁이 종료된 날부터 2년이 아니라 1년의 범위에서 공사의 착수기간을 연장할 수 있다.

24 ③

사업계획의 승인 등에 관한 설명으로 옳은 것은 ㉠㉢이다.
㉢ 한국토지주택공사, 지방공사 또는 등록사업자는 동일한 규모의 주택을 대량으로 건설하려는 경우에는 국토교통부장관에게 주택의 형별(型別)로 표본설계도서를 작성·제출하여 승인을 받을 수 있다.

25 ③

사업계획승인권자는 사업주체가 경매로 인하여 대지소유권을 상실한 경우 사업계획의 승인을 취소할 수 있다.

26 ⑤

최초로 공사를 진행하는 공구 외의 공구가 해당 주택단지에 대한 최초 착공신고일부터 2년 이내에 공사를 시작하지 않는 경우에는 사업계획승인을 취소할 수 있는 사유에서 제외한다.

27 ④

사업계획승인권자는 공사착수의 지연사유가 없어진 날부터 3년이 아니라 1년의 범위에서 공사의 착수기간을 연장할 수 있다.

28 ③

국가·지방자치단체·한국토지주택공사 또는 지방공사가 주택건설사업을 하는 경우에는 해당 주택건설대지의 소유권을 확보하지 않아도 사업계획승인을 받을 수 있다.

29 ③

지문분석 ▶

① 주택건설대지면적의 95% 이상의 사용권원을 확보한 경우 사용권원을 확보하지 못한 대지의 모든 소유자에게 매도청구를 할 수 있다.
②④⑤ 사업계획승인을 받은 사업주체는 해당 주택건설대지 중 사용할 수 있는 권원을 확보하지 못한 대지(건축물을 포함한다)의 소유자에게 그 대지를 시가(市價)로 매도할 것을 청구할 수 있다. 이 경우 매도청구 대상이 되는 대지의 소유자와 매도청구를 하기 전에 3개월 이상 협의를 해야 한다.

Point 58 택지취득의 특례

30 ③

국가·지방자치단체·한국토지주택공사 및 지방공사인 사업주체가 국민주택을 건설하거나 국민주택을 건설하기 위한 대지를 조성하는 경우에는 토지나 토지에 정착한 물건 및 그 토지나 물건에 관한 소유권 외의 권리(토지 등)를 수용하거나 사용할 수 있다.

31 ④

지문분석 ▶

① 국가 또는 지방자치단체는 그가 소유하는 토지를 매각하거나 임대할 때 다음의 어느 하나의 목적으로 그 토지의 매수 또는 임차를 원하는 자가 있으면 그에게 우선적으로 그 토지를 매각하거나 임대할 수 있다.

1. 국민주택규모의 주택을 50% 이상으로 건설하는 주택의 건설
2. 주택조합이 건설하는 주택(조합주택)의 건설
3. 1. 또는 2.의 주택을 건설하기 위한 대지의 조성

② 조합주택의 건설을 위해 국·공유지의 임차를 원하는 자에게 국가 또는 지방자치단체는 해당 토지를 우선 임대할 수 있다.
③ 1년이 아니라 2년이다.
⑤ 체비지를 사업주체에게 국민주택용지로 매각하는 경우에는 경쟁입찰로 해야 한다. 다만, 매각을 요구하는 사업주체가 하나일 때에는 수의계약으로 매각할 수 있다.

Point 59 건설절차

32 ③
간선시설 설치의무자가 사용검사일까지 간선시설의 설치를 완료하지 못할 특별한 사유가 있는 경우에는 <u>사업주체가 그 간선시설을 자기부담으로 설치</u>하고 간선시설 설치의무자에게 그 비용의 상환을 요구할 수 있다.

33 ⑤
사업계획승인권자는 감리자가 다음의 사유에 해당하는 경우에는 감리자를 교체하고, 그 감리자에 대하여는 <u>1년의 범위</u>에서 감리업무의 지정을 제한할 수 있다.

> 1. 감리업무 수행 중 발견한 위반사항을 묵인한 경우
> 2. 이의신청 결과 시정통지가 3회 이상 잘못된 것으로 판정된 경우
> 3. 공사기간 중 공사현장에 1개월 이상 감리원을 상주시키지 않은 경우. 이 경우 기간 계산은 감리원별로 상주시켜야 할 기간에 각 감리원이 상주하지 않은 기간을 합산한다.
> 4. 감리자 지정에 관한 서류를 거짓이나 그 밖의 부정한 방법으로 작성·제출한 경우
> 5. 감리자 스스로 감리업무 수행의 포기의사를 밝힌 경우. 다만, 사업주체의 부도·파산 등으로 인한 공사 중단 등의 경우에는 제외한다.

34 ⑤
국가·지방자치단체, 한국토지주택공사 또는 지방공사가 건설하는 공동주택은 시공품질에 대한 점검을 <u>받지 않는다.</u>

35 ①
사업계획승인 조건의 미이행 등 대통령령으로 정하는 사유가 있는 경우에는 공사가 완료된 주택에 대하여 동별로 사용검사를 받을 수 있다.

36 ②

지문분석

① 시가로 매도할 것을 청구할 수 있다.
③ 매도청구에 관한 소송에 대한 판결은 주택의 소유자 전체에 대하여 효력이 있다.
④ 매도청구를 하려는 경우에는 해당 토지의 면적이 주택단지 전체 대지면적의 5% 미만이어야 한다.
⑤ 매도청구의 의사표시는 실소유자가 해당 토지소유권을 회복한 날부터 <u>2년 이내</u>에 해당 실소유자에게 송달되어야 한다.

37 ②
• 매도청구를 하려는 경우에는 해당 토지의 면적이 주택단지 전체 대지면적의 <u>5%</u> 미만이어야 한다.
• 매도청구의 의사표시는 실소유자가 해당 토지소유권을 회복한 날부터 <u>2년 이내</u>에 해당 실소유자에게 송달되어야 한다.

제3장 주택의 공급				p.313~322
01 ②	02 ②	03 ②	04 ②	05 ①
06 ①	07 ④	08 ④	09 ②	10 ②
11 ②	12 ④	13 ⑤	14 ④	15 ①
16 ⑤	17 ①	18 ⑤	19 ①	

Point 60 공급규제

01 ②
사업주체가 마감자재 생산업체의 부도 등으로 인한 제품의 품귀 등 부득이한 사유로 인하여 사업계획승인 또는 마감자재 목록표의 마감자재와 다르게 마감자재를 시공·설치하려는 경우에는 당초의 마감자재와 <u>같은 질 이상으로 설치</u>해야 한다.

02 ②

지문분석

① 한국토지주택공사(공공주택사업자)가 입주자를 모집하려는 경우에는 시장·군수·구청장의 승인(복리시설의 경우에는 신고를 말한다)을 <u>받지 않는다.</u>

③ 다음에 해당하는 경우에는 분양가상한제를 적용하지 않는다.

1. 도시형 생활주택
2. 「경제자유구역의 지정 및 운영에 관한 특별법」에 따라 지정 · 고시된 경제자유구역에서 건설 · 공급하는 공동주택으로서 경제자유구역위원회에서 외자유치 촉진과 관련이 있다고 인정하여 분양가격 제한을 적용하지 않기로 심의 · 의결한 경우
3. 「관광진흥법」에 따라 지정된 관광특구에서 건설 · 공급하는 공동주택으로서 해당 건축물의 층수가 50층 이상이거나 높이가 150m 이상인 경우
4. 한국토지주택공사 또는 지방공사가 다음의 정비사업의 시행자로 참여하는 등 대통령령으로 정하는 공공성 요건을 충족하는 경우로서 해당 사업에서 건설 · 공급하는 주택
   (1) 「도시 및 주거환경정비법」에 따른 정비사업으로서 면적, 세대수 등이 대통령령으로 정하는 요건에 해당하는 사업
   (2) 「빈집 및 소규모주택 정비에 관한 특례법」에 따른 소규모주택정비사업
5. 「도시 및 주거환경정비법」에 따른 공공재개발사업에서 건설 · 공급하는 주택
6. 「도시재생 활성화 및 지원에 관한 특별법」에 따른 주거재생혁신지구에서 시행하는 혁신지구재생사업 중 대통령령으로 정하는 면적 또는 세대수 이하의 사업에서 건설 · 공급하는 주택

④ 사업주체는 분양가상한제 적용주택으로서 공공택지에서 공급하는 주택에 대하여 입주자모집 승인을 받았을 때에는 입주자 모집공고에 다음에 대하여 분양가격을 공시해야 한다.

1. 택지비
2. 공사비
3. 간접비
4. 그 밖에 국토교통부령으로 정하는 비용

⑤ 시장 · 군수 · 구청장은 사업계획승인신청(「도시 및 주거환경정비법」에 따른 사업시행계획인가 및 「건축법」에 따른 건축허가를 포함한다)이 있는 날부터 20일 이내에 분양가심사위원회를 설치 · 운영해야 한다.

03 ②

주택공급에 관한 설명으로 틀린 것은 ㉠㉢이다.

㉠ 공공주택사업자가 입주자를 모집하려는 경우에는 시장 · 군수 · 구청장의 승인(복리시설의 경우에는 신고를 말한다)을 받지 않는다.

㉢ 도시형 생활주택은 분양가상한제 적용주택에 해당하지 않는다.

04 ②

- 건설 · 공급하는 주택의 전체 세대수의 10% 이상을 임대주택으로 건설 · 공급할 것
- 정비구역의 면적이 2만m² 미만인 사업
- 해당 정비사업에서 건설 · 공급하는 주택의 전체 세대수가 200세대 미만인 사업

05 ①

사업주체가 수도권에서 건설 · 공급하는 분양가상한제 적용주택의 거주의무기간은 다음과 같다.

1. 공공택지에서 건설 · 공급되는 주택의 경우
   - 분양가격이 인근지역주택매매가격의 80% 미만인 주택: 5년
   - 분양가격이 인근지역주택매매가격의 80% 이상 100% 미만인 주택: 3년
2. 공공택지 외의 택지에서 건설 · 공급되는 주택의 경우
   - 분양가격이 인근지역주택매매가격의 80% 미만인 주택: 3년
   - 분양가격이 인근지역주택매매가격의 80% 이상 100% 미만인 주택: 2년

06 ①

지문분석

② 미리 시 · 도지사의 의견을 들어야 한다.
③ 물가상승률의 2배를 초과한 지역이다.
④ 40일 이내에 해제 여부를 결정해야 한다.
⑤ 분양가상한제 적용지역의 지정을 해제해야 한다. 즉, 의무적이다.

07 ④

사업주체가 국가 · 지방자치단체 및 한국토지주택공사 등 공공기관이거나 해당 대지가 사업주체의 소유가 아닌 경우 등 대통령령이 정하는 경우에는 부기등기의무가 없다.

08 ④

'소유권이전등기를 신청할 수 있는 날'이란 사업주체가 입주예정자에게 통보한 입주가능일을 말한다.

Point 61 투기규제

09 ②
국토교통부장관이 투기과열지구를 지정하거나 해제할 경우에는 <u>시·도지사</u>의 의견을 들어야 한다.

10 ②
투기과열지구는 해당 지역의 주택가격상승률이 물가상승률보다 현저히 높은 지역으로서 주택에 대한 투기가 성행하고 있거나 성행할 우려가 있는 지역 중 대통령령으로 정하는 다음의 기준을 충족하는 곳이어야 한다.

> 1. 투기과열지구로 지정하는 날이 속하는 달의 바로 전달(이하 '투기과열지구지정직전월'이라 한다)부터 소급하여 주택공급이 있었던 2개월 동안 해당 지역에서 공급되는 주택의 월별 평균 청약경쟁률이 모두 5대 1을 초과했거나 국민주택규모 주택의 월별 평균 청약경쟁률이 모두 10대 1을 초과한 곳
> 2. 다음에 해당하는 곳으로서 주택공급이 위축될 우려가 있는 곳
>   • 투기과열지구지정직전월의 주택분양실적이 전달보다 30% 이상 감소한 곳
>   • 사업계획승인 건수나 「건축법」에 따른 건축허가 건수(투기과열지구지정직전월부터 소급하여 6개월간의 건수를 말한다)가 직전 연도보다 급격하게 감소한 곳
> 3. 신도시 개발이나 주택 전매행위의 성행 등으로 투기 및 주거불안의 우려가 있는 곳으로서 다음에 해당하는 곳
>   • 해당 지역이 속하는 시·도의 주택보급률이 전국 평균 이하인 곳
>   • 해당 지역이 속하는 시·도의 자가주택비율이 전국 평균 이하인 곳
>   • 해당 지역의 분양주택(투기과열지구로 지정하는 날이 속하는 연도의 직전 연도에 분양된 주택을 말한다)의 수가 입주자저축에 가입한 사람으로서 국토교통부령으로 정하는 사람의 수보다 현저히 적은 곳

11 ②
투기과열지구에서 기존의 주택은 전매행위제한의 대상이 아니다.

12 ④
지문분석 ◀

① <u>국토교통부장관 또는 시·도지사</u>는 주택가격의 안정을 위하여 필요한 경우에는 주거정책심의위원회(시·도지사의 경우에는 시·도 주거정책심의위원회)의 심의를 거쳐 일정한 지역을 투기과열지구로 지정하거나 이를 해제할 수 있다.

② 투기과열지구는 그 지정목적을 달성할 수 있는 <u>최소한의</u> 범위에서 시·군·구 또는 읍·면·동의 지역 단위로 지정한다.

③ 5년이 아니라 <u>3년</u>이다.

⑤ <u>국토교통부장관</u>에게 해제를 요청할 수 있다.

13 ⑤
지문분석 ◀

① <u>40일</u> 이내에 해제 여부를 결정해야 한다.

② <u>국토교통부장관</u>은 다음의 어느 하나에 해당하는 지역으로서 대통령령으로 정하는 기준을 충족하는 지역을 주거정책심의위원회의 심의를 거쳐 조정대상지역으로 지정할 수 있다.

> 1. 주택가격, 청약경쟁률, 분양권 전매량 및 주택보급률 등을 고려하였을 때 주택 분양 등이 과열되어 있거나 과열될 우려가 있는 지역
> 2. 주택가격, 주택거래량, 미분양주택의 수 및 주택보급률 등을 고려하여 주택의 분양·매매 등 거래가 위축되어 있거나 위축될 우려가 있는 지역

③ 투기과열지구의 지정기간은 <u>따로 없고</u>, 국토교통부장관은 반기마다 주거정책심의위원회의 회의를 소집하여 투기과열지구 지정의 유지 여부를 재검토해야 한다.

④ 투기과열지구에서 건설·공급되는 주택(해당 주택의 입주자로 선정된 지위를 포함한다)이 전매행위제한의 대상이다. 기존의 주택은 전매제한의 대상이 아니다.

14 ④
지문분석 ◀

① 전매란 매매·증여나 그 밖에 권리의 변동을 수반하는 모든 행위를 포함하되, <u>상속의 경우는</u> 제외한다.

② 3년이 아니라 <u>1년</u>이다.

③ 한국토지주택공사가 우선 매입할 수 <u>있다</u>.

⑤ 전매행위제한을 위반하여 주택의 입주자로 선정된 지위의 전매가 이루어진 경우, 사업주체가 매입비용(납부한 입주금에 은행의 1년 만기 정기예금 평균이자율을 적용한 이자를 합산한 금액)을 그 매수인에게 지급한 경우에는 그 지급한 날에 사업주체가 해당 입주자로 선정된 지위를 취득한 것으로 본다.

15 ①

공공택지 외의 택지에서 건설·공급되는 주택의 전매행위 제한은 다음의 구분에 따른 기간으로 한다.

구분		전매행위제한기간
수도권	과밀억제권역	1년
	성장관리권역 및 자연보전권역	6개월
수도권 외의 지역	광역시 중 도시지역	6개월
	그 밖의 지역	−

16 ⑤

한국토지주택공사(사업주체가 「공공주택 특별법」의 공공주택사업자인 경우에는 공공주택사업자를 말한다)의 동의를 받아야 한다.

17 ①

수도권 안에서 이전하는 경우는 전매할 수 없다.

18 ⑤

누구든지 이 법에 따라 건설·공급되는 주택을 공급받거나 공급받게 하기 위하여 다음에 해당하는 증서 또는 지위를 양도·양수(매매·증여나 그 밖에 권리변동을 수반하는 모든 행위를 포함하되, 상속·저당의 경우는 제외한다) 또는 이를 알선하거나 양도·양수 또는 이를 알선할 목적으로 하는 광고(각종 간행물·유인물·전화·인터넷, 그 밖의 매체를 통한 행위를 포함한다)를 해서는 안 된다.

1. 주택을 공급받을 수 있는 주택조합원 지위
2. 입주자저축 증서
3. 주택상환사채
4. 그 밖에 주택을 공급받을 수 있는 증서 또는 지위로서 대통령령으로 정하는 것
   - 시장·군수·구청장이 발행한 무허가건물 확인서, 건물철거예정 증명서 또는 건물철거 확인서
   - 공공사업의 시행으로 인한 이주대책에 따라 주택을 공급받을 수 있는 지위 또는 이주대책대상자 확인서

19 ①

양도 또는 양수란 매매·증여나 그 밖에 권리변동을 수반하는 모든 행위를 포함하되, 상속·저당의 경우는 제외한다.

제4장 리모델링   p.324~326

01 ②	02 ②	03 ①	04 ①	05 ③
06 ④				

Point 62 공동주택의 리모델링

01 ②

지문분석 ▸

① 리모델링이란 건축물의 노후화 억제 또는 기능 향상 등을 위한 대수선 또는 증축하는 행위를 말한다.
③ 주택을 리모델링하기 위하여 리모델링주택조합을 설립하려는 경우에는 다음의 구분에 따른 구분소유자와 의결권의 결의를 증명하는 서류를 첨부하여 관할 시장·군수·구청장의 인가를 받아야 한다.

> 1. 주택단지 전체를 리모델링하고자 하는 경우: 주택단지 전체의 구분소유자와 의결권의 각 3분의 2 이상의 결의 및 각 동의 구분소유자와 의결권의 각 과반수의 결의
> 2. 동을 리모델링하고자 하는 경우: 그 동의 구분소유자 및 의결권의 각 3분의 2 이상의 결의

④ 공동주택을 리모델링하려는 경우에는 시장·군수·구청장의 허가를 받아야 한다.
⑤ 리모델링주택조합 설립에 동의한 자로부터 건축물을 취득한 자는 리모델링주택조합 설립에 동의한 것으로 본다.

02 ②

리모델링에 동의한 소유자는 리모델링주택조합 또는 입주자대표회의가 시장·군수·구청장에게 허가신청서를 제출하기 전까지 서면으로 동의를 철회할 수 있다.

03 ①

지문분석 ▸

② 리모델링주택조합이 주택단지 전체를 리모델링하려는 경우에는 주택단지 전체 구분소유자 및 의결권의 각 75% 이상의 동의와 각 동별 구분소유자 및 의결권의 각 50% 이상의 동의를 받아야 한다.
③ 수직증축형 리모델링의 경우 리모델링대상 건축물의 건축 당시의 구조도를 보유하고 있어야 한다.
④ 사업비에 관한 사항은 권리변동계획에 포함된다.

⑤ 시공자를 선정하는 경우에는 <u>국토교통부장관이 정하는 경쟁입찰의 방법</u>으로 해야 한다. 다만, 경쟁입찰의 방법으로 시공자를 선정하는 것이 곤란하다고 인정되는 경우 등 <u>대통령령</u>으로 정하는 경우에는 그러하지 않다.

04 ①
세대수가 증가되는 리모델링을 하는 경우에는 다음의 사항에 대한 권리변동계획을 수립하여 사업계획승인 또는 행위허가를 받아야 한다.

> 1. 리모델링 전후의 대지 및 건축물의 권리변동 명세
> 2. 조합원의 비용분담
> 3. 사업비
> 4. 조합원 외의 자에 대한 분양계획
> 5. 그 밖에 리모델링과 관련한 권리 등에 대하여 해당 시·도 또는 시·군의 조례로 정하는 사항

05 ③
리모델링 기본계획은 <u>10년</u> 단위로 수립해야 한다.

06 ④
대도시의 시장은 리모델링 기본계획을 수립하거나 변경하려면 도지사의 <u>승인을 받아야 한다.</u>

제5장 보칙·벌칙   p.328~330

01	②	02	②	03	⑤	04	③	05	⑤
06	①	07	①	08	①				

Point 63 주택상환사채

01 ②
토지임대부 분양주택 소유자의 <u>75% 이상</u>이 계약갱신을 청구하는 경우 40년의 범위에서 이를 갱신할 수 있다.

02 ②
토지소유자는 약정 체결 후 <u>2년이 지나기 전</u>에는 토지임대료의 증액을 청구할 수 없다.

03 ⑤

지문분석●

① 주택상환사채는 한국토지주택공사와 <u>등록사업자가 발행</u>한다. 이 경우 등록사업자는 자본금·자산평가액 및 기술인력 등이 대통령령으로 정하는 기준에 맞고, 금융기관 또는 주택도시보증공사의 보증을 받은 경우에만 발행할 수 있다.
② <u>3년</u>을 초과할 수 없다.
③ 사채권자의 명의변경은 <u>취득자의 성명과 주소를 채권원부에 기록</u>하는 방법으로 한다.
④ 등록사업자의 등록이 말소된 경우에도 그가 발행한 주택상환사채의 효력에는 <u>영향을 미치지 않는다.</u>

04 ③
최근 <u>3년간</u> 연평균 주택건설실적이 <u>300세대 이상</u>이어야 한다.

05 ⑤
주택상환사채의 납입금은 해당 보증기관과 주택상환사채 발행자가 협의하여 정하는 금융기관에서 관리한다.

06 ①
사용될 수 있는 용도로 명시된 것은 ㉠㉡이다.
주택상환사채의 납입금은 다음의 용도로만 사용할 수 있다.

> 1. <u>택지의 구입 및 조성</u>
> 2. <u>주택건설자재의 구입</u>
> 3. 건설공사비에의 충당
> 4. 그 밖에 주택상환을 위하여 필요한 비용으로서 국토교통부장관의 승인을 받은 비용에의 충당

07 ①
주택건설사업의 등록은 위임사항에 해당하지 않는다. 국토교통부장관은 다음의 권한을 시·도지사에게 위임한다.

> 1. <u>주택건설사업자 및 대지조성사업자의 등록말소 및 영업의 정지</u>
> 2. 사업계획의 승인·변경승인·승인취소 및 착공신고의 접수. 다만, 다음의 어느 하나에 해당하는 경우는 제외한다.
>   • 제27조 제3항 제1호의 경우 중 택지개발사업을 추진하는 지역 안에서 주택건설사업을 시행하는 경우
>   • 제27조 제3항 제3호에 따른 주택건설사업을 시행하는 경우. 다만, 착공신고의 접수는 시·도지사에게 위임한다.
> 3. <u>사용검사 및 임시사용승인</u>

4. 새로운 건설기술을 적용하여 건설하는 공업화주택에
   관한 권한
5. 법 제93조에 따른 보고·검사
6. 법 제96조 제1호 및 제2호에 따른 청문

08 ①

국토교통부장관 또는 지방자치단체의 장은 다음의 어느 하나에 해당하는 처분을 하려면 청문을 해야 한다.

1. 주택건설사업 등의 등록말소
2. 주택조합의 설립인가취소
3. 사업계획승인의 취소
4. 행위허가의 취소

제**6**편 **농지법**

제1장 농지의 소유				p.336~341
01 ⑤	02 ①	03 ①	04 ②	05 ④
06 ①	07 ⑤	08 ④	09 ③	10 ④
11 ⑤	12 ⑤	13 ④	14 ④	15 ①

Point 64 용어정의

01 ⑤
관상용 수목의 묘목을 조경목적으로 식재한 재배지로 실제로 이용되는 토지는 농지가 아니다.

02 ①
농업인에 해당하는 것은 ㉠㉢이다.
㉡ 가금 1천수 이상을 사육하는 자
㉣ 농업경영을 통한 농산물의 연간 판매액이 120만원 이상인 자
㉤ 농지에 330m² 이상의 고정식온실·버섯재배사·비닐하우스 등을 설치하여 농작물 또는 다년생식물을 경작 또는 재배하는 자

03 ①
지목이 전·답, 과수원이 아닌 토지로서 농작물 경작지 또는 다년생식물 재배지로 계속하여 이용되는 기간이 3년 미만인 토지는 농지법령상 농지에서 제외한다.

Point 65 농지소유규제

04 ②
주말·체험영농을 하려고 농업진흥지역 외의 농지를 소유하는 경우이다.

05 ④
농업인이 농업경영을 목적으로 농지를 소유하는 경우에는 소유상한이 없다.

06 ①
국가 또는 지방자치단체가 농지를 소유하는 경우에는 소유상한이 없다.

07 ⑤

시·구·읍·면의 장은 농지취득자격증명의 발급신청을 받은 때에는 그 신청을 받은 날부터 <u>7일</u>(농업경영계획서를 작성하지 않고 농지취득자격증명의 발급신청을 할 수 있는 경우에는 4일, 농지위원회의 심의대상의 경우에는 14일) 이내에 신청인에게 농지취득자격증명을 발급해야 한다.

08 ④

농지전용허가를 받거나 농지전용신고를 한 자가 그 농지를 취득하는 경우에는 농지취득자격증명을 발급받아야 한다. 다만, 농업경영계획서를 작성하지 않고 발급신청을 할 수 있다.

09 ③

농지의 거래가격 및 소유권이전시기는 농업경영계획서에 포함되어야 하는 사항이 아니다.

10 ④

담보농지를 취득하여 소유하는 경우에는 농지취득자격증명을 발급받지 않는다.

11 ⑤

부상으로 <u>3개월 이상</u>의 치료가 필요한 경우이다.

12 ⑤

질병 또는 취학으로 인하여 휴경하는 경우에는 농지처분사유에 해당하지 않는다.

13 ④

농지소유자는 다음에 해당하는 경우 외에는 소유농지를 위탁경영할 수 없다.

> 1. 「병역법」에 따라 징집 또는 소집된 경우
> 2. 3개월 이상 국외여행 중인 경우
> 3. 농업법인이 청산 중인 경우
> 4. 질병, 취학, 선거에 따른 공직취임, 그 밖에 대통령령으로 정하는 다음의 사유로 자경할 수 없는 경우
>   • 부상으로 3개월 이상의 치료가 필요한 경우
>   • <u>교도소·구치소</u> 또는 보호감호시설에 <u>수용 중인 경우</u>
>   • 임신 중이거나 분만 후 6개월 미만인 경우
> 5. 농지이용증진사업 시행계획에 따라 위탁경영하는 경우
> 6. 농업인이 자기 노동력이 부족하여 농작업의 일부를 위탁하는 경우: 과수의 가지치기 또는 열매솎기, 재배관리 및 수확하는 농작업에 1년 중 30일 이상 직접 종사하는 경우

Point 66 농지처분의무

14 ④

시장·군수 또는 구청장은 정당한 사유 없이 처분명령을 이행하지 않은 자에게 감정가격 또는 개별공시지가 중 더 <u>높은</u> 가액의 <u>100분의 25</u>에 해당하는 이행강제금을 매년 1회 부과·징수할 수 있다.

15 ①

지문분석 ●

② 농지소유상한을 <u>초과하는 면적</u>에 해당하는 농지를 처분해야 한다.
③ 처분사유가 발생한 날부터 <u>1년 이내</u>에 해당 농지를 처분해야 한다.
④ 농지전용허가를 받거나 농지전용신고를 하고 농지를 취득한 자가 취득한 날부터 <u>2년 이내</u>에 그 목적사업에 착수하지 않은 경우에는 해당 <u>농지를 처분해야 한다</u>.
⑤ <u>한국농어촌공사</u>에 그 농지의 매수를 청구할 수 있다.

제2장 농지의 이용									p.343~345
01	③	02	⑤	03	③	04	④	05	②
06	④	07	⑤						

Point 67 농지이용규제

01 ③

농지이용계획의 수립에 관한 지역주민의 의견을 듣기 위하여 공청회를 개최해야 하며, 공청회 개최예정일 <u>14일 전까지</u> 그 사항을 공고하고 일반인이 이를 열람할 수 있도록 해야 한다.

02 ⑤

지문분석 ●

① 지력의 증진이나 토양의 개량·보전을 위하여 필요한 기간 동안 휴경하는 농지는 대리경작자를 지정할 수 <u>없다</u>.
② 시장·군수 또는 구청장은 유휴농지에 대하여 대통령령으로 정하는 바에 따라 그 농지의 소유권자나 임차권자를 대신하여 농작물을 경작할 자(대리경작자)를 <u>직권으로 지정</u>하거나 농림축산식품부령으로 정하는 바에 따라 유휴농지를 경작하려는 자의 신청을 받아 대리경작자를 지정할 수 있다.

③ 시장·군수 또는 구청장은 대리경작자를 직권으로 지정
하려는 경우에는 <u>농업인 또는 농업법인</u>으로서 대리경작
을 하려는 자 중에서 지정해야 한다.
④ 대리경작기간은 따로 정하지 않으면 3년으로 한다.

03 ③

대리경작자의 지정예고에 대하여 이의가 있는 농지의 소유
자 또는 임차권자는 <u>지정예고를 받은 날부터</u> 10일 이내에 시
장·군수 또는 구청장에게 이의를 신청할 수 있다.

04 ④

60세 이상 농업인으로서 자신이 거주하는 시·군에 있는 소유
농지 중에서 자기의 농업경영에 이용한 기간이 <u>5년</u>이 넘은
농지를 임대하는 경우이다.

05 ②

임대차기간은 <u>3년</u>(다년생식물 재배지 등 대통령령으로 정하
는 농지의 경우에는 5년) 이상으로 해야 한다. 임대차기간을
정하지 않거나 <u>3년</u>(5년)보다 짧은 경우에는 3년(5년)으로 약
정된 것으로 본다.

06 ④

임대차기간은 3년 이상으로 해야 한다. 다만, 다년생식물 재
배지 등 대통령령으로 정하는 다음의 어느 하나에 해당하는
농지의 경우에는 <u>5년 이상</u>으로 해야 한다.

> 1. 농지의 임차인이 다년생식물의 재배지로 이용하는
>   농지
> 2. <u>농지의 임차인이 농작물의 재배시설로서 고정식온실
>   또는 비닐하우스를 설치한 농지</u>

07 ⑤

지문분석

① 농지의 임대차계약은 그 <u>등기가 없는</u> 경우에도 임차인이
농지소재지를 관할하는 시·구·읍·면의 장의 확인을
받고, 해당 농지를 인도받은 경우에는 그 다음 날부터 제
3자에 대하여 효력이 생긴다.
②③ 임대인은 질병, 징집 등 대통령령으로 정하는 불가피
한 사유가 있는 경우에는 <u>임대차기간을 3년 또는 5년 미
만으로 정할 수 있다</u>. 이 경우 임대차계약을 연장 또는
<u>갱신하거나 재계약을 체결하는 경우 그 임대차기간에 대
하여도 동일하게 적용한다</u>.
④ 농지를 임차한 임차인이 그 농지를 정당한 사유 없이 농
업경영에 사용하지 않을 때에는 <u>시장·군수·구청장</u>이
임대차의 종료를 명할 수 있다.

Point 68 농업진흥지역

01 ②

지문분석

① 농업진흥지역은 <u>시·도지사</u>가 지정한다.
③ <u>농업진흥구역</u>의 용수원 확보, 수질보전 등 농업환경을
보호하기 위하여 필요한 지역을 <u>농업보호구역</u>으로 지정
할 수 있다.

보충 농업진흥구역

농업진흥구역은 농업의 진흥을 도모해야 하는 다음에
해당하는 지역으로서 농림축산식품부장관이 정하는 규
모로 농지가 집단화되어 농업목적으로 이용하는 것이
필요한 지역이다.

> 1. 농지조성사업 또는 농업기반정비사업이 시행되
>   었거나 시행 중인 지역으로서 농업용으로 이용하
>   고 있거나 이용할 토지가 집단화되어 있는 토지
> 2. 이외의 지역으로서 농업용으로 이용하고 있는
>   토지가 집단화되어 있는 지역

④ 농업진흥지역의 지정은 「국토의 계획 및 이용에 관한 법
률」에 따른 녹지지역·관리지역·농림지역 및 자연환경
보전지역을 대상으로 한다. 다만, <u>특별시의 녹지지역</u>은
제외한다.
⑤ 농림축산식품부장관은 「국토의 계획 및 이용에 관한
법률」상 녹지지역 또는 계획관리지역이 농업진흥지역에
포함될 경우에는 농업진흥지역의 지정을 승인하기 전에
국토교통부장관과 <u>협의해야</u> 한다.

02 ③

1필지의 토지 중 일부가 농업진흥지역에 걸쳐 있는 경우에
는 농업진흥지역에 속하는 토지부분의 면적이 330㎡ 이하
이면 그 토지부분에 대하여는 농업진흥지역의 행위제한에
관한 규정을 <u>적용하지 않는다</u>.

03 ②
양수장 · 정수장은 그 부지면적이 <u>3천㎡ 미만</u>이다.

Point 69 농지의 전용

04 ③

> 지문분석 ●

① 농업생산시설의 설치는 <u>농지의 전용에 해당하지 않아</u>
허가를 받을 필요가 없다.
② <u>농지개량</u>으로서 농지의 전용에 해당하지 않아 허가를 받을
필요가 없다.
④ <u>시 · 도지사</u>에게 위임할 수 있다.
⑤ <u>허가대상에서 제외</u>되는 경우이다.

05 ①

> 지문분석 ●

② 전용허가를 받은 농지의 위치(동일 필지 안에서 위치를
변경하는 경우에 한한다) 등 중요사항을 변경하려는 경
우에도 <u>농림축산식품부장관의 허가를 받아야</u> 한다.
③ 「산지관리법」에 따른 산지전용허가를 받지 않거나 산지
전용신고를 하지 않고 불법으로 개간한 농지를 산림으로
복구하는 경우에는 <u>농지전용허가대상이 아니다.</u>
④ <u>시장 · 군수 또는 자치구구청장</u>에게 신고해야 한다.
⑤ 농지전용허가를 받아 농지를 전용한 경우에는 농지를
전 · 답 · 과수원 외의 지목으로 <u>변경할 수 있다.</u>

06 ⑤
허가를 받은 자가 관계 공사의 중지 등 조치명령을 위반한
경우에는 그 <u>허가를 취소해야 한다.</u>

07 ④
<u>무주택세대주</u>가 설치하는 세대당 660㎡ 이하의 농업인 주택
이다.

08 ④
「건축법」에 따른 건축허가 또는 건축신고의 대상이 아닌 농
수산물의 간이 처리시설의 설치를 위한 농지의 타용도 일시
사용기간은 <u>7년 이내</u>로 하고, 5년을 초과하지 않는 범위에서
<u>연장할 수 있다.</u>

09 ④
농지의 타용도 일시사용허가를 받은 자는 농지보전부담금의
<u>납부대상이 되지 않는다.</u>

10 ④
농림축산식품부장관은 국가 또는 지방자치단체가 공용 또는
공공용의 목적으로 농지를 전용하는 경우 농지보전부담금을
<u>감면할 수 있다.</u>

11 ③
농지대장은 모든 농지에 대해 필지별로 <u>작성한다.</u>